中国非通用语教学研究会　主办

解放军外国语学院　协办

中国外语非通用语教学研究（第四辑）

ZHONGGUO WAIYU FEITONGYONGYU JIAOXUE YANJIU

钟智翔　何朝荣　唐慧　主编

中国出版集团

世界图书出版公司

图书在版编目（CIP）数据

中国外语非通用语教学研究. 第 4 辑 / 钟智翔，何朝荣，唐慧主编 . — 广州：世界图书出版广东有限公司，2015.10

ISBN 978-7-5192-0370-2

Ⅰ . ①中⋯ Ⅱ . ①钟⋯ ②何⋯ ③唐⋯ Ⅲ . ①外语教学－教学研究－中国－文集 Ⅳ . ① H09-53

中国版本图书馆 CIP 数据核字（2015）第 236573 号

中国外语非通用语教学研究（第四辑）

策划编辑： 刘正武

责任编辑： 张东文

出版发行： 世界图书出版广东有限公司

（地址：广州市新港西路大江冲 25 号　邮编：510300

网址：http://www.gdst.com.cn）

发行联系： 020-84451969　84459539　　E-mail：pub@gdst.com.cn

经　　销： 各地新华书店

印　　刷： 广州市佳盛印刷有限公司

版　　次： 2015 年 10 月第 1 版　2015 年 10 月第 1 次印刷

开　　本： 787 mm×1092 mm　1/16

字　　数： 498 千

印　　张： 26.5

ISBN　978-7-5192-0370-2 / H · 0986

定　　价： 58.00 元

咨询、投稿：020-84460251　　gzlzw@126.com

代序

翻译·研究·比较 ①

■ 刘曙雄

中国非通用语教学研究会第15次学术研讨会确定了"外语非通用语翻译研究与翻译教学"的主题。根据会议主题要求，我主要从翻译入手谈谈文学翻译、作家作品研究和比较文学以及跨文化研究的递进关系。

一、翻译是高等学校外语教师的职业属性

翻译是多方面学识的综合运用，但语言水平是最基本的条件。对于外语教师而言，教授外语是最基本的本职要求；对于学生而言，掌握专业外语也是最基本的要求。我们在教学中切不可忽视这一点，有的年轻教师学位上去了，好几年蒙头做论文，专业外语的水平却没有上去，有些停滞不前了。由于非通用语种的资料有限，写论文、做研究时，没有英语或其他通用语种的资料那么充足，因而需要花较多的时间去收集、整理、理解和采用。久而久之，冷落了专业语种。我要说的不是翻译理论，也谈不上翻译研究，只是一种实践体会，与学习外语和教学实际有更多的关联。在学习外语的方法上，我曾经与学生谈过"外语是读出来的，不是学出来的"的看法。意思是，学好外语要多朗读，当学生时每天要朗读一个小时外语，能读什么就读什么。这是一个土办法，多做翻译也是学好外语的一个土办法。

外语是交流的工具，也是研究的工具。我们应熟练地运用外语进行交流，并开展与专业有关的语言对象国、地区的人文学科和社会学科的研究。教学与科研

---

① 刘曙雄教授为教育部高等学校外国语言文学类专业教学指导委员会副主任委员、非通用语种类专业教学指导分委员会主任委员，北京大学教授。本文系作者根据在"中国非通用语教研会第15次学术研讨会"的发言整理修订而成。

本不是一对矛盾，虽然存在时间和精力的冲突，但本质上是统一的，也是相辅相成和互相促进的。没有好的科研便没有好的教学，没有一定质量和水准的科研便没有含金量高的教学。翻译正是介于教学和科研之间的一种方法和实践。

翻译什么呢？文学作品和历史文献是当然的选择。提高语言水平可以有很多方法，我推崇两个方法：一是学习一种与专业外语有着历史文化渊源的古代语言，二是坚持做翻译文学和文献的事。文学作品翻译与作家研究的关联，文学作品翻译与对一个民族的心理认识、对一个国家的国民性的理解的关系，历史文献的翻译于文化的交流与合作和增强不同民族之间、不同文化之间的了解的意义，这些都是不言自明的。翻译不必追求高大上，但必须追求经典，对资源相对紧缺的非通用语种而言，更是如此。我不赞同不把翻译纳入科研成果计算的做法，译介一部好的文学作品或历史文献，其价值往往是一些论文所不及的。

大家都做翻译，这是一个显而易见的事实。我举北大和北外非通用语种的大家做一说明。季羡林、金克木、刘安武、邱苏伦，欧洲非通用语种的易丽君、冯志成、龚坤余等先生，都有很优秀的翻译作品。在东方语种里，很多老一辈教师在翻译方面非常出色。如，波斯语教授张鸿年以及波斯语界的一个群体；又如，印地语教授刘安武、金鼎汉以及印地语界的一个群体。这些老师翻译了多少字数，我没有统计，很多波斯语、印地语的文学名著翻译都出自他们的手笔。《蕾丽与马杰农》、《波斯古代诗选》、《王书》等都是张鸿年老师的译作，尤其是2000年出版、由张鸿年等担纲翻译的《波斯经典译丛》18卷，堪称中国波斯语文学翻译的集大成。刘安武不仅自己翻译了普列姆昌德、泰戈尔等著名作家的作品，还主编了24卷本的《泰戈尔全集》（2001年出版），实际上是组织翻译了这部鸿篇巨制。这些在中国外国文学翻译界是名垂青史的。他们的翻译从品质上看有着鲜明的风格和特点：选题有条不紊，坚持经典本位；译文格调高雅，字里行间抖动着知识和学问；个体勤奋和团队协作相结合。这样的翻译就是一种学术研究行为，充分发挥了一个翻译家的艺术创造才能，译文具有很高的语言和文学的欣赏价值。因此可以说，翻译是外语教师的职业属性。

二、作家和作品研究

我结合自己在乌尔都语文学翻译方面的情况谈谈感受。过去几十年里直接从乌尔都语翻译到汉语的印度、巴基斯坦的文学作品和文献不算多，有几部小说、少量诗歌和散文，从英语、俄语转译的乌尔都语作家的作品也有一些。比起其他很多非通用语种来，工作做得不算多。

　　从当教师起，我就喜欢做点翻译，开始是为了提高外语水平。外国文学出版社1982年出版的《花园与春天》是老师领着一起翻译的。《花园与春天》是一部民间神话传说故事，由密尔·阿门创作于19世纪，是乌尔都语文学史上一部重要的作品。这部作品的语言是德里标准语的开端，开乌尔都语白话文时代之先河。参与翻译这样的作品心情是美好的，兴致很高，一个原因是与语言的学习联系密切。我翻译的第二部乌尔都语作品是与他人合译的巴基斯坦现代长篇小说《真主的大地》，由北岳文艺出版社1986年出版。《真主的大地》是巴基斯坦著名现实主义作家肖克特·西迪基的代表作，描写了巴基斯坦当代城市生活，在巴基斯坦现代文学史上有着重要的地位和影响。我曾在巴基斯坦工作和学习过4年，生活的体验和语言的感受对保证翻译质量发挥了重要作用，同时也促进了语言水平的提高。译本于1986年首次出版后，又于1992年再版。

　　南亚乌尔都语文学与波斯语文学有着密切的关系，一些乌尔都语作家同时使用这两种语言进行创作，波斯语文学创作是这些作家乌尔都语创作不可分割的部分，甚至在某种程度上是其创作的一种提升。穆罕默德·伊克巴尔（1877—1938年）是20世纪南亚次大陆最著名的穆斯林诗人。他用乌尔都语和波斯语进行创作，结集出版的诗集有11部，其中3部为乌尔都语，7部为波斯语，还有一部包含了波斯语和乌尔都语诗歌两部分。《自我的秘密》是一首叙事诗，也是他的宗教哲学思想的代表作，出版于1915年。译诗于1999年由北京大学出版社出版，巴基斯坦驻华大使伊纳姆·哈克先生给出版社写来贺词祝贺，巴基斯坦著名学者贾维德·伊克巴尔博士为该书作序。

　　翻译这部作品时，我有几点考虑。其一是认真选择作品。作品应具有大的翻译价值，是值得翻译的优秀作品。其二是认真翻译作品。从20世纪80年代初在巴基斯坦访学进修期间开始，我就对《自我的秘密》这部作品产生兴趣，并在学习了波斯语的基础上开始试译这部作品。疑难词语的释义多是在充分理解与之相关的历史文化、宗教哲学和社会生活实际的过程中得以选择和确定。其三是认真对待已译成的文稿。《自我的秘密》译稿完成后，我请国内波斯语专家为译作把关，以保证译文的准确性。信、达、雅翻译三字经，信最为重要，达和雅是提升。

　　作为教师，翻译自然应与教学实践相结合。翻译与研究固然对国家、对社会、对国际间的文化交流都有着重要作用，而它们最直接的、最先发挥效益的地方就是在课堂。教师有了一定的翻译实践作为基础，在讲解文学作品选读和文学史等课程时不仅底气充足，对文学的感悟也必定更加深刻。

翻译与研究是相辅相成的，二者结合有利于正确、深入地理解作品，尤其是哲理性的作品，因而能更全面、忠实地在译作中表现原作的思想，不曲解、少遗漏。《穆斯林诗人哲学家伊克巴尔》于2006年出版，我在这部著作中引用的伊克巴尔的诗歌和论述大都是我自己翻译的，有乌尔都语的、波斯语的，还有英语的。对从事非通用语种教学的教师而言，原文是哪种语言，就应翻译哪种语言的文本。

三、比较文学研究和跨文化研究

开展比较文学的研究和跨文化研究是作家和作品研究的自然延伸和拓展。我在对伊克巴尔做了一些研究之后，兴趣和关注的范围也随之扩大了。近年来做了两件事：一是关注对南亚伊斯兰现代进程的研究，二是对东方作家开展研究。由于这两个题目涉及的内容较为广泛，我个人没有能力完成，于是采取了合作研究的方式。

"南亚伊斯兰现代进程"是一项区域性宗教文化和社会历史进程相结合的研究。其所涉及的地区"南亚"，主要是印度和1947年"印巴分治"之后的巴基斯坦，也包括1972年从巴基斯坦分离的孟加拉国。穆斯林人口在南亚这3个主要国家为4.38亿，占世界穆斯林总人口近30%。本研究的重点是伊斯兰教和伊斯兰思想文化在上述地域自身的演进、变化和发展，以及对社会发展尤其是政治发展的影响和关联。通过这项研究，我们获得了两个新的认识：一是深化了对区域文化概念的认识；二是获得了对南亚现代历史进程中"两个民族"理论的完整认识。

"东方作家传记文学研究"课题所涉及的作家有30多位，每一位都是所属语种、民族、文化的代表性作家。其中既包括在近现代世界文学史上曾产生了重要影响、开启了近代东西方文学文化交流之门的泰戈尔、纪伯伦，又包括对本民族文学、文化运动产生过重要影响的人物如伊克巴尔、普列姆昌德、纳拉扬、黎萨尔等。本课题的研究成果中，既有对大江健三郎、三岛由纪夫、泰戈尔、帕慕克、阿摩司·奥兹、马哈福兹、沃莱·索因卡、库切这些在国际上已经获得了肯定并产生了广泛影响的作家的研究，也有对朝韩当代作家群、对非洲当代作家以及传记文学作品、对阿拉伯语和非洲当代代表性女作家及其代表性传记文学作品的关注和解读。"东方作家传记文学研究"既是文学研究，也是传记文学研究；既运用了比较文学的研究方法，也运用了跨文化研究方法。

上述两个课题完成后，我开始了对研究工作的方法论的思考。"东方学研究方法论"是课题组从2012年4月至2014年5月进行的一项治学方法研究，主旨是对国内外东方学研究者的治学和研究经验进行学理性的思考，发现其独到之处，并探究其在相关研究中的理论价值和意义。试图解决的核心问题是，辨析四种重要的东方学研究方法：实证研究方法、诠释学研究方法、比较研究方法和跨文化研究方法。已经出版的《认识"东方学"》（北京大学出版社，2014年5月）和《探索"东方学"》（北京大学出版社，2015年3月）是这一课题的研究成果。

以上是我个人的一点实践体会，与大家交流，欢迎大家批评指正。

contents 目录

翻译·研究·比较（代序） /刘曙雄/ 1

──────────── 人才培养研究 ────────────

"桥头堡"战略背景下云南省非通用语人才培养模式研究 /段召阳/ 2

东南亚语种"3+1"本科人才培养模式国外教学质量监控调查与研究
　　　──以广西民族大学为例 /梁远 赵丹/ 10

"中泰合作、跨国培养"人才培养模式探索与实践
　　　──以西双版纳职业技术学院为例 /普光琼/ 22

非通用语高级翻译人才培养模式探索
　　　──以广东外语外贸大学为例 /谈笑/ 29

人文学视域下意大利语专业建设前瞻 /张海虹/ 38

关于实用型朝鲜语翻译人才培养的思考与实践探索 /高陆洋/ 47

──────────── 课程与教材建设研究 ────────────

以翻译能力培养为目标的非通用语种MTI教育课程设置刍议
　　　/赵华 马永利/ 62

数字语言教学平台在非通用语种翻译课中的应用 /唐慧 钟楠/ 72

从功能主义理论出发再谈越南语翻译教学的课程模式 /杨健/ 83

亚非语言文学专业培养方案与平台课建设 ／佟加蒙／93

瑞典语专业国家概况课程新实践 ／阿日娜／102

柬埔寨语阅读课程教材建设探析 ／卢军／108

非通用语翻译教材建设的几点思考

——从中国传媒大学孟加拉语专业说起 ／张潇予／116

教学与教学法研究

加强资源整合，构建非通用语网络教研平台 ／张立明／124

非通用语教学中的"慕课平台建设"刍议 ／刘娟娟 丁慧君／133

缅甸语教学过程中的文化导入问题 ／钟智翔／142

尼泊尔语汉语语篇翻译教学模式改革初探 ／何朝荣／154

普什图语翻译教学问题及其解决策略探析 ／王静／162

塞尔维亚语翻译课程的问题与对策 ／彭裕超／171

意大利语笔译教学实践探微 ／贾晶／179

越南语新闻听练课翻译技巧与实践训练 ／谢群芳／188

计算机辅助翻译技术在非通用语术语翻译教学中的应用 ／李维／199

图式理论在哈萨克语—汉语翻译教学中的运用 ／张辉／208

葡萄牙语文学译著在葡汉翻译教学中的应用 ／张维琪／217

基于学生兴趣的葡萄牙语翻译教学

——以"慕课"体现形式为参考 ／宋文强 熊轩／224

认知语义学理论在泰语多义词教学中的运用 ／宋帆／234

缅译汉作业常见错误分析 ／杨国影／244

外语口语课课堂教学效率的提高

——以越南语为例 ／莫子祺 黎巧萍／261

中国学生学习意大利语宾语代词的难点分析及训练方法 ／王忆停／273

———————————— 外语非通用语翻译研究论坛 ————————————

柬埔寨语文化负载词及其汉译策略 ／钟楠／288

《三国演义》柬埔寨文译本刍议 ／莫源源／299

跨文化文学传播中的"误译"与"传播"的关系
　　——以《三国演义》的三个泰文译本为例 ／金勇／308

从翻译美学看泰国小说《画中情思》汉译本的语音美 ／唐旭阳／317

越造汉越词的翻译问题 ／罗文青 覃盈／326

中国古典数字诗越译中的数字越译技巧 ／莫子祺／336

同声传译的再分类 ／洪成一／345

目的论视角下中韩旅游公示语的翻译研究 ／刘吉文／355

概念隐喻视角下的印尼语身体部位类熟语的理解与翻译
　　——以印尼语中包含"头"（kepala）的熟语为例 ／张燕／367

从图式理论出发看《红高粱家族》土耳其语译本中的文化误译问题
　　／彭俊／377

归化与异化在中意经贸翻译中的运用 ／朱益姝 张宇靖／387

论文学作品的翻译标准
　　——以《中国文学》的翻译为例 ／于桂丽／393

后　记／407

人才培养研究··········

"桥头堡"战略背景下云南省非通用语人才培养模式研究①

■ 云南师范大学　段召阳

【摘　要】为实现"桥头堡"战略建设目标，必须改革传统的纯语言培养模式，走应用性、复合式、全方位的人才培养道路，着力实施人才培养方案与教学方法改革的结合，突出人才培养的特色。为此，我们强化实践教学，采取"2+N+N"中外联合培养非通用语人才的教学模式。这种模式开阔了学生的国际视野，在良好的语言环境中提高了学生的语言能力和实践能力。

【关键词】非通用语；人才培养模式；人才培养研究

自2009年7月胡锦涛总书记提出把云南建设成为我国面向西南开放桥头堡的要求之后，"把云南建成面向西南开放的重要桥头堡，不断提升沿边对外开放的水平"的战略列入了《国家"十二五"规划纲要》，云南和东南亚国家，尤其是周边国家在经济贸易、教育文化、商务旅游等方面的交流与合作将更加频繁和深入，这就加大了对非通用语人才的需求，提高了对非通用语人才培养质量的要求。因此，在"桥头堡"战略建设的背景下，我们进一步明确了培养目标，培养服务于"桥头堡"战略的非通用语人才；同时，改革传统的纯语言培养模式，走应用性、复合式、全方位的人才培养道路；制定有效的培养方案，探索复合型人才培养模式；着力实施人才培养方案与教学方法改革的结合，突出人才培养的特色。通过强化实践教学，我们采取了"2+N+N"中外联合培养非通用语人才的模式，这种模式开阔了学生的国际视野，在良好的语言环境中提高了学生的实践

① 本文是云南省教育科学"十二五"规划课题项目"桥头堡战略背景下的云南小语种人才培养模式特色研究"（GY11029）的阶段性成果之一。

能力。

"2+N+N"非通用语人才培养模式，指的是"双外语＋专业技能"或"专业＋非通用语"的复合型人才培养模式。其内涵是："2"指的是非通用语专业或通用语专业的学生前两年在国内学习非通用语语言基础知识或自己本专业的专业基础知识。第一个"N"指的是第三年学生整班制在国外高校学习非通用语专业课程并参加至少一个月的专业实习，强化实践教学，同时，第一个"N"还指泰语、越南语、缅甸语、老挝语、柬埔寨语等多个不同语种或国际贸易、金融、旅游管理、国际汉语教学等其他专业，以及这些专业在对象国学习和实习的时间不同。第二个"N"指第四年回国后的学生根据个人兴趣爱好和职业发展规划选择模块课程，以考取各类职业资格证书，实行双证书毕业制度。学生从大二开始可以跨专业选修学校所开设的职业技能的模块课程，如学生修满某一模块的规定学分，给予类似辅修证书的学分认定；未选够整个模块的，可做选修课学分记载。模块式选修课有利于学生比较系统地学习某一学科和专业的知识，加深对该学科或专业的了解和认识，成为复合型人才。整个大学四年，除了加强学生对非通用语语言的学习之外，还强化英语课程的教学，把学生培养为"双外语＋专业技能"或"专业＋非通用语"的复合型人才。

一、云南省非通用语人才培养情况

云南省的非通用语教学，从1993年云南民族大学开设泰语、缅语两个语种专业起算，至今已有20余年的历史。2009年7月，胡锦涛总书记在云南考察时提出，要充分发挥云南省作为我国通往东南亚南亚陆上通道的优势，深化与东南亚南亚国家及大湄公河次区域国家的交流与合作，不断提升我国沿边开放的质量和水平，使云南成为我国面向西南开放的重要桥头堡。为了适应新形势对人才的需求，云南省政府、教育厅高度重视东南亚南亚语言人才的培养，采取了强有力的措施，经过近7年的建设，我省非通用语人才培养工作已经初见成效。目前，云南68所高校中，开设非通用语专业的高校有22所，占所有高校的32.4%，这些高校分别开设了泰、缅、越、老、柬等5个非通用语专业。其中，开设泰语专业的高校最多，共15所；其次是缅甸语专业，有7所；最少的是柬埔寨语专业，只有1所。开设选修课的高校，也是泰语的最多，有24所；其次是越南语，有12所；最后是老挝语，只有4所。这些高校开设非通用语专业和选修课的时间主要集中在2006年至2011年之间，同时，各大高校积极响应云南省教育厅培养复合型人才的号召，根据自身条件，各显神通，分别与各非通用语对象国合作，联合培养非通用语专业人才，我省非通用语教学呈现出了蓬勃发展的势头。但云南在非通用语人才培养模式上趋于同质化，主要以"3+1"纯语言培养模式或"2+2"双文凭培养模式为主。

"3+1"人才培养模式所培养的学生非通用语听说读写能力强，语言功底扎实，非通用语文化底蕴深厚，但所掌握的词汇主要是非通用语语言、文化、文学、历史等方面，涉及工业、农业、旅游业、经济、贸易、科技、法律、教育等方面的专业词汇相对较少，国际贸易谈判、涉外旅游服务、对外汉语教学等方面的专业知识和技能技巧就更没有涉及了，而这些知识和技能技巧其中的一项或多项是很多用人单位要求非通用语人才在进入岗位前就需要掌握的，但是"3+1"人才培养模式所培养的人才，除具备很强的语言文字功底之外，还不是上述用人单位所需要的"非通用语＋专业技能"的复合型人才。

"2+2"人才培养模式所培养的学生毕业后就持中国和非通用语对象国颁发的双学士文凭，在就业方面比只有一个学士文凭的学生有优势。另外，因为他们比"3+1"培养模式的学生多一年在非通用语对象国生活和学习的时间，对非通用语对象国的文化了解更加深入，同时，语言水平也相对较好一些，但因分别在不同的对象国学习生活两年，尤其在国内前两年基础语言学习阶段，除了学习非通用语语言基础知识，还要学习自己的专业如国际贸易、旅游管理或金融等专业知识。但因学生个人精力有限，在国内不仅要学习专业知识，还要学习非通用语语言知识，除非非常用功，否则要想在两年的时间里既能学好非通用语，又能学好专业知识，最后获得别人花四年时间才能获得的本科文凭，这和专业四年的学生相比显然是有差距的。另外，因在国内只是对非通用语语言打基础，刚开始是对基础的非通用语字母、语音、拼音规则、语法等进行学习，通过两年的学习，基本的听说读写没有问题，可是第三年进入非通用语对象国就开始学习自己的专业知识，对于刚刚学习语言就进入专业学习的学生来说，第一年是非常吃力的。面对较难的专业学习，学生必须非常刻苦努力，否则将会很艰难。到第四年学生逐步进入专业学习状态，可是又面临毕业、论文答辩、实习、就业等一系列问题，最后获得的第二个文凭含金量有多大，可想而知。因此"2+2"人才培养模式所培养的双文凭人才，学生手里是拿着双文凭，可真正具有双文凭的知识和能力的人才并不是很多。综上分析，现有"3+1"纯语言培养模式和"2+2"双文凭培养模式所培养的非通用语人才，仍然存在一定的局限性，所具有的知识和能力不能满足社会对非通用语人才的需要。

云南省教育厅关于云南省高等学校非通用语人才培养目标，是要把非通用语专门人才的培养和其他专业学生学习非通用语并重，逐步过渡到培养通晓一门周边国家语言又具有某一专业功底的复合型人才。因此，笔者所在学校即云南师范大学，通过十余年的泰语教学不断总结，探索出培养此类复合型人才的特色培养模式，即"2+N+N"人才培养模式，强化非通用语语言学习、实践教学和专业模块课程等，服务于云南"桥头堡"战略。

二、对旧有人才培养模式的改革

随着经济全球化及中国对外交往的扩大，"请进来、走出去"的增多，应用性、复合式、全方位的复合型人才更加受到用人单位的青睐。所谓复合型人才，是指在各个方面都有一定能力，在某一个具体的方面能出类拔萃的人。复合型人才应不仅在专业技能方面有突出的经验，还具备较高的相关技能。根据预测，复合型人才将在未来几年内十分抢手，但我们云南目前的教育模式还远远不能跟上社会的需要。对于语言类的人才更是如此，传统的纯语言人才培养模式，多以学习语言、文学、文化和翻译为主。在这种传统模式下，首先是学生所学习和掌握的内容比较单一，似乎除了语言外就没有其他内容；其次是毕业生就业渠道比较窄，主要在云南各大高校或地方院校担任非通用语教师或在外事部门担任翻译等，但这些政府部门或事业单位的编制通常都有限。因此，为增加非通用语人才的就业渠道，增强市场竞争力，必须改革传统的纯语言培养模式，走应用性、复合式、全方位的人才培养道路。这就需要我们根据云南省与东南亚国家国土相连、经济充分融合的情况，并根据自身实际，对非通用语人才培养重新进行定位。不能再以培养出一名翻译工作者或非通用语老师为目标，而是必须考虑社会和市场的需要，以市场需求为导向，从学校自身实际出发，构建新的人才培养模式，从专一的语言培养，转为能力的培养，语言仅仅是作为一个工具。这样，使毕业的学生不仅懂得一门非通用语，还具有应用知识，以及解决实际工作和生活难题的能力。

当然，要改变传统的教育模式，肯定存在很大的困难，也不是一朝一夕就能完成的。首先需要转变传统的教育思想和教育观念，有改革的决心；其次，要改变传统的教育模式和教学方法，一切以社会和用人单位需求为核心，重视加强实验和实践教学环节，对此笔者会在下面进行论述；再次，还需要先培养出一批高素质的教师队伍，一切人才培养首先是教师的培养，如果连教师都没有，说任何人才培养都只是一句空话。

三、探索复合型人才培养的新模式

在全球化背景下，伴随着经济社会的发展，社会对非通用语人才的需求越来越大，仅仅只是通晓一种单一语言的非通用语人才已经不能满足社会的需要，在"桥头堡"建设的背景下，社会需要的不仅是只掌握一门非通用语的人才，而是"语言＋专业"的复合型人才。因此，非通用语专业学生除应熟练掌握一门非通用语外，可选择一门通用语，同时还应具有人文学科或自然科学某些领域的专业知识，如汉语国际教育、国际经济与贸易、经济管理、工商管理、旅游管理、法律、教育学、心理学、新闻学、经济学、农学、林学、国际关系、中医中药等。而对有深造和科研兴趣的学生，鼓励他们充分发挥掌握语言工具的便利进行区域和国别研究。实现非通用语复合型人才的培养，可与现有专业复合，也可以与其他院校合作跨校辅修，获取第二学位来完成。这样，非通用语可作为未来工作的工具，而不仅只是专业。实现上述构想需要云南省政府、省教育厅、云南省各大高校等各层面对非通用语的可持续发展问题进行更高层次和更深入的探讨和论证，打通课程和学分体系等。

面向非通用语以外的其他专业开设非通用语二外或选修课，如汉语国际教育专业选修一门非通用语作为第二外语，国际经济与贸易专业将非通用语专业作为选修课，通用语专业如英语专业选修非通用语作为三外等。这样，其他专业人才既有自己的专业知识，又通晓一门通用语，还通晓另一门非通用语，使学生适应国际化需要，在就业市场确立明显优势。这些都表明，培养熟练掌握一专多能的复合型人才，是全球化背景非通用语人才培养的必然趋势。

四、优化非通用语专业的课程体系

课程体系的设置和建立直接关系着人才培养的效果，课程体系的建立应该适应社会发展需要，为地方经济建设服务。在"桥头堡"建设的背景下，明确非通用语人才培养目标，优化课程体系，需要对非通用语教育的学科及专业设置进行改革；对各个非通用语的专业内部课程体系进行优化；对具体的授课内容的改革。云南师范大学课程体系参照《普通高等学校本科专业目录和专业介绍》所列出的主要课程，以本科专业人才知识、能力和素质的培养为基础，充分体现"通识课＋专业基础课＋专业主干课＋专业方向模块课＋专业实践课＋选修课＋实验课"的要求。通识课让学生在人文社科和自然科学方面掌握比较系统的基本理论和基本知识；专业基础课使学生获得本专业必需的专业基础知识和技能；专业主干课使学生获得本专业更深层次的专业知识；专业方向模块课着力于培养学生的实践能力和创新精神；专业实践课强化学生的实践能力；选修课着重于培养学生个人特长和兴趣，使学生更加明确就业方向；实验课穿插于整个教学过程，着重培养学生实践动手能力，培养复合型人才。

复合型外语人才并非是专业知识和技能知识的"杂家"，而是尽量培养满足各领域需求的"一专多能"型人才。所谓"一专"，即指出色的外语能力，这是学校教学成果、个人专业水平的集中体现，也是毕业生能否取得工作机会的重要衡量指标。"多能"，则所指广泛，沟通能力、团队合作能力、思想道德素质、责任意识、敬业精神、意志品质和心理健康等方面都是用人单位考虑的重要指标。

基于上述培养目标，非通用语复合型人才培养的重点工作是加大专业选修课和专业模块课程的开设力度，争取选修和模块课程占有一定的比例。选修课的课程设计和教学方法要符合培养目标的要求，力争做到科学合理。过去全国非通用语的教学大都注重语言技能本身的训练，而忽略了语言背后人文知识和文化内涵的关怀，发展视野较为狭窄。为适应时代变化和全球化发展的需要，应考虑增设相关学科课程如对象国政治、历史、经济、法律、外交、文化、社会等课程，开设对象国礼仪、外贸业务以及旅游风情等模块，增加一些通识选修课程，利用学科优势，进一步建设语言文化比较研究课程，逐步形成较为完善的非通用语复合型人才培养体系。课程体系建立后，配套教学计划和教学大纲须及时更新，在有章可循的前提下做好督导工作，以时刻检查教学效果。除此之外，还可以与国外高校和研究单位建立各种各样的校级合作关系，通过交换培养、师资互换、合作研究等方式开展各种卓有成效的具体项目合作事宜。根据每个语种的情况，采取"2+N+N"人才培养模式，与国外高校联合培养本科生，增强学生的国际化背景。

五、实施人才培养方案与教学方法改革相结合

教育部《关于进一步加强高等学校本科教学工作的若干意见》明确指出，学校要"以社会需求为导向，走多样化人才培养之路。要根据国家和地区、行业经济建设与社会发展的需要和自身特点，科学定位，办出特色，办出水平。要根据不同专业的服务面向和特点，结合学校实际，探索多样化人才培养的有效途径"。云南师范大学非通用语专业已初步形成了以培养复合型人才为目标的教学研究氛围，并以"国务院侨务办公室华文教育基地"、"汉语国际推广师资培训基地"、

国家级实习实训基地"中豪螺蛳湾实习基地",以及省级教学质量与改革工程项目"云南省东南亚南亚语种人才培养基地"、"云南小语种人才培养示范点"等为载体,非通用语人才培养方案日趋合理,培养目标明确,"2+N+N"人才培养模式不断深化,课程体系不断优化,教学方法不断改进。

云南师范大学非通用语教学全面实施人才培养方案与教学方法改革相结合,突出特色。在我校的非通用语教学中突出"以学生为中心",通过采用任务型教学法、交际语言法、问答法等教学方法,利用同声传译室、数字化多媒体视听说中心等辅助教学设施设备,以及全国全省举办的各级各类比赛,如全国越南语演讲比赛、云南省每年举办的东南亚南亚文化节、云南师范大学和泰国孔敬大学共同举办的泰语演讲比赛等,还有云南华文学院院内每周轮流举行的泰语角、缅甸语角、越南语角等活动,中国学生与东南亚留学生互为师、互为友,全方位、多层次、多形式地锻炼学生的综合能力,打造复合型非通用语人才。

"2+N+N"人才培养模式为中外联合培养非通用语人才的特色培养模式,因此,云南师范大学一方面加强与北京大学、解放军外国语学院、广西民族大学、云南民族大学等国内知名高校就非通用语人才培养体系进行探讨和研究,积极引进吸收兄弟院校先进的教学理念和教学方式、手段;另一方面积极与东南亚国家一流大学如泰国清迈大学、孔敬大学,缅甸仰光大学、仰光外国语大学,越南河内国家大学所属人文社科大学进行交流与合作,共同举办专家讲座、演讲比赛和文化交流活动等。同时,云南师范大学非通用语专业的学生第三年还被整班制派到上述学校学习一年,通过在对象国的学习,能充分利用对象国的优质教育资源和良好的语言环境,开阔学生的国际视野,使学生在良好的语言环境中提高自身的实践能力。另外,非通用语学生在国外学习期间,还有至少一个月的专业实习,进一步提高学生的专业水平和实践能力。

课题组通过对云南师范大学2011级泰语、越南语、缅甸语、金融、旅游管理等专业学生244人进行关于"国内前两年小语种基础语言学习"的调查结果显示,有202个同学对此人才培养模式表示满意,占82.79%;有39个同学表示不满意,占16.0%;有3个同学未选。课题组又对云南师范大学商学院外语学院2011级43个同学进行调查,有35个同学对此人才培养模式表示满意,占81.4%;有8个同学不满意,占18.6%。从上述两次调查来看,满意率都在80%以上。由此可见,"2+N+N"人才培养模式总体上是得到学生肯定和受学生欢迎的,是可行的。

六、结语

非通用语人才的培养发展出了多种模式，每一种模式都有其各自的优缺点，哪种模式是最好的仍然有待时间的证明。但是随着时代的发展，对学生素质的要求总是在不断提高，如何让云南省非通用语人才培养模式更能为云南社会经济发展服务，更能让学生具有发展的优势，是这些实践的最终目标。从语言学习的规律出发，探索短时间内培养更优秀非通用语人才的有效教学方式，也是云南省非通用语人才培养的目标。本文仅在"桥头堡"战略建设的背景下，对适合云南省非通用语人才培养的模式进行了探讨。在进行问卷调查时，我们发现也有少量的学生对此种人才培养模式表示不满意，其原因何在？当四年整个人才培养模式执行完成之后，当初接受问卷调查的学生其满意度会升高还是降低？这一系列问题都有待我们进一步深入研究。

参 考 文 献

［1］陈静．国际视野下的云南高等教育发展战略研究：云南省独立学院国际化人才培养模式研究［R］．2010-12-03．http://www.ynpopss.gov.cn/ynpopss/html/6/283.htm．

［2］冯超．非通用语人才培养模式的几点思考［C］//中国外语非通用语教学研究：第二辑．广州：世界图书出版广东有限公司，2011．

［3］符娟明．比较高等教育学［M］．北京：北京师范大学出版社，1987．

［4］梁远．外语非通用语种"3+1"本科人才培养模式发展趋势初探［C］//外语非通用语种教学与研究论：2．北京：世界图书出版北京有限公司，2008．

［5］林秀梅，教育国际化与非通用语人才培养的思考［C］//外语非通用语种教学与研究论：2．北京：世界图书出版北京有限公司，2008．

［6］卢晓中．比较教育学［M］．北京：人民教育出版社，2005．

［7］卢晓中．高等教育面向21世纪教学内容和课程体系改革和经验汇编：1［M］．北京：高等教育出版社，1997．

［8］陆生．"3+1"教学模式的实践与完善：东南亚泰、缅、越、老语言文化人才培养模式［R］．2005．

［9］朱黎勇，张睿．泰语专业"2+2"模式下中国学生的学习方法对比研究［J］．云南民族大学学报，2011（1）．

东南亚语种"3+1"本科人才培养模式国外教学质量监控调查与研究

——以广西民族大学为例

■ 广西民族大学　梁远　赵丹

【摘　要】教学质量监控是保证教学质量的重要手段,在整个教学过程中起着至关重要的监测与调控作用。对教学质量实施监控,是学校进行教学质量管理的重要手段,对提高教学质量具有重要意义。进一步加强对国外教学质量进行监控调查研究,有助于为今后继续完善"3+1"人才培养模式提供理论与决策依据,从而更好地探索出通过开放的课程结构、教学内容、教学活动和教学时空与对象国高校联合培养东南亚语种人才的有效途径,充分地利用对象国的优质教育资源和良好的语言学习环境,进一步提高东南亚语种人才培养质量。

【关键词】"3+1"培养模式;教学质量;监控

一、问题的提出

广西地处中国—东盟自由贸易区的中心地带,连接中国国内和东盟两个市场,具有双向沟通中国与东盟的区位优势。随着中国—东盟自由贸易区的建立,泛北部湾经济合作区上升为国家战略以及大湄公河次区域经济合作的深入开展,近年来社会对东南亚语种人才的需求激增,对人才培养的要求也越来越高。抓住机遇,促进发展,培养出能够适应东盟国家和地区语言环境、适应地区合作与竞争的东南亚语种人才是当务之急。

顺应形势和市场的需求,在东南亚语种人才培养方面,广西民族大学充分利用广西毗邻东南亚,处于中国—东盟自由贸易区、泛珠三角经济区和西部经济合作区等多区域合作组织接合部的独特区位优势，适应中国—东盟自由贸易区建设和中国—东盟博览会会址永久落户学校所在地广西南宁的需要，着力于以亚非语言文学为依托，发展特色学科，建立了国家外语非通用语种本科人才培养基地，从1993年开始采取独特的国内3年、国外1年的"3+1"本科人才培养模式，着力培养东南亚语种复合应用型人才，为广西地方和中国—东盟自由贸易区建设做出了应有的贡献。

东南亚语种"3+1"本科人才培养模式其核心内容是：按照教学计划，安排相关专业的大三学生到与广西民族大学签有交流合作协议的对象国高校留学一年，进一步强化对象国语言听、说、读、写基本技能的培养和实践，熟悉、了解对象国的社会、政治、经济、文化，开拓学生的视野，提高学生的综合能力，探索出通过开放的课程结构、教学内容、教学活动和教学时空与对象国高校联合培养东南亚语种人才的有效途径，充分利用对象国优质教育资源和良好的语言学习环境，提高人才培养质量。它的独特之处在于把基础教学和实践教学有机地结合起来，充分利用语言对象国良好的语言环境和综合资源，进一步提高学生的专业理论水平，强化其交际能力，使学生对对象国的各方面情况有更为直观、深入的了解。

广西民族大学实施东南亚语种"3+1"本科人才培养模式至今已有21年时间。21年来，学校以这种独特的培养模式为国家和地方培养了大量的东南亚语种复合应用型人才。但是，"3+1"培养模式实际教学效果如何？还存在哪些问题？特别是对"3+1"培养模式国外教学如何进行质量监控，长期以来都没有进行过有针对性的调查与研究，没有相关数据佐证，不能具体到专业与实际课堂情况。这项调查与研究目前在国内还是一个薄弱的环节。

二、东南亚语种"3+1"培养模式国外教学质量监控的必要性

教学质量监控就是有目的地对教学质量进行评价、监督，使教学质量达到人才培养目标预期要求。教学质量监控可以对诸如师资队伍、学生素质、教学设施的水准以及教学管理工作的水平进行监控，以便学校教学管理部门及时调整工作，纠正偏差，协调关系，促进各方面充分发挥潜能，确保人才培养的质量达到预期目标。建立教学质量监控机制的最终目的应是通过对教学质量的科学评价，实事求是地找出影响质量的因素，并提出改进措施，从而不断促进教学质量的提高。

为了更真实地了解东南亚语种"3+1"培养模式国外教学实施效果，我们对

广西民族大学外国语学院2010级越南语、泰语、老挝语、柬埔寨语和缅甸语5个专业共101名学生进行了问卷调查，问题主要涵盖3个方面：教师教学工作质量监控、学生学业质量监控和教务工作质量监控。希望通过问卷调查和实地考察，了解各语言对象国在加强教学计划管理方面是否规范化、科学化、程序化。比如：是否制定有专业教学计划；是否严格执行教学计划，是否随意增删科目及课时数等；了解各对象国在教学的组织安排及教学运行中的质量监控情况（内容主要包括：1. 是否按教学计划组织课程安排及制定课表，包括课堂内外各教学环节；2. 在监控教学过程中，是否按照教学计划要求严格执行；3. 是否选用好的教材，抓好教学内容的改革、充实和提高）；了解各对象国在学生学业质量监控方面的执行情况，比如：考试是否规范，是否建立有考试题库，使考试科学化、规范化；是否有期中及平时考查（测验、作业）等。

希望通过调查与研究，为学校今后继续完善"3+1"人才培养模式提供理论与决策依据，进一步提高人才培养质量。

三、东南亚语种"3+1"培养模式国外教学存在的问题

在问卷调查中，学生们普遍反映下列问题对象国学校做得比较好，回答"是"的学生占了绝大多数：

问题 \ 专业/人数	柬埔寨语/11人	老挝语/10人	缅甸语/12人	泰语/20人	越南语/48人
是否按照教学计划安排课程	11	10	12	19	43
是否有随意增减教学科目的数量	11	9	12	20	47
是否有随意更改教学课程的内容	11	10	12	19	42
任课教师的教学态度是否认真	11	8	12	19	43
任课教师是否有随意请假的现象	11	7	12	16	40
教师在课堂上是否经常讲与所学科目无关的内容	9	9	12	15	36
任课教师是否经常在课上提问并要求同学回答	11	9	12	15	48
如遇没有教材的科目，任课教师是否影印教学资料	9	8	12	19	48
有关于学习的问题请教老师时，老师是否有提供帮助	11	8	12	20	48

专业/人数 问题	柬埔寨语 /11人	老挝语 /10人	缅甸语 /12人	泰语 /20人	越南语 /48人
课后是否有单独与老师讨论学习问题	7	7	10	14	33
每周课时量是否达到教学计划要求	11	7	12	20	47
是否存在随意增删课时的情况	10	10	12	20	45
教材或教学资料是否存在明显错误	10	10	12	20	46
是否按照教学计划安排课程	11	10	12	19	43
所在学校是否有安排教务人员负责留学生教学事务	11	8	10	18	44
任课教师或教务处是否有认真考虑学生意见并解决	10	6	12	19	35
留学期间是否购买过图书	11	9	12	18	46
是否有必要定期对所在学校的教学质量进行检查	10	10	10	15	47

当然，也存在一些普遍性的问题，如教学计划安排的课程缺乏合理性，学校安排的教学科目存在重复现象，任课教师上课迟到或早退的现象较普遍且对每位学生的关注程度不够。另外，学生留学期间没能充分利用当地的图书馆来收集毕业论文资料的情况也值得我们关注。在以下问题的问卷调查中，回答"是"的已经明显减少。

专业/人数 问题	柬埔寨语 /11人	老挝语 /10人	缅甸语 /12人	泰语 /20人	越南语 /48人
教学计划安排的课程是否合理	8	5	12	6	13
任课教师是否有上课迟到或早退现象	2	6	1	18	30
你认为任课教师对每位同学的关注程度是否足够	10	5	12	11	20
学校安排的教学科目是否存在重复	7	1	0	6	39
留学期间是否在图书馆借阅过外文书籍	4	6	11	20	16
留学前是否确定本科毕业论文选题或方向	2	2	7	1	12
留学期间是否有收集与本科毕业论文相关的资料	9	6	12	4	30

此外，还有一些问题仅存在于个别留学国家，比如越南、老挝的任课教师请假未能及时上课，过后很少安排补课；有的学校较少组织学生参加社会实践活动；另外，缅甸学校不安排期中考试，对学生学习过程的监控较为薄弱；泰国学校各个科目很少统一购买教材；越南学校任课教师的教学方式缺乏多样性；而柬埔寨、老挝的任课教师普遍不使用PPT上课。

问题 ＼ 专业/人数	柬埔寨语/11人	老挝语/10人	缅甸语/12人	泰语/20人	越南语/48人
如遇任课教师请假未能及时上课，过后是否补课	10	4	12	18	46
对教学方式有意见的，是否曾向任课教师或教务处提出	7	2	9	14	45
是否有组织学生参与社会实践活动	7	3	10	19	34
期末考试的分数评定是否公正、公平、公开、规范	11	3	11	19	33
期末考试的内容是否真实反映了学习情况	10	5	9	15	29
任课教师在教学时是否准备PPT	1	2	11	20	38
各个科目是否都有统一制定或购买教材	8	9	11	7	39
你认为任课教师教学方式是否多样化	10	7	12	16	16
是否每门功课都安排有期中测试	7	6	0	17	46

根据问卷调查汇总，学生们对以下问题提出了很好的建议：

对所选用的教材有什么建议？	应编写专门针对中国学生的最新教材以更加适合留学生的水平；使用当地学生基础教材；应根据学生能力选用教材，并及时更新和调节难度；应注重口语翻译的培养，贴近生活，增强实用性；增加相关教辅资料；有的学校复印资料零散，应统一购买教材。
你认为应该增加哪些科目？	政治、经济、法律用语、历史、当代国情、文化风俗、应用文写作、口语、听力、口译、阅读、文学、语法、翻译、艺术（包括民族乐器、音乐舞蹈、手工艺、料理等）以及英语课。
你认为应该删减哪些科目？	报刊阅读、语言学、文字的起源历史、神话传说、泰国金融机构、管理类课程（如酒店餐饮管理、财务管理、旅游管理）和法律等。

课程设置还存在哪些不足？	有的课程重复、难度太大、实用性不强；缺乏专业性和针对性，实践课程少，科目繁多但内容单调；文学课程偏少，口语课不够多，写作课过于随便，历史课过于简单，视听说课程可以适当延长，经济类课程过多，阅读类课程过多，过分关注文学，可适当增加时事类课程；上课时间不够合理，课程安排零散，课时分配不均，缺乏先进教学设备；一些学校缺乏教学规划，没有课程表，有的甚至出现哪个老师有空才临时安排上课的情况。
你认为哪些实践活动可以培养学习兴趣？	实地调研、深入当地居民的生活；参观博物馆、历史古迹、交易市场等；与当地学生开展联谊活动，积极开展随堂辩论、文体活动，并到当地师生家里做客；利用课余时间旅游和做兼职等。
你认为什么形式的课后作业有利于巩固课堂知识？	分组作业、讨论或排演小话剧；扩大阅读面、翻译、背诵、写读后感、模拟情景对话、课本知识的小结、写日记等。
你认为在对象国留学期间能有效提高语言能力的方式是什么？	多结交朋友、与当地人多接触并深入交流、与当地学生一起上课；组织演讲、参加社团活动、参加口语比赛，以及兼职、旅游、购物、看电影、阅读、多收看收听节目等。
你在对象国留学期间收获最大的是哪方面？	增加了对对象国的了解、开阔了视野，对当地文化、风土人情有了更深入的了解；听说读写译等语言能力得到全方位提高，词汇量增加；提高了学习兴趣，交际能力得到提高；学会了独立生活，锻炼了意志，培养了吃苦耐劳的精神，增强了自信心、爱国心，团队合作意识有所增强；认识了自身的不足。
你认为目前在对象国的教学模式有什么地方应该改进？	教学内容太泛、缺乏实用性和针对性，与国内课程内容缺乏衔接；教学方式单一，多照本宣科，缺乏多媒体教学；课堂互动不够，应该合理安排课程，并适当增加实地调查和实习机会。

根据问卷调查和近年来我们派出老师到对象国学校实地考察的感受，我们认为除了以上存在的问题外，目前东南亚语种"3+1"培养模式国外教学还存在以下问题：

1. 受客观因素制约，学校方面与出国的学生交流机会较少，缺乏对其留学情况的深入了解。如果不是学生们主动联系，老师一般仅会通过QQ、电子邮件向学生发布学校相关通知，而很少深入了解学生在国外学习、生活的具体情况。

2. 对象国院校只注重日常教学活动，缺乏对学生思想、纪律以及课余生活的监管，这导致部分学生出现懒惰、懈怠和"放羊式"学习的情况。由于缺乏监管，部分同学经常在课余时间逛街、购物并时有夜不归宿的现象，而耽误了专业学习，有的没能通过期末考试。

3. 缺乏与对象国院校的日常交流机制，领导探访大多受行程制约流于表面，较少深入了解对象国院校的教学质量和学生学习、生活情况。如2011年4月5日学校领导在随广西代表团出访马来西亚时曾探访了在马来亚大学2008级马来语班的19名学生，并鼓励他们勤奋学习；但由于代表团行程所限，整个交流仅数十分钟，并未深入到课堂或宿舍中了解情况。而作为马来亚大学国际生管理部门国际学生中心（International Student Centre）仅在每学期开始申报留学生项目时主动例行告知，平时缺乏对留学生日常学习、生活情况的信息反馈。

4. 对象国社会状况鱼龙混杂，留学生涉世未深，极容易受到如金钱、宗教等各种因素的诱惑而误入歧途。以马来西亚为例，众多基督教团体在马来亚大学内传教并不受到学校禁止；更有甚者，2014年夏季学期笔者亲历了疑似韩国邪教组织"统一教"在校园内招募"支教义工"的情景。而2008级也有学生未经许可于假期擅自滞留马来西亚做兼职的情况，既影响了大四学年的课程，也因此被马来西亚移民局列入禁止再次办理学生签证入境的惩罚名单。

四、应对措施

教学管理服务于人才培养目标的实现，是一种手段和保障机制。一旦我们"3+1"的人才培养方案和培养目标确定，就应该实施相应的有针对性的教学管理模式和手段。针对上述问题，我们认为应该采取切实可行的措施加强以下方面的工作：

（一）加强出国前教育工作

将留学监管提前到留学前启动，争取做到防患于未然。出国前除了接受学校国际交流处和所在学院分管领导的思想、安全教育外，还应该邀请国安部门人员进行保密培训，以免误入歧途，被国外反华势力利用；并邀请相关法律人员进行普法教育，以免违反当地法律法规。鉴于马来西亚以伊斯兰教为国教的具体国情，还可邀请清真寺阿訇在学生行前进行穆斯林习俗的介绍，以免因违反对方习俗而造成不必要的麻烦。

（二）加强教学管理工作

学校的国际交流处和所在学院一定要协调好关系，和对象国学校要相互沟通，签订好相关协议。要采取切实可行的措施，做好留学生的教学管理工作。在管理学生方面，学校每学期应派出一名专职教师到对象国实施监控教学一周时间，以便及时了解学生的思想动态，一旦发现问题可以及时做思想工作，帮助学生正确处理好兼职和学习的关系，端正学习态度。应该和国内一样健全考勤制度。由学习委员负责考勤学生和教师的出勤情况，学生缺课太多提出批评教育，情况严重者不允许参加考试，教师无故迟到或缺课应统计好上报学校，作为学校考核教师是否称职的一个因素；在任课教师的管理方面，双方学校要达成共识，制定好奖惩措施，对象国学校应尽可能地选派一些责任心强的优秀教师任课，对部分责任心不强和上课质量不佳的教师应加强教育，并且作为奖惩考核的指标，切实履行双方达成的人才培养协议。在学生的生活管理方面，应充分发挥留学生中班团干的作用，通过班级自治管理，加强约束监督，并落实班团干每月向班主任进行汇报制度。如将留学生分成若干小组，由责任心强的班团干担任组长，组员离校出行需结伴或向组长汇报。

（三）加强与对象国学校的相关学院、国际留学生管理部门的联系

以我校马来语所在的留学学校马来亚大学为例，学生管理机构分为学校与学院两个层面。其中学校层面的国际留学生由国际学生中心（International Student Centre）负责管理，包括交换生录取、签证申请、学籍注册、住宿安排、机场接送以及组织学生活动等；而学院层面的学生管理由二级学院马来研究学院（Academy of Malay Study）负责，包括日常课程安排、课堂管理、组织学生活动和协助国际学生中心进行学生管理。与之对应的，可由学校、学院主管留学生工作的领导、老师定期联系马来亚大学国际学生中心相关人员询问学生基本情况，系部主任、科任老师定期联系马来研究学院相关人员询问学生学习情况。这样既能引起对方对本校学生的重视，也能促进校际合作交流。

（四）加强教材编写的针对性和实用性

建议对象国学校组织一些教学经验丰富的教师编写一套适合中国学生、专供大三学习的教材。新编写的教材应注意更新教学内容，加强题材和体裁的多样化，涉及领域广泛、难易适中。双方学校也可以考虑集中人力、物力，共享资源，编写统一使用的教材，因为合作是长期的，我们眼光应该放远一点。

（五）优化课程设置

课程设置首先应考虑对东南亚语种人才的基本要求，1998年8月，高校外语专业教学指导委员会在《关于外语专业面向21世纪本科教育改革的若干意见》中明确提出新世纪外语人才的规格，即具有"扎实的基本功、宽广的知识面、一定的专业知识、较强的能力和较强的素质"。以东南亚语种专业为例，扎实的语言基本功应该包括各东南亚语种、英语、汉语，一定的专业知识即对象国国情

等，宽广的知识面即相关学科知识，复合性专业知识即包括选修、辅修、第二学位等，较强的实践和创新能力即综合能力，较好的综合素质即包括思想道德、文化、身体和心理素质等。良好的课程体系是保障复合应用型人才质量的前提，课程设置则是培养目标的充分体现，也是确保东南亚语种人才培养质量的根本途径。这就要求我们在制定人才培养方案时要充分考虑"3+1"的实际情况，并且和对象国学校及时做好对接工作，同时加强监督，确保人才培养方案得以完整实施。

（六）鼓励学生带着毕业论文选题去留学

很多学生在出国前，因为没有确定自己的毕业论文选题，所以到了对象国不管有用没用，什么资料都乱收集一通，而真正到了写论文的时候又无从下手，写出来的论文或有据无论，或据多论少，只是罗列堆积材料。有的回国后因临时更改论文选题，不得不到学校的资料室重新找资料，白白浪费了对象国图书馆得天独厚的资源优势。我们建议学生除了完成规定的学习任务外，应该有备而去，带着自己的论文选题，有针对性地积极收集相关有价值的资料，这对高质量地完成毕业论文是很有好处的。

五、结语

教学质量监控是保证教学质量的重要手段，在整个教学过程中起着至关重要的监测与调控作用，为教学质量的稳步提高提供了坚实的保障。对教学质量实施监控，是学校进行教学质量管理的重要手段，对提高教学质量具有重要意义。应将对国外教学的监控纳入东南亚语种教学工作的新常态。进一步加强对国外教学质量进行监控调查研究，有助于为今后继续完善"3+1"人才培养模式提供理论与决策依据，从而更好地探索出通过开放的课程结构、教学内容、教学活动和教学时空与对象国高校联合培养东南亚语种人才的有效途径，充分地利用对象国的优质教育资源和良好的语言学习环境，进一步提高东南亚语种人才培养质量。

参 考 文 献

［1］关红辉，蔡永香，龚媛媛，等. 我国高校教学质量监控研究综述［J］. 黑龙江教育，2011（2）：27.

［2］胡彩梅，谭旭红，吴莹辉，等. 本科高校全过程教学质量监控体系的构建与实施［J］. 继续教育研究，2008（2）：86.

［3］张定国. 教学质量监控体系的构建与实施［J］. 黑龙江高教研究，2004（6）：27.

［4］庄智象，等. 探索适应国际化创新型外语人才培养的教学管理模式［J］. 外语界，2012（5）：68—72.

附录：东南亚语种"3+1"本科人才培养国外教学质量调查问卷

专业班级_____ 姓名_____

本调查问卷旨在了解广西民族大学东南亚语种本科专业在语言对象国的教学质量情况，以便今后进一步改进和完善人才培养模式，提高人才培养质量。因此，请各位同学积极配合，根据实际教学情况认真仔细填写。

1. 所在学校是否按照教学计划安排课程？□是　□否
2. 所在学校是否有随意增减教学科目的数量？□是　□否
3. 所在学校是否有随意更改教学课程的内容？□是　□否
4. 你认为教学计划安排的课程是否合理？□是　□否
5. 你认为任课教师的教学态度是否认真？□是　□否
6. 任课教师是否有上课迟到或早退现象？□是　□否
7. 任课教师是否有随意请假的现象？□是　□否
8. 如遇任课教师请假未能及时上课，过后是否补课？□是　□否
9. 任课教师在课堂上是否经常讲与所学科目无关的内容？□是　□否
10. 任课教师在教学时是否准备PPT？□是　□否
11. 任课教师是否经常在课上提问并要求同学回答？□是　□否
12. 你认为任课教师对每位同学的关注程度是否足够？□是　□否
13. 当你有关于学习的问题请教老师时，老师是否有提供帮助？□是　□否
14. 课后你是否有单独与老师讨论学习问题？□是　□否
15. 每周课时量是否达到教学计划要求？□是　□否
16. 是否存在随意增删课时的情况？□是　□否
17. 各个科目是否都有统一制定或购买教材？□是　□否

18. 你认为所订购的教材是否适用？ □是　　□否

19. 如遇没有教材的科目，任课教师是否影印教学资料？ □是　　□否

20. 教材或教学资料是否存在年代久远的情况？ □是　　□否

21. 教材或教学资料是否存在明显错误？ □是　　□否

22. 你认为任课教师教学方式是否多样化？ □是　　□否

23. 任课教师是否有采取以下教学方式？（多选） □展示图片　□播放音频、视频资料　□组织学生进行实地调查参观　□分组讨论　□推荐与课程相关的书籍　□课堂提问

24. 是否每门功课都布置课后作业？ □是　　□否

25. 任课教师是否按时收作业并认真批改？ □是　　□否

26. 是否每门功课都安排有期中测试？ □是　　□否

27. 是否每门功课都安排闭卷期末考试？ □是　　□否

28. 所在学校是否有安排教务人员负责留学生教学事务？ □是　　□否

29. 同学们对教学方式有意见的，是否曾向任课教师或教务处提出？ □是 □否

30. 你认为任课教师或教务处是否有认真考虑学生意见并解决？ □是　　□否

31. 所在学校是否有组织学生参与社会实践活动？ □是　　□否

32. 你认为期末考试的分数评定是否公正、公平、公开、规范？ □是　　□否

33. 你认为所在学校安排的教学科目是否存在重复？ □是　　□否

34. 你在对象国留学期间是否在图书馆借阅过外文书籍？ □是　　□否

35. 你在对象国留学期间是否购买过图书？ □是　　□否

36. 你在留学前是否确定本科毕业论文选题或方向？ □是　　□否

37. 你在留学期间是否有收集与本科毕业论文相关的资料？ □是　　□否

38. 你认为期末考试的内容是否真实反映了学习情况？ □是　　□否

39. 你认为是否有必要定期对所在学校的教学质量进行检查？ □是　　□否

40. 你对留学期间所选用的教材有什么建议？

41. 你认为应该增加哪些科目？

42. 你认为应该删减哪些科目？

43. 你认为留学课程的设置还存在哪些不足？

44. 你认为哪些实践活动可以培养学习兴趣？

45. 你认为什么形式的课后作业有利于巩固课堂知识？

46. 你认为在对象国留学期间能有效提高语言能力的方式是什么？

47. 你在对象国留学期间收获最大的是哪方面?

48. 你认为目前在对象国的教学模式有什么地方应该改进?

"中泰合作、跨国培养"人才培养模式探索与实践[①]

——以西双版纳职业技术学院为例

■ 西双版纳职业技术学院 普光琼

【摘 要】人才培养模式是高等教育质量保证和核心问题。西双版纳职业技术学院以人才培养模式改革为突破口，以人才培养方案设计为核心，以课程教学改革为重点，对应用泰国语专业的人才培养模式进行了系统化的探索和实践，形成了具有特色的"中泰合作、跨国培养"的"2+0.5+0.5"人才培养模式，收到了良好的效果。

【关键词】中泰合作；跨国培养；人才培养模式；探索；实践

西双版纳职业技术学院以"高职应用泰国语专业人才培养模式创新研究"为切入点，从高等职业教育的本质出发，坚持理论与实践研究相结合，自2005年以来，紧紧围绕"中泰合作、跨国培养"工学结合人才培养模式进行了一系列积极的探索和改革，开展了以"两个结合"、"双线培养"、"双向交流"、"双方作用"、"两个优化"为特色的"语言能力＋素质教育＋职业技能"的人才培养模式的构建与实践，建立了以工作过程为导向的"国内外一体化"课程体系，根据职业指向在国内校内外、国外校内外与合作高校、企业共建实训基地，突出职业能力培养，实现了本专业人才培养目标，在省内外同类高职院校和国外合作院校中产生重要影响。

---

① 2012年度云南省教育厅科学研究基金项目"高职应用泰国语专业人才培养模式创新研究"，编号：2012Y398。

一、"中泰合作、跨国培养"人才培养模式创建的背景

（一）人才需求背景

随着东盟自由贸易区建设的推进、澜沧江·湄公河流域的开发、昆曼国际大通道的开通以及国家面向西南开放的"桥头堡"战略的实施，社会对泰语应用型、复合型人才的需求加大，特别是在以泰语为工作语言的中泰商务助理、商贸翻译、报关员等商贸岗位、旅行社行政助理、涉外全陪、泰语导游等旅游岗位，需要大量高素质技能型的复合型泰语人才。为此，西双版纳职业技术学院以此为应用泰国语专业人才培养的目标定位，实施了"中泰合作、跨国培养"工学结合人才培养模式的教学改革。

（二）区域背景

西双版纳傣族自治州与老挝、缅甸接壤，与泰国相邻，是中国乃至云南面向西南开放的最前沿，是云南省唯一拥有对外开放的水、陆、空国家级立体口岸（4个）的少数民族自治州。澜沧江（湄公河）一江连六国，是经济贸易的黄金水道；磨憨口岸是昆曼大通道的重要节点。此外，西双版纳各族人民与泰、老、缅等国人民"同饮一江水"，族源、语言、文化等各方面具有"同根、同源"的亲缘关系，为该教学模式的构建与实践提供了基础条件。

二、"中泰合作、跨国培养"人才培养模式的具体实践

第一阶段：2005年至2007年，起步探索阶段。学院与泰国的4所高校合作，采取学生在国内学习2年、第3年到目的语国的高校学习提升的方式，实行"2+1"的教学计划。

第二阶段：2008年至2009年，进一步完善阶段。在实践过程中，通过不断地探索，学院适时提出了"校内学习提升＋校外顶岗实习"的教学改革，即开始实施"2+0.5+0.5"的教学计划。该模式把原来在国外高校1年学习泰语的时间变为半年学习提高语言＋半年的校外顶岗实习，切切实实使学生的语言应用能力得到了较大的提升，职业能力得到了发展。

第三阶段：2010年至2012年，创新阶段。为适应昆曼大通道的开通、国家"桥头堡"战略的实施，学院更深层次地对"中泰合作、跨国培养"工学结合人才培养模式进行改革，创新了以培养目标为任务要求，以职业指向为导向的"中

泰合作、跨国培养、职业引领、岗位衔接"工学结合的人才培养模式，在语言类的专业中凸显了"职业引领、岗位衔接"工学结合的职业教育特色。

三、"中泰合作、跨国培养"人才培养模式的主要内容

（一）人才培养模式内涵

"中泰合作、跨国培养、职业引领、岗位衔接"的面向商贸、旅游的"2+0.5+0.5跨国式工学结合"人才培养模式以国外合作院校和国内外合作企业为平台，共同制定专业人才培养方案，共同开发核心课程，共同建设实训基地，共同承担与专业相关的教学任务等环节，同时合作院校和企业还为学校提供优秀的兼职教师，为专业教师提供到学校和企业锻炼的机会，实现校企深度融合。以行业岗位能力需求为中心，根据岗位工作任务的系统性和学生职业能力的形成规律，按照由易到难、循序渐进的原则，同时充分考虑教学的可实施性，开发、整合课程，形成由通识课程模块、专业技能课程模块、综合实训模块、素质能力模块组成的课程体系。在"中泰合作、跨国培养"这一工学结合的场景中，让学生完成与应用泰国语专业面向岗位和岗位群相一致的学习任务，培养职场素质和实际能力。

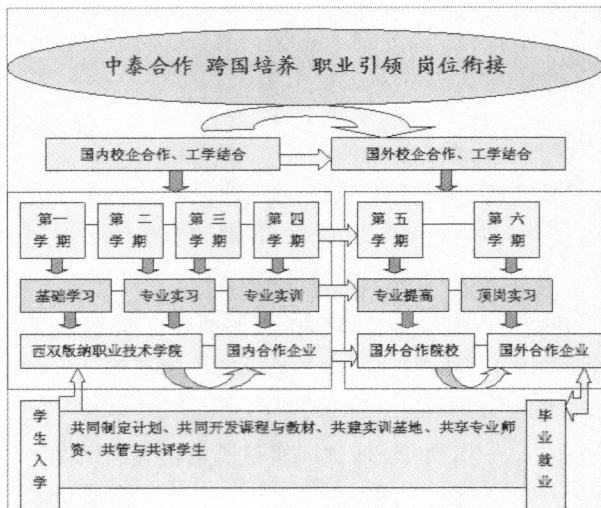

（二）课程体系

构建基于工作岗位、以职业指向为导向的"国内外一体化"课程体系。中、

泰、企业三方通过对外贸易公司、旅行社中以泰语为工作的职业岗位，采用访谈、问卷、研讨、论证等方式，依据在实际工作岗位中所需的能力要求进行职业岗位分析，确定工作能力要求，再通过对典型工作岗位要求的归纳、整合，确定学习领域，并以行动为导向，按照实际工作岗位组织教学，按照学习语言的一般规律和学生的可持续发展的要求，充分考虑教学的可实施性，开发、整合课程。形成由通识课程模块、专业技能课程模块、综合实训模块、素质能力模块4大板块组成的国内外综合一致培养的课程体系。其中实训课程占总学时的53.30%，突出了职业能力的培养。

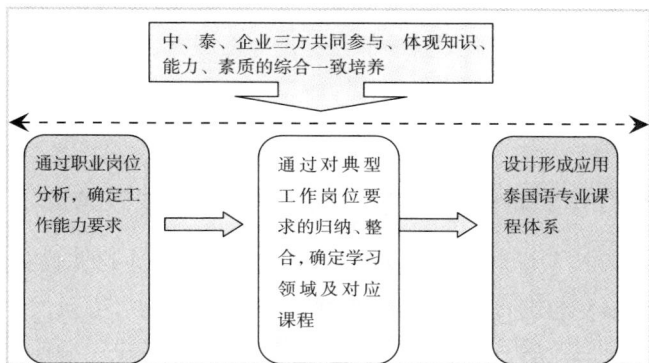

（三）课程教学

以应用型人才的素质和能力要求为目标，优化发展教学理论，以建构主义教学理论为基石，遵循高职"以行动为指南，以任务为导向"的教育理念，丰富发展相关教学理论，优化传统的"情景教学"理论。在教学中，改革教学方法，加强实践性教学，以学生为本，采用理论教学与实践教学结合、校内与校外结合、国内与国外结合、课内与课外结合、虚拟与真实结合、专业技能培养与素质教育结合、实训与职业能力培养结合。应尽可能地突出学习者的参与性、教学内容的实用性、教师的指导性以及教学方式的实践性，其核心是学生的主体作用。

（四）教材开发

结合培养目标，开发校本教材。利用合作办学的条件，在合作院校及企业的配合下，由中、泰教师及企业专家共同编写教材，要充分体现以能力为目标，以项目为载体，按照职业岗位（群）的任职要求，参照相关职业资格标准确定教学内容，突出教学内容与实际工作一致性的专业教材。

（五）教学管理机制

机制在某种程度上可理解为制度或制度的组合。管理机制运行良好会对组织目标的实现起巨大的推动作用，反之会起阻碍作用。"中泰合作、跨国培养"人才培养模式在管理机制方面的创新就是要以满足应用型人才培养需要为原则，对教学管理制度进行适应性改革。学校实行校院两级管理体制，实行专业负责人制和骨干教师负责人制，要求专业与行业的代表单位建立联合培养体制，鼓励聘请具有行业背景和实践经验的高水平人士参与教学，激励教师到企事业单位锻炼或开展研究活动，鼓励学生在教师指导下自主选择发展方向并设计某一阶段的学习计划。通过教学管理制度的改革与创新为应用型人才培养模式改革营造适宜的环境氛围。

四、"中泰合作、跨国培养"人才培养模式的成效与启示

西双版纳职业技术学院"中泰合作、跨国培养"人才培养模式从2005年提出并在应用泰国语专业进行试点，在思想认识、理论建构、方案设计和实践操作等方面取得了明显成效后，推广应用在学校应用老挝语、应用缅甸语专业。目前该模式不断完善，学生的通识教育基础和学科基础更加扎实，到泰升本人数增多，学生的专业实践应用能力和就业创业能力明显增强，就业岗位与专业的关联度显著提高，毕业生协议就业率达到90%以上，人才培养模式的实施给我们带来了一些重要的启示。

（一）校企联合培养是实现应用型人才培养目标的有效途径

校企联合培养是学校与企事业单位所代表的行业的联合。学校出台校企联合培养管理文件，与企业联合成立校企联合培养人才工作领导小组，负责联合培养方案的总体制定、组织实施、经验总结和改进推广，各学科专业与行业企业建立校企合作工作组，负责专业建设和教学环节的实施。积极作为，争取地方政府、行业组织和行业主管部门、企事业单位对人才培养的支持与合作，使行业企业参与人才培养方案的制订、教育教学过程、实践实习指导和人才培养质量评价等，在应用型人才的培养过程中真正发挥作用，同时企业也接受学校师生智力和其他资源的服务。实行校企联合培养由于企业的参与使学校人才培养目标定位更加准确，课程体系设计更加科学，课程内容更具针对性，实验实践教学环节落实更加

到位，培养的人才应用性特征更加明显，更能适应经济社会发展的需要。

（二）科学有效的课程体系是人才培养质量的关键

课程建设是专业建设和教学改革的核心。课程建设要体现以全面素质为基础、以综合能力为本位的教学指导思想，构建适应经济建设、科技进步、个性发展的具有高等教育特色的课程体系。课程结构要实行整体优化，认真处理好文化基础课程、专业课程、实践课程的结构和比例，以满足学生就业、升学、个性发展的多元化需要。为了使培养的人才能够适应企业岗位需求，要根据技术领域和职业岗位（群）的任职要求，参照相关的职业资格标准，构建课程体系；校企合作开发课程，使理论与实践紧密结合，增强实用性和实践性。

（三）师资队伍建设是人才培养质量的保证

注重"双师型"教师队伍建设。教师队伍建设是培养优质毕业生的重要前提，没有高素质的教师就不可能培养出高素质的学生。应用泰国语专业的学科特点要求教师不仅要有扎实的外语语言功底，更要具备与行业有关的业务知识和基本技能，即"职业能力＋泰语"的复合教学能力，也就是常说的"双师型"教师。由于应用泰国语专业是应用性、实践性很强的专业，因此培养"双师型"师资队伍，提高教师复合教学能力是非常重要的。"双师型"教师能很好地把握知识传授、能力培养和实际工作需要之间的关系，能敏锐地抓住行业发展的动向，使教学更加贴近实际，使毕业生又快又准地胜任岗位需要。

（四）跨国合作教学质量监控体系是人才培养质量的保障

教学质量监控体系的构建和运行，是保证教学质量和提高教学效果的重要措施。跨国合作办学模式，教学质量监控必须落到实处，应该明确课程标准和考核方法，明确实训考核标准，还要派出教师按照学校教师教学质量评估体系，对国外任课教师所进行的教学内容实施情况做出定期和不定期检查，做出评价并及时与任课教师和合作院校交换意见。同时学校方要定期到国外合作院校和企业进行课堂教学和实训情况检查，形成从教师到学生、从教学到实训的国内外全程教学监控体系和保障体系。

五、总结

总之，人才培养模式是教育资源的综合利用和整体优化，要求我们从高等教育的本质出发，以人才需求为依据，从专业设置、人才培养设计、教学中课程设计改革、检测评价等一系列环节入手，以专业人才培养目标为依据，制订出切合实际的实施办法，并进行整体优化，达到最佳效果。

参 考 文 献

［1］陈颖燕. 以社会需求为导向的高职人才培养模式探索研究［J］. 课程教育研究，2013（1）.

［2］崔岩. 高等院校人才培养模式创新研究［J］. 当代文化与教育研究，2008（3）.

［3］姜军. 高校中外合作办学创新国际商务专业人才培养模式研究［J］. 中国成人教育，2011（15）.

［4］王前新. 高等职业教育人才培养模式的构建［J］. 职业技术教育，2003（10）.

［5］王文婷. 高职旅游外语专业人才培养模式研究［J］. 教育与职业，2009（9）.

［6］吴炜. 基于岗位需求的高职人才培养模式探析［J］. 职业教育研究，2013（5）.

［7］张鸿雁. 高职人才培养模式基本类型和构建策略［J］. 职教论坛，2012（11）.

［8］张俊. 高职教育人才培养模式研究［J］. 职教论坛，2013（29）.

［9］张凯. 高职院校人才培养模式之研究［J］. 职业教育研究，2009（8）.

非通用语高级翻译人才培养模式探索

——以广东外语外贸大学为例

■ 广东外语外贸大学　谈　笑

【摘　要】近年来，随着国家外交战略的调整，国内各高校非通用语教学取得了飞速发展，但是在非通用语高级翻译人才培养方面仍然进展缓慢，难以满足市场的迫切需求。广东外语外贸大学作为教育部普通高校外语非通用语本科人才培养基地和具有完整翻译专业人才培养体系的高等学校，在非通用语高级翻译人才的培养模式这一课题上进行了一系列有益的尝试和探索。

【关键词】非通用语；高级翻译；人才培养

近年来，随着国家间合作的不断增强，全球化的趋势越来越明显，翻译逐渐成为实现国家发展战略必不可少的一环。当前，我国外交战略实现了新的调整，提出了新的理念。新领导集体在周边外交上加强了顶层设计，推出了一系列新的举措，提出了一系列加强与周边国家经济合作的重大倡议，如建设丝绸之路经济带、21世纪海上丝绸之路、中缅孟印经济走廊等，为构建周边利益和命运共同体提供了实实在在的支撑。与此同时，为不断提高综合国力和文化软实力，国家先后出台了一系列相关法律法规和政策规定，大力推动中国走向世界。国家的这一系列战略决策以及发展规划，为中国翻译教育，尤其是非通用语翻译人才培养提供了新的机遇和需求。翻译作为中外合作交流的沟通桥梁，在涵盖市场营销、战略沟通、文明对话、文化交流等多种形式的公共外交中的地位日益突出，翻译人才培养尤其是高级翻译人才培养迎来新的历史发展机遇和重大需求。这就要求非通用语翻译教育必须紧跟时代步伐，结合当前国家需要和时代特征，为实现国家发展战略提供必要的支持，非通用语高级翻译人才的培养问题已经被提上了议事日程。

一、非通用语高级翻译人才培养迫在眉睫

（一）非通用语高级翻译人才的定义

何谓高级翻译人才？参照广东外语外贸大学（以下简称为"广外"）高级翻译学院人才培养方案中的定义，应该是具有坚实的双语语言基础和娴熟的语言交际能力，掌握多方面的口、笔译知识和技能的高层次翻译应用型人才及受过严格、规范的翻译理论训练的翻译研究型人才。高级翻译人才必须能胜任外交、外经贸、国际文化科技交流等方面的高层次口译、笔译任务及译审工作；能胜任大型国际会议的同声传译工作及高级别领导人的口译工作；能胜任高校和有关研究机构的高级翻译教学和研究工作。

何谓非通用语高级翻译人才？即熟练掌握一门非通用语，并能够承担该非通用语领域上述各项工作的人才。此外，非通用语高级翻译人才还应该能够熟练使用除非通用语之外的一门第二外语——通常为英语。即非通用语高级翻译人才是能够完成汉语、非通用语、英语三语之间高级翻译工作任务的人才。

（二）国内非通用语高级翻译人才培养现状堪忧

全球化趋势深入发展和中国对外开放战略深入实施的新形势，推动"让中国走向世界，让世界了解中国"这一重大命题，走向政治、经济、文化、科技、环保、防恐等多层次全方位的交流合作。全球化、信息化时代的公共外交，打破了传统的政府对政府的交往方式，开拓了政府对民众、民众对政府、民众对民众的沟通新渠道。随着中国"周边外交、发展中国家外交和多边外交"战略的实施，中国已进入公共外交的新时代，迫切需要向外部世界特别是向亚非、拉美世界传播我们自己的道路和价值观念，迫切需要与广大第三世界国家建立更加密切、更加深入和广泛的文化联系。在推动中国文化对外传播的进程中，非通用语翻译可以在多个层面上服务于国家和社会，非通用语种翻译人才的战略地位日益突显。

由于目前非通用语种翻译人才培养周期长，高端非通用语种翻译人才严重匮乏，已经成为制约中国文化"走出去"的一个重要瓶颈。[①]在高等教育方面，2014年中国在读的外语本科生人数接近80万人，其中58.7万人在读英语本科专

---

① 闫国华. 非通用语种翻译人才短缺成对外传播瓶颈［EB/OL］. 中国网，2014-07-29. http://www.china.com.cn/news/2014-07/29/content_33085205_3.htm.

业。①从这个数字就可以看出，非通用语专业本科生人数在剔除英语和其他通用语种人数之后，在全国外语专业本科生在校人数当中所占的比例相当低。至于非通用语高级翻译人才的培养，在全国范围内更是步履艰难，进展缓慢。造成这一事实的原因是多方面的，比如缺乏高学历、高职称的专业教师，办学条件亟待改善等等。由于缺乏相关的培训，很多非通用语种专业学生毕业后不能快速胜任翻译工作，掌握经贸商务、农林矿产、机械设备、司法等专业知识的高层次翻译人才更是稀缺。据国家外文局调查，目前我国从事同声传译和书面翻译的高端外语人才严重缺乏，能够胜任中译外工作的高质量人才缺口高达90%。

从人才培养模式上看，传统学历教育难以打造直接符合市场需求的非通用语种翻译人才。传统语言类专业人才培养模式偏重理论知识和文化研究，缺乏充分的职业训练。即便在现有的高级翻译人才培养工作中，也还是更偏向于理论研究，高端翻译实践人才的培养还没能跟上时代的发展需求。从翻译人才的思维模式上看，其与一般外语人才有着明显的差别，必须经过专门的职业技能培训才能成长成才，其教学模式也绝不是一般的外语教学可以替代的。如何填补目前学历教育和市场人才需求之间明显存在的"空白地带"，培养符合语言服务行业基本从业要求的翻译人才，特别是高素质的非通用语种高级翻译人才，亟待对当下非通用语种人才培养模式的不足进行反思并予以改革创新。

二、广外非通用语高级翻译人才培养战略规划

（一）已有基础

广外是一所具有鲜明国际化特色的重点大学，是华南地区国际化人才培养和外国语言文化、对外经济贸易、国际战略研究的重要基地。自1965年建校以来，广外为国家外交事业和经济发展培养了大量优秀的外语人才，做出了重要的贡献。

1. 广外具有坚实成熟的非通用语种专业体系

广外现有非通用语种专业12个，在语言和翻译教学上积累了丰富的经验，形成了相互借鉴、相互补充的成熟的非通用语种专业体系。20多年的"双（外）语制"改革探索，也为广外非通用语种学科群积累了较丰富的教学改革经验，逐渐形成了重视实践应用的"非通用语种＋英语"双外语人才培养模式。广外非通

---

① 仲伟合. 中国文化对外传播路径创新与翻译专业教育［EB/OL］. 中国译协网，2014-08-06. http://www.tac-online.org.cn/ch/tran/2014-08/06/content_7121590.htm.

用语种专业人才培养特色鲜明，师资力量雄厚，教学规模在华南地区首屈一指，在全国也名列前茅。

2. 广外翻译教学在国内翻译学科发展中处于领先地位

2006年广外获教育部批准，成为全国首批试办翻译本科专业的3所高校之一；同年又获国务院学位委员会批准成为翻译学硕士和博士学位授权点；2007年获国务院学位委员会批准，成为全国首批15所开办翻译硕士专业的高校之一，搭建起从本科到博士的完整翻译教学研究平台，成为国内首家拥有翻译专业本科、翻译硕士专业学位、翻译学硕士、翻译学博士、翻译学博士后完整翻译人才培养体系的高校，为翻译人才培养奠定了坚实的基础。广外还是全国翻译专业学位研究生教育指导委员会秘书处和教育部高等学校翻译专业教学协作组秘书处所在高校，是国家翻译人才培养标准、政策的重要提议人与决策者。

3. 广外协同育人体制机制已取得喜人成效

广外具备国际协同育人的良好基础。截至2014年3月，已与美国、英国、法国、德国、西班牙、意大利、加拿大、澳大利亚、日本、俄罗斯、马来西亚、印度尼西亚、泰国、越南、韩国、智利、古巴、墨西哥及中国香港、澳门、台湾等38个国家和地区的258所大学和学术文化机构建立了合作交流关系。与英国兰卡斯特大学、世界银行、欧盟等国际知名大学和国际机构开展合作研究。广外具有悠久的多语种协同育人工作传统。广外牵头培育组建的外语研究与语言服务协同创新中心获认定为广东省唯一一个文化和社会类协同创新中心（广东省首批协同创新中心共认定11个，其中含部属院校协同创新中心4个），该中心还被列为广东省国家级"2011协同创新中心"培育建设规划项目；广东"走出去"协同创新中心获认定为广东省区域发展类培育建设协同创新中心；2014年8月，广外牵头培育组建的多语种高级翻译人才协同育人基地获认定为首批广东省协同育人平台，广外协同育人体制机制方案获专家组一致好评。

（二）相关教学科研机构设置

此次参与非通用语高级翻译人才培养战略的广外内部教学科研机构主要有以下三家：

1. 非通用语种教学与研究中心

广外"非通用语种教学与研究中心"成立于2000年5月。该中心按照教育部关于高等学校外语非通用语种本科人才培养基地建设的宗旨、要求以及学校的办学定位和规划，全面统筹、协调非通用语专业的建设与发展。该中心是全国高校中唯一一个专门为非通用语专业而设置的教研机构，设主任一名、副主任一名。广外非通用语种本科人才培养基地现设有越南语、泰语、印度尼西亚语、朝鲜语、印地语、老挝语、缅甸语、柬埔寨语、马来语、意大利语、葡萄牙语、波兰语等12个本科专业和1个亚非语言文学硕士点，跨东方语言文化学院和西方语言文化学院两所学院，现有非通用语专职教师48人，外籍教师6人；2013年有在校本科生610名，研究生13名。非通用语教学规模在华南地区首屈一指，在全国也名列前茅。

2. 高级翻译学院

2005年5月，广外整合部分学院的优秀翻译师资，成立了继北京外国语大学和上海外国语大学之后我国第三个高级翻译学院。仲伟合教授任院长。学院下设口译系、笔译系和高级译员研修部。学院开设了包括国际会议传译、口译理论与实践、翻译学研究、商务翻译研究、法律翻译研究、传媒翻译研究、文学翻译研究等七个硕士研究生方向，成为华南地区唯一硕士层次的翻译人才培养基地。目前学院已经发展成为国内第一所具备翻译专业本科、翻译硕士专业学位、翻译学硕士、翻译学博士、翻译学博士后等完整翻译专业人才培养体系的高层次、应用型、专业化教育机构，是华南地区口笔译高级翻译人才的培养基地、全国翻译专业学位研究生教育指导委员会秘书处和教育部高等学校翻译专业教学协作组秘书处所在地。

3. 英语教育学院

广外英语教育学院的前身是基础英语学院。2005年5月，基础英语学院更名为英语教育学院。学院设有英语教育系、第一教学部、第二教学部、第三教学部、第四教学部和研究生英语教学部，负责全校非英语专业学生的大学英语教学、研究生英语教学和教育学（英语教育）专业的教学工作。综合英语、高级英语、英语写作、比较教育等教学团队引领学院的教学不断向更高水平迈进。学院设有大学英语研究中心、专业英语研究中心、教师发展研究中心、比较教育研究中心、基础英语教育研究中心、教育文化翻译研究中心和语言与文化研究中心，从事相关领域的系统研究。学院以大学英语教学为根本立足点，以英语教育专业教学为发展增长点，实践履行"国际化、校本化、个性化、人性化、立体化"的教学理念，凸显分级教学、基于网络的英语教学、专业英语教学、学生英语第二课堂、教师教育等五大特色与优势。

（三）人才培养战略

为了适应国家发展战略，培养新形势下能够满足市场需要的非通用语高级翻译人才，广外领导层决定，整合以上三个教学科研单位的力量，由非通用语种教学与研究中心牵头，高级翻译学院和英语教育学院合办，并依托广外国际交流处和广东省省级协同创新中心——外语研究与语言服务协同创新中心，设立"多语种翻译人才协同培育基地"，并制订非通用语高级翻译人才培养一揽子战略计划。上述几个单位的基本分工如下：非通用语种教学与研究中心负责制订培训计划以及对各非通用语种相关专业培养对象的选拔和组织，高级翻译学院负责承担翻译培训的相关课程，英语教育学院负责承担英语培训课程，国际交流处负责与上级部门沟通和安排出国培训事宜，外语研究与语言服务协同创新中心负责协调并提供培训所需的其他支持。采取多单位协同作战、多层次齐头并进的方式，争取在短期内通过一系列举措迅速有效地提升非通用语翻译人才培养质量，并在未来长期为国家非通用语领域培养出更多更好的高级翻译人才。

三、广外非通用语高级翻译人才培养模式探索

在具体操作层面上，广外在非通用语高级翻译人才培养模式方面的探索计划大致可以分为以下三个层次：

（一）本科阶段

在大学本科阶段，选拔优秀翻译苗子进行重点培养。具体做法是：

1. 在12个非通用语专业本科阶段一年级结束时，从每个语种选拔2—3名对翻译课程特别感兴趣、在翻译方面成绩比较突出、具有较大发展潜力的好苗子，组成"多语种翻译培训班"，从大学本科二年级开始，在不减少原有课程的基础上，另外再集中开设有别于原有课程的翻译理论、翻译实践、第二外语（英语）等课程，在翻译领域进行强化训练，至本科毕业时通过考试合格可获得双专业（原有专业和翻译专业）双学位，或者获得翻译专业培训合格证书。"多语种翻译培训班"的相关课程由高级翻译学院和英语教育学院联合承担。

2. "多语种翻译培训班"中成绩优秀、表现突出的学生，可以获得资助前往对象国或欧美国家进行留学或短期培训，留学和培训的内容为非通用语课程、第

二外语（英语）课程或翻译专业课程，旨在进一步提高其外语应用水平。

（二）研究生阶段

1. 增设非通用语翻译专业硕士研究生（英文名为Master of Translation and Interpreting，简称MTI）。广外是我国第一批翻译硕士专业学位教育单位之一，已于2007年开始翻译硕士专业学位教育，经过数年的实践，取得了良好的效果，受到了社会的欢迎。现面向全国招收全日制英语笔译、英语口译、法语口译、日语口译翻译硕士。在总结以上通用语种MTI经验的基础上，某些具备条件的非通用语种如朝鲜语已经于2014年3月申请开设翻译专业硕士。其目标是培养德、智、体全面发展，能适应全球经济一体化及提高国家国际竞争力的需要，适应国家经济、文化、社会建设需要的高层次、应用型、专业性口笔译人才。在课程设置方面突出翻译理论、口译、笔译、同声传译、经贸、法律翻译等课程。

2. 在尚未具备开设翻译专业硕士研究生条件的非通用语专业，为现有的硕士研究生提供高级翻译专门培训。具体形式可分为国内培训和出国培训两种，国内培训课程由高级翻译学院和英语教育学院联合承担；出国培训内容既可以是本专业语言，也可以是第二外语（英语），旨在提高其三语互译水平和综合应用能力。

（三）师资培训

大学教育，师资培训是重中之重。没有优质的师资，所有的人才培养计划都是无源之水、无本之木。而目前非通用语教师队伍学历层次偏低，缺乏高水平的翻译教学人才也是客观事实。因此，对非通用语教师的在职培训也是这个一揽子计划当中的重要内容。

1. 对非通用语教师进行翻译理论及英语培训。现有的非通用语师资队伍，绝大多数都毕业于非通用语专业，受到专业先天条件的限制，其翻译理论水平和外语水平，尤其是第二外语（英语）的水平参差不齐，很难满足高级翻译人才培养的客观需要。这就要求从学校层面上给这些教师提供在职培训、继续深造的机会，翻译理论及英语课程无疑是培训的重要内容。

2. 选派非通用语教师出国培训。可以采取短训班或单独前往的形式，组织、选派相关语种的教师前往对象国或者英语国家培训进修，提高其翻译教学水平和外语应用能力。

四、关于非通用语高级翻译人才培养的进一步设想

（一）开设非通用语翻译本科专业

2004年，上海外国语大学率先在外国语言文学一级学科下开设了硕士点和博士点，标志着在中国的学科架构之下翻译学取得了一个很好的学科地位。2006年，教育部批准广外、复旦大学、河北师范大学三所学校试办翻译本科专业，标志着翻译本科专业被列入教育部的行政文件中。2010年国务院学术委员会调整学科目录，增加了若干个一级学科目录，特别在外国语言文学一级学科目录下面增设了翻译学，跨文化比较文学和跨文化交际两个二级学科，确立了翻译学作为一门独立学科的学科地位。2012年，教育部本科专业进行调整，在大大删减了本科专业的情况下，翻译专业成为一个基本专业进入到教育部翻译专业目录当中。截至2014年，全国有152所学校开设翻译本科专业，在校人数14693人。[①]

翻译学作为一个独立学科近年来在我国取得了很大发展，但其成就多局限于通用语领域，目前在非通用语领域尚未有所突破。随着时代的发展，非通用语翻译专业的设立已经逐渐被提上议事日程。作为教育部非通用语教育部普通高校外语非通用语本科人才培养基地和全国唯一一所建立了翻译学本科、本科双学位、硕士、专业硕士和博士完整翻译专业人才培养体系的高等学校，广外已经有条件开始考虑在某些条件成熟的非通用语种开设翻译本科专业。在课程设置、教材编写、师资培训等方面积极探索、深入谋划，从而进一步夯实培养非通用语高级翻译人才的基础。

（二）增设非通用语翻译硕士专业

2007年，国务院学术委员会第23次会议批准设置翻译硕士专业学位，翻译作为一种专业学位、作为我国第18个专业学位正式进入专业学位中。截至2014年，有206所学校获准开设翻译硕士专业学位，目前在校MTI学生20257人，全国在读的翻译学研究以及和翻译学研究相关的博士研究生人数在90人左右。翻译学科和翻译专业取得较大的成就，高级翻译人才培养成果显著。因此，我们可以借鉴通用语专业如英语、法语、日语等翻译硕士的先进办学经验，参考朝鲜语专业翻译硕士申报、开创的实践过程，下一步可考虑在条件成熟的其他非通用语

---

① 仲伟合. 中国文化对外传播路径创新与翻译专业教育［EB/OL］. 中国译协网，2014-08-06. http://www.tac-online.org.cn /ch/tran/2014-08/06/content_7121590.htm.

专业开设翻译硕士专业。当然，这需要进行长期的师资积累和学术沉淀，不可能一蹴而就。但是站在高级翻译人才培养事业的战略高度上长远来看，非通用语翻译硕士专业的开设势在必行。

五、结语

作为广外"创新强校"工程中的重要一环，非通用语高级翻译人才的培养计划具有十分重要的现实意义。然而，这是一个复杂、艰巨的系统工程，目前才刚刚起步，很多举措都处于摸索、实验的阶段，需要通过各部门长期的共同努力，才能取得实际效果。从决策层面上来看，政策的倾斜和经费的支持是必不可少的。除了以上谈到的几种培养模式，还可以有其他的探索和尝试，如用人单位"订单式"的人才培养、设立"优秀翻译人才奖学金"、与用人单位合办"翻译实习基地"等等。这些举措可以多头并举，同时推进，但是必须注意每项举措之间的内在联系和逻辑关系，由学校统一管理，同步协调，形成一整套行之有效的办法，避免一窝蜂、大跃进式的无序发展。广外校长仲伟合在中国翻译协会年会的讲话中指出："这种培养还要讲协同。应该包括四个方面的协同：一是校校协同，共享优势资源；二是校政协同，学校和政府要进行协同的人才培养；三是校企协同；四是国际协同。如果这四个方面的协同育人能够做好，中国文化走出去、对外传播的高端人才队伍建设应该很快就可以见到。"这"四个协同"无疑是非通用语高级翻译人才培养的重要核心理念。只有加强各方面之间的协同，才能提高效率，实现教育资源利用的最大化。

参 考 文 献

［1］梁远，等．广西民族大学越南语专业人才培养体系的构建与实践［C］//中国外语非通用语教学研究：第三辑．广州：世界图书出版广东有限公司，2014．

［2］陆经生．大学非通用语种专业人才培养策略和实践［J］．中国大学教育，2012（11）．

［3］闫国华．非通用语种翻译人才短缺成对外传播瓶颈［EB/OL］．中国网，2014-07-29．http://www.china.com.cn/news /2014-07/29/content_33085205_3.htm．

［4］张正勇．非通用语种翻译人才培养模式探析［J］．中外企业家，2010（6）．

［5］仲伟合．中国文化对外传播路径创新与翻译专业教育［EB/OL］．中国译协网，2014-08-06．http://www.tac-online.org.cn/ch/tran/2014-08/06/content_7121590.htm．

人文学视域下意大利语专业建设前瞻

■ 广东外语外贸大学　张海虹

【摘　要】人文学带给人才培养方面"博观约取、化感通变的艺术",旨在造就"综合素质深厚而又创新潜力不俗的学术人才"。从人文学的角度,分析中国意大利语专业建设的现状,究其诟病,不仅能客观前瞻意大利语专业建设的未来,而且能为高素质的意大利语专业人才的培养提出建设性意见和建议。

【关键词】人文学;意大利语;专业建设

"人文"一词,最早见于《周易》:"观乎天文,以察时变,观乎人文,以化成天下。"[1]著名的意大利人文主义者布鲁尼(Bruni Leonardo,1370—1444年)把人文学定义为"使人成为一个完整的人的手段"[2]。哈佛大学东亚系教授杜维明先生认为:"人文学是一门对人的自我了解、自我认识、自我定义最贴切、最直接的一种学问。"[3]而人文学家栾栋对人文学的定义是:"从学科脉络上讲,它是研究文史哲互根的学问。从学术本质上看,它是求索中西学融会的艺术。从学理辐射而论,它是探讨教科文贯通的方略。它带给人文人的是学通群科之美,它带给人类教科文的是化感通变之宜,它带给世界的是通和致化之好。"[4]因此,从人才培养角度看,人文学带给人才培养方面的是"博观约取、化感通变的艺术",旨在造就"综合素质深厚而又创新潜力不俗的学术人才"[5]。

不同国家或地区对素质教育的称谓都有所不同,如:在美国被称作"Liberal Arts Education",在香港被称作"博雅教育",在台湾被称作"通识教育"。此外,虽然不同国家或地区在素质教育推广中所坚持的教育理念有所差异,但是他们都一致认同"在传授专业知识的同时应该注重包括语言、历史、文学、宗教等各学科课程在内的素质教育,提供人文训练,培养人文素质"[6]。

现今，全球化加剧、科技高速发展的时代背景已对我国人才的素质教育提出了更高的要求。因此，从人文学的角度分析现阶段中国意大利语专业建设中的局限性，不仅能客观地前瞻意大利语专业建设的未来，而且能为高素质的意大利语专业人才的培养提出建设性建议。

一、意大利语专业建设的现状及其局限性

意大利语属中国教育部所命定的非通用语种之一。在中国，意大利语教学起步于新中国成立之后。1955年，我国第一个意大利语系在对外经济贸易大学成立。此后，意大利语专业教学的规模逐步扩大，开设意大利语专业的高校由"文革"前的3所增至目前的17所（详见下表1）。此外，自21世纪初以来，意大利语还进入了清华大学、北京大学、中国政法大学、四川大学、山东大学、厦门大学、深圳大学、广州大学等多所高校的第二外语教育模块、通识教育模块或语言培训体系。

表1　中国高校已开设意大利语本科专业的概况

序号	学校名称	专业创建时间	在职教师人数	课程类型
1	对外经济贸易大学	1954年	5	本科、硕士
2	北京外国语大学	1962年	6	本科、硕士、博士
3	上海外国语大学	1972年	7	本科、硕士
4	西安外国语大学	1995年	9	本科、硕士（联合培养）
5	南京师范大学	2001年	5	本科
6	中国传媒大学	2001年	4	本科
7	广东外语外贸大学	2002年	4	本科
8	天津外国语大学	2005年	6	本科、硕士（联合培养）
9	北京第二外国语学院	2006年	3	本科
10	大连外国语大学	2006年	5	本科
11	四川外国语大学	2007年	4	本科
12	河北科技大学	2007年	5	本科
13	北京语言大学	2009年	3	本科、硕士
14	解放军外国语学院	2009年	2	本科
15	吉林华侨外国语学院★	2010年	4	本科

序号	学校名称	专业创建时间	在职教师人数	课程类型
16	浙江越秀外国语学院★	2010年	6	本科
17	浙江外国语学院	2012年	3	本科

说明：标注★号的为民办大学。

（一）专业培养目标

在专业培养目标方面，各高校的表述不尽相同，如：四川外国语大学的培养目标是"具有扎实意大利语语言基础，具备相关专业知识和广博人文素养"；南京师范大学的培养目标是"培养具有较强的听、说、读、写、译等能力，并具有较强的实际应用能力和一定的涉外能力的综合性意大利语人才"。但是，究其根本都是致力于培养具有扎实的意大利语语言基础和比较广泛的科学文化知识的高素质人才。因此，仅从各高校意大利语专业建设的目标定位上看，对语言基础要求的"扎实"性凸显了各高校意大利语的教学均是以语言技能为主，而"比较广泛的科学文化知识"则表明其他学科的文化知识的地位为辅。

（二）课程设置

在课程设置方面，虽然各高校从本校意大利语专业特色建设出发，在高年级的专业方向性课程设置的名称上有所不同，但是在课程学时和整体内容安排上大体相同。一、二年级设置的主要课程均为语法和语音类课程。高年级的课程则开设注重语言技能训练的方向性课程，如"意大利语阅读"、"高级意大利语"、"意大利语写作"、"翻译理论与实践"、"意大利语口译"等。以广东外语外贸大学的意大利语专业课程设置为例，在160个的总学分中，意大利语专业必修课和选修课学分共计103个，占专业总学分数的64%。其中，意大利语专业必修课的74个学分中，基础语法课、高级语法以及视听说课程的学分为66个学分，文学课为4个学分，翻译课为4个学分。

由此可见，目前我国意大利语专业在课程设置方面仍偏重于意大利语语言的技能训练和学习，而看轻意大利历史文化知识的学习。

表2　广东外语外贸大学2013级意大利语专业课程设置

课程类别	课程	学分数	占总学分的比例
全人通识教育模块	必修：思想政治、计算机基础、高等数学、国防教育和体育 选修：人文经典、文化与文学、艺术与审美、哲学与历史、其他人文社会科学、自然科学	35	22%
大学外语教育模块	英语	10	6%
专业知识教育模块	意大利语专业必修及选修课	103	64%
实践教学模块	毕业论文、专业实习等	12	8%

（三）教材建设

在教材建设方面，随着教学规模的扩大，意大利语教材及相关工具书成果丰硕，从2000年的13种①激增至2014年的约93种②。但其中，涉及文化、科技、笔译和口译的分别只有《意大利国情概况》、《意大利科技文选》、《意汉翻译理论与实践》和《意汉口译理论与技巧》，文学和经贸方向的分别为3本和7本。余下的79种意大利语图书，约占总数85%，均是关于语言入门、语言速成、语法等纯语言技能性学习的教材和词典工具书。

以基础意大利语课程的教材为例，自20世纪80年代至今，国内正式出版的共有三部：外语教学与研究出版社的《意大利语（1—4册）》（1988年第一版，目前已停版）和《大学意大利语（1—4册）》（2007年第一版）以及上海外语教育出版社的《意大利语教程》（1991年第一版，仅上海外国语大学使用）。除了新编的《大学意大利语（1—4册）》，《意大利语（1—4册）》以及《意大利语教程》的内容多局限于单一的语法、词法，选用的课文也多是经过中国编者改写的，容易被中国学习者所接受的内容。

由此不难判断，意大利语教材目前的建设多局限于语言技能学习和训练方向，而忽视关于意大利历史文化等素质教育方面教材的建设。

（四）师资建设

在师资建设方面，全国意大利语专业教师的人数出现剧增，自2000年的25

---

① 根据2014年12月20日，广东外语外贸大学电子图书库信息统计。

② 根据全球最大的中文网上书店当当网（http://book.dangdang.com）2014年12月28日在售的意大利语教材的数据统计。

人增至2014年的83人①。虽然教师队伍扩大，但是教师队伍却仍面临总体学历偏低、职称结构不合理、研究方向过于集中的困局。

从学历角度看，在全国意大利语教师队伍中，仅10人已获得博士学位，占全国意语教师总人数的比例不足五分之一。个别高校意大利语专业教师的学历甚至均为本科学历，这远低于我国教育部对高校教师学历的要求。

从职称角度看，已获得教授职称的教师仅3人，且其中2人为已退休的返聘教师，超过半数以上的教师仅获得讲师职称。在17所已开设意大利专业的高校中，超过半数的学校（9所）没有高级职称的意大利语教师，甚至个别学校的意语教师均为助教。学历以及职称的偏低，无疑会给意大利语专业建设造成一定的局限。

此外，从各位教师个人科研方向②分析，目前全国意大利语教师中明确研究方向为历史方向的仅3人，哲学方向的教师更是为零，而语言学或者翻译方向的教师有30人，占了总人数的36%。这无疑也反映了教师在自身素质培养方面多局限于语言知识的研究，而忽视意大利的历史、哲学等方面。

表3 中国高校意大利语专业教师概况

年龄类别		按年龄					人数	
		20—30岁	30—40岁	40—50岁	50—60岁	60岁以上	共83人	
		26	43	7	4	3	人数	比例
职称	教授	/	/	/	/	3	3	4%
	副教授	/	4	6	4	/	14	17%
	讲师	11	36	1	/	/	48	58%
	助教	15	3				18	21%
学历	博士	/	7	3	/	/	10	12%
	硕士	17	34	4	1	/	56	67%
	学士	9	2		3	3	17	21%

二、意大利语专业建设中人文教育的重要性

"人文学方法突破了现代教育研究方法的理论局限，其涵括了人文学根器论

① 根据2014年12月14日全国已开设意大利语专业的高校的问卷统计数据。
② 根据2014年12月14日全国已开设意大利语专业的高校的问卷统计数据。

（易辩法）、解域说以及三界论等方面的内容。"[7] 易辩法不仅可以为意大利语知识体系的构建获取文史哲融通的理论滋养，同时也能为避免意大利语教育研究中可能出现的功利实用主义等负面现象提供客观的评判标准。人文学解域说侧重于消除学术与学科之间的局限与界限，并对学科发展中可能出现的过度性进行科学的调适。因此，它既能为意大利语教育探索学科建设的理论边界，也能为意大利语教育中不同学科、不同专业知识之间建立互通互化的平台。"人文学三界论包括临界、零界以及领界的磨合运化，其突破既成性的思维方式和研究方法，超越线性思维、定格思维等传统思维模式，其要求打破知识规范和逻辑体系与强调创新。"[8] 人文学临界要求意大利语的教育研究需突破传统的研究方法与模式，人文学零界强调意大利语教育理论研究中创新视点的探索，人文学领界则鼓励现代意大利语教育理论研究要独树一帜，具备全新的视野。

分析我国目前各高校意大利语专业建设中人才培养目标、课程设置、教材建设和师资队伍建设等四个方面的现状，不难看出，意大利语专业的建设虽然已经根据教育部的要求，在一定程度上兼顾了学生的素质教育，但素质教育主要依托的是占总学分不足30%的全校性通识教育模块课程，而学生在这些全校性课程中主要学习的多是中国的传统文化。而在占学分数超过60%的专业课程中，绝大比例的学分都是分布在学习语言技能的课程，而与对象国文化相关的通识教育课程则寥寥可数。

在意大利语专业学习中，虽然语言技能的学习和训练必不可少，但是亦不可忽视对意大利国家历史、文学、宗教等文化知识的学习。从本质上说，技能教育具有功利化倾向。如果技能教育中不受人文理念的约束，教育的根本使命就会被污染和改变。我国高校的意大利语专业建设属于高等人文教育范畴。高等人文教育与蒙童教育不同的是，"蒙童教育专注的是关于做人的规范操守的训练记忆，从而逐步领会做人的原则和道理。而大学的高等人文教育关切的不是一般的做人道理，而是把学生当作未来能够领袖群伦的精英人才来培养"[9]。因此，意大利语专业的建设应该更加注重的是人文学教育，而不仅仅是技能教育。

通过接受意大利哲学的教育，学生可以了解意大利人的思想，探索人类存在的奥秘；通过对意大利历史学的学习，学生可以积累对意大利乃至全人类的集体记忆，把历史的经验教训转化为存在的自觉；通过对意大利文学的研读，学生可以理解意大利人细腻的情感世界，对其感同身受；通过对意大利政治学、社会学的探讨，学生可以了解意大利人的种种经历，如此等等，缺一不可。由此可见，只有在人文学视域下去规划意大利语专业的建设，这样才能真正实现"通识教育"，而不是单一的意大利语"技能教育"。

三、意大利语专业建设前瞻

我国目前各高校意大利语专业建设在人才培养目标、课程设置、教材建设和师资队伍建设等方面存在忽视人文教育的局限性，意大利语专业未来的建设应致力于以下四个方面的调整和建设。

（一）坚持教学目标中的人文素质定位

在意大利语教学目标中，确立拥有"综合的人文素质"的高素质人才定位。要求学生必须在学习语言的同时，坚持了解意大利国家的文化、学习意大利优秀的价值观并提高对意大利文化的鉴赏能力，从而实现对个人的综合素质的全面提高，同时提升做人的层次和境界以及对人生最终价值的感悟。因此，学生在意大利语学习中，不再拘泥于对意大利语语言表层的语法和词汇的学习，而将深入了解语言各表象中的文化伴随意义，关注对语义、句义所承载的深层文化的探索和掌握。

（二）坚持课程设置中的人文素质内涵

语言与文化相辅相成，相互依赖。语言是文化的载体，而文化又是语言的根本。意大利语的课程设置不应局限于传统的语言技能性课程，而应包括能充分展现和涵盖意大利文化的各方面的人文性课程。因此，在现有的意大利语专业课程设置中，我们应该：首先，在全校的通识模块学分中，可以适当增加一些关于欧洲和意大利文学、历史、哲学和文化等方面的公选课学分，如"欧洲文化史"、"欧洲艺术史"等；其次，在意大利语的专业学分设置中，增加意大利文学、历史、文化等人文方向的专业必修和选修课时，如"意大利文化简史"、"意大利文学史"、"意大利简史"、"意大利艺术史"等；最后，在意大利语技能性基础专业课程教学中，增加关于文史哲等方向的意大利文化模块，在语言基础教学中扩展和融合意大利文化教学。这样，最终建立一个学习意大利语和意大利文化的三维课程体系。

（三）坚持教材建设中的人文素质尺度

将人文学作为统摄教材编写的灵魂，能更好地"熔铸诸多模式的变数"，消除作家、作品与读者三者之间相互分割的离散状态，实现既各成体系又互相关联的三者间的相互融会。此外，根据人文价值这一筛选标准，选择教材的内容，避免在教材内容上出现单一性、封闭性和散乱性，摆脱以偏概全的局面，形成一个开放的体系。虽然意大利的作品与我们的社会在情感、文化等方面存在一定的距离，但是它们承载的意大利的人文精神，是意大利历史文化的积淀。通过对这些作品的研读，不仅能提高学习者的意大利语技能，更能提高学习者对意大利人文精神的感受能力，帮助学习者实现与意大利文化零距离的接触。

我国部分新编或新引进的教材，在编写中已考虑和运用了人文学的教学理念。如我国语言大学出版社2008年从意大利著名语言教材出版社引进的一套备受意大利语教学界推崇的教材《新视线》，其编者在编写中强调"对意大利文化与文明的背景介绍"；而我国学者编写的《大学意大利语（1—4册）》所选用的作品不仅新颖，而且信息量大，内容涵盖的范围庞杂，从天文地理到个人遭遇、见解均有涉猎，人文性非常强。这些教材不仅为读者提供信息，展示意大利语的魅力，而且还促使读者去思考、应用和效仿。

（四）坚持师资建设中的人文素质提升

教师作为教学活动中的重要一环，其人文素质的高低直接影响着人才素质培养的效果。一位优秀的教师不管在人品和学品上都应凝聚人文精神。而渊博的知识、独立的思辨能力和进取能力是教师维持自身职业生命力以及激发学生个人创造性的根本保证。意大利语教师在个人的学习与研究中，不应局限于单一的语言学研究，而应树立人文学的理念，加强对跨学科知识的学习，不断提升教师自身的人文素养。此外，人文学讲究的是人的个体性，充分尊重、激发和弘扬个体的自主性和创造性。在面对学生时，教师不应以学术权威自居，而应平等相待，以学生为本。因此，意大利语教师在专业教学中，要避免传统课堂上的"一言堂"或"满堂灌"模式，而应积极学习和运用新的教学方法和手段，遵循以人为本的人文教学理念，营造一种积极的课堂氛围，引导和激发学生学习的自主性和创造性。

综上所述，人文学既是意大利语教学的出发点，同时也贯穿于意大利语专业教学的各个环节，如专业教学定位、课程设置、教学内容、教师与学生等各个教学环节。人文学不是枯燥的教条主义或呆板的规章制度，而人文理念是一种教学方法，是一种可以帮助意大利语教育者思考如何与学习者建立一个互动、立体的人文世界，实现意大利语专业教学各环节之间的良性循环，并最终达到意大利语语言技能训练与学生的素质教育相融通的教学目标和定位。

参 考 文 献

[1] 陈鼓应，赵建伟. 周易今注今译 [M]. 北京：商务印书馆，2005.

[2] 杜维明. 人文学和高等教育 [J]. 清华大学教育研究，2003 (3).

[3] 侯俊萍. 大学英语教学的人文学审视 [J]. 黑河学刊，2005 (5).

[4] 黄万盛. 大学理念和人文学 [J]. 开放时代，2007 (1).

[5] 栾栋. 人文学概论 [M]. 广州：暨南大学出版社，2012.

[6] 栾栋. 人文学讲演论. (尚未正式发表)

[7] 栾栋. 人文学概论 [M]. 广州：暨南大学出版社，2012.

[8] 袁兆文. 人文学视野下的现代远程开放教育论略 [J]. 成人教育，2012 (5).

[9] 张椿年. 从信仰到理性：意大利人文主义研究 [M]. 杭州：浙江人民出版社，1993.

关于实用型朝鲜语翻译人才培养的思考与实践探索①

■ 上海外国语大学　高陆洋

【摘　要】目前中国市场对朝鲜语翻译的需求突出表现为对应用型翻译人才需求的增加。关于朝鲜语专业毕业生工作内容的调查显示，翻译工作的主要内容为应用文翻译，工作中存在的问题也表现出应用性、专业性的特点。鉴于此，通过面向毕业生、在校生、用人单位的三方调研，对朝汉翻译课程的教学内容、教学方法进行了尝试性改革。

【关键词】实用型人才培养；朝汉翻译；教学改革

一、研究的缘起

据上海外国语大学东方语学院学生工作办公室的最近三年朝鲜语系毕业生就业情况统计资料显示，90%以上的朝鲜语系毕业生的初次就业单位为企事业单位。我们在与部分毕业生进行交流的过程中也发现，毕业生的择业倾向以企事业单位为主，工作中应用文类翻译占据了较大比重。部分毕业生的反馈还显示，学校的翻译课程并不能满足他们就业后的实际工作需求，很多毕业生呼吁学校加强非文学的、应用文类的实用型翻译业务能力的培养。我们在进行朝汉翻译教学的过程中也发现，学习者普遍存在着朝鲜语和汉语应用文理解和写作能力差、翻译策略和翻译技巧的掌握和使用不足、课堂参与度低、教学效果不尽如人意等情况。

①　本研究获得"上海外国语大学青年教师教学团队培育计划——实用型朝鲜语翻译人才培养"项目资助，属该项目阶段性成果。

长期从事英语非文学翻译理论与实践研究的李长栓曾指出，文学翻译在全部翻译中所占的比重不超过5%，即使在出版社翻译工作中，其比重也不超过20%。而且文学翻译与非文学翻译的特点迥异，其翻译策略的选择、翻译技巧的使用也存在着巨大的差异。①基于以上认识，我们认为有必要对目前朝鲜语专业毕业生的就业情况、专业使用情况和翻译业务中存在的问题进行进一步的了解，同时对在校生的翻译能力开展调查和分析，对课程设置和授课方式进行反思，并在此基础上，对教学内容、教学方法等进行以实用性为目标的改革探索。

二、教学改革的依据

为了对朝鲜语专业朝汉翻译课程的教学内容、教学方法等"软件"，以及教学课件和教学资源等"硬件"进行改革，提高朝鲜语专业翻译课程质量，加强学习者适应实际需求的能力，本研究首先针对上海外国语大学朝鲜语系毕业生、相关用人单位，以及在校生开展调研，搜集相关信息，为教学改革提供佐证和参考。

（一）毕业生调研

调研时间为2013年12月—2014年2月，调研对象为2011—2013届上海外国语大学朝鲜语系本科毕业生，调研采用问卷形式，内容包括就业情况、专业使用情况、工作中存在问题、教改意见等。② 截至2014年2月，回收问卷60份③，其中有效问卷41份。问卷分析结果如下：

项目	情况
（1）专业知识使用情况	在工作中使用朝鲜语专业知识的比例为73%。
（2）工作单位性质	企业最多，占80%； 其次为教育行业（10%）、事业单位（7%）、公务员（3%）。
（3）翻译工作类型（多选）	朝汉笔译占31%； 汉朝笔译为22%； 朝汉／汉朝口译均占21%； 此外还有1%的朝英翻译。

① 李长栓. 非文学翻译理论与实践［M］. 北京：中国对外翻译出版公司，2004：20—60.
② 具体问卷内容参考附件（1）。
③ 在开展正式问卷调查之前，曾进行预调查，并在反馈基础上对问卷进行了修正，旨在提高问卷调查的科学性和可行性。

项目	情况
（4）翻译工作内容（多选）	包括科技、工业、经济、文化、旅游、政治，以及航空服务、文学作品、导购服务、行政事务、个人信息调查、游戏等领域。 其中科技最多，占17%；其次是工业（14%）；经济、文化、旅游并列第三位（14%）。
（5）翻译工作困难（自由填写）	专业词汇匮乏（51%）； 应用文写作和应用语体基础薄弱（20%）； 口译能力差（18%）； 相关专业知识匮乏（9%）； 心理素质差（2%）。
（6）翻译课程改革建议（自由填写）	增强课程内容实用性（与实际业务接轨，增加商务内容等）（25%）； 加强口译能力培养（21%）； 增强课程内容时效性（17%）； 增加学生课堂实践参与度（15%）； 有针对性地分班教学或分类设置翻译课（10%）； 增加实习机会（10%）； 增加课堂趣味性（2%）。

（二）用人单位调研

用人单位调研的时间为2014年3—6月，调研对象包括韩国HANSOL EDU上海分公司HANSOL CHINARO EDUCATION[①]、韩国LG电子上海分公司、韩国驻上海领事馆、上海市安全局、上海比象文化交流中心等我校毕业生所在用人单位的十余位相关部门负责人。调研采取访谈方式（包括访问访谈、邮件访谈、电话访谈等），调研内容主要是了解用人单位对毕业生翻译能力的不满意事项，旨在从用人单位角度了解朝鲜语系毕业生翻译能力所存在的不足。

用人单位调研结果显示，毕业生入职初期主要工作为笔译，且以朝汉笔译为主。用人单位对毕业生翻译能力的不满事项主要集中在以下三个方面：

1. 对专业领域的常识性了解较差，培养起来费时较多。

2. 进行朝汉翻译时，汉语表述能力不尽如人意，不自然的汉语表达较多。

3. 不了解专业领域的表述习惯，朝鲜语和汉语的应用文功底差。

---

① HANSOL EDU是韩国第三大出版教育集团，在教材编撰和出版、外语类课程设计、外语类教学项目研究和教具开发、外语在线教育等方面有着非常丰富的经验和实力，在韩国享有盛誉，知名度较高。

（三）在校生调研

在校生调研采取朝汉翻译测试形式，对象为2011级本科四年级在校生。2014年9月实施的前测[①]结果显示[②]，学习者在朝汉翻译方面存在的问题主要集中在以下方面：

1. 翻译策略和翻译技巧均显不足，缺乏语境、语用观念。

2. 应用文的阅读和写作功底差，不熟悉朝汉语代表性应用文体的表述习惯。

3. 对汉字词的生硬直译现象严重，错误理解汉字词含义或色彩的情况突出。

4. 对固有词的多义性掌握不足，翻译缺乏灵活性。

5. 处理专有名词和术语翻译时，缺乏参考资料获取途径，不了解基本的翻译准则。

6. 处理特殊句式（如被动使动、复杂状语、复杂定语、复杂逻辑关系复句等）的翻译时，缺乏应有的成分转换、成分添加、成分缩减等技巧。

7. 处理复杂句群翻译时，缺乏语篇全局翻译观念和技巧。

针对毕业生、用人单位和在校生的调研结果基本验证了本研究的必要性，同时也为教学改革提供了重要参考信息。综合以上三方调研结果，我们确定了拟解决的关键问题清单：

1. 革新教学内容，强化实用型翻译人才培养特色，提高学习者应用文翻译能力。

2. 加强学习者翻译策略和翻译技巧的培养。

3. 改革教学方法，探索参与度高、趣味性强的课堂教学。

4. 开发相应教学课件、教辅材料。

三、教学改革的内容

（一）整体方案

为解决以上关键性问题，我们经过学习和讨论，首先确立了课程改革的整体方案：

1. 教学目的方面：引导学生初步认识和掌握作为翻译人员，尤其是非文学翻

---

① 测试分前测和后测两部分。前测是在学习者未接受翻译理论与实践（朝汉翻译）课程教育之前实施的测试，旨在考察学习者朝汉翻译过程中存在的问题。后测在学习者接受改革后的翻译理论与实践（朝汉翻译）课程教育后实施，旨在评估教学的效果。

② 具体测试内容参考附件（2）。

译人员所需要具备的基本素养，如应用文的理解和翻译能力，正确的翻译态度和翻译策略，以及基本的翻译技巧等。

2. 教学方式方面：遵循理论与实践相结合，重在实践的原则，通过专题讲座和研讨形式，课堂讲授、课后练习、课堂发表讨论相结合，通过理论学习和解决具体问题，引导学生掌握各种情况下的翻译策略、技巧。

3. 教学内容方面：以语言单位和应用文文体为"双切入点"，既重视语言单位的翻译训练，又结合文体特征，将学习者两方面的翻译能力有机地结合起来。

（二）教学方式的改革

在课程改革整体方案的指导下，首先改革原有的"教师独角戏，以讲为主，以练为辅"的重理论、轻实践、学生参与度低、课堂气氛乏味的教学方式，将一个学期的朝汉翻译课程划分为八个单元①，每单元为两周四课时，每单元由"教师主讲"和"学生主讲"两部分构成，各占两课时。"教师主讲"部分为教师理论讲解部分，主要内容包括相关语言单位的翻译策略和技巧，相关类型应用文的特点及翻译策略和技巧等。此外还包括带领学生进行课堂实践。

"学生主讲"部分是学生的课堂报告和讨论。学生两人一组。报告组的选择为随机抽选，报告和讨论内容以作业为中心，报告和讨论内容须涵盖作业的重点和难点、总结作业过程中的经验等。针对学生报告，教师组织同学进行讨论和评价。

这种单元式的由教师学生共同参与的教学方式，一方面可以有效地将语言单位和应用文问题两个教学重点内容有效地整合在一起，使教学内容的覆盖度更高，便于教学和实践的进行。同时它还有助于激发学生参与教学、自主思考、直接实践的兴趣，从而拓展学生的教学实践参与度，强化教学和实践的效果。

（三）教学内容的改革

在教学内容构成方面，我们在坚持语言单位与应用文体相结合、共同促进的整改原则基础上，根据三方调研结果和国内主要朝汉翻译研究关于重点语言单位的意见②，确定了主要语言单位教学内容。同时，结合应用翻译研究领域关于

---

① 上海外国语大学每学期为18周，翻译理论与实践（朝汉翻译）课程每周两学时（90分钟）。

② 主要参考：柳英绿. 韩汉翻译基础［M］. 延吉：延边大学出版社，2009.

应用翻译的文类及相应特点的研究结果①，确定了作为教学对象的应用文体类型。为了加强语言单位和应用文体的相关性，采用了将应用文体作为翻译教学、实践用语言素材的形式，确保了二者的结合。同时，为了强化学习者的整体语篇意识、语境意识，帮助学习者树立宏观的翻译策略，不论是教学过程中的例文还是实践素材，均采用句群形式，以确保语篇的相对完整性和语境的再现度。具体的各单元教学内容如下：

周	内容
第一周	第一讲：课程综述暨非文学翻译综述
第二周	第二讲（1）理论：汉字词翻译与自荐/请柬翻译
第三周	第二讲（2）实践
第四周	第三讲（1）理论：固有语动词翻译与致辞/演讲翻译
第五周	第三讲（2）实践
第六周	第四讲（1）理论：专有名词/术语翻译与说明/讲解翻译
第七周	第四讲（2）实践
第八周	期中考试
第九周	第五讲（1）理论：使动/被动语态翻译与合同/法规翻译
第十周	第五讲（2）实践
第十一周	第六讲（1）理论：复杂单句翻译与公司宣传资料翻译
第十二周	第六讲（2）实践
第十三周	第七讲（1）理论：复句翻译与新闻报道的翻译
第十四周	第七讲（2）实践
第十五周	第八讲（1）理论：句群翻译与文学作品的翻译
第十六周	第八讲（2）实践
第十七周	第九讲 总结，复习
第十八周	期末考试

① 主要参考：方梦之. 应用翻译研究：原理、策略与技巧［M］. 上海：上海外语教育出版社，2013.

（四）教辅资料的扩充

为了保障翻译教学和实践更靠近现实中的翻译工作，我们还在原有的实践素材基础上，通过与企事业单位的产学研互助平台、个人翻译资料捐赠等多种渠道，扩充了大量时效性强（2010年之后的）、实际企事业单位使用中的翻译素材，其种类涵盖了教学所涉及的所有应用文种类，数量达到50余万字（韩文），基本满足了教学用例和学生实践的需求。

为帮助学习者弥补相关专业知识、术语知识不足的缺陷，除了向学习者提供专业知识和术语资料的检索途径、转换方法外，我们还凭借多年翻译用资料积累优势，为学习者搜集整理了涵盖科技、金融、工矿业、信息技术、文化等领域近50个种类的朝汉、朝英对应术语集，形成了一个初具规模的翻译术语资料库，为学习者未来的专业翻译提供了"硬件"方面的支撑。为了保证素材库和术语集的时效性，我们还安排专门人员负责更新和管理工作，确保教辅资料的更新率保持在每年30%的比例。

四、问题与不足

本教改课题尚未结项，相关成果仍处于发展完善阶段，教改思路、教改方案、教改内容的效能和效率还有待通过进一步的理论论证和实践检验。例如，尽管已实施了旨在考察和分析在校生翻译水平的前测，但由于后测试题的设计缺陷和课程安排等问题，支撑教改成效评价的重要工具——后测结果还没有获得，教学改革的成效检验还未完成。此外，前测试题的设计也存在考查点不全面，试题设计不能很好体现考查点特征，评测方法落后等问题。还有，作为教改的重要参考，毕业生、在校生、用人单位的调研活动还有待进一步扩大范围，调研方式还有待进一步科学化。这些问题要求研究者继续开展翻译理论和翻译教学的学习和研究，提高理论和实践素养，并将其切实地应用于教改实践，从而保证教改成果的科学性和可行性。

参 考 文 献

［1］陈坚林. 现代外语教学研究：理论与方法［M］. 上海：上海外语教育出版社，2004.

［2］方梦之. 应用翻译研究：原理、策略与技巧［M］. 上海：上海外语教育
出版社，2013.

［3］金永寿，全华民. 汉朝/朝汉翻译基础［M］. 延吉：延边大学出版社，
2008.

［4］李长栓. 非文学翻译理论与实践［M］. 北京：中国对外翻译出版公司，
2004.

［5］柳英绿. 韩汉翻译基础［M］. 延吉：延边大学出版社，2009.

附录（1）：毕业生问卷调查

您好！

首先，衷心感谢您抽出宝贵时间参与本次问卷调查活动。

本问卷调查是"上海外国语大学青年教师教学科研团队培育计划——实用型
朝鲜语翻译人才培养"项目的组成部分。

"上海外国语大学青年教师教学科研团队培育计划——实用型朝鲜语翻译人
才培养"项目的预期目标是：探讨本专业本科翻译课程的教学目标、教学内容、
教学方式等方面可能存在的问题，在结合教学实践和理论学习的基础上，对翻译
课程的教学内容、教学目标、教学方法、教学课件等要件的完善与革新方面做出
探索，从而强化朝鲜语专业对应用型翻译人才的培养，进而提升朝鲜语专业的翻
译教学质量，为朝鲜语专业的整体教学品质的提高做出贡献。

本问卷调查实施的目的在于：了解朝鲜语专业毕业生的就业类型，就业后专
业知识和技能的使用尤其是翻译类专业知识和技能的使用，以及在开展翻译类业
务时所遇到的困难等实际情况，掌握第一手的、翔实的教学改革用基础资料。

本调查采用不记名形式，其结果将只用于研究和教改。以下是具体的问卷调
查内容，恳请您认真填写。

一、基本信息

1. 学历：本科（　）/硕士（　）

2. 毕业院校：＿＿＿＿＿＿＿

3. 入学和毕业年份：（＿＿＿＿＿＿＿）

4. 性别：男（　）/女（　）

5. 本科阶段翻译课程开设学期：_____

6. 本科阶段翻译教学总课时数：_____

7. 翻译课程使用教材：_____

二、就职信息

1. 工作单位性质：公务员（ ）（具体部门名称：_____）

国有企业（ ）（具体部门名称：_____）

外资企业（独资或合资）（ ）（具体部门名称：_____）

民营企业（私营或集体）（ ）（具体部门名称：_____）

事业单位（教、科、文、卫）（ ）（具体部门名称：_____）

其他（具体部门名称：_____）

注："具体部门名称"不必填写具体单位名称，只填写所在部门名称。如：人事部门、采购部门等。

三、专业知识和技能相关信息

1. 具体工作岗位和工作内容：

_____

2. 能否用到专业知识和技能：能（ ）/否（ ）

3. 能够用到翻译或口译类专业知识和技能：能（ ）/否（ ）

4. 主要应用哪类翻译知识和技能（可多选）：（   ）

（1）朝汉翻译（2）汉朝翻译（3）朝汉口译（4）汉朝口译（5）其他（如韩英、英韩等）

5. 主要应用哪些领域的翻译知识（可多选）：（   ）

（1）政治

（2）军事

（3）外交

（4）文化（电影、电视、报纸、杂志、出版、互联网内容等）

（5）教育（包括公办和私营）

（6）农业生产及农业科技

（7）工业生产及工业科技（包括传统和高新）

（8）贸易（包括国内贸易和进出口）

（9）营销（包括广告和市场推广等）

（10）金融（包括储蓄、信贷、投资等）

（11）服务（包括餐饮、住宿、购物、旅游等）

6. 请在前一选项的基础上，具体叙述工作内容：

_____

7. 请介绍在开展翻译或口译类工作时所遇到的困难：

_____

8. 请针对实际工作中所遇到的问题，为学校教育（教学方式、教材选择等）提出建议：

_____

注：如空间不足，可续页。

附录（2）：前测试题

论述题：

（1）两种语言为什么能够实现互译?

_____

_____

_____

（2）翻译的阻力是什么?

_____

_____

_____

（3）翻译所要达到的最终目标是什么? 即翻译要实现哪个层面上的语言之间的转换，是语言形态、字面义，还是语用意（结合语境、文化等因素的综合语义）?

_____

_____

_____

（4）开始一项翻译工作时，大致的顺序是什么？

_____

_____

_____

_____

_____

（5）"非文学类翻译"主要指"应用文翻译"，主要应用于政府、企业、科研机构等处的实际工作中，因此也叫实用性翻译。这类翻译与文学翻译，即小说、诗歌、散文、电影、电视剧等的翻译在语言上有什么不同？

_____

_____

_____

_____

_____

（6）在韩中翻译过程中，你觉得比较突出的难点有哪些？

_____

_____

_____

_____

_____

_____

实践题：

（1）

발간사

국립제주박물관은 제주의 역사와 문화에 대한 자료와 정보를 수집·보존하는 한편 각종 조사·연구 활동을 통한 다양한 전시 개최와

사회교육의 장이라는 사명을 가지고 2001년 6월에 첫발을 내디뎠습니다. 그 동안 박물관은 이런 건립목적에 부합하고자 다양한 문화활동을 성실히 수행하여왔으며 이제는 지역문화의 중추기관으로 확고히 자리매김하고 있습니다.

(2)

영종하늘도시홍보관

인천국제공항과 연계한 고부가가치 항공물류산업도시

문화와 예술, 국제업무 및 관광이 결합된 국제교류문화도시

영종하늘도시는 문화와 예술, 국제업무 및 관광이 결합된 국제교류문화도시이며, 외국인이 선호하는 친환경적인 외국인 전용 주택지를 마련하여 외국인 투자를 촉진시키고 있습니다.

갯벌과 염전의 생태환경이 살아 숨쉬는 국내 유일의 친환경생태휴양도시

(3)

한국기계연구원
한국기계연구원은 기계기술 분야의 연구개발과 시험평가, 기술지원 업무 등을 수행 함으로써 국가경제발전과 과학기술고도화에 일익을 담당하고 있는

지식경제부 산하의 정부출연연구기관입니다.

（4）

제5조（상품의 품질 및 검사）

1) "갑"은 "을"에게 공급하는 상품에 있어서 하자가 없어야 한다.

2) "갑"은 "을"이 요청하는 제품에 대하여 품목 및 최종 디자인을 결정할 수 있고, "갑"과 "을"은 상호 협의하여 조정 할 수 있다.

제6조（상품의 공급）

1) "을"은 "갑"에게 "을"의 영업을 통한 판매를 위하여 제품의 공급을 요청할 수 있으며, "갑"은 이에 대하여 일정 및 수량을 상호간 협의 하여 결정한다.

2) "을"의 판매목적으로 요청하여 "갑"이 공급한 상품에 대하여 "을"은 관리를 철저히 할 의무가 있다.

（5）

개혁개방 이후, 중국경제는 매년 평균 9-10%의 지속적 성장세를 유지해왔으며, 현재 중국은 누구도 부인하지 못하는 세계 최대 수준의 글로벌

기업 각축장이다. 미국, 유럽을 비롯해 한국, 일본 등 IT 선진국의 글로벌
기업들이 모두 진입해 최고의 제품으로 진검 승부를 하고 있는 곳이 중국
시장이다. 여기에다 급속하게 성장한 중국 현지 기업들이 홈 그라운드의
이점을 갖고 해외 선진기업들을 추격하고 있다. 이러한 시점에서 중국기업의
글로벌화 전략 분석을 통해 한국기업에 주는 시사점을 연구하고자 한다.

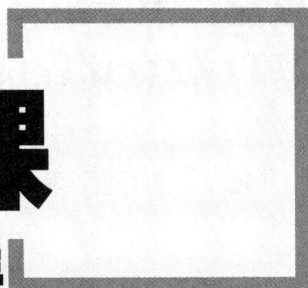

课
程与教材建设研究
··········

以翻译能力培养为目标的非通用语种
MTI 教育课程设置刍议

■ 天津外国语大学　赵 华　马永利

【摘　要】随着中国对外开放的深化和范围的扩大，我国与非通用语种国家的交往也日益密切，非通用语种翻译硕士学位（MTI）应运而生。通过调查非通用语种MTI硕士点的课程设置状况，对比翻译市场对译者能力的需求，笔者发现大部分非通用语种MTI院校的现有课程与翻译市场的需求还有较大出入，存在着非语言的能力课程设置少、计算机等辅助教程开设不足、与产业紧密相关课程严重缺乏等问题。各院校还需突出特色，根据市场需求不断调整、改进课程设置，才能培养出具有符合产业需求技能的高端翻译人才。

【关键词】非通用语种；翻译硕士专业学位（MTI）；翻译能力培养；课程设置

一、引言

非通用语种①是世界上单个国家或地区使用的语言，在国际上使用频率较低，专门从事非通用语言学习与研究的人员为数不多，因此对于非通用语种的翻译比起英语、日语等通用语种更为困难。国内开设非通用语种的高校主要集中在8所外语类院校及一些综合性大学，开设语种以朝鲜语为主，另设有泰语、马来语、

---

① 对于非通用语种的定位一般有两种：一种是指除联合国通用语种（英语、中文、法语、俄语、西班牙语、阿拉伯语）外的所有语种；另一种是我国教育部2000年初《关于申报外语非通用语种本科人才培养基地的通知》中所指语种，即除英、法、德、俄、日、西（西班牙）、阿（阿拉伯）7种外语以外的语种。本文所涉及的非通用语种指后者。

印尼语、缅甸语、希伯来语、希腊语等语种。截至2014年，国内开设朝鲜语专业的高校有91所[①]，其中开设朝鲜语MTI的高校有17所。

随着我国改革开放的不断深入，对外开放的范围逐步扩大，国际合作交流日益频繁，在与传统的大国交往紧密的同时，跟非通用语种国家的交往也日益密切。然而，在我国掌握非通用语言的人数非常少，相应国家对汉语的掌握也不熟练，因此双方的交流往往非常困难，翻译市场对非通用语种翻译人才需求极大。如何因地制宜，培养出符合市场需要的非通用语翻译人才，满足中国对外扩大开放的需要成为当务之急。

二、非通用语种 MTI 发展现状

（一）非通用语种 MTI 项目背景

翻译硕士专业学位，即Master of Translation and Interpreting，简称MTI，是我国经国务院学位委员会批准实施的全国专业学位教育。2007年1月，国务院学位委员会办公室审议通过了《翻译硕士专业学位课程设置方案》，翻译硕士专业学位（MTI）在我国正式设立。首批MTI试点教学单位共计15所，旨在培养德、智、体全面发展，具有熟练翻译技能和宽广知识面的，能够胜任不同专业领域所需要的高层次、应用型、专业性口笔译人才。这标志着翻译学作为一门独立的新兴学科从语言学或应用语言学独立出来，结束了我国内地高校没有独立翻译专业的历史，同时也标志着翻译人才的培养初步形成了学术型和职业型两种明晰的走向。

（二）非通用语种 MTI 发展现状

从2007年到2012年，短短的6年内，开设MTI专业的高校就从开始的15所，增长到现在的159所。与此同时，非通用语种的MTI教学也得到了发展。到目前为止，包括北京外国语大学、北京第二外国语学院、对外经济贸易大学在内的17所高校开设了朝鲜语MTI课程，北京外国语大学开设了泰语MTI课程。

表1　8所外语类院校非通用语种MTI开设情况

学校名称	非通用语种类型	开设时间	在校学生数
北京外国语大学	朝鲜语、泰语	2015 年	0

---

① 出自武汉大学中国科学评价研究中心2014年《中国大学及学科专业评价报告》。

学校名称	非通用语种类型	开设时间	在校学生数
北京第二外国语学院	朝鲜语	2015 年	0
对外经济贸易大学	朝鲜语	2013 年	50
上海外国语大学	/	/	/
广东外语外贸大学	/	/	/
天津外国语大学	朝鲜语	2012 年	34
大连外国语大学	朝鲜语	2012 年	14
四川外国语大学	朝鲜语	2012 年	20

通过表1可以看出，非通用语种MTI起步较晚，目前基本以朝鲜语方向为主，东盟语种等其他非通用语种尚处于建设阶段。

MTI项目具有非常明显的职业指向性。然而，根据南开大学王传英副教授对首批24位在职MTI研究生的问卷调查显示，学生的基础翻译能力欠佳，职业指向不够明确，在职学生训练难以保证。[①]这同样也是非通用语种MTI研究生所面临的问题。因此，如何从课程设置上提升我国非通用语种MTI项目的人才培养质量，使之适应翻译市场的需求，是本文的立意所在。

三、非通用语种翻译市场对译者能力的要求

（一）非通用语种翻译市场现状

需求是社会发展的动力。人才培养取决于市场需求及其定位。随着中国对周边外交越来越重视，中国与周边国家如东盟、中亚国家的能源、环保、外贸等领域合作不断加深，在交通、能源、农业、旅游、贸易与投资、环保、人力资源开发等领域取得了不小的成绩。但由于这些边疆地区经济水平低下，教育发展程度不高，翻译人才严重不足。与之相反，目前我国开设非通用语种的高校主要集中于北京、天津、上海、广州等地区，而这些地区的市场却相对饱和。并且由于翻译涉及领域广泛，专业性强，这就要求翻译人才在专业能力过硬的同时，必须具有较强的综合能力。

笔者对58同城网站上天津地区的韩语翻译招聘岗位做了统计，其中机械生产行业12个，电子机电行业10个，食品酒类行业7个，房地产行业5个，贸易行业5个，医疗卫生行业4个，其他行业7个。由于涉及的行业专业性强，这就要

---

① 王传英. 本地化行业发展与MTI课程体系创新［J］. 外语教学，2010（4）：110—113.

求翻译人员必须在掌握双语互译能力的同时，具备一定的专业知识。

（二）非通用语种翻译市场对译者能力的要求

MTI专业的飞速发展突显了国家对培养翻译人才的重视以及市场对高级翻译人才的需求。同时，这对于高校翻译专业硕士的培养也是一种挑战，尤其是对于译者能力的培养。翻译硕士专业旨在培养出高层次、应用型、专业性口笔译人才。与传统语言学硕士强调理论结合实践的综合能力培养相比，MTI则强调实际翻译能力的培养。非通用语种翻译硕士与一般翻译硕士一样，都需要具备以下能力：

1. 专业能力

翻译硕士专业学位获得者应具有较强的语言运用能力、熟练的翻译技能和宽广的知识，能够胜任不同领域所需的高级翻译工作，这里强调了翻译专业人才所需的双语能力、口笔译技能和宽广的百科知识。[①]笔者认为这是译者所应具备的最基本能力，即译者的专业能力，如果没有掌握必备的双语知识，无法灵活地使用口笔译技能，那将无法在翻译领域立足。因此，任何一所拥有MTI培养资质的高校都会将专业能力培养作为重中之重，开设大量的翻译技能课程，以及一些文化类课程。

2. 综合能力

除专业能力外，译者综合职业技能的培养在MTI的培养当中也是必不可少的。由于现代科技的应用和本地化市场的开拓，除传统的专业能力之外，译者还必须掌握一定的职业技能，包括计算机操作能力，相关的翻译软件的使用能力、本地化能力以及管理协作能力。[②]对于MTI毕业生来讲，翻译将成为一种谋生的职业，并非单纯的一项技能。这就要求翻译专业硕士的教学要以实践和市场为取向，教学内容需要涉及翻译活动中的译前准备、翻译项目管理、翻译收入、翻译成本等在应用翻译领域可能遇见的具体问题。[③]可以看出，相比于语言学硕士培养中单纯翻译技能的培养，MTI更加具体、全面，职业技能对于译者是否能够迅

[①] 裴强. 我国专业学位培养模式研究：以翻译硕士专业学位（MTI）为例［J］. 洛阳师范学院学报，2010（6）：140.

[②] 苗菊，王少爽. 翻译行业的职业趋向对翻译硕士专业（MTI）教育的启示［J］. 外语与外语教学，2010（3）：65.

[③] 李振华. 如何培养学生的翻译能力：基于MTI教学研究的视角［J］. 才智，2012（12）：211.

速适应实际的翻译工作显得至关重要，这就要求在课程设置方面安排诸如与计算机辅助翻译相关的课程、翻译软件的使用以及翻译的管理和本地化的一些课程或者讲座。

3. 翻译意识

译者的思想架构和伦理价值取向往往决定了译者对于翻译职责、方法和标准的认识。[①] MTI培养以实践为主，学生在学习期间会获得一些实践机会，然而很多同学对于翻译的态度不是很严谨，对于翻译的准确性缺乏屡次校对的耐心。译者如果不遵循最基本的翻译伦理道德规范，不仅会影响译文的质量、读者的阅读感受，对于翻译行业也会产生极其恶劣的影响。因此，笔者认为开设翻译伦理及职业道德相关的课程，对于MTI毕业生在翻译领域的发展，以及翻译行业的规范发展都是必要的。

四、非通用语种 MTI 课程设置

（一）非通用语种 MTI 课程设置特点

现有的非通用语种MTI办学单位大都根据《教育部关于做好全日制硕士专业学位研究生培养工作的若干意见》设置自己的教学课程。经过对北京外国语大学、北京第二外国语学院、对外经济贸易大学、天津外国语大学等8所高校朝鲜语MTI课程的分析，可以得出非通用语种MTI课程设置具有几大特点：

1. 过于专注于互译能力的培养，绝大多数的课程都是着重培养学生的互译能力。

2. 非语言类专业的能力课程少之又少，大多课程通过选修课形式实现语言外能力的教学。

3. 对于翻译专业知识能力，大多都是关于翻译方法或者技巧的知识能力，对于翻译行业现状、翻译市场、翻译目标读者等问题，基本没有涉及。

4. 工具能力方面，相对于通用语种，非通用语种极少有高校开设计算机辅助翻译课程；此外，对词典、百科全书、搜索引擎等的使用能力，也没有开设专门的课程。

5. 非通用语种MTI的课程设置过于专注于基础的语言翻译能力，在应对需要多人合作的大型翻译项目时，会产生配合不协调的问题。

---

① 陈浪. 让翻译史发言：论MTI教学中的翻译伦理教育［J］. 外语与外语教学，2011（1）：45.

以天津外国语大学 MTI 韩语笔译与口译两个方向为例，MTI 课程的课程设置除方向必修课和选修课的部分课程外，其他课程均一致，这体现了天津外国语大学口笔译不分家，口笔译能力同时培养、并重发展的理念。但是，在课程设置上相对单一，没有结合区位优势，开设有关金融、贸易、中医、国学、旅游等针对性较强的课程。

表 2 天津外国语大学 MTI 韩语笔译方向课程设置

课程类别	序号	课程名称	开课学期	学分	周学时	总学时
公共必修课	1	政治理论	1、2	3	2	54
	2	中文写作与欣赏	1	2	2	36
专业必修课	1	高级阅读与写作	1	2	2	36
	2	高级视听说	1	2	2	36
	3	翻译概论	1	2	2	36
	4	笔译理论与技巧	1、2	4	2	72
方向必修课	1	高级韩译汉	1、2	4	2	72
	2	高级汉译韩	2、3	4	2	72
	3	文学翻译	3	2	2	36
选修课	1	第二外国语（限选）	1	2	2	36
	2	韩国学讲座	2	2	2	36
	3	口译技巧与实践	1	2	2	36
	4	翻译批评与赏析	3	2	2	36
	5	中国典籍韩译	3	2	2	36
	6	中韩语言文化与韩汉互译	3	2	2	36
	7	跨文化交际理论与实践	2	2	2	36
	8	国际关系解读	1	2	2	36
	9	时事新闻分析	4	2	2	36
指导	1	社会实践	4	1	1	18
	2	毕业论文	4	1	1	18

表3 天津外国语大学MTI韩语口译方向课程设置

课程类别	序号	课程名称	开课学期	学分	周学时	总学时
公共必修课	1	政治理论	1、2	3	2	54
	2	中文写作与欣赏	1	2	2	36
专业必修课	1	高级阅读与写作	1	2	2	36
	2	高级视听说	1	2	2	36
	3	翻译概论	1	2	2	36
	4	笔译理论与技巧	1、2	4	2	72
方向必修课	1	交替传译	2、3	4	2	72
	2	外事口译	2	2	2	36
	3	会议口译	3	2	2	36
	4	商务口译	2	2	2	36
选修课	1	第二外国语（限选）	1	2	2	36
	2	韩国学讲座	2	2	2	36
	3	视译	3	2	2	36
	4	中韩语言文化与韩汉互译	3	2	2	36
	5	翻译批评与赏析	4	2	2	36
	7	跨文化交际理论与实践	2	2	2	36
	8	国际关系解读	1	2	2	36
	9	时事新闻分析	4	2	2	36
指导	1	社会实践	4	1	1	18
	2	毕业论文	4	1	1	18

（二）非通用语种 MTI 课程设置上的启示

1. 课程设置应有利于综合翻译能力的全面建设

非通用语种MTI的人才培养目标要求MTI项目能够培养复合型人才。然而，从非通用语种MTI的课程设置上看，绝大部分的课程设置侧重于语言能力的培养，非通用语种MTI的课程设置种类略显单一，而且灵活性不强。

2014年天津外国语大学以"亚洲、非洲非通用语多语种人才培养模式改革与探索"为题，成功获批天津市教育体制改革试点项目，在未来的5年内，探索在朝鲜语、斯瓦希里语、印尼语和缅甸语等专业中采取"亚洲、非洲非通用语＋英语＋汉语＋经贸知识（金融或国际经济贸易）"的多学科、多专业、多语种的复合型人才培养模式，使学生在5—6年的弹性学制中，达到扎实掌握一门亚洲、非洲非通用语专业语言基础，具有较熟练的听、说、读、写、译能力；英语达到专业四级水平；了解我国国情和语言对象国的社会和文化；具有较强的汉语语言表达和写作能力；掌握一门经济类专业基础知识，同时获得文学和经济学双学士学位的复合型人才培养目标。那么非通用语种的MTI课程设置也应该与非通用语本科教学无缝对接，修订培养目标，全力培养学生的综合翻译能力。

2. 课程设置应与翻译行业的实践活动紧密联系

翻译硕士专业学位是一种职业学位同时也是一种专业学位，其重点在于操作能力的提升和实践训练的强化。[1]然而其在校内教学方面和校外实践方面的某些层面上还存在着一些隔阂，在校内的学习单位与在校外的翻译实际工作单位之间没有做到密切的联系和合作，很难在短时间内建立起良好的翻译硕士专业学位教育口笔译实践基地。[2]以天津外国语大学为例，MTI硕士研究生的实习机会相对有限，且并不是所有同学都有机会参与各项实习基地的实习项目。实习单位普遍反映，MTI研究生具有很好的中韩双语互译能力，但相关专业知识欠缺，在业务开展和具体工作中会出现力不从心、专业术语匮乏等现象。

表4　天津外国语大学2013年9月至2014年9月学生在实习基地实习情况

基地名称	参加实习人数	实习时间	实习具体内容
三星电机有限公司	8	2013年9月—2014年9月	现场翻译，熟悉业务工作流程，企业员工培训
三星显示器有限公司	7	2013年9月—2014年9月	现场翻译，熟悉业务工作流程，企业员工培训
LG电子有限公司	15	2013年9月—2014年9月	现场翻译，熟悉业务工作流程，企业员工培训
天津市人民政府外事办公室	15	2013年9月—2014年9月	外事翻译，外宾接待，联络

---

① 黄忠廉."翻译硕士专业学位"更应突出应用性和实践性［N］.中国社会科学报，2010-06-15.

② 尚亚宁.我国高校翻译硕士专业发展：现状、问题与对策［J］.现代科学教育，2011（7）.

基地名称	参加实习人数	实习时间	实习具体内容
浦项制铁	8	2013年9月—2014年9月	现场翻译，熟悉业务工作流程，企业员工培训

另一方面，翻译职业不仅仅要求译者拥有过硬的文字翻译功底，也要求译者对于整个翻译行业和所翻译的整个领域有所了解。多数MTI办学单位都开始了通用语种计算机辅助翻译课程，而非通用语种尚未开设相应课程；在其他翻译课程中，不仅相关的翻译辅助工具乏善可陈，开设相关课程的师资也极其匮乏。在翻译的过程中，可能用到相应的理论、工具、实践经验等来分析问题和解决问题，也要求各个课程的老师在教学过程中，要抱有一种严谨而又开放的态度，比如非文学翻译的场合，也需要穿插适当的文学元素来达到相应的翻译效果。事实上，翻译没有绝对的规则，在遇到翻译问题时，要靠译者的决策找到相应的解决办法。

五、非通用语种 MTI 课程设置面向翻译市场需求的对策

面对国家急需高级翻译人才的大环境，各校应该根据自己的学术传统、地理、经济环境和教师特点明确课程特色。因为MTI是专业领域针对性很强、非研究、职业性的终点硕士学位，学校应该以就业为导向，为学生设计非常现实的就业方向。课程特色是办学的生命线。[①]若课程设置千校一面，肯定会导致不必要的竞争，且无法满足翻译市场的现实需求。面对这样的现实，各院校应该参考市场数据调整口笔译招生的人数，优化非通用语种MTI招生结构。对于校企合作，翻译企业可以在实际项目中选拔人才，同时降低翻译成本，因此企业方面具有合作的动力。然而目前的瓶颈是，学校尚未脱离传统的学术型硕士思维模式，没有面向社会、走向市场。因此，应为学生提供更多接触市场的机会，锻炼市场所需要的技能与知识，从而胜任企业交给的翻译任务。

六、结语

笔者在研究了截至2015年全国17所有非通用语种MTI的院校的课程设置后发现，现有非通用语种MTI培养方案和课程设置基本上沿用了国务院学位办的《指导性培养方案》，几乎没有利用自身师资特长和地域市场特征形成的特色课程。非通用语种MTI总体上课程设置与市场结合的紧密程度不够高，课程内容

① 陈彦君. 浅析我国MTI项目课程设置与翻译能力建设［J］. 高教研究，2014（7）.

与市场所需的行业领域脱节，基于现代化团队协作的翻译生产流程的知识技能课程数量不足。各校应该发扬自己的学术传统、地方经济发展和师资特色，制定具有紧跟市场、有特色的翻译知识技能和适合翻译产业特点的就业、创业技能课程。鉴于产业相关课程的师资不足，各院校应该通过校内挖潜以及加强与翻译企业的合作来弥补课程设置和授课内容上的不足。

参 考 文 献

［1］陈浪. 让翻译史发言：论MTI教学中的翻译伦理教育［J］. 外语与外语教学，2011（1）：45.

［2］陈彦君. 浅析我国MTI项目课程设置与翻译能力建设［J］. 高教研究，2014（7）.

［3］黄忠廉. "翻译硕士专业学位"更应突出应用性和实践性［N］. 中国社会科学报，2010-06-15.

［4］李振华. 如何培养学生的翻译能力：基于MTI教学研究的视角［J］. 才智，2012（12）：211.

［5］苗菊，王少爽. 翻译行业的职业趋向对翻译硕士专业（MTI）教育的启示［J］. 外语与外语教学，2010（3）：65.

［6］裴强. 我国专业学位培养模式研究：以翻译硕士专业学位（MTI）为例［J］. 洛阳师范学院学报，2010（6）：140.

［7］尚亚宁. 我国高校翻译硕士专业发展：现状、问题与对策［J］. 现代科学教育，2011（7）.

［8］王传英. 本地化行业发展与MTI课程体系创新［J］. 外语教学，2010（4）：110—113.

数字语言教学平台在非通用语种翻译课中的应用

■ 解放军外国语学院　唐慧　钟楠

【摘　要】传统的翻译教学通常采用知识传授型教学方法，学生的主观能动性难以得到充分发挥，创新意识得不到激活。随着网络信息技术在教育领域的日益渗透，我校基于无盘工作站的数字语言教学平台为非通用语翻译教学提供了新的手段和方式，有效弥补了传统翻译教学存在的不足，既能充分发挥教师的主导作用，又能全面体现学生的主体地位，为教师有效指导下的学生自主、合作、交互式的翻译学习创造了有利的实施环境。

【关键词】翻译课程；数字语言教学平台；非通用语种

随着社会经济的迅速发展和信息数字化时代的到来，现代网络信息技术在教育领域的应用日益广泛深入，尤其是计算机、网络技术在外语课程中的应用成为外语教学的发展趋势之一。近年来，各高校投入了大量资金进行校园网络以及网络教学平台的建设，目的就是提高课程教学水平和人才培养质量。在这样的发展趋势下，解放军外国语学院建立了基于无盘工作站的数字语言教学平台，并逐步推广应用，使传统的外语教学模式发生了巨大变化。该平台在突出学生的主体地位、深化教学内容、激发学生学习积极性、提高教与学之间的互动等方面发挥了积极的作用。很多教师对数字语言教学平台在听力、口语、阅读等课程教学中的应用做了有益的探索，这对我们教授非通用语种翻译课程的教师提出了挑战。我们开始对如何借助该平台突破传统翻译教学模式的局限，有效提高翻译教学效果进行了深入思考并付诸了实践。本文即根据近两年来我们把数字语言教学平台作为有益补充运用于非通用语种翻译教学中的实践，对如何整合教学内容、拓展教学模式、丰富互动形式、提高学生翻译能力进行了探索。

一、传统翻译教学模式存在的不足

翻译课是一门实践性和实用性很强的课程，它对提高学生的外语综合应用能力具有十分重要的意义，在任何一所开设外语专业的学校，翻译课无疑都是高年级学生必修的专业主干课。虽然翻译课的重要性众所周知，但长期以来翻译课教学模式的改革却处于滞后的状态，教学效果也并不理想。具体而言，传统翻译课程的教学主要存在如下一些问题。

首先，传统的翻译教学采用的是"以教师为中心的"实例教学方法，它的授课过程以教师讲课为主。教师根据教材内容，通过译例阐述某一翻译理论，介绍说明某一翻译技巧，然后给出大量实例让学生练习，最后再由教师按照一定标准或指标进行批改，下一节课带着所谓的"参考译文"和各种学生作业中的错误进行点评。学生往往将"参考译文"视为标准答案，以此为参照对自己的译文进行纠错。这是典型的知识传授型教学方法，也是目前国内很多高校仍然采用的方法，其弊端在于过分强调教师"教"的作用，忽视了学生"学"的过程，学生的主观能动性没有得到充分发挥。此外，教师给定的参考译文将学生的思维框定在某个范围内，容易让学生失去学习动力和信心，总是感觉自己的语言水平不够，过分依赖参考译文，产生不了主动发现问题、解决问题的积极性，最终影响学习效果。

其次，传统的翻译教学受时间限制，往往难以对教学内容加以扩展，课堂沦为教师对学生单向的灌输，学生难以将教师所教授的知识与自己的翻译实践进行有效结合。翻译学是典型的理论必须与实践相结合的学科，但由于课堂教学时间有限，如果安排的翻译实践练习过多，必然导致既定的教学计划和教学内容无法按时完成，因此，大量的翻译实践只能安排在课外进行。然而，仅仅靠教师罗列一些译例来阐释翻译理论和翻译技巧，而没有及时地给予学生练习和讨论交流的机会，这些知识对于学生来说就会变成一堆抽象的概念，听过就忘，与实际脱节。同时，受教师工作量大和精力有限等因素的影响，学生的课外实践训练基本处于放任自流状态。在缺乏有效监督的情况下，学生的翻译实践质量难以保证，也不可能从实践中真正发现问题，获得收益。

再次，传统的翻译教学模式通常把教师视为课堂活动的指挥者和译文的评判者，学生通常是信息的被动输入者和被动输出者。这种模式把教师和学生限制在某种单一的关系中，学生容易对教师产生依赖心理，教师灌一点，学生就学一点，积极参与的意识不强。如果从交际理论和认知理论的角度来分析，翻译课教师的首要任务是帮助学生培养对译文的传达意识。在翻译教学的过程中，教师不仅要使学生明白何为译文的准确和流畅，而且要让他们始终感知读者的存在，将自己放在与读者对话的位置上。换言之，作为翻译课的教师，应该有意识地营造一种交流氛围，让学生在有利于其既充当译者又充当读者的环境中掌握翻译的要领和领悟翻译的实质，而不是用机械的规则去限制学生或单纯片面地评判其译文。

在国内目前的教育环境中，即便是资源丰富、条件成熟的通用语种在翻译教学中都或多或少地存在上述一些问题，更不用说非通用语种。由于受资源、客观条件等限制，非通用语种的翻译教学无论在理论体系、实践积累还是教法研究上都存在更多不足。因此，当我校引入基于无盘工作站的数字语言教学平台时，我们就在考虑如何通过这种先进的网络信息技术来改变传统教学模式带来的弊端，以提高翻译教学的效果。

二、数字语言教学平台的运用及其特点

解放军外国语学院于2009年建成先进的无盘工作站①数字语言教学系统，实现了学生人手一台无盘笔记本电脑，通过各类应用软件，使每个班级的固定教室成为兼具专业教学、语言实验室、数字图书阅览室等多种功能的综合性教室，为学生搭建了交互型、一体化的网络教学训练平台。其中，在无盘工作站网络教学系统上构建的数字语言教学、计算机网络模拟训练、网络资源共享平台等教学应用系统，在教师的教学和学生的自主学习中发挥了重要作用，推动了教学模式和学习方法的转变，使我们的外语教学互动功能灵活便捷，更加贴近现实教学。最初，数字语言教学平台在听力、口语、阅读等课程中大力推广，取得了很好的教学效果。考虑到传统的翻译教学模式缺乏交互性，学生的主体地位难以得到体现等问题，我们印尼语、柬埔寨语、泰语、老挝语等部分语种尝试在翻译教学中引入了数字语言教学平台，为课堂教学提供了有益的补充。尽管目前还处于探索阶段，但两年来的实践经验表明，数字语言教学平台在翻译课程中的运用对教学效果的提高起到了实实在在的作用，有效弥补了传统翻译教学模式存在的局限。

---

① 无盘工作站就是指不配备硬盘、光驱、限制USB接口、蓝牙等功能的无盘笔记本电脑，它实现千兆到桌面，支持万兆主干，成为全时段、全方位服务教学训练的工作站。

（一）数字语言教学平台基本功能

数字语言教学系统为教师提供了一个基于校园局域网的平台，供教师设计、开发网络课程以及师生之间的互动交流。该系统主要集合了资源共享、在线交流、考核评估和系统管理等几大功能，具体包括如下模块：

1. 课程基本信息模块。该模块内容可以包括课程的基本介绍、课程标准、开课学期的教学日历以及任课教师的基本信息等。总体上看，该部分内容多属于静态的内容，即一次输入便可以长久使用，同时它也是教学中容易被忽略的部分，相关内容可能是寥寥数语，一带而过。但是，如果能合理、灵活地使用这一模块，其实可以起到提升数字语言教学平台应用效果的目的。比如，与时俱进地改变课程的基本内容介绍、结合教学改革改进课程标准的内容、突出个性描述任课教师的基本信息内容等等，可以提高该课程对学生的吸引力，从而提升数字语言教学平台的使用效率。

2. 课堂教学信息模块。课堂教学信息模块是数字语言教学平台的主体部分，也是最重要的部分。该模块可以包括教学材料的使用、课程的相关通知、课程的答疑讨论、课程的问卷调查等内容。灵活使用课堂教学信息模块，对促进师生交流、提升教学效果有明显的作用。比如，可在教学材料中加入教学课件、教学录像等内容，定期或不定期向学生公布，提高学生对课程的关注度；在答疑讨论模块中引导学生参与课程知识的讨论，任课教师也经常加入，适时解决学生的疑问，从而提高学生对课程的参与度；还可通过问卷调查等形式，让学生对课程的建设献计献策，发挥其主人公意识，有利于提高平台的应用效果。

3. 作业与测试模块。该模块内容属于学生参与教学平台的应用部分，其中可以包括课程作业应用、试题库建设、课程在线测试等内容。课程作业是学生学习反馈的重要内容之一，也是平台上师生互动的主要形式之一。通过适时、适量的课程作业，教师可以了解学生的学习效果，掌握其学习动态；同时通过建立试题库以及在线测试等形式，可以进一步增强学生对课程的参与度。

4. 课程管理模块。该模块是针对教师开放的模块，主要用于对课程相关栏目及信息的管理，如教学栏目管理、学生学习状况、学习成绩统计等。该模块可以预先设定所有栏目的访问权限，并对学生的学习情况进行统计。适时改变教学栏目、及时掌握学生学习状况，对教师上好一门课程也是相当有益的。

除上述具有通用性质的模块外，还可以根据实际需要创建新的模块。在运用数字语言教学平台辅助翻译课程教学时，我们就针对翻译课的特点，把上述通用的功能模块进行了适当调整，使其适用于翻译课程的教学。

		课程标准和教学安排
	课程教学内容	教学资料和教学课件
		相关翻译理论概述
翻译课程中数字语言教学平台的基本功能	交流讨论	小组翻译论坛
		专题翻译实践论坛
		教师答疑
	翻译技能测试	课程作业
		课程在线测试
		试题库的建设
	翻译实践资源	名译赏析及比较
		资源链接

（二）数字语言教学平台的运用

我们在教学实践中对数字语言教学平台上述四个板块的运用主要体现在课前、课中和课后三个不同的时段和环节。需要说明的是，由于受语种、教学内容、教学经验等因素的影响，不同教师的课堂教学设计各有特色，对该平台的运用方式也不尽相同。在这里我们只是综合列举了可以在教学中开发运用的一些方法和模式，但这并不意味着我们会在一堂课中全部予以运用，具体在什么环节用、如何用、用多长时间等都取决于任课教师的个性化安排，以提高教学效果为最终目标。

1. 课前

教师可将本次课所要使用的课堂教学设计、翻译的基本知识和基础理论、常用的翻译技巧、与本次课翻译内容相关的背景知识、课堂讨论主题等信息传到平台上，使学生在课前就对本次课的安排和设计以及学习目标和要求做到心中有数。

2. 课中

（1）讲评作业环节

借助数字语言教学平台讲评作业，一方面可采用集体评判的形式，让每个学生都能看到其他同学的译文，从读者的角度去审视译文的质量；另一方面也可以采取对比评判的形式，教师同时陈列多个学生对同一句外文的翻译，大家共同发现最典型的错误，同时在比较中得出最合适的译文。此外，还可以安排一定量的错误分析，让学生进行改译和重译，培养学生在翻译过程中的译者意识与分寸感，从中总结出有规律性的东西，养成良好的翻译思维。

（2）课堂练习环节

课堂练习可分为笔译和口译。做笔译练习时，教师可以有选择地布置一些典型的、具有代表性的练习，让学生在规定时间内译完提交。做完练习后，教师既可以调出某位学生的译文在全班讲评，也可以随意挑选学生的译文在平台上公开修改。如果要进行口译练习，教师可以让所有学生同时发言，由系统对每位学生的发言进行录音，之后教师可以现场选取某一录音进行回放点评，其余录音则可在课后逐一点评。

（3）课堂交流与讨论环节

教师可以运用该平台组织学生进行分组讨论，在分组时可以采取横向、纵向或随机分组，让学生针对他们自己的译文或教材中的译例，围绕当堂课所学翻译理论或翻译技巧进行讨论，教师可通过平台上的系统随机进入某一小组，听取或参与学生的讨论内容。在这种互动过程中，教师可以根据学生反馈的信息对教学内容、教学模式及指导原则进行调整，而学生则可以通过教师的指导信息对自己的译文或翻译能力有一个正确的认识。

3. 课后

为督促学生做好课外翻译练习，教师可充分利用交流讨论板块。除规定的书面作业之外，教师每周可以给学生布置一定量的课外翻译实践。要求所有学生均独立完成，然后再任选某一学生作为话题发起人，将其翻译体会和译文放上讨论板块，其他学生则跟帖回应，主要围绕翻译过程中遇到的难点以及自己处理的办法进行交流。也可要求学生分小组进行合译，培养他们认真负责、团结协作的精神。当某个学生对别人的译文有不同看法和疑问时，完全可以在网上与对方进行交流，提出自己的见解和看法；也可以通过阅读别人的译文来纠正自己的问题。而此时的教师并非旁观者，而是督导者和参与者，可围绕学生提出的典型问题进行反馈，为他们提供针对性强的解决思路或建议。

在名译赏析板块，教师可定期上传一些名作佳作的译文，引导学生对译文的遣词造句、句式整合、篇章结构、文体修辞、文化差异等进行分析和比较，在此过程中潜移默化地提升学生的翻译理论修养和审美能力。此外，教师还可提供与课程相关的一些资源链接，这些资源包括网络搜索引擎、网络词典等，以便学生在做作业、讨论的过程中可以合理利用。

下面，我们以印尼语翻译课教学中的一篇与2014年印尼总统选举相关的课堂翻译练习为例，介绍当时授课教师如何运用数字语言教学平台完成该练习的翻译。具体的教学步骤如下：

（1）文本解读

A. 利用数字语言教学平台共享相关背景知识

a. 印尼总统选举的相关资料

b. 总统候选人的生平简介

B. 教师设置互动问题

a. 语篇的文体风格

b. 作者写作意图及其观点

c. 候选人各自拥有的竞选优势及不利条件

C. 进行小组讨论，回答并分析教师所设置的问题

（2）语言转换

A. 学生借助工具书等进行初译

B. 对照原文进行修改、润饰和校译

C. 学生以电子档案的方式提交译文，教师存档

（3）译文评议

A. 利用数字语言教学平台实现学生译文的资源共享，学生可打开所有译文进行对比分析

B. 分组进行讨论，上传各小组评议结果

C. 利用平台进行即时讨论，要求学生利用所学相关知识归纳说明自己或其他学生译文中的错译、漏译、误译等翻译弊病

（4）课堂档案

A. 互动录音整理

B. 建立译文电子库

C. 建立译文评议档案库

教学实践表明，数字语言教学平台在翻译课程中的运用，不仅为师生间、学生间的互动交流创造了轻松开放的环境，也为教师更好地指导学生翻译提供了技术平台，从根本上实现了以学生为中心的授课方式，也为发挥教师的个性化教学风格提供了较大的空间，尤其在组织教学、信息资料整合、即时交流、动态反馈等方面克服了传统翻译教学模式的弊端，并呈现出以下几个特点：

一是开放性。数字语言教学平台使传统翻译课堂中教师与学生之间的界限模糊化了，教师作为指挥者的身份被淡化，教师"一言堂"式的评价受到了学生相互之间的评价的挑战。过去做翻译练习完全是为了让教师来评判，而现在则是给一个读者群体，即全班同学来翻译，同时由这个群体来评判，而译者本人也将作为读者带着批评的眼光去阅读或欣赏其他学生的译文。当学生在一种既充当译者又充当读者的开放环境中翻译时，他们往往会更加用心，更具有责任感，因为他们的译文是即时发布的。这种环境也使学生产生了一种展示自我才能和等待读者反应的愿望，变被动接受为主动接收，从而在课堂上能够紧跟教师的教学思路，提高课堂教学效率。实践证明，学生间相互学到的东西往往比从教师那里学到的东西要多，所体会到的翻译个中滋味也更深。

二是即时性。在传统的教学模式中，教师如果让学生当堂做练习，不太可能现场挑出某篇最具典译意义的译文进行讲评，更不可能将自己的修改过程充分地展示给学生。教师虽然可以把学生当堂上交的作业带回家批改，但是等到下堂课讲评时，学生可能已经对上次完成的翻译作业没多少印象了，这对翻译课的效果来说是很不利的，因为很多理解和翻译的疑难点是在翻译转换的过程中发现的。如果学生的翻译过程公开化，教师就能及时发现学生遇到的具有典型意义或带有普遍性的理解和转换问题，通过即时交流能有助于学生加深对问题的认识，避免犯同样的错误。同时，如果把翻译变成一种公开的即时交流，学生和教师在交流中修改和润色译文，有助于提高学生的翻译意识。

三是交互性。数字语言教学平台不是以提供所谓的"参考译文"为主，而是提供一个平台给学生交流、讨论，从中融入翻译的理论、技巧。每一位学生既是译者，也是读者，他们能参与到发现问题和解决问题的过程中，教师也作为其中一员发表一家之见，起着监督、启发、引导的作用。传统课堂教学中"教师—学生"的单向灌输模式转变为师生之间双向、学生之间多向的多维交互模式。此外，该平台还能为发挥教师的个性化教学提供最大的自由空间。教师可以选择面面授课方式或是机上授课方式，进行讲解或控制课堂，也可以学生为中心开展课堂活动。教师在授课时可以利用平台组织教学，也可以随时切换到传统的教室环境中，用传统的板书授课，走下讲台与学生面对面地进行交流。这种在电脑化与非电脑化之间的转换有利于增强师生之间的互动，缩短距离感，最大限度地激发学生的主观积极性。

四是高效性。翻译课程是一门以技能教授和训练为核心的实践性课程，由于课时有限，在课堂教学中无法完成教学计划中所有的实践训练内容，而数字语言教学平台容量大、转换快、交互性强，能够很好地扩充课堂教学内容，提高教学效率。一方面，平台所具备的高水平现代技术能有效提高课堂时间的利用效率；另一方面，学生可以灵活地根据自己的时间和需求补充有兴趣的知识并进行自主训练，教师通过讨论交流板块进行监测和督导，促进了学生对翻译学习的主动性和积极性。针对学生完成课后翻译实践的情况，教师能及时、清楚地了解学生对课堂内容的理解和掌握程度，也了解他们感兴趣的方向和学习中遇到的问题，这样能适时调整自己的教学方法和教学内容。此外，每位学生的翻译文本可以以电子文件的方式储备下来，既便于教师进行批阅，也有利于教师对每位学生的学习情况进行档案管理，纵向监管学生的翻译能力。

总之，从我校非通用语种部分专业的具体教学实践来看，在传统翻译教学中结合数字语言教学平台的某些特殊功能，能较好地实现教与学两方面的互动与反馈。这种模式真正实现了以学生为中心的教学理念，深化了课堂教学内容，丰富了教学组织形式，激发了学生学习翻译的兴趣、热情和主动性，是一种既能发挥教师主导作用又能充分体现学生主体地位的教学方式，有力地推动了教学，提高了教学效果。

三、存在的问题

数字语言教学平台具有丰富的教与学功能，将教师讲、学生听的被动模式，转变为以计算机、网络、教学软件、课堂综合应用为主的个性化和主动式的教学模式。由于交互性强，学生在教学中的主体地位能够得到明显的体现，数字语言教学平台已成为我们外语教学中不可或缺的组成部分。当然，要把传统教学模式和现代信息技术的应用有机结合起来还有一个必要的过渡阶段，无论是教师还是学生都面临一些新的挑战，主要表现在以下几方面：

首先，对非通用语种教师的综合素质、知识储备和创新能力提出了挑战。在教学过程中引入现代化信息技术，教师所扮演的角色不是减少了，而是增加了；发挥的作用不是减弱了，而是加强了。教师要身兼作为课堂教学的设计者、组织者、指导者、协调者等多种角色，责任更为重大。同时，新的教学模式对教师的综合素质和课堂驾驭能力都提出了更高的要求，教师除了具备精深的专业知识外，还要精于教学系统软件的应用；不仅要精心设计有助于学生参与和思考的课堂教学课件和环节，还要及时跟进学生在平台上的讨论和疑问，并适时做出反馈和评价，这无形中会增加教师的工作量。因此，如果缺乏有效的体制支持，教师学习和求新的积极性难免大打折扣。此外，翻译教学模式的改革并非凭一人之力就可以完成，只有当大多数教师都积极投身于改革中，才能从整体上实现传统教学模式的改变。因此，数字语言教学平台等现代化信息技术在翻译课程教学中的应用需要群策群力，集思广益，需要来自学校的大力支持。当然，更重要的是教师要有勇于迎接挑战的责任感和使命感。

其次，对学生的自主学习能力、协作学习能力提出了更高要求。由于翻译课多安排在高年级阶段，学生所修课程较多，还面临着毕业论文的撰写等任务，因此学生在课外能否合理安排学习计划、科学分布学习时间、高效完成学习任务就变得很重要。翻译课程中数字语言教学平台的应用需要学生投入较多的课外时间，如果出现了学习量过大等问题，就有可能会影响到其他课程的学习。此外，由于开辟了论坛板块，个别学习自控力弱的学生有可能会利用该平台讨论一些与学业无关的事情等，这些问题也不容忽视。

再次，教师如何公平地对学生的学习予以评价面临挑战。数字语言教学平台的介入，为实施多种方式的学习评价提供了可能，通过学生互评、学生自评、教师评价等方式，可以使学生对自身的优缺点有更进一步的了解，继而找到自我提高的方向。但提交作业过程中基于平台窗口操作的复制、粘贴等功能，"参考借鉴"他人作业变得轻松容易。此外，可能会有部分学生登录的次数虽然少，但作业完成较好；而有的学生登录次数多，参与讨论和交流也很积极，但作业完成得不理想。因此，教师在评定成绩时如何体现公平和公正也是值得思考的问题。

尽管目前数字语言教学平台的应用还存在种种困难和限制，但21世纪是信息技术的时代，运用计算机网络技术改进传统的教学模式是时代发展的必然选择。我们相信，数字语言教学平台作为一种操作性强、实用性强的新模式，不仅能从手段和形式上，更能从观念、过程、方法以及师生角色等诸多深层面赋予翻译教学以新的含义。我们将继续努力，充分合理地挖掘并有效地利用数字语言教学平台的优势，探索出更多切实可行的教学方式。

四、结语

数字语言教学平台是现代教育技术快速发展催生的新型教学模式，是在保留传统的面对面、讲授式课堂教学模式的前提下，充分发挥网络和信息技术优势而形成的一种对课堂教学的补充和拓展。在校园网环境下实现传统与现代两种模式的结合，不仅能达到图文并茂、声像俱佳的交互式教学效果，又能充分利用和共享教学资源，有效地实施个性化教育，更多地实现教与学之间的沟通交流，使传统模式的翻译教学演变为积极交流、自主学习、充分互动的新型教学模式。尽管由于种种条件和因素的限制，在非通用语种中推广这种教学模式难免会面临一些困难和挑战，但相信随着翻译教学研究的进一步完善和翻译教学改革的深化，类似我校数字语言教学平台的一些网络辅助教学平台的建设将会与时俱进，进一步得到优化和科学化，成为提高翻译教学效果的有益补充。需要强调的是，各种现代化信息技术不管多么高端，终归只是一种手段，不能变成目的。由于翻译课程的特殊性，不管是多媒体技术还是网络技术，都只能在教学中起辅助作用，教师在课堂中的作用绝不能由信息技术来替代。发挥教师的主导作用和重视学生的主体地位均为提高教学质量的有力保障，忽视哪一方都是不可取的。

参 考 文 献

［1］柴啸龙，陈蔼祥. 浅谈基于网络平台的高等教育和教学方法［J］. 科技情报开发与经济，2008（19）.

［2］段自力. 网络辅助课程与翻译教学整合实证研究［J］. 中国翻译，2008（2）.

［3］郭红. 计算机辅助翻译教学的一种尝试［J］. 外语界，2004（5）.

［4］何培芬. 网络信息技术与外语课程整合的理论与方法［J］. 外语电化教学，2007（2）.

［5］师新民，肖维青. 信息化翻译教学的新视野［J］. 外语界，2006（3）.

［6］孙中华，沈慧娟. 高校网络教学平台对课堂教学辅助的优势及途径［J］. 通化师范学院学报，2009（8）.

［7］文军. 翻译课程模式研究：以发展翻译能力为中心的方法［M］. 北京：中国文史出版社，2005.

从功能主义理论出发再谈越南语翻译教学的课程模式

云南师范大学 杨 健

【摘　要】笔者从功能主义派的翻译理论出发，分析该理论派别在越南语翻译教学中的实践意义。同时将该理论中极具应用价值的翻译纲要、原文分析、翻译问题的分类这三个翻译策略应用于越南语翻译教学的课程模式设计中，肯定其对建立以培养学生翻译能力为中心的课程模式，具有重要的启发和指导作用。

【关键词】功能主义；翻译理论；越南语；翻译教学；课程模式

一、引言

简单地讲，课程"本质是一种动态的教育进程，它由课程规划、课程实施（教学）和课程评价三个环节组成"[①]。而模式就是一种概括化的构架，它比概念化的理论具体，更具可操作性。《教育大辞典》中将课程模式定义为两类：一是课程发展模式。在课程发展过程中，根据某种思想和理论，选择和组织教学内容、教学方法、教学管理手段以及制定教学评价原则而形成的一种形式系统。二是课程理论模式。形成课程观的理论模式，以表明课程理论研究的地位、范围和功能。[②]本文涉及的课程模式均指第一类定义。

翻译教学，是外语专业中为培养翻译人才而普遍开设的一门课程，包含着翻译实践和翻译理论两方面的教学内容。众所周知，翻译理论在翻译教学中的指导作用已毋庸置疑，事实上，在大多非通用语专业的翻译教学课程中，翻译理论与

[①] 林记明，穆雷. 翻译课程模式与教学模式辨析 [J]. 外国语文，2009 (2).

[②] 顾明远. 教育大辞典：上 [M]. 增订合编本. 上海：上海教育出版社，1998：898.

实践在教学中的脱节现象屡见不鲜，越南语专业的翻译教学也存在同样的问题。"翻译学成为 the discipline（学科）还是 90 年代以后的事"①，那时，很多西方的高校开始建立本科、硕士和博士学位的翻译专业，这象征着翻译学学术地位的确立，可见翻译课程的研究，最初是从英语国家发展起来的。所以，国内以翻译理论研究为中心，或是以翻译理论与实践相结合为中心的课程模式，最初也是出现在英语专业中。国内大部分越南语专业的翻译教学，至今仍然主要是以训练翻译技巧为中心的课程模式。随着翻译研究在国内的兴起以及成果的不断丰富，当代西方的翻译理论也逐步在非通用语专业有所涉及，笔者思考：如此丰富的翻译理论研究成果，只能囿于英语专业翻译教学中吗？越南语专业能借鉴适合的翻译理论作为课程模式设计的理论指导吗？

翻译家郭建中老师就翻译教学，有过这样的一段话："翻译实践课，不论在本科阶段，还是在研究生阶段，是要让学生在正确的理论指导下，进行大量的翻译实践，并从实践中掌握翻译的基本原则和方法，树立正确的翻译观，同时提高语言的实际运用能力。如果没有理论指导，实践就会失去方向，就等于让学生进行盲目的实践，要通过自己的摸索来积累经验，那就失去了开设这门课的意义。"笔者认为，这应该是上面问题的最佳答案。越南语专业选择正确和合适的翻译理论来指导翻译教学，对这门课程的发展规划具有重要的现实意义。

进入 21 世纪以来，中越两国在政治、经济、文化、军事和非传统领域的安全合作等多方面的交流，日益纵横交错，对翻译的大量需求成为两国政府与人民彼此了解和开展各种层面合作的必然趋势。同时，日新月异的多元化翻译需求，引导着越南语翻译人才的培养目标和规划，传统的课程模式正面临着新的挑战。

二、功能主义翻译理论的内涵

长期以来，在翻译研究与教学中，占统治地位的是纯语言学派的翻译理论，它们主张以文本为中心、严格执行语言对等和忠实于原文等理想化原则。随着翻译研究理论的深入，人们逐渐发现这是忽略了翻译是一种跨文化交际行为的本质，这种缺陷促成了 20 世纪 70 年代西方翻译研究的转向，语言派翻译研究逐渐让位给了以多元取向为特征的翻译学派，德国的功能主义翻译理论便是其中较有代表性的一支。这个翻译理论派别的主要代表人物，大多都是在大学翻译培训机构的翻译教师，是翻译实践者。大量的翻译实践，促使他们明确提出仅靠语言学

---

① 潘文国. 当代西方的翻译学研究：兼谈"翻译学"的学科性问题 [J]. 中国翻译，2002（1）.

是不能完全解决翻译问题的。

通常，人们经常论及的德国功能翻译学派代表人物及其代表理论有：卡塔琳娜·莱思（Katharina Reiss）的文本类型理论（Texttypology），汉斯·弗米尔（Hans J. Vermeer）的目的论（Skopostheorie），贾斯特·霍斯－曼特瑞（Justa Holz–Mänttäri）的翻译行为理论和克里丝汀·诺德（Christiane Nord）的功能加忠诚理论（Function plus Loyalty）。①

莱思是第一代功能主义派代表人物，在《翻译批评的可能性与局限性》一书中，她在对等论的基础上提出了"功能类别"，认为最理想的翻译是一种完整的交际行为，即"目的语语篇和源语语篇在思想内容、语言形式以及交际功能等方面实现对等"。但是，由于翻译实践中总是无法在上述各方面均实现对等，所以，为了提升翻译实践的成效，莱思提出了"文本类型论"，她建议把文本分为两类：一是文本类型，即按照主体交际功能（主要有传意、表情、使役）分类；二是语篇体裁或变体，按照语言特征或惯例常规分类（如划分工具书、讲演稿、讽刺作品或广告所依照的标准）。她认为由于语篇体裁特征是约定俗成的，因此，体裁分类对翻译策略的确定有重大意义。莱思奠定了功能主义派的理论基础，确定了文本类型对翻译策略的选择具有的特殊意义。

莱思的学生弗米尔主张"目的论"，他认为"翻译是一种转换，是一种人类行为，而任何行为都有一个目标，一个目的。而且，一种行为会导致一种结果，一种新的情景或事件，也可能是一个新的事物"。后来，莱思和弗米尔合著《翻译理论基础》一书，进一步指出：每篇文章不只有一种功能，其中总有一种功能是占据主导地位的。具体的翻译过程应主要受控于占主导地位的功能，或受控于原文功能……文本类型可以帮助译者确定特定翻译目的所需的对等程度，对文本类型分析有助于译者选择合理的翻译策略。目的论提升和突显了文本功能性的意义。

曼特瑞则进一步拓展了功能主义在翻译教学中的适用领域，她特别强调翻译是一种翻译行为，是一种"为实现信息的跨文化、跨语言转换而设计的复杂行为"，因此"它涉及包括文本转换在内的所有跨文化转换形式"②，因为，在这种转换中，交际性的语言和非语言符号，从一种语言转换成另一种语言。这种行为无疑具有交际性和跨文化性。

诺德是最全面整理和介绍功能主义翻译理论的，她设计了"翻译为导向的语

---

① 张美芳. 功能加忠诚：介评克里丝汀·诺德的功能翻译理论［J］. 外国语，2005（1）.

② 扈明丽. 德国的功能主义理论与翻译教学［J］. 交通高教研究，2004（5）.

篇分析模式"，其中包括对交际行为进行语篇内、外各个方面的分析。她进一步解释译文目的是对预定目的环境的描述。诺德强调的是"翻译导向的"语篇分析模式。此外，她还针对功能主义存在的某些缺陷进行了补充完善，增加了另一个翻译准则：忠诚原则。于是诺德主张的功能主义方法论是建立在两大基础之上的："功能"＋"忠实"。功能指的是使译文在译语环境中按预定的方式运作的因素；忠诚指的是译者、原文作者、译文接受者及翻译发起者之间的人际关系。诺德说，忠诚"使译者双向地忠于译源与译入目标两方面，但不能把它与忠信的概念混为一谈，因为忠信仅仅指向原文与译文的关系，而忠诚是个人际范畴的概念，指的是人与人之间的社会关系"。诺德将其"功能加忠诚原则"体现于"翻译纲要、原文分析、翻译问题"三个翻译策略之中。"翻译纲要"指的就是翻译委托人对翻译提出的要求，理想的翻译纲要明示或暗示以下信息：译文的预期功能、读者、传播媒介、出版时间和地点，有时还包括译文目的或出版译文的动机。① 而"原文分析对翻译过程有指导作用，它为译者作出以下决定提供依据：翻译任务是否可行；原文中的信息哪些与译文功能相关；采用何种翻译策略可以使译文符合翻译纲要"。翻译问题不同于翻译困难。翻译困难是某个译者或学生在翻译过程中由于语言、文化知识或翻译能力上的不足或没有适当的文献辅助资料而遇到的主观上的困难，而翻译问题是客观存在的。翻译问题可以分为语用、文化、语言和文本方面的问题。诺德指出，在功能翻译中，翻译问题的处理应该采取自上而下的方式。诺德把原文功能与目的文本的预定文化功能进行比较，目的在于从已有的原文以及即将根据要求而产生的目的文本中，识别与功能有关的成分，并通过比较译文目的与原文功能，让译者能够识别在翻译过程中出现的问题，从而可以设计出一种全面解决问题的策略。②

三、功能主义视角下，建立以培养翻译能力为中心的课程模式

培养学生的翻译能力是每个从事翻译教学老师经常提到的教学目标，也并非什么新鲜的观点，实际上，翻译能力的内涵就并非人人皆知晓。纽伯特（Neubeit）曾将翻译能力概括为：语言能力、语篇能力、领域能力、文化能力、

---

① 张美芳. 功能加忠诚：介评克里丝汀·诺德的功能翻译理论［J］. 外国语，2005（1）.

② Nord, Christine. Translating as a Purposeful Activity: Functionalist Approaches Explained [M]. Manchester: St. Jerome Publishing, 1997. 转引自张美芳. 功能加忠诚：介评克里丝汀·诺德的功能翻译理论［J］. 外国语，2005（1）.

转换能力、统协其他能力①。如果比照上述要素来看，我们发现，越南语专业传统的翻译教学课程模式，很难实现这些翻译能力目标。因此，笔者结合平时的翻译教学实践，尝试以功能主义翻译理论的视角，再谈一谈对该课程的教学内容、教学模式的几点思考。

（一）在功能主义理论引导下的教学内容规划

1. 强化语篇外知识模块的教学内容

从功能主义翻译理论视角出发，翻译不再是词与词、句与句、段与段、篇与篇的对应，而是变成一种"自身必须参与进去，做出的自上而下的行为选择"。这非常有利于改变越南语专业翻译教学长期形成的"以教师为中心，偏重于讲解大量词汇、短语、句型和语法等翻译技巧为主要教学内容的课程模式"。同时，也拓展了学生（等于功能翻译理论中提出的译者）的能动性和多学科背景知识的参与，带有明显的学科融合趋势。与目前非通用语专业提倡的复合型人才培养目标具有异曲同工之妙。

功能主义翻译理论打破了传统语言学层面的对等理论，不再局限于以原文文本为中心，把翻译界定为一种跨文化交际的行为。这就意味着把翻译实践放在社会和文化背景下展开，强调文化的差异性以及交际功能的多样性等方面因素，使得学生在理论与实践教学结合的过程中懂得"精通语言未必擅长翻译"，实际上提升了学生在翻译行为中的能动性。同时，与解构学派、文化学派等不同的是，功能主义派不仅解释了译文与原文存在差别的原因，还十分具体地提出了相应的解决措施。按照该理论，学生可以在教师的引导下，了解掌握非语言因素的相关知识，比如"译文的预期功能、受众（翻译行为的接收者）的文化背景、对译文的预期及交际需求等"知识模块。这样，学生学习的语篇外知识就是一个动态的、有目的性的、有实践环境的系统知识。有了功能主义理论的引导，不仅杜绝了教师空洞地强调文化背景的重要性，而无法具体落实到翻译实践中的尴尬，还造就了翻译理论与翻译实践结合的教学途径。再结合恰当的教学模式，学生就可以达到主动地学习与翻译教学任务相关的、系统的、分板块但是相互关联的知识模块。

2. 按照功能类型，组织多元化文本类型的教学内容

以训练翻译技巧为中心的课程模式，是在各高校本科越南语专业的翻译教学

---

① 刘彤，陈学斌. 交际翻译课堂模式的建构 [J]. 教育与职业，2013（29）.

中实际采用最多的课程模式。而这种课程模式实际上是以行为主义翻译理论为指导的，即由老师示范（刺激），学生模仿（反应），重复练习（强化）。在这样的课程模式下选择的教学内容，自然是依据"学习者行为为中心"，即选择方便老师做教学示范，学生也易于模仿和强化练习的翻译材料。教学内容多为包含较多词汇类型和语法结构的材料，文本类型相对单调，教学材料内容更新缓慢。

如果我们从功能主义派主张的"文本类型论"或是"语篇功能"出发，思考越南语专业翻译教学的内容，视野会广阔很多。就选择翻译教学内容时，郭建中老师也认为："实践的材料，不应囿于文学作品，应适当选用一些实用性的材料，如一般报刊的文章（包括新闻）、书信、非技术性的小册子、旅游资料、科普读物、政治报告和文件等，以传达信息为主要目的的材料。"① 这与目前中越两国翻译需求日益多元化的特点不谋而合。梁远老师在《实用汉越互译技巧》教材中虽然没有谈及功能主义派的文本类型论，但实际上已经践行了文本类型决定着翻译策略的这一观点。该书以不同文体类型为例，结合适合该语篇的翻译技巧进行了说明，具有很强的实用性，被很多高校采纳，作为越南语翻译教学课程的主干教材，这在某一程度上也说明了越南语专业一线教师，认可"文本类型"在翻译实践教学中的作用。但由于该书正如书名，更多的是侧重于探讨多种文本类型中一些固定句式、词法的翻译技巧，而少有论及相应翻译理论的指导作用，没有具体说出在什么翻译理论支撑下的翻译策略。因此，从某个角度来说，越南语翻译教学的教材规划，还有很大提升和完善的空间。

例如：诺德提出了针对翻译导向为前提，按照文体功能提出了4种文本功能类型，并拟出了现实可行的翻译策略。如果从这个功能翻译理论出发，将上述《实用汉越互译技巧》中常见的汉越互译文本类型，比如政府文件、政治演说、科技文本、法律文书、经贸文件、说明书、旅游宣传品、商品广告等重新划分，我们可以发现科技和法律文书侧重信息传递，属于指示参考功能（referential function）类型；政府文件和政治演说，注重表达对于客观世界或现象的态度，属于表达功能（expressive function）；旅游宣传品和企业广告着重激发读者按预期的方式做出反应并行动的欲望，属于诉求功能（appellative function）类型。那么，看似纷繁复杂的文本类型，其实都从以翻译目的为导向进行宏观分类。而后，可参照该理论提出的翻译策略，运用最适合的翻译技巧。诺德曾经指出："功能主义翻译理论可以涵盖翻译的所有类型，而且对翻译教学有特别重要的意

---

① 郭建中. 翻译：理论、实践与教学 [M]. 杭州：浙江大学出版社，2010.

义。"这句话放到越南语专业翻译教学的文本类型来看，也是十分受用的。

3. 翻译理论与实践结合的教学内容

目前，国内某些高校越南语专业翻译教学，也采用翻译理论与实践相结合。但这种模式一般是涉及些许翻译理论的介绍，或多讲解一些"信、达、雅"等传统的翻译标准，最终落实到翻译实践中，很难达到预想效果。事实证明，抽象的翻译标准，经常让学生一头雾水，没有具体掌握任何翻译理论的学生，在翻译实践中往往由于缺乏理论的指导，翻译水平仅限于只知其一不知其二，无法举一反三。

大约七八成的越南语专业本科生毕业以后，立刻就面临着从事不同类型和层面的翻译工作，而90%以上的硕士研究生，都有机会从事高层面的翻译工作或是在不同大专院校的越南语专业任教。学生的就业需求，决定了翻译教学课程在越南语专业中开设的重要性，也说明了帮助他们在翻译教学课程中了解、理解和运用适合的翻译理论，是非常必要的。

功能主义派为翻译理论与实践结合提供了可能。面对在翻译教学中经常会引发争论的三组翻译策略——直译和意译、语义翻译和交际翻译、异化翻译和归化翻译，诺德主张的"功能加忠诚"翻译理论，为解决这一难题提供了良好的理论依据。比如当学生讨论语义翻译与交际翻译时，要引导他们从原文与译文的功能差异这个症结入手；而争论异化翻译与归化翻译时，要让学生明白这实质上是在讨论翻译问题中的文化问题，关系到是抵制外来文化，还是引入外来文化的问题。功能派要求学生要发挥自身的能动性，主动去列出翻译纲要，进行原文分析，并且将翻译问题归类。这样才可以通过比较译文目的与原文功能，让译者能够识别在翻译过程中出现的问题，从而设计出一种全面解决问题的策略，化解这三组翻译策略之间的矛盾。这样的理论引导，使学生自然而然地进入"采取自上而下的方式处理翻译问题"的模式。尽管有人对该理论指导下译文中的删减和改译，或是由于文化差异的归化和异化，再是由于交际行为涉及受众与环境不同，进行直译和意译有着不同的意见和看法。但我们必须承认，功能主义理论提出的很多翻译理论与策略，不仅切实可行，而且也有可能成为越南语翻译教学中正确选择翻译策略的理论依据。

（二）以提升学生翻译能力为目标的教学模式

我们常谈到的教学模式只是课程模式中的一个子系统，是课程模式中的实施阶段。教学模式选择和运用，是课程模式得以实现的一个重要阶段。同样，教学模式也是要在一定教学思想或理论指导下才能正确反映教学客观规律，以完成特定的教学任务。因此，围绕着功能主义理论的"翻译纲要、原文分析和翻译问题的分类"三个极具操作性的翻译步骤，以培养学生翻译能力为目标的教学模式，实施在越南语专业的翻译教学中，具体可分为以下几个阶段：

1. 导学阶段

教师根据越南语专业学生的普遍外语水平，设计合适的翻译任务，并依此制定导学方案①，让学生根据教师的导学方案进行课前自主学习。

此时，教师就如同功能主义理论中所指的翻译发起者和委托者，而学生自然就转变成译者。导学方案如翻译纲要一样，包含译文的预期功能、译文受众读者、传播媒介、译文目的（动机）。导学方案中可以改变以前的教学手段，而充分利用当代越南网络技术的发展，采用多元化的现代教学手段，比如给学生提供与译文受众和译文目的背景相关的电影、电视、纪录片等网址，它比语言介绍更直接、明了、生动，给学生留下深刻印象。这样教师就从传统的知识传授者的身份，向学生学习的引导者转换，无形中也强调了学生作为译者，在翻译实践中要自行了解掌握的第一个语篇外的系统知识模块。

2. 翻译探索阶段

学生作为译者，在根据教师列出的导学方案引导下，在了解类似"翻译纲要"中的各项信息后，为真正进入个性化的探索阶段打下了基础。在翻译探索阶段，学生开始对翻译材料进行个人的"原文分析"，主要包括：文外因素和文内因素两方面。文外因素主要是指原文作者（或译文发送者）及其创作意图、媒介/渠道、交际地点、交际动机、文本功能等，涉及语用和文化方面的翻译问题。而文内因素是指从词、句、段落到内容主题等，主要涉及语言和文本方面的翻译问题。原文分析的结果，通过与翻译纲要中译文功能的对比，来判断翻译任务的可行性，找出原文中与译文预期功能相关的部分，使用翻译策略。同时，也找出原文与译文预期不同的部分，以翻译功能为导向，综合考虑翻译任务涉及的各方面的交际关系，选择翻译策略。

导学和探索这两个阶段，主要是学生自主学习和探索阶段，可以完全安排在

---

① 对导学方案的设计，笔者参考和运用了部分"翻转课堂"教学模式的概念。参见宋艳玲，孟昭鹏. 从认知负荷视角探究翻转课堂：兼及翻转课堂的典型模式分析 [J]. 远程教育杂志，2014（1）.

课前完成。

3. 翻译实践阶段

越南语专业一般都是小班教学制，非常有利于教师在课堂上组织学生分组进行翻译实践练习，让每个学生都有机会进行部分的翻译实践，目的是体现每个学生个性化学习的效果，不同的译员小组做出的译文内容，一定是各有千秋。我们再利用多媒体教学手段，请各个译员小组将其翻译实践的结果呈现出来。这样的翻译实践过程，有助于锻炼学生的协作组织能力，有利于他们在课堂上交流思想，获得灵感，共同解决问题。

4. 翻译教学测评阶段

教师和全班同学，共同对照翻译纲要和翻译问题的分类，将译文中最靠近"功能加忠诚"的翻译标准，选出两篇最佳译文，将这两篇译文在全班当众宣讲，让该译文的译员小组论述译文所运用的翻译理论及策略，阐述出现的翻译问题和翻译困难。在此过程中，教师酌情予以指导和评价，着重分析具体的翻译问题与翻译困难的区别，使学生通过翻译实践，明白翻译问题产生的原因。

翻译实践和测评过程完全安排在课堂上完成，教师起到的作用仍然是以引导为主，学生作为不同的译者来完成同样的翻译任务，再根据一定的翻译理论，在教师的引导下，共同参与对译文进行评价。这样，不仅可以更好地提高学生在课程中的能动性，关键是通过学生自主思考、讨论、再思考，消化翻译教学的内容，达到将翻译理论与实践相结合的效果，进而达到培养学生提升翻译能力的教学目标。

以上对越南语专业翻译教学课程模式的几点思考，还缺少课程评价这一内容。并非课程评价不重要，相反，课程评价也是课程模式的重要环节，可以对课程的合理性做出价值判断，给课程设计者提供信息反馈，以便在下次课程开发、课程设计时做出科学的决策。

但由于建立一种以培养学生翻译能力为中心的课堂模式，在我校越南语专业中实践的时间还不长，特别将功能主义翻译理论运用到越南语翻译教学课程中还属于观察阶段，因此，除了在翻译教学实践过程中，师生共同进行评价外，笔者认为，还需要积累学生毕业后在实际从事翻译工作中给出的信息反馈、评价。当然，更需要外部人员给予客观评价和信息反馈，以帮助笔者不断改善课程模式的设计。出于这个考虑，课程评价的内容在本文只以教学测评的形式简单涉及。

四、结语

汉越互译市场范围和层面的复杂化、立体化，决定了翻译教学内容的庞杂，中越两国政治、语言文化的复杂关系，也导致了汉越互译中语用、语言和文化翻译问题存在的深度。以培养学生翻译能力为中心的翻译教学，无疑是解决这些问题的有效途径。

功能派起源于译员培训，创立的是特别具有实践可行的翻译理论。把翻译行为界定为具有目的性、交际性和文化性三个本质特征，表明了对译者翻译能力的重视。诚然，功能翻译理论不能解决翻译中的所有问题，本身亦存在不足之处，有待深化、完善。但毋庸置疑，它给越南语翻译教学课堂提供了充分的理论依据和可行渠道，开辟了一条培养学生翻译能力的新思路。

参 考 文 献

[1] 顾明远. 教育大辞典：上［M］. 增订合编本. 上海：上海教育出版社，1998.

[2] 郭建中. 翻译：理论、实践与教学［M］. 杭州：浙江大学出版社，2010.

[3] 扈明丽. 德国的功能主义理论与翻译教学［J］. 交通高教研究，2004（5）.

[4] 林记明，穆雷. 翻译课程模式与教学模式辨析［J］. 外国语文，2009（2）.

[5] 刘彤，陈学斌. 交际翻译课堂模式的建构［J］. 教育与职业，2013（29）.

[6] 潘文国. 当代西方的翻译学研究：兼谈"翻译学"的学科性问题［J］. 中国翻译，2002（1）.

[7] 张美芳. 功能加忠诚：介评克里丝汀·诺德的功能翻译理论［J］. 外国语，2005（1）.

亚非语言文学专业培养方案与平台课建设

■ 北京外国语大学　佟加蒙

【摘　要】对于北京外国语大学亚非语言文学专业本科培养方案而言，增设院系平台课是近年来力度较大的修订，相应遇到的问题和取得的收获都比较多。因此，有必要对培养方案的总体修订思路和平台课的设置进行思考，并对平台课在教学实践过程中积累的经验和遇到的问题进行总结。本文从培养方案的思考、平台课程的设置以及平台课的实际意义三个方面讨论了我校亚非语言文学培养方案与平台课建设的问题。

【关键词】培养方案；平台课；亚非语言文学

北京外国语大学亚非语言文学专业本科培养方案在实施过程中形成了每隔四到六年修订一次的制度。在教学过程中，课程设置存在的问题会逐渐出现，也会积累一些有益的经验和解决问题的思路。修订培养方案的过程也是解决上述问题和落实有益经验的过程。在最近的亚非语言文学本科培养方案修订过程中，增设平台课并进行教学实践检验当属力度较大的修订，相应遇到的问题和取得的收获都比较多。因此，对培养方案和平台课进行总结和思考十分必要。

一、对亚非语言文学培养方案的思考

在一级学科"外国语言文学"之下的学科谱系中，众多亚洲和非洲的语言被归并入二级学科"亚非语言文学"之中，并在专业划分中被称为"非通用语"。传统本科培养模式之下，需要在1800学时左右的时间内，完成从外语零起点到高水平灵活应用的教学过程。语言技能在这样的模式中重要性凸显，贯穿从拼读认字到同声传译的每一个环节之中。尽管"语言文学"在学科门类上归属于"文学"之下，但是语言技能训练在更多时候超越了"文学"这一学科门类的基本内涵。一些文学类课程，诸如"文学选读"或者"文学史"，实际上成了语言技能发展的辅助课程。比如对象国历史或文学史等课程作为专业必修课进入亚非语言专业培养方案的历史并不很长，甚至在一些专业到现在还并未将之列入必修课程。以听、说、读、写、译语言技能训练为主，以历史、宗教、文化和文学等学科知识为辅的课程设置在过去成为二级学科亚非语言文学的基本模式。这样的模式是由零起点外语专业的特点所决定的，因为不进行长期大量的技能训练，不掌握熟练的外语基本功，就不能实现外语专业的人才培养目标。但是，语言技能训练在亚非语言专业教学中所占比例过高，而语言技能之外的学科知识有效导入不足，已经成为众多非通用语专业所面临的问题。

外语技能训练带给学生过多的"技能性思维"。各类用人单位常常反馈外语类专业学生在择业就业时的优势不能很好地转化为职业进阶的动力，所谓"后劲不足"。实际上，这是学生长期接受技能训练之后以及在维持技能水平的过程中的一个自然选择。因为技能的保持和提高一定意义上需要线性思维的专注度，越是专注、越不习惯发散思维，越有利于技能水平的提升。这和很多社会学科需要学思结合，不但要勤学还需要不断提高思辨能力的学科特点是不同的。因此，无论就语言文学的学科属性而言，还是从就业市场的社会需求角度出发，都要求非通用语在语言技能训练的基础上，目的明确地系统导入学科知识。在过去，一种解决办法是双语制，即要求学生在本科学习阶段以专业标准修读两门外语。这种模式实际上仍然受限于技能训练在总体培养方案中所占比例过高，并不能从知识结构上实现复合型培养的目标。另一种办法是辅修制，即在专业培养方案之外给学生提供辅修专业机会。辅修专业的优点在于课程设置专业化和系统化。尽管在学时和课程安排等方面不能以本科专业的同等标准来要求辅修学生，但是可以搭建一个基本的专业框架和提供一个可靠和准确的专业引导。但是辅修制也存在一些弊端。一个突出的问题是辅修专业由单独建制的院系提供，并不考虑和学生本专业知识内容的有效衔接。融会贯通跨学科的专业知识并为己所用，很多时候并不是本科生能够轻易做到的。

要求学生在本科阶段修读专业外语之外的语言或者专业，即双专业或者辅修双学位的模式，其路径和目标在一定程度上都没有做到与学科建设本身密切结合。其成功与否更多取决于提供辅助培养单位的资源投入和学生本身的精力分配和天赋，而与"亚非语言文学"二级学科关联度不大。只有对本科专业课1800学时的课程设置本身做出结构性调整，才可能完成以学科发展为目的的改变。这种调整和转变虽然不能一蹴而就，但是可以设定总体目标，在课程设置、培养方案以及师资配置等不同的角度实施渐次改革。尤其是可以借鉴西方院校地区研究专业培养模式中外语加上以地区为研究对象的专业组合的做法。在这种培养模式中，基础语言技能训练是在低年级和对象国一年的学习过程完成的。而高年级则放弃单纯听、说、读、写、译的技能训练，转而以语言为工具导入对对象国历史、文化、宗教或文学的深度研习。高水平的语言技能将在对某一学科知识的深度学习过程中得到强化，与技能训练本身并无矛盾。在历史上，本科学习阶段不可能普遍获得出国学习机会，技能训练只能在缺乏语言环境的国内完成。而现在，以亚非语言文学之下各语言专业来看，基本上可以确保绝大部分本科生都获得半年至一年的国外学习机会。需要做到的是，如何利用好在对象国的学习过程，既完成基本语言技能的全面提升，又以语言为工具获取关于对象国某个学科知识的初步认知。以此为目标，则需要人才培养单位将培养方案与国外学习内容进行通盘考虑并做到有效对接。平台课建设，就是在本科课程设置方面为实现这一目标所做出的一种尝试和努力。

在北外亚非学院现行培养方案中，总数为大约1800学时的专业课程被分为三个部分。第一部分是1500学时左右的传统听、说、读、写、译技能训练。综合国内外语类院校专业课程设置考虑，这是一个可以接受的课时量，一般情况下能够确保零起点学生经过这样的训练之后基本达到本科毕业所要求的专业水平。中远期来看，如果低年级技能训练加大强度、教材建设完善，以及外教配置到位，再加上对象国留学效率的提升，这一以基础技能训练为目标的学时数还可以大幅降低。第二部分是200学时左右的专业知识课程。这部分课程是以对象国社会历史文化为学习内容，以对象国语言为学习媒介开设的课程。第三部分就是150学时左右的平台课程。平台课以二级学科下属各专业语言所覆盖的亚洲和非洲国家和地区的历史、宗教、传媒、文学和文化为学习内容，目的是在基础语言技能训练的同时，完成对相应学科知识的导入。这既丰富基础技能训练过程中的文化内涵，又从学科和专业的高度扩大学生的知识面。平台课程主要以"亚非语言文学"二级学科为支撑，而不以其下属具体语言专业或对象国为视角或出发点。

上述培养方案自2012年起开始实施，经过了教学实践的检验，在此可以再做一些思考。第一，在国际化、全球化和网络化的大趋势之下，外语技能课是否存在进一步缩减的可能。传统技能课的设置和发展是在对大多数人而言国际交流渠道不顺畅的环境下发展起来的。在外语资源匮乏的封闭大环境中，从教学材料的选编、视听材料的利用，到情景式的听说训练等，都需要以强化技能训练为主要的出发点。而随着世界范围内国际化程度的提高，各种外语资源的网络化，基础语言技能训练的环境和条件早已经今非昔比。在条件更成熟的时候，外语技能训练完全有可能转变为以外教为主、中教为辅和以国外为主、国内为辅的状态。如果语言技能训练这一课程模块的教学主体、场所和效率发生根本性转变，上述专业知识课程和平台课程将在"亚非语言文学"的总体课程设置中变得更为重要。第二，200学时左右的专业知识课是否在培养方案中所占比重过低。以平均72学时为一门课程来计算，意味着专业知识课在培养方案中仅仅能开设三门。在技能课模块缩减的预期之下，应该建设什么样的专业知识课程值得思考。像"国别史"、"文学史"、"翻译理论与实践"、"语言学"、"中外文化交流史"等课程，在"亚非语言文学"二级学科的框架之下，不成为专业必修课以固定学时纳入各专业培养方案之中似乎不合情理。当然，这样的设置应该是以语言技能模块的教学过程发生根本性转变为前提的。第三，现阶段平台课在低年级开设，其初衷无疑是配合技能课训练的国别和地区知识导入。当平台课向高年级阶段延伸和拓展的时候，它应该怎样和地区研究的专门知识相结合并服务于本科毕业论文的撰写以至于研究生培养？这些都是在进一步修订本科培养方案和调整平台课设置的时候需要考虑的问题。同时，"亚非语言文学"也是一个相当笼统的学科概念。当平台课按照南亚、东南亚、西亚、东北亚、东非和西非这样的地区模块和学科知识搭配组合完成合理设置的时候，才能让教学过程变得更有针对性，也才能更好地调动学生的学习积极性。

二、亚非语言文学专业平台课程的设置

在2012年开始实施的亚非语言文学本科培养方案中，北外亚非学院共设置了六门平台课程，其中两门必修课分别是"亚非地区研究I"和"经典导读"，四门选修课分别为"研究方法与学术写作"、"亚非宗教与文化"、"亚非地区研究II"和"亚洲传媒"。在培养方案中，要求学生从大一开始修读四门平台课程，每门课程3学分，共计12学分。按每门课程36学时计，共计144学时。六门课程以两学年四个学期为周期完成轮动。这样基本上学生在大二下学期，即大部分学生获得留学基金委奖学金出国留学之前完成平台课的学习。

在六门课程中，"亚非地区研究"是按具体专业对象国所在区域向学生提供专题式的历史文化内容。这样设置主要考虑学生在开始专业外语学习的过程中，大量接受关于对象国语言和历史文化知识，而对相关区域内具有共性的社会文化

特征和现象缺乏了解和认知。以南亚或东南亚为例，尽管外语专业的数量大，但是不同国家甚至不同族群对于古代历史和宗教发展在很大程度上有着共同的书写和记忆。无论是历史上不同国家的疆界更迭、宗教的传播路径，还是语言的发生发展和相互影响，都使得整个区域内在深层次文化上具有相同或者近似的基因。把握这些在地区上具有共性的知识内容，将使学生有机会以超越国别的视角去理解地区文化。这样的例子不胜枚举，比如佛教在南亚和东南亚的传播、两大史诗对相关国家的文化影响、梵语和巴利语在南亚和东南亚国家语言发展历史中的影响等等。"亚非地区研究"课程的目的，是通过对具有地区共性的某一社会文化专题的探讨，引导学生获取与对象国语言学习密切相关的知识内容。也可以说，其基本立意是帮助学生通过专业研究视角观察对象国所在区域的社会历史文化，了解相关知识的学习途径。教学实践表明，这样的课程有利于地区内的不同语言专业以历史、语言学或宗教等学科知识为纽带建立联系。这对于学生学习高年级专业知识课以及选择三外等方面裨益明显。

　　两门必修平台课中，除上述"亚非地区研究"，还有一门必修课为"亚非经典导读"。在传统培养方案中，绝大部分课程设置都围绕专业外语的听、说、读、写、译的技能训练开展。在"阅读"的环节，进入课堂教学的内容以报刊和对象国文学作品为主。但是在"亚非语言文学"二级学科框架之下，需要阅读的经典作品又何仅仅是报刊和文学作品。传统报刊课或新闻阅读课的设置是由于历史上资料短缺，只能通过邮寄渠道获得几种宝贵的主流刊物并进入课堂教学。现在网络终端早已经全天候推送海量新闻媒体报道，传统"报刊阅读课"的模式早已经改变。不仅仅是新闻报刊，"文学"本身在网络化和出版渠道多样化的今天也早已经发生了深刻变化。"阅读"课程也需要打破原有的学科壁垒，鼓励学生阅读更多不同学科背景的相关经典作品。必修平台课程中的"经典导读"即以此为出发点。从教学实践来看，"经典导读"中的内容涉及经济史和全球化研究（《白银资本》）、亚非世界经典作家（泰戈尔）、跨文化交流经典作家作品（林语堂）、语言学经典（索绪尔）和东亚文明文化交流发展（《东亚文明论》）等。这样的教学内容远远超越了传统语言文学的学科限制，不但能拓宽学生的阅读视野，对教师本身的跨学科研究能力也提出了相应的要求。同时，这样的教学内容对于学生而言又格外具有实际意义。比如，学习亚非国家语言的过程中应该具有怎样的历史观就是一个问题。历史上盛行至今仍无处不在的欧洲中心主义视角是否会对东方和非洲的语言文化学习造成影响；外国语言学习者应该怎样客观冷静地观察他者的文明与文化等。像《白银资本》和《东亚文明论》之类的著作可以从经济史、文化交流发展史等角度给学生提供有益的思路。再如像泰戈尔这样在亚非世界中首位获得诺贝尔文学奖的文学家，其作品的价值早已超越了印度或者孟加拉的国别文学限定，在亚洲文化交流甚至世界文学史上都具有重要意义。所以，"经典导读"课程并不以直接提升专业外语技能水平为目的，而是希望通过以经典作家或者作品为专题，引导学生在更深广的范围内开展阅读活动。

按照培养方案，亚非语言文学之下各专业学生在修读两门必修之外，还需要再学习两门选修课，以修满十二学分的课时。选修平台课之中，"亚非宗教与文化"的设置主要考虑亚洲和非洲有很多宗教气氛浓郁、宗教对社会生活各个层面都发生重要影响的国家。比如世界三大主要宗教的发源地均在亚洲。在西亚、中亚、南亚和东南亚，宗教都是很多国家社会文化构成中发挥主导作用的因素。了解伊斯兰教、佛教、印度教、基督教、犹太教等宗教的历史渊源和发展演变，对于国别和地区研究都不可或缺。在南亚，很大程度上南传佛教的历史与斯里兰卡的古代史、印度教与印度的古代史之间都存在千丝万缕难以割离的关联，了解了宗教的发展历史，也就了解了这些国家的古代历史。不仅仅是古代史，当代国家政治的发展、地区矛盾与冲突的根源、族群对立或和谐相处的根本原因、社会习俗与禁忌的发生发展，很多时候都与宗教信仰有着深刻的相关性。因此，非通用语专业学生从文化层面加深对相关宗教的了解和认识具有必要性。在教学实践中，考虑到宗教本身为一级学科，以及宗教知识与历史和古典语言之间的关联，从相关领域邀请了具有代表性的专家学者参与了教学活动。这样，"宗教与文化"课程的授课内容和视角不再是一般意义上语言教学者对宗教的理解和认识，而是带有专业宗教学者的研究体验和研究成果的讲解和介绍。这不但可以帮助学生更好更准确地建立对某种宗教的学术认知，还可以为将来进一步的研究和学习打好基础。

"研究方法与学术写作"也是针对非通用语专业学生开出的一门选修平台课。由于传统上外语技能课在总体培养方案中所占比重很大，以及外语类课程轻研究重实践等原因，研究方法和较规范的学术写作一直是非通用语专业学生面对的一个难题。在近年非通用语本科教改过程中，重视研究方法和写作能力的提升已经成为趋势。本科生不但需要撰写毕业论文和各类课程结课小论文，也越来越多地参与各类大小不一的项目研究并需要撰写结项论文。教育部也面向本科生设置就业创新项目。这种情形之下，掌握适当的研究方法，提高学术写作规范性也是本科生必须面对的任务。虽然本科阶段并不要求学生在研究和写作的创新性方面有实质性突破，但是具备基本的研究和写作能力越来越成为本科生必要的素养之一。"研究方法与学术写作"这门课程的开设，就是为了解决非通用语专业学生在学习关于对象国或者对象国所在地区相关的某一具体学科知识过程中需要掌握的基本方法问题。在教学实践中，我们邀请了伦敦大学亚非学院地区研究专业学者来讲授这门课程。这些学者均熟练掌握一门亚非国家语言，并同时专注于对象国或相关地区专门领域研究，比如印度尼西亚经济或者豪萨文学等。这样的研究方法以及以此研究方法为指导的学术写作，正是国内非通用语专业学生，很多时候甚至是教师也亟须提高之所在。

"亚洲传媒"课程则是针对非通用语专业学生在毕业后有相当多的人进入广播电台、电视台和平面媒体等新闻传播机构任职的情况而开设的。这些毕业生中有很多人更是需要派驻所学语言的对象国开展工作。因此，了解相关国家媒体的基本状况、媒体人的基本职业素养要求等就很有必要。这门课程既针对有专门需求的学生开设，也为一般学生认识和了解亚洲各主要国家的传媒概况提供机会。考虑到涉外传媒工作的性质，本课程邀请新闻传播学院的专业学者用英文开设，以期帮助学生使用英文了解亚洲各国传媒的基本情况。

上述六门课程在具体教学过程中根据学生所学专业按学期调整授课内容，加强针对性的同时给学生一定程度的自由选择课程的机会。在现行培养方案框架内，还不能期待150学时左右的课程可以给学生的本科学习和知识结构带来根本性的改变。但是无论教学实践的验证，还是国外同类学科的发展经验，都表明这样一个合理适度缩减传统技能课比例、加强历史和宗教文化等专业知识导入的课程设置思路是值得坚持和继续探索的。未来平台课在总体培养方案中的比例，取决于技能课改革的继续推进以及真正学分制教学体系的实施等多个因素。

三、亚非语言文学专业平台课程建设的意义

经过两个周期的平台课开设实践，在验证了平台课合理可行并取得成功经验的同时，也在授课过程中和学生反馈中发现了一些问题。可以就这些成功的经验进行总结，并对所发现问题提出分析和解决办法，以期进一步优化平台课的设置结构和提高授课质量。平台课在实践教学过程中出现的问题，随着培养方案周期性修订，也将在修订过程中得以调整和完善。

在平台课教学过程中，一个突出问题是区域性知识的形成和接受对习惯于国别视角的学生而言还存在一定困难。非通用语学生从入学开始，大量学习各种关于语言对象国的文化知识，语言和知识之间形成了良性互动。而在接触所学语言对象之外的区域知识的时候，尤其是如果相关区域地理范围大、文化差异大的时

候，容易出现畏难情绪。比如东南亚方向的学生会对非洲或者东北亚的相关课程内容不感兴趣。这样的问题可以在进一步培养方案修订过程中予以加强针对性的适当调整。此外，平台课的开设时间也存在一定问题。现行平台课从大一入学开始必修和选修课，一般在进入大三的时候基本完成学习。这样学生在入学伊始就需要在学习非通用语言的同时，开始接触对象国区域的多学科知识，包括历史、宗教和传媒等。这种跨学科的知识内容对于刚开始本科学习的学生具有一定挑战性。

总体而言，亚非语言文学平台课程的开设取得了以下成功经验：第一，丰富了培养方案的课程体系，使非通用语整体专业课程设置由技能型课程占绝对多数，转变成以技能课为主、平台课为辅的状况；第二，平台课的开设，增强了学生利用所学外语知识以地区研究的视角观察对象国的意识；第三，帮助学生掌握基本的相关学科研究方法，一定程度上提高了规范写作的能力；第四，丰富了学生关于对象国以及所在地区的人文知识素养。

在课程体系方面，原有培养方案中无论是课程名称、形式或内容都带有浓重的技能训练特征。将近150学时的平台课程纳入四年本科培养方案之后，总体上削减了技能课数量，从而也弱化了技能训练在非通用语本科培养中的绝对优势地位。这样削减技能课，是建立在综合比较国内外同类专业设置的基础上，前提是确保外语技能不会因减少课时量而造成培养质量下降。平台课以每门课3学分纳入培养方案之后，从课程建设、教材编写、师资配置和学生考核等各个环节都使其重要性得以提高。这样的必修课设置，较之于以往通过讲座和研讨等形式强调人文知识导入的做法都有明显的优势。尤其是交叉二级学科"亚非地区研究"开设之后，非通用语专业本科生将通过平台课与地区研究硕士课程形成很好的知识对接，此乃平台课开设的第一个意义。第二个意义是增强学生以地区研究视角观察对象国的意识。如果考察传统的培养方案，尽管在过去提高非通用语专业学生的综合文化知识水平一直受到重视，但是这种重视缺乏一个科学的课程体系的引导。比如学习对象国语言的过程中不可避免地需要了解对象国历史。过去，一般都是将对象国的历史文化知识内容贯穿到其他技能课之中，这种做法难免零散和不成体系，也难以做到以适当的历史学理论指导学生对历史的学习。平台课则在一定程度上解决了这个问题。不论是历史、宗教，还是传媒，都以超越外语和脱离对象国的形式来讲授，外语在这些课程中成为更好地了解某学科系统知识的工具。这种地区研究的学习视角不但更系统地丰富学生关于对象国或所在地区的学科知识，还将更好地提高学生的专业外语水平。第三个意义是学生在学习平台课的过程中，尤其是学习"研究方法与学术写作"这门课的过程中，逐步接触和初步掌握了关于国别和地区的研究方法。平台课的结课形式一般要求学生撰写一篇较短的小论文。这既是对课程学习成果的检验和总结，也是撰写较规范的小文章的初步尝试。这样的尝试既帮助学生更好地掌握研究方法和写作规范，也为高年级更多的小论文撰写任务和毕业论文撰写做好准备。最后，平台课设置的一个重要意义在于对学生综合人文知识素养的提高。不仅仅是非通用语专业学生，外语类学生都经常遇到的一个问题是外语技能好但专业素养差。通过平台课导入系统的地区人文知识，将为解决这样的问题提供一定的思路和办法。

参 考 文 献

［1］北京外国语大学教务处．北京外国语大学本科培养方案：2012版［Z］．2012.

瑞典语专业国家概况课程新实践

■ 北京外国语大学　阿日娜

【摘　要】和许多非通用语种专业一样，北京外国语大学瑞典语专业在国家概况课程的教学过程中也面临着诸如课程设置时间滞后、大量使用原版教材、课程定位模糊、授课方式单一等许多问题与挑战，严重影响了该课程的发展。本专业教师结合多年教学经验与学习成果，对传统的国家概况课程进行了一系列的改革尝试，从课程设置时间、使用教材以及授课方式等各个方面入手，希望能够通过国家概况课程的教学，达到学习与借鉴外国优秀文化成果的目的；并试图探索出一条适合我国非通用语种国家概况课程教学的新道路。

【关键词】非通用语种；国家概况课程；瑞典语

2015年新年伊始，我国教育界便围绕如何对外国文化进行宣传教育展开了一场大讨论，作为接触外国文化最快最多的外语专业教育更是首先面临着各方面的考量。在外语专业开设的各种课程中，国家概况课程可以被视为最直接的文化对话课，在教学过程中如何既体现外国优秀的文化成果，又能够体现中国的核心价值与意识形态，必将成为每一位国家概况课程教师的必修课，作为非通用语种的教师在这一方面的考虑就显得尤为突出。因为非通用语种专业普遍存在师资缺乏的现象，教师往往同时担任多门课程的教学工作，国家概况课程常常与泛读精读等课程混合，而自编教材更新速度缓慢，教学过程中经常使用外方原版教材。面对这些问题，北京外国语大学瑞典语专业对国家概况课程进行了一系列的改革与尝试，希望能够探索出一条适合我国非通用语种专业国家概况课程教学的新道路。

一、瑞典语专业国家概况课程教学的现状与问题

北京外国语大学瑞典语专业始建于20世纪60年代，是新中国最早开设的非通用语种之一，专业开设50多年来为我国培养了大批活跃在中瑞文化交流领域的人才。瑞典语专业一直沿用比较传统的课程设置体系，即一、二年级开设基础阶段课程，内容包括精读、口语、听力、泛读；三、四年级开设提高与发展阶段课程，内容包括国情、外电、报刊阅读、文学、口译等。

瑞典语专业的国家概况课程长期以来一直是三年级的主修课程。为了能够原汁原味地介绍瑞典的社会与文化，并让学生在语言上得到迅速提高，我专业选择了一部外方的原版教材，并配合自编的词汇与练习进行教学。这部名为《聚焦瑞典》（*Sverige på Fokus*）的国情教材由时任瑞典《每日新闻报》（*Dagens Nyheter*）主编汉斯－英格瓦·约翰松（Hans-Ingvar Johnsson）编写，其语言生动深刻，内容全面翔实，观点较为客观，但必须要求学生在掌握扎实的瑞典语基础后才能够进行有效学习。近年来，很多非通用语种专业对国家概况课程都做出了调整，其中最重要的一点便是在低年级阶段引入国情课程内容，瑞典语专业也曾尝试在二年级选用一本包括若干短文的瑞典国情知识简介类书籍作为泛读教材，但该书受篇幅所限，文章略显单薄，涵盖知识点只涉及皮毛，很多部分未能深入展开。从授课形式上看，瑞典语专业三年级的国家概况课程以外方教师授课为主，二年级涵盖国情知识的泛读课程则是中方教师授课，两种课内容多是强调语言知识的掌握与运用，对于国情知识深入的探讨与研究并不多。多年来国家概况课程如此设置，虽在一定程度上将语言学习和对象国社会文化知识学习相融合，但也存在着许多弊端。

首先，语言学习与对象国相关知识的学习应该是相辅相成的，从三年级才开始开设国家概况课程显然有些滞后。特别是像瑞典语专业这样的零起点非通用语种，如果能够在学生刚刚接触这门新语言的同时便开始向他们灌输语言对象国的相关知识，一定能够大大提高学生对语言学习的兴趣，达到事半功倍的教学效果。

其次，专业教学普遍使用的原版教材虽然在语言学习上能够给我们很大帮助，但由于思想文化的差异，无论是教师还是学生在使用原版教材过程中总感觉难以得心应手。因此课程教师要考虑在条件允许的情况下编写适合本专业的国情教材。

再次，信息时代网络的普及让所有人都能够相对快速地了解所需知识，因而无论是低年级还是高年级学生都不会满足于课堂上对国情知识简单的介绍。教师需要调整传统的授课方式，让学生有深入思考和探讨对象国相关知识的空间，从而充分了解所学语言以及相关专业知识，为学生进一步的学习做好充足的准备。

最后，无论是三年级国家概况课程与精读课程的混合，还是二年级国情知识与泛读课程的混合，国家概况课程在教学过程中始终强调对篇章语言的解读与掌握，将语言技能训练作为主导，课程定位模糊削弱了国家概况课程的知识性意义。学生还可能因为语言理解等方面的障碍逐渐失去了对此类课程的学习兴趣。因而授课教师需要对传统的授课形式做出调整与改变，明确国家概况课程的目标与定位，这样的课程才能够专业且高效。

二、瑞典语专业国家概况课程的新探索

面对瑞典语专业国家概况课程教学过程中出现的问题，专业的教师结合多年的教学经验与学习成果，在最近的国家概况课程中尝试做出了一些新的探索。

（一）本科一年级开始加入国家概况课程内容

非通用语种专业的学生大多为零起点，入学时对所学语言的一切都感到好奇，特别是语言对象国的社会历史文化知识，教师应及时抓住学生这一时期的兴趣点，适时引入国家概况课程的内容。以中文授课为主，每周约两个课时，内容尽量与精读课程内容相配合，如在介绍瑞典地理时正值语音学习阶段，我们便将瑞典24个省的名字作为发音练习来做。随着教学的深入以及学生语言水平的提高，我们也逐渐引入一些介绍瑞典历史、人物的原文小短文作为阅读材料。目前，瑞典语专业虽然没有专门开设一年级国家概况课程，而是在每周精读课程中分出两课时进行国情介绍，但这一实践已取得了初步的效果。学生非但没有因为精读课时的减少而成绩下降，反而因为国情课程的学习极大地激发了学习热情，提高了学习效率。

（二）编写适用于本专业的国情教材

瑞典语专业与很多非通用语种专业一样都面临着教学材料缺乏的困境，目前市面上鲜有专门介绍瑞典的图书，网络上的信息又鱼龙混杂，选择使用外方原版教材在很多情况下属于不得已而为之。因而教师有必要考虑自行编写一套适用于本专业教学的国家概况课程教材。教材编写可以从低年级国情教学入手。目前，

瑞典语专业刚刚编写完成了一部名为《瑞典社会与文化》的中文图书，内容涵盖瑞典地理、历史、政治、经济、宗教、民俗和文化等各个方面，是现有介绍瑞典信息比较全面的一本书。书中配有大量的图片，增强了学生对瑞典认识的直观性；在每篇正文之后添加了许多知识性与趣味性相结合的小短文，如瑞典名人、著名企业、传说故事等等，增强了书籍的可读性；而书中涉及重要瑞典人名、地名、机构、政策、法规等都注有瑞典语原文，从而为学生进一步的语言学习打下基础。另外，这部书不仅仅是对瑞典国家概况做简单的介绍，更对其中一些极具瑞典特色的内容做了较为深入的分析，并在每一章节之后提出了若干供学生深入讨论研究的问题，如瑞典福利的弊端，瑞典是否真正恪守了中立原则等等。该书曾在我专业一年级国家概况课程上试用，取得了较好的教学效果。从长远角度来看，编写高年级国家概况课程的教材也势在必行。

（三）改变传统的国家概况课程授课方式

自从瑞典语专业在一年级开始引入国家概况课程内容后，传统的授课方式也随之调整甚至改变。外语院校的教师多年来一直善于用外语授课，课堂内容以强调语言知识与技能为主，因而在本科一年级用中文讲授国情课程既是一种尝试也是一种挑战。在课堂上如何用中文将课程讲得既丰富又有意义，其难度不亚于一堂纯外语授课。一年级国家概况课程教学可以考虑从以下几点入手：

首先，课堂可以以教师在语言对象国的个人经历为主线，配合教材内容为学生多讲述一些自己的见闻感想，如在瑞典坐火车、瑞典大学生的一天等等，如此一来课堂内容生动活泼，课堂氛围也显得轻松愉快。另外，在讲述过程中一定要挖掘独具语言对象国特色的东西。现在的学生多受英美文化影响，对非通用语种国家的情况知之甚少，这样通过具体事物的讲述就可以让学生深刻了解语言对象国的文化特色。

其次，教师要发挥学生的主观能动性，让学生自己查找相关资料，为班级介绍语言对象国的相关信息，如介绍瑞典名人、瑞典传统节日、瑞典美食等等，开始使用中文，逐渐过渡到使用外语介绍，这样的课堂安排可以锻炼学生搜集整理资料的能力、写作表达的能力、制作演示文件的能力以及公众演讲的能力。每次介绍后，学生还要互相评判，指出演讲同学的优点和缺点，以期逐渐改善。

再次，使用跨文化的视角来进行课堂教学，建议学生多阅读有关中国文化的书籍，加强学生对中国文化与思想的理解与认识，在国家概况课程中比对中国和语言对象国文化的差异与共通之处，并进行讨论，如公交车上为老人让座在瑞典是否可行等等。逐渐培养学生的跨文化意识与跨文化分析问题的能力，为高年级深入的学习与研究打下基础。

经过一年级国家概况课程的学习与锻炼之后，学生对所学语言对象国各方面的情况普遍有了较为深刻的认识，因而三年级的国家概况课程绝不能仅仅做到简单地重复，中方教师此时应和外方教师相互配合，共同承担起三年级国家概况课程的教学。外方教师可以从语言的纯正性对课程进行把握，提高学生的语言技能，而中方教师则需要从文化与思想意识方面组织学生对国情内容进行深入的探讨。这样，即使专业使用的是外方原版教材，学生也能够对其中的思想内容做出客观的评判。

（四）明确国家概况课程的课程定位

要改变非通用语种的国家概况课程定位模糊的现状，就要区分国家概况课程与精读、泛读等其他课程，国家概况课程是一门介绍语言对象国社会文化综合背景知识的课程，通过教学加深学生对所学语言以及对象国文学、文化的理解与掌握，提高学生对文化差异的敏感性、宽容性以及处理文化差异的灵活性，培养学生跨文化交际的能力。语言的学习和掌握仅是国家概况课程中的一部分，这一部分很重要，但课程更重要的是要以批判的视角了解和学习各个国家优秀的文明成果，为我所用。国家概况课程是中国与其他国家的文明与文化对话课，正如习近平主席在纪念孔子诞辰2565周年国际学术研讨会开幕式致辞中所讲："对人类社会创造的各种文明，无论是古代的中华文明、希腊文明、罗马文明、埃及文明、两河文明、印度文明等，还是现在的亚洲文明、欧洲文明、美洲文明、大洋洲文明等，我们都应该采取学习借鉴的态度，都应该积极吸纳其中的有益成分，使人类创造的一切文明中的优秀文化基因与当代文化相适应、与现代社会相协调，把跨越时空、超越国度、富有永恒魅力，具有当代价值的优秀文化精神弘扬起来。"①

三、小结

在新的形势下，非通用语种国家概况课程面临着许多新的问题与挑战，作为教师应及时把握住时机，对传统的国家概况课程做出必要的调整与改革。首先，在外语专业本科一年级引入国家概况课程，以轻松活泼的课堂内容，引发学生的

---

① 习近平主席纪念孔子诞辰2565周年国际学术研讨会暨国际儒学联合会第五届会员大会开幕式讲话。

主观能动性，同时加强对于中国文化传统与思想意识的宣传，从而培养学生跨文化分析研究问题的能力。其次，编写适合本专业的国家概况课程教材势在必行。教材不应仅仅是对国家概况做简单的介绍，更应对其中一些极具语言对象国特色的内容做出较为深入的分析，提供让学生展开深入研究讨论的空间。最后，教师应明确国家概况课程的定位，不再将其与精读、泛读等课程相混合，不只是强调语言的学习和运用，而是要从文明交流互鉴的角度将国家概况课程扩展提升。外语专业开设国家概况课程正是对各个国家文明成果进行学习和借鉴的一种方式。"历史告诉我们，只有交流互鉴，一种文明才能充满生命力。只要坚持包容精神，就不存在什么文明冲突，就可以实现文明和谐。……文明因交流而多彩，文明因互鉴而丰富。文明交流互鉴，是推动人类文明进步和世界和平发展的重要动力。……" ①

参 考 文 献

［1］北京外国语大学欧洲语言文化学院. 欧洲语言文化研究：第6辑［C］. 北京：时事出版社，2011.

［2］葛金玲. 欧洲语言与文化［C］. 上海：上海社会科学院出版社，2014.

［3］欧洲理事会文化合作教育委员会. 欧洲语言共同参考框架：学习、教学、评估［M］. 刘俊，傅荣，主译. 北京：外语教学与研究出版社，2008.

---

① 习近平主席2014年在联合国教科文组织总部演讲。

柬埔寨语阅读课程教材建设探析

■ 解放军外国语学院　卢军

【摘　要】当前国内开设柬埔寨语专业的高校逐渐增多，而教材建设却相对滞后。"柬埔寨语阅读"作为专业教学的基础课程，缺少正规的公开出版教材，将影响课程建设和人才培养质量。以阅读课程的性质与地位作为教材编写的指导思想，确立"以人为本"和"跨文化交际"的教材编写原则，不断完善教材结构，充实课文内容，将使柬埔寨语阅读课程教材建设更加科学和规范。

【关键词】柬埔寨语；阅读课程；教材建设

中柬传统友谊源远流长，随着新世纪两国友好关系的迅猛发展，两国在政治外交、经济贸易、文化教育、国防安全等领域的交往日益增多，逐步深化，亟需能够胜任两国各领域交流需求的多元化、国际化外语人才。目前国内开设柬埔寨语专业的学校已有8所，分别是北京外国语大学、解放军外国语学院、广西民族大学、云南民族大学、广东外语外贸大学、云南师范大学、红河学院、广西国际商务职业技术学院。当前柬埔寨语专业在我国已经形成了一定规模，然而与之配套的教材建设还相对落后，公开出版的仅有少数精读、口语、语法、翻译、国情类教材。

近年来，各院校非通用语种类专业在人才培养目标、培养规格、课程体系、课程设置、教学内容等方面都在积极地探索教学改革。教材建设历来是教学改革最重要的环节之一，也是教学实施的基本保障。我国《高等学校非通用语种类专业本科教学质量国家标准》（下文简称《国家标准》）提出了培养忠于祖国，具有国际视野和人文素养，掌握外国语言、文学和文化知识，了解相关专业知识，具备语言运用能力、跨文化交际能力的国际化、多元化外语人才的目标，这无疑对教材的科学性、系统性和规范性提出了较高的要求。阅读课程是外语专业教学中一门重要的基础课，对培养学生的独立阅读能力起着非常重要的作用。笔者长期从事和关注阅读课程教学，在此针对柬埔寨语专业低年级阶段（一、二年级）阅读课程教材建设问题提出一些拙见。

一、阅读课程开设及教材使用情况

在前期调研的基础上，笔者将各校阅读课程开设及教材使用情况列表如下：

开设院校	北京外国语大学	解放军外国语学院	广西民族大学	云南民族大学
开设年级	二年级全年	二年级全年	一年级下学期，二年级全年	一年级下学期，二年级全年
开设学期	第3、4学期	第3、4学期	第2、3、4学期	第2、3、4学期
开设课时	合计72课时	合计72课时	合计192课时	合计108课时
教材性质	自编活页教材	自编印刷教材	自编活页教材	对外柬语教材
教材内容	政治、经济、法律类文章	校园生活，民间故事，柬埔寨国情，文化类文章，短篇新闻	柬埔寨语言、习俗、文化、经济、政治类文章	柬埔寨日常生活、习俗、社会、文化类文章
选材来源	互联网,对象国报纸、杂志等	国外教材、民间故事集、报刊等	国外读物、教材、报纸杂志等	金边皇家大学对外柬语教学课本

广东外语外贸大学东语学院也计划在本科二年级，即第3、4学期开设阅读课程，合计72课时。由上表可见，阅读是国内各院校普遍开设的课程，而且通常在低年级开设，学时数在72至192学时之间。通过详细考察，笔者认为各校使用的教材存在以下几点不足：

（一）无正式出版教材

虽是基础课程，但一方面由于师资力量不足、教学任务较重，任课教师没有精力编写质量较高的教材，另一方面由于出版成本高、印刷规模小，各校的自编教材均未公开出版，因此目前国内尚无正式出版的通用教材。而随着开设学校的增加，在校人数也大幅增多，学习柬语的学生已经形成了一定规模，缺乏正规教材这一短板已经制约了高素质人才的培养和教学质量的提高。

（二）教材要素不完备

纵观国内外正规教科书，其内容通常由课文、助读、知识、作业和图片等基本元素组成一套完整的教材系统。规范化是各院校教材建设十分重视的问题，而目前各校使用的一些自编教材仅有主课文和单词表，缺少注释、练习题；有的则仅有主课文和练习题，没有单词表或者注释等基本构成要素，加大了学生阅读的难度，降低了教学效果。

（三）教材内容不固定

由于师资力量不足，一些院校没有固定的教师教授固定的课程，而任课教师通常依据自己的经验和偏好选择文章供学生阅读，这也造成了不同班次的学生学习的内容不相同的情况。如此难免出现文章东拼西凑、内容难度不一的问题，不仅不利于系统地培养学生的阅读技巧，也不利于保持教学活动的连贯性。

（四）课文内容不适宜

如一些教材选择一些从互联网上直接下载、未经编辑的文章供低年级学生阅读，文章内容多，难度大，容易使学生产生畏难情绪。而云南民族大学使用的对外柬语教材虽然比较适合外国人阅读和学习，但内容浅显，没有体现教材的难度变化，没有拉开知识层次，对处于二年级下学期阶段的学生而言已不适用。

总体而言，国内各院校柬埔寨语阅读课程自编教材质量参差不齐，编材任务任重道远。要编写一部符合国情，既能满足学生学习需要，又能符合教师授课需求的教材，宏观上要把握教材的整体架构，微观上要注重课文的内容设计，尤其是要遵照科学的教材编写指导原则，才能使教材建设水平得到提升。

二、教材编写的指导原则

课程的性质与地位是带动课程建设的纲领，也是教材编写的宏观指导原则。如解放军外国语学院柬埔寨语阅读课程定位于提高学生的阅读理解能力；培养学生细致观察语言、认知语言、分析判断、综合归纳、推理论证等逻辑思维能力；培养学生的阅读兴趣和阅读习惯；扩大学生的词汇量，使其掌握阅读技巧，提高阅读速度。在培养学生阅读理解能力的同时，引导学生积极吸取语言和文化知识，提高语言运用和交际能力。课程的总体目标是：通过学习"柬埔寨语阅读"课程，使学生掌握正确的阅读方法，养成良好的阅读习惯，提高阅读技能，扩展词汇量，增强语感，扩充文化背景知识，提高阅读理解能力和具备细致观察语言、假设判断、分析归纳、推理检验等逻辑思维能力。因而，编写阅读教材的目的在于提高学生的外语阅读理解能力，扩大其词汇量，增强其语感，增加学生对柬埔寨国情和文化的了解和认识，并培养学生的人文精神和思辨能力。

要进行有效的阅读课程教学，首先要解决阅读材料的选择问题。美国语言学家Krashen认为语言的输入以及阅读材料的选择应遵循"量的原则"，即阅读材料应是多方位、多学科、多层次、大量的语言输入，从而通过机械重复和继而形成的刺激反应促进语言的习得。针对编材问题，国内学者也提出过诸如"多样性原则"，即语料要选择各种不同的题材、体裁和语域的文章；"现代性原则"，即语料要尽量贴近现实生活，让学生学习现代语言；"文化原则"，即语料要能够拓宽学生知识、了解对象国文化等等。还有教师提出教材编写应注重可见形式的多样性、内容的趣味性、文化的原味性原则等等。

根据阅读课程的性质、地位与总体目标，综合上述观点，笔者认为阅读课程教材的编写还应遵循以下两点重要原则：

（一）重视"以人为本"的原则

以人为本在教学中体现为以学生为中心、以学生为主体，在关注学生多元发展的基础上，了解学生的学习情况，激发学生的学习兴趣，研究学生的学习方法，帮助学生获取学习的自信心和成就感，培养和提高学生的自主学习能力和自我发展能力。教材的编写亦是如此，必须考虑学生的现实需要，考虑学生的实际语言水平。语言基础和学习兴趣是影响学生阅读水平提高的主要因素，因此分析和研究学生的语言基础和学习兴趣十分必要。语言基础通常指已经掌握的语言知识和言语技能，如词汇量、语法知识、阅读技巧等，处于二年级阶段的学生，通常已经掌握了一千个左右的基本词汇，但尚未系统地学习词法或句法，阅读课文时仍处于逐字逐句认读的阶段，学生的特点是词汇量小、理解能力差。因此选择的阅读材料篇幅和难度都应适中，即使篇幅较短、难度不高的课文，也可以通过设置较为复杂的课后练习来训练学生的阅读能力，而篇幅较长、难度过高的课文则容易使学生产生挫败感，失去阅读的兴趣。众所周知，兴趣是最好的老师，学生阅读兴趣越高，主动性越强，越有利于形成阅读习惯，培养阅读技巧，提高阅读能力。而二年级的学生通过一年的语言学习，求知欲更强，并渴求通过对象国语言了解到更多关于对象国国情的知识。因此选编一些学生感兴趣的，与其学习生活息息相关的校园文化、礼仪习俗、旅游地理、社会经济方面的文章，在基础阶段更利于学生培养阅读习惯，锻炼自学能力。如解放军外国语学院旧版阅读教材中曾选编过一些柬埔寨的民间故事，这些故事中有大量不常用的梵巴语词汇，语言晦涩，脱离实际，学生不易理解，读起来索然无味，无法取得良好的阅读效果，在教材改编时已删除了这部分内容。

综上所述，以人为本的原则即要求在编材时应以学生的实际水平为依据，以激发阅读兴趣为抓手，选择长度难易适中、趣味感染力强的文章，以培养学生良好的阅读习惯，提高学生自主学习的能力，让学生在主动阅读中，不断扩宽自身的语言和文化知识，充分发挥思维的能动性和创造性。

（二）突出"跨文化交际"原则

按照《国家标准》的培养要求，非通用语种专业学生应具有国际视野，掌握外国语言知识、国别知识，具备语言运用能力和跨文化交际能力。跨文化交际能力是指使用本族语言的人与使用非本族语言的人之间的交际，也常指在语言和文化背景方面有差异的人们之间的交际，是开展国际交流的重要能力。任何一种特定的语言总是和使用这一语言的民族或国家及其历史文化、传统习俗、宗教文化和社会背景等因素息息相关，有其深刻的文化内涵。我们在学习非通用语种语言时，不仅要学习一门语言的语音、词汇、语法，而且要学习这门语言所承载的对象国文化，这已成为众多外语教学者和学习者的共识。目前学生能够广泛接触的主要还是西方文化的材料，对东南亚文化还不甚了解。中国和柬埔寨虽然都属于东方文化圈，但仍然存在诸多差异，如礼节礼仪、风俗习惯、宗教艺术方面的文化差异。要消除文化差异，突破交流障碍，就必须培养学生的跨文化交际能力。而在低年级阶段，在学生的视听说能力尚未得到充分训练时，对语言对象国文化的了解和认识仍然主要依靠阅读途径获得。因此，在编写教材时，应有意识地挑选描写、介绍对象国衣食住行、风土人情、民族习俗、宗教信仰、文学艺术的课文，使学生通过阅读，逐渐了解和熟悉对象国的文化特点和内涵。与此同时还可以选择一些使用对象国语言介绍中国传统文化的文章，阅读此类文章，不仅可以从多角度加深对本国文化的理解，而且能够培养运用外语思维的能力。此外在注释里应对课文的文化背景给予通俗的解释说明，使学生更易理解课文；在课后练习中多设置一些中柬文化异同对比的思考题或讨论题，让学生通过文化对比，加深对异国文化的了解和认识。

总而言之，突出"跨文化交际"原则即要求在编材时应使学生通过阅读课文接触、了解异国文化，同时加深对本民族语言和文化本质特征的了解，从而培养学生对异国文化和外语学习的积极态度，使学生的阅读理解能力得以全面发展，深入了解对象国文化，尊重对象国文化，有效地跨越文化障碍，提升跨文化交际能力。

三、阅读教材的整体结构及主要内容

为促进柬埔寨语专业的教学改革，进一步提升教学质量，依据上述编材的指导思想和重要原则，在阅读课程教材的编写过程中，应从整体框架、课文选材、习题设置等方面精心谋划，从而使教材更具系统性、科学性和规范性。

教材的宏观设计是框架，是教材的主体结构，教材的微观设计则是砖瓦，是教材的具体内容。在编材过程中，既要对教材的整体结构科学设计，也要对课文内容精挑细选。笔者认为结合各校的教学实际，阅读课程可以分为两册，每册16课，并依据相关主题分为四个单元，每个单元包含四篇主题类似的课文，内容根据由浅入深、循序渐进的原则编排。每篇课文可分为六个部分，具体如下：

（一）导读

每一课的开篇编写一段简短的导读，扼要说明课文将涉及的主题，其目的在于提高学生的阅读兴趣，让学生们带着问题去探索知识。此外导读中还可以精选一些柬埔寨谚语，譬如"学习拥有知识，探索拥有财富，懒惰导致贫穷"，"会十样本领的人不如精通一样本领的人"等等，通过学习谚语，不但可以了解柬埔寨的语言文化，还能够激发学生的学习动力。

（二）主课文

应从柬埔寨语原文书籍和报刊中摘选课文，做到内容丰富、题材多样，尽可能地反映柬埔寨语言的特点和柬埔寨国情的面貌。题材上既包括校园学习、日常生活、卫生健康、柬埔寨文化等学生们感兴趣的内容，也包括柬埔寨社会、地理、历史、政治等学生应知必会的基础国情知识。体裁包含记叙文、说明文、书信等学生易于理解的文体。课文难度由浅入深，循序渐进，编写时应注意基本保持原文面貌，以便使学生能够阅读到原汁原味的外语文章。课文中还应选配适当的插图，用于加强学习者的感性认识和阅读效果。

（三）词汇表

课文后应配有词汇表，主要根据《柬柬大辞典》和《柬汉词典》对课文中的

生词标注词义和词性，以供学生课前预习，从而能够更快速地阅读和理解课文。部分词汇不仅应标注当篇课文的词义，还应标注其常用词义，以便扩大学生的词汇量。此外，无须将课文中所有的常用词汇——标注，这是为了培养学生自主学习的习惯，供其在学习过程中利用工具书解决。同时在每一册教材书后应附总词汇表，以便学生查阅、记忆和复习单词。

（四）注释

该部分主要包括对复杂短语、疑难句型、语法要点的解释，以及对相关背景知识的介绍。学生通过学习注释内容，不仅能够提高柬埔寨语阅读理解的准确性，更重要的是通过了解与课文内容紧密联系的背景文化知识，能够加深对柬埔寨语言及文化的理解程度。认知学习理论认为作者的思想通过语言符号向阅读者传递信息，实际上是在刺激阅读者通过联想自己的知识、经验来对语言符号进行信息处理，加以理解和吸收。阅读者具备的与材料相关的知识和经验是对语言符号解码的基础。同理，学生拥有的课文相关背景知识越丰富，理解能力也越好。阅读能使学生获得更多的语言和文化知识，而积累的知识又有利于更有效地阅读，循环往复，学生的阅读水平将逐步提高。

（五）练习题

练习题即作业，是教材中一项不可或缺的重要组成部分，是检验学生对语篇内容的理解水平，以及对语言知识的掌握程度的有效手段。为促使学生最大限度地参与言语应用实践活动，教材中应设计形式多样的题型，如填空、判断、选择、词义辨析、词形变换、翻译、问答、思考、复述、背诵、朗读、讨论等等。除了针对语篇理解的基础练习之外，练习题应重点突出情境性、思维性和综合性三个特点。情境性指的是在习题中设计一些现实学习、生活、工作中存在的情景，以便有针对性地训练，如解放军外国语学院《柬埔寨语阅读教程》中有一篇课文《开卷有益》，其课后问答题包括：你曾经读过哪些名著？请问你最喜欢哪一本书？这本书给你带来了哪些启发？类似的问题能够促使学生根据课文内容，联系自身实际，进行深入思考。思维性是指以思维训练的方式，通过问答、思考、讨论等习题调动学生观察、记忆、概括、抽象、比较、联想、辨别等能力。综合性则是指多样的习题形式能将听、说、读、写、译五项言语活动有机融合，综合运用，增强练习的实效性。

（六）副课文（含词汇表、练习题）

副课文即课外阅读课文，作为主课文的有益补充，副课文在内容上与主课文存在一定的关联，两篇文章相辅相成，相得益彰。通常主课文在两个课时内学习完毕，副课文则供学生在课后自习，增加阅读量，拓展新知识。副课文也应设置配套词汇表和习题，以检验学生的学习效果。

四、结语

以上是笔者对柬埔寨语专业阅读课程教材建设的一些思考和见解。教材编写应与教学研究紧密结合，通过在教学中的实际使用，我们将对教材不断进行补充和完善。同时期望各院校创造机会开展校际合作，集各校教师的智慧和经验于一体，互相借鉴，资源共享，优势互补，从而编写出更多高水平、高质量的柬埔寨语教材。

参 考 文 献

［1］蔡建平. 外国语言理论研究与教学实践探索［C］. 哈尔滨：黑龙江人民出版社，2009.

［2］姜景奎. 外语非通用语种教学与研究论：2［C］. 北京：世界图书出版北京有限公司，2008.

［3］石坚. 外国语文教学与研究［C］. 上海：上海外语教育出版社，2004.

［4］束定芳，华维芬. 中国外语教学理论研究：1949—2009［M］. 上海：上海外语教育出版社，2009.

［5］王铭玉. 新编外语教学论［M］. 上海：上海外语教育出版社，2008.

［6］王振亚. 以跨文化交往为目的的外语教学［M］. 北京：北京语言大学出版社，2005.

［7］张兴. 外语学习与教学［M］. 西安：西安出版社，2011.

［8］钟智翔，白涫，赵刚. 中国外语非通用语教学研究：第三辑［C］. 广州：世界图书出版广东有限公司，2014.

非通用语翻译教材建设的几点思考

——从中国传媒大学孟加拉语专业说起

■ 中国传媒大学　张潇予

【摘　要】随着我国经济的飞速发展，国家对软实力的建设有了更为明确的要求和定位。非通用语作为我国对外传播的重要载体，已成为构建国家软实力的推动力。近年来我国非通用语专业不断发展壮大，但是在发展过程中也遇到了一些问题和困难，教材的匮乏就是其中之一。本文以中国传媒大学孟加拉语专业的翻译教学实践为依托，借鉴英语翻译教材编写的经验和模式，反思英语翻译教材编写和使用过程中遇到的问题，探讨非通用语翻译教材的编写定位、模式以及如何合理设置教材内容等问题，为非通用语翻译教材编写的科学性和合理性提供一些有益的思考。

【关键词】非通用语；翻译教学；教材建设；孟加拉语

一、引言

随着我国经济社会的飞速发展，国家对于软实力的建设有了更为清晰的定位和明确的要求。非通用语人才作为国家对外交流和软实力建设的中坚力量，具有不可替代性。根据我国制定的《国家中长期教育改革和发展规划纲要（2010—2020年）》①来看，为适应国家经济社会对外开放的要求，培养大批具有国际视野、通晓国际规则、能够参与国际事务和国际竞争的国际化人才具有迫切性，而培养一批高素质的非通用语人才是所有开设非通用语专业高等院校的重要职责。

培养高素质非通用语人才的首要任务是夯实教学基础，提高教学质量。而建

---

① 国家中长期教育改革和发展规划纲要：2010—2020年［N］. 人民日报，2010-07-30（13）.

设一套完备的教材是提升教学质量的必要条件。不论是在翻译教学还是翻译人才培养中，翻译教材的重要性是不言而喻的，因为其不仅是教师从事教学活动的主要依据，也是学生获得知识的主要中介。我国自20世纪50年代末开始，在周恩来总理的指导下大力发展非通用语教育事业，先后在北京大学、解放军外国语学院、北京外国语大学、北京广播学院（现中国传媒大学）等高校开设非通用语专业，为国家的外交和外宣领域培养了大批优秀人才。以中国传媒大学的非通用语专业为例，自1958年起先后开设了孟加拉语、泰米尔语、斯瓦希里语、普什图语等特色专业。但是受到对象国和地区经济及教育发展程度的制约，从办学初期开始教材建设就遭遇了重大困难。由于在很长一段时间内受到英语在外交和外事领域强势发展的影响，非通用语的学科建设尤其是亚非地区的非通用语建设形成断层。以至于时至今日，许多亚非语言专业尚处在使用自编教材的阶段。系统专业教材的匮乏无疑制约了非通用语专业的发展。所以，非通用语专业的教材建设势在必行。

从宏观上来讲，非通用语专业的教材建设虽面临众多挑战和困难，但是仍然取得了许多成绩。以中国传媒大学为例，孟加拉语、斯瓦希里语、尼泊尔语、马来语等专业的低年级语言基础教程、语法教程等教材建设已初步完成，此外，适合高年级使用的报刊阅读、泛读等教程也正在建设。但是翻译课作为非通用语专业本科阶段的核心课程，大部分专业却尚未有任何出版的翻译教材可供使用。除了日语和朝鲜语等专业的教材建设相对成熟外，其他语种的教材建设所处的阶段大致相同，所以这些专业在发展方向及建设内容上具有可类比性。中国传媒大学是国内目前唯一一所招收孟加拉语专业本科生的高校，且孟加拉语专业作为教育部确立的非通用语本科人才培养基地的特色专业，自2000年恢复招生起，经过14年的发展，专业教师在教学实践方面积累了一定的经验，为教材建设打下了基础。但是，除了有专业实践经验做支撑外，还需要对教材建设的科学性和合理性进行探讨，以减少教材编撰过程中的盲目性。因此，建设一套系统且贴合实际的孟加拉语—汉语翻译教材，不仅对孟加拉语专业的发展具有实际意义，对其他非通用语种翻译教材建设也具有参考价值。

二、非通用语翻译教材编写的定位

高质量的翻译教材是提升非通用语专业教学质量的基石。要编写出一套系统、合理、实用的翻译教材，首先要明确教材编写的定位。而明确定位的前提是确立清晰的人才培养目标，以此为导向来进行教材的编撰。一些学者认为，我国高校翻译教学长期以来脱离实际，严重影响翻译教学质量和翻译人才培养，一个主要原因是定位模糊。因此必须改变长期以来翻译教学和翻译人才培养模式定位不明的状态。①《国家中长期教育改革和发展规划纲要（2010—2020年）》明确指出，目前我国创新型、实用型、复合型人才紧缺，因此高等教育要培养出高素质专门人才和拔尖创新人才，要培养大批具有国际视野、通晓国际规则、能够参与国际事务和国际竞争的国际化人才，以满足国家经济社会对外开放的要求。这一国家层面的宏观人才培养目标也为非通用语的人才培养指明了方向，即要培养出实用、复合、具有创新能力的国际化人才。翻译教学是非通用语人才培养过程中的重要环节，而翻译教材是翻译教学的根本，因此翻译教材的编写要以人才培养目标为指导，做到贴合实际、内容丰富且具有创新意识和前瞻性。

其次，教材编写过程中对"实际"二字的定位至关重要。编撰者首先应该明确，翻译教材编撰的最终目的是满足社会需求，因为翻译活动本身根植于社会，体现了语言的社会性功能。根据英语翻译教学专家们的反思得出，许多英语翻译教材在使用过程中不仅没有得到学生们的认可，而且授课教师也认为内容设置脱离实际。追其原因是教材编撰者只是一味地将自己所知道的翻译知识和理念写入教材中，而没有充分把握社会发展趋势，内容设置不具有时代性，没有切实考证师生需求，内容枯燥乏味，缺乏多样性。所以，翻译教材的编写要做到贴合"实际"主要有两个方面任务，即符合社会发展趋势和体现师生在教学过程中的实际需求。

再次，如何能够使翻译教材具有前瞻性主要面临两个方面的考验：第一，编撰者的翻译实战经验和充足的翻译教学经验；第二，编撰者以及教材使用者对翻译教材内涵与延伸的充分认识。首先，翻译教材的编撰者一般是以讲授翻译课程的教师为主体。张美芳指出："由于翻译课与现实生活紧密相关，又没有现成的教材可供使用，这就要求教师本人非常熟悉实际社会的翻译需求与运作。"②这一问题无疑是对教师和教材编撰者的一个考验，只有充分参与翻译实践，扩大实践的广度和深度，才能充分了解社会需求和发展趋势，编撰出具有前瞻性的教材。其次，在使用教材方面也要求教师在认知教材既定内容的基础上进行扩展。语言首先是变化的，翻译理论也在不断发展，而翻译所涉及的信息更新换代更是迅速。一部成型的翻译教材无法做到随时更换内容，可以做到的是搭建一个具有

---

① 王银全. 非文学翻译：翻译教材建设和翻译教学的思维转向——对国内近年来相关翻译研究的解读 [J]. 外语界，2009（2）.

② 张美芳. 中西翻译研究、翻译学科建设与人才培养纵论 [J]. 疯狂英语：教师版，2007（5）.

前瞻性的框架，具体的内容拓展还需要教材使用者来进行。

所以，非通用语翻译教材的定位首先要以人才培养目标为指导，充分贴合社会需要，同时做到内容丰富且具有前瞻性。此外，还应给予教材使用者以启迪，为其根据教材既定内容进行拓展提供依据和空间。

三、非通用语翻译教材的内容设置

（一）文学翻译与应用型翻译内容的设置

目前，国内英语翻译教材的改革主要集中在对传统的以文学翻译为侧重的翻译教材的改革上。许多学者认为侧重文学文体翻译的教材严重脱离实际，以此培养出来的人才无法适应社会需求。而非文学翻译的内容广泛，涉及政治、经济、法律、科技、文化等各个领域，在推动历史进步、促进社会发展方面起到了巨大作用。通过大量研究得出的结论是翻译活动的绝大部分是非文学翻译。[①]英语翻译教材改革的这一趋势是通过大量实证得出的，所以正在建设初期的非通用语翻译教材可以参照这一趋势，即何种翻译教材内容才能真正适应社会需求，同时又该如何分配文学翻译的比重。但是又不能与英语翻译教材的改革趋势完全趋同，因为英语和非通用语在我国的发展阶段不同。因此，非通用语翻译教材编写要注意以下两个方面的问题：

1. 文学翻译是翻译课程的基础，是必不可少的

首先，文学翻译本身是一个复杂的过程，并不是简单的语码转换，而需要译者从词汇、句法、语义等多方面着手对原文本进行反复阅读，再从文字层面、审美层面和文化层面采用多种方法进行信息解构和再传达，从而达到严复提出的"信、达、雅"的标准。其次，文学翻译涉及的题材广泛，内容深刻，是学生深入了解和发掘语言对象国文化内涵的有效载体。再次，许多非通用语种的文学经典作品在我国尚未得到推广，对其的研究也落后于其他发达国家，例如英国、德国等，未来文学翻译尚有很大发展空间。而文学翻译教学可以培养相关人才，以弥补我国在这一方面的不足。所以，对于许多专家提出的英语翻译教材改革趋势并不能全盘照搬，只可做一些参考。

2. 文学翻译固然重要，但是对应用型翻译不能忽视

在现实需求中对应用型翻译的需求比例很大。与英语翻译人才相比，非通用

---

① 李长栓. 非文学翻译理论与实践［M］. 北京：中国对外翻译出版公司，2004：21—22.

语翻译人才在数量上不占优势，无法细化到诸如外事翻译、商务翻译、科技翻译、医学翻译等门类。所以非通用语翻译人才更需要成为"翻译通才"。那么在非通用语教材的内容中，就要有效贴合这一需求，切实做到文本多样化，切忌成为单一的文学欣赏工具。此外，应用型翻译与文学翻译标准不同，使得两部分内容各具重要性。文学翻译更注重内容与艺术形式的统一，以体现文学原著的艺术美感和文学价值。[①]应用型翻译不是以"信、达、雅"为原则，而是更注重译文的准确与精练。例如新闻翻译中所涉及的时间、地点、人物、事件一定要准确，且要做到全文内容简短、明了、准确，而不是追求译文的美感和艺术价值。

综上所述，非通用语翻译教材的内容设置要综合文学翻译和应用型翻译两种内容，大致以1：1的比例设置较为合理，以此才能满足国家和社会对非通用语"翻译通才"的需求。

（二）翻译教材中的文化内容设置

"翻译是一门交叉学科，作为外语教学的一部分，被认为是外语学习中较高层次的要求。"[②]一门成熟的翻译课程设置不仅要求译者具备较高的语言能力，而且同时要求其具备完善的文化知识储备，其中对语言对象国家和地区文化的深入了解至关重要。在我国非通用语专业建设的初级阶段，周恩来总理就曾明确指出："翻译要练好三项基本功：政治思想的基本功，语言本身的基本功，文化知识的基本功……翻译人员在学好外语的同时应注意学习国际知识，经常看世界知识、中外历史、地理及自然学科等方面的书刊。"[③]所以要培养出高素质的翻译人才，单一的扎实语言基本功是不够的，丰富的文化知识储备是决定翻译成果好坏的重要因素。只有深入了解对象国家和地区的文化，才能翻译出符合译语读者思维习惯的译文。尤其是非通用语对象国家和地区的文化中，许多地方与我国文化和欧美主流文化差异较大，尤其是宗教信仰和民族习惯等方面。若以中国文化或欧美文化思维逻辑进行翻译，译文无法取得良好的反响。那么在翻译教材编写过程中应当充分考虑这类文化渗透的需求，因为"源文本在源文化的气氛中形成，在任何的情况下都与源文化紧密相连。目标文本，即翻译文本，则定位于目标文化，正是这点最终决定了翻译是否符合要求"[④]。

---

① 贾文波. 应用翻译功能论［M］. 北京：中国对外翻译出版公司，2004：37.
② 陶友兰. 翻译目的论观照下的英汉汉英翻译教材建设［J］. 外语界，2006（5）.
③ 丛文滋. 周恩来总理对外事翻译工作的指导和关怀［J］. 外交学院学报，2000（3）.
④ 陶友兰. 翻译目的论观照下的英汉汉英翻译教材建设［J］. 外语界，2006（5）.

翻译虽为一门交叉学科，但是一本翻译教材不可能涵盖所有内容，基础翻译知识、翻译方法和具有前瞻性的翻译话题设置是一部合格的翻译教材的主干，文化内容的补充无法在翻译教材中占太大比重。若以课后补充阅读或文化知识贴士等形式出现则较为合理。文化知识内容的设置应当与课文所选的主题相关，且充分涵盖政治、宗教、民风民俗、文化传统、社会名人等内容。不能用长篇幅介绍但又要涵盖上述几点，然后由教材使用者在此基础上发挥学习主观能动性以进行扩展。

四、结语

综上所述，我国外语非通用语专业的翻译教材建设极具迫切性。做好非通用语翻译教材的建设，第一，要明确人才培养目标，切实做到以培养实用型、创新型、复合型的高素质外语人才为目标，充分贴合社会实际。以此目标为指导编撰的翻译教材才是实用且科学的。第二，教材编撰者和使用者要加大翻译实践的力度，充分了解语言的变化趋势，翻译理论的发展方向以及社会对翻译领域的需求，并将所收集到的信息反映到教材的内容中，同时在翻译教学过程中进行合理延伸。第三，在翻译教材的内容构建上要合理调配文学翻译和应用型翻译的比例。在非通用语领域，不论是文学翻译还是应用型翻译都有很大社会需求及发展空间。第四，翻译教材的内容要同时兼顾文化知识。一个合格的翻译人才必须通晓对象国文化知识，才能译出符合目标语接受者的译文，达到理想的传播效果。

参 考 文 献

［1］丛文滋. 周恩来总理对外事翻译工作的指导和关怀［J］. 外交学院学报，2000（3）.

［2］贾文波. 应用翻译功能论［M］. 北京：中国对外翻译出版公司，2004.

［3］李长栓. 非文学翻译理论与实践［M］. 北京：中国对外翻译出版公司，2004.

［4］陶友兰. 翻译目的论观照下的英汉汉英翻译教材建设［J］. 外语界，2006（5）.

［5］王银全. 非文学翻译：翻译教材建设和翻译教学的思维转向——对国内近年来相关翻译研究的解读［J］. 外语界，2009（2）.

［6］张美芳. 中西翻译研究、翻译学科建设与人才培养纵论［J］. 疯狂英语：
教师版，2007（5）.

教

学与教学法研究··········

加强资源整合，构建非通用语网络教研平台

■ 解放军外国语学院　张立明

【摘　要】中国的非通用语教学事业经过多年的发展，呈现繁荣的局面，表现在开设非通用语的院校和语种增加、师资力量得到加强，生源质量明显改善。但在总体繁荣的局面下，从各个院校来说，师资少、资源匮乏的局面并没有得到根本的改观。在信息时代，网络技术的发展，为我们构建一个跨地域的教学科研平台创造了条件。教研平台的建立不仅会为广大非通用语教师教学、科研提供方便，也可以为学生提供一个自主学习的平台。从长远看，可以为所有愿意学习非通用语的人提供一个虚拟课堂。

【关键词】非通用语；资源整合；网络教研平台

随着全球化的发展和我国改革开放的深入，国家对外语人才的培养提出了新的要求。如何有效地培养复合型高级外语人才来提升国家经济、文化和科学技术的国际竞争力，成为我国高校外语教育改革的重要课题。21世纪是一个网络时代，互联网已成为全球各种信息最为高效的传播途径。网络正在改变人类的文化交流方式，同时也正在改变人类的教育与学习方式。互联网的普及并以其信息海量、交互性强等特点为自主学习提供了一个有效的途径。在互联网上，学生可以进行不受时间和空间限制的自主学习。面对互联网的冲击，传统的教学内容、教学方法和手段已经难以适应全球化对高端外语人才培养的要求。非通用语教学事业近年来虽然有较大的发展，但与国家安全、经济发展、文化传播的需求还有较大的差距，甚至与通用语相比也有很大的差距。与此同时，信息技术的发展不仅为我们整合分散的非通用语的教学资源提供了良好的机遇，也为非通用语专业的学生构建一个自主学习的平台创造了可能性。本文旨在探讨如何在网络时代加强

各院校非通用语教学界的合作，提升非通用语的教学科研水平。

中国非通用语教学研究会自成立以来，在团结广大非通用语教师进行教学、科研方面开展了卓有成效的沟通、交流和合作。两年一度的非通用语教学研究会年会，为广大教师提供了交流和合作的机会。会议议题也逐渐深入，从早期的抱团取暖，向国家有关部门反映困难，呼吁改善办学条件、稳定师资队伍和改进硬件设施，转变为更注重探讨更新教学理念与思路、强化师资队伍建设和科学合理设置课程与专业。但这些工作都是在宏观层面上进行的，各高校的非通用语界在横向务实合作方面做得还不够，其中的原因之一是缺乏一个有效的合作平台。

一、构建教研平台的必要性

（一）高校间非通用语教学横向合作不尽如人意

中国非通用语教学研究会自成立以来，一直致力于各院校之间的合作。改革开放初期，由于受市场经济的冲击，我国的非通用语教学面临着人才流失、生源不足的困境。为了加强非通用语的教学交流，适应改革开放的局面，在国家教委高教司外语处的协调下，国内开办非通用语的6所院校，于1987年成立了中国亚非语教学研究会。研究会成立后，曾4次向国家教委和主管教育的中央领导反映非通用语面临的困难和问题，并提出了一些建议。在有关方面的关怀下，有些问题得到解决和缓解。1998年中国非通用语教学研究会成立之后，先后举办15次学术研讨和8次代表大会，会议取得的成果对我国非通用语的专业建设起到了积极的推动作用。特别是2008年10月在西安召开的中国非通用语教学研究会第六届代表大会暨第12次学术研讨会，取得了重要的成果。会议通过了《中国非通用语教学研究会章程》和《中国非通用语教学研究会2008—2012年四年发展规划》两份重要文件。这两份文件成为此后中国非通用语教学和科研的纲领性文件，因而具有非常重要的意义。研究会章程指出，研究会的宗旨是："团结全国外语非通用语教学研究工作者，在国家教育行政部门和中国外语教学研究会的领导下，交流外语非通用语教学经验，开展学术研究，促进会员间的教学与科研协作，提高全国外语非通用语教学与科研的水平和人才质量。"在四年规划中提到，中国非通用语教学研究工作的指导方针是："自主创新，沟通发展，搭建平台，引领未来。"发展目标之一是"各会员单位之间的联系明显增强，在一定程度上实现资源共享"；具体措施之一是"进一步建设和完善外语非通用语专业网站。举办全国性的外语非通用语专业比赛。鼓励各会员单位建设精品课程和网络课程"。2010年9月15—17日，中国非通用语教学研究会第13次学术研讨会在山东大学威海分校召开。大会围绕"微观视野下的中国外语非通用语教学与资源整合"这一主题进行了深度探讨。我们注意到，这次大会已经将加强国内非通用语教学资源整合作为核心议题。2014年11月中国非通用语教学研究会第15次学术研讨会在解放军外国语学院召开，与会代表围绕在新的历史条件下如何加强非通用语翻译教学，培养更多更好的非通用语翻译人才充分交流了看法。

开设非通用语种的院校在教学、科研方面也确实进行了一些务实合作。2004年，北京大学外国语学院与广西民族大学外国语学院签署合作协议，共同推进东南亚语种群的教学与研究。2006—2007学年，双方共同开设了"东方文学经典导读"网络课程。2007年，云南民族大学东南亚南亚语言文化学院与北京大学外国语学院东语系开展科研合作，"中国—东盟自由贸易区合作中云南省东南亚语言文化人才问题及其对策研究"在云南省立项。其实各语种之间的定向合作可能更多，通过非通用语教学研究会搭建的平台，同行之间多了交流的机会。据了解，各院校同一专业的教师在共享教学资源、共同编写教材、共同进行科研立项方面有过很多的合作。

对照2008年提出的四年发展规划，可以说绝大部分的目标得到落实和实现，但在国内非通用语资源整合方面应当说还不尽如人意。

（二）构建非通用语教学科研平台有利于教学资源共享

我国非通用语教学事业出现了可喜的局面，表现在开设非通用语的院校不断增加，开设的语种不断增多，师资队伍不断壮大，生源质量不断提高。但在看到总体繁荣的同时，我们应当看到长期困扰非通用语教学的难题就局部来看，并没有得到根本的改观，而这种状况在短时间内恐怕也不会有很大的改观。其中比较明显的是师资力量薄弱和教学资源匮乏。从师资上看，除了个别学校的个别语种外，大部分学校每个专业只有3—5名专业教师，有的新开语种甚至只有一名教师。在现行的教学评价机制下，教师面临着较大的教学和科研压力。加上近年高校扩招，教师的教学和科研压力倍增。一名非通用语老师要上数门课，仅仅是应付上课就已经筋疲力尽，根本没有太多的精力从事某一方面的深入研究；一些基础课又是周而复始的重复劳动。一些新开语种，在短时间内要开出数门必修课，压力更大。从教学资源看，一些办学历史比较悠久的学校，有一定的图书和音像资料积累，而一些新开专业，可能是除了教材，没有任何参考资料。这样给教学和科研带来很大的不便。

一方面存在师资少和资源匮乏的情况，另一方面却存在着浪费的情况。这主要是师资和资源的总体分布不均和缺乏有效的整合造成的。在一些非通用语开办历史比较悠久的学校，有一大批资深的名师，他们在教学方面富有经验，在科研方面硕果累累，但由于体制或地域的限制，并没有充分发挥其作用。从资源上讲，近几年，在教学评估的压力下，各个院校投入巨资，建设了一系列的网络资源和网络课程，数字化了部分外文图书；精心编写了一些教案、课件和教学用软件。但由于单独一个院校的学生数量有限，这些辛辛苦苦整理出来的东西，利用率并不高。信息技术的发展和互联网的普及，给非通用语教学提供了无穷的资源，但网络上的材料要真正转化为教学资源，也是一个劳心劳力的工作。举例说，我们在高年级要听新闻，整理一段新闻通常要经过收录、剪辑、听抄、设计练习等步骤，这些材料一旦成型，使用一次后就基本束之高阁，与教师付出的辛劳相比，其利用率显得太低了。

近年来，随着我国改革开放的深入发展，各个院校加强了对外交流和合作办学的步伐。很多学校的非通用语专业采取了"请进来、送出去"的培养模式。有些院校购进了一大批原版的外文图书音像资料，也邀请了一些国内外的专家进行讲座，有的专业常年聘有外国专家。因为每个学校非通用语专业的人数都很有限，所以这些资源利用率不是很高。如果有一个虚拟交流的平台，一个院校的外教，也许能成为国内高校所有同一专业的外教；一个院校所采购的资料，也许能成为所有院校的资料；专家学者在一个院校举办的讲座，国内相关的专业都可以分享。此外，新旧交替是自然规律，随着时间的流逝，非通用语界的一些老专家、老教授相继退休，如果能将他们退休前讲课的视频有选择地录下来，放到共享平台上，必将是非通用语界一笔宝贵的财富。尽管各个院校由于特色和培养目标不同，高年级的课程有所侧重，但基础课教学大同小异，甚至使用的教材也一样。如果由教学实力比较强的学院将基础课录制成网络课程，然后放到教研平台上供大家分享，无疑会减少大家的重复劳动，也会弥补一些院校师资不足的问题。

（三）构建非通用语教学科研平台，打造非通用语专业学生的自主学习平台

非通用语的学生一般都是从零起点学习一门外语。现在的教育理念强调以学生为主体，培养方案一再修订的直接后果是学生学习外语的课时明显压缩。在全球化时代，我们要培养具有国际视野的外语人才，这就需要我们在有限的教学时

间内，从人才培养模式、教学内容、教学手段、教学方法上进行与时俱进的改革。从培养模式上讲，我们要改变以教师为中心的教学模式，树立"学生为主体，教师为主导"的教学理念，坚持以人为本，关注学生情感，激发学生学习兴趣，帮助学生建立学习的成就感和自信心。营造个性化学习的环境，注重培养和提高学生自主学习能力。从教学内容上讲，要及时更新教学内容，突出新时代的特点，反映时代的特征。从教学手段和教学方法上看，要充分运用多媒体网络等现代化教育技术，开展计算机多媒体教学，通过新形式、新手段的运用不断调整教学方法，使课程更加切合人才培养的需要，提高教学效率和教学质量。

从教学对象看，信息时代的学生对知识的追求和兴趣呈多元化的趋势。培养外语人才是为了满足国家外交、外贸、外援、外训甚至国家安全的需要，但现在有些学生却是抱着对对象国文化的了解或深入研究的目的，抑或仅仅是开阔个人视野和兴趣来学习一门外语的。他们不仅想学会对象国的语言，还要求了解对象国的政治、经济、文化、外交、法律、宗教等方面的情况。而我们仅凭一个学校三五名专业老师和有限的教学时间，无法开出如此丰富的课型来满足他们的需求。国内开办非通用语历史比较悠久的学校，都有自己的特色优势和名师，比如北大传统的语言文学、北外的政治外交、上外的经贸、洛外的国情文化等。也许北大的某个学生对对象国的国情文化非常感兴趣，抑或洛外的学生需要深入了解一个国家的政治外交，上外某个学生不喜欢商贸，更希望对某国的文学进行深入的研究，得到名师的指导。要满足学生这些多样化的要求，在过去看来有一定的难度，但在网络技术如此发达的今天，实现各个院校优势特色整合，为学生提供高水准的课程是完全可能的。

最近10年，国内外许多高校利用计算机和网络技术，建立了很多自主学习中心，其中以服务外语教学为主。这些自主学习中心提供自主学习平台和丰富的网络资源，学生在老师的指导下，自主选择自己学习的内容，控制学习的进度，实实在在实现了自主学习。这些自主学习中心不仅培养了学生自主学习的习惯和能力，也有效地弥补了课堂教学的不足。如果我们能够建立一个非通用语网络教研平台，它不仅有利于我们广大教师和学生共享资源，为学生提供一个自主学习的平台，从长远看，也可以为社会上愿意学习非通用语的人提供一个虚拟课堂。从某种角度上讲，这也是非通用语教学界义不容辞的社会责任。

二、构建网络教研平台的可行性

（一）网络技术的发展为构建网络教研平台提供了可能性

随着网络技术的发展，构建一个多语种的网络教研平台从技术层面不再是一个难题。以前，网络技术不够发达，计算机平台存在着多语种难以兼容的问题，有时还会受到地域的限制。而今，这些问题已经得到妥善解决，在互联网上构建一个多语种的教学科研平台在技术上已经非常成熟。分散在不同地域的单位可以借助发达的网络技术，共建一个共享的网络平台。从国际上看，一些新闻媒体如BBC、VOA等构建了各语种兼容的门户网站，国内的媒体如国际广播电台、国家汉办、人民网等都有自己的多语种门户网站；很多网络公司和一些高等院校开办了形形色色的外语学习网站。这里笔者只想介绍一下洛外校园网上的非通用语资源。由于洛外校园网没有连通互联网，其他兄弟院校可能不太了解。洛外的校园网已经整合了包括数字电视在内的将近30个语种的教学资源。这里既可以看到将近30个国家实时的电视节目，同时可以进行录播和编辑，也可以在线播放各国的影视资源；这里还有富有特色的共享资源平台，各位教师、学生可以将自有的各语种的资源上传到网上，也可以分享别人的资源；校园网上还有数字图书馆，可以浏览各个语种已经数字化的原版图书；有几十门精品和网络课程，可以实现网络教学、批改作业、讨论等。还有大部分语种的查单词系统、听抄、听译训练系统，还可以看到学生自行录播的"亚非语直通车"。校园网与多媒体教室和学生的无盘工作站，构建了一个方便快捷的、资源丰富的教学科研平台，为教师备课、授课、学生自主学习提供了极大的方便。因此，我们设想，要是我们非通用语教学界能够在互联网上构建这样一个平台，无疑会促进非通用语教学事业的进一步发展。

（二）各高校目前或多或少建了一些网络资源和课程

其实，构建一个非通用语教学平台，一直也是非通用语教学研究会努力的一个方向。2008年通过的2008—2012四年发展规划中，在具体措施的第七条就提出要"进一步建设和完善外语非通用语专业网站"。据悉，2004年北京大学东语系建设了外语非通用语种的第一个公开网站。此后，各个大学都依托校园网，建立了一些非通用语的资源和课程。笔者从互联网上访问了北京大学、北京外国语大学、上海外国语大学、广西民族大学、广东外语外贸大学等网站，这些学校或多或少都有一些网上资源和网络课程，比如上海外国语大学仅东方学院就有617门网络课程；北大的网站上也可以查到东方文学史和印度宗教两门课程。此外，据报道，2004年北京大学外国语学院与广西民族大学外国语学院共同开设了"东方文学经典导读"网络课程。北外有自己的网络教育学院，虽然还没有见到非通用语的课程资源，但在网络资源市场化运作方面看来已经相当纯熟。解放军外国语学院在非通用语的资源和网络课程建设上远远走在大家的前面。从历年的非通用语教学研究会提交的论文看，有不少老师在探索利用互联网教学和研究的内容。因此，我们相信很多老师手里有丰富的资源可以和大家分享。此外，学生也是非通用语教学资源生产的生力军，解放军外国语学院在前几年的毕业论文改革中，鼓励学生进行毕业设计，很多学生利用自己的技术优势，选择制作电子词典、教学课件等。2007年，解放军外国语学院非通用语专业学生完成的"数字越南"、"韩国语听力资源网"和"非通用语词汇查询系统"等项目荣获2007年度军队科技进步三等奖，开启了外语非通用语专业学生获得高级别奖项的先河。由各语种师生共同构建的校园网子网如泰语教学网、越语教学科研网、柬埔寨语教研网、缅语远程教学网站、阿拉伯语学习资讯网站、马来西亚语专业网站、尼泊尔语网站等在教学和科研中发挥着重要作用。毫无疑问，这些凝聚着广大非通用语教师和学生及技术人员心血的信息资源，目前由于条块分割和互相封闭，并没有发挥其最大的效益。如果有一个统一的非通用语教学平台将这些资源整合起来，无疑会发挥更大的效益。

三、构建网络教研平台的设想及其可能存在的问题

上面已经说到，建立非通用语教研门户网站不存在技术问题，笔者这里仅从解放军外国语学院校园网的现状谈一谈我们认为该网站应具备的功能。首先，它应该能兼容多语种，能进行多语种的文字处理，在总的门户网站下，可以下挂各个非通用语的子网；其次，它必须有一个资源共享平台，供各个院校上传和分享资源；再次，它应当具备目前通用外语教学科研网的功能。比如，有一个综合的学习平台，具有可以在线播放各种音频、视频文件的功能，可以方便地播放各个语种的影视片和教学资料；有科研成果发表的园地，让广大教师和学生的成果得到推介；有网络教学功能，可以实现各语种的网络课程教学。甚至可以有自己的贴吧和聊天室，让有共同兴趣的老师和学生有一个交流的场所。网站设立一个管理中心，挂靠在非通用语教学研究会会长单位，各个院校设管理员，负责资源的上传和维护。

当然构建一个门户网站，面临着很多问题。首先面临的是技术和资金的困难。非通用语教学研究会是一个非政府机构，没有专门的财政拨款，会长和秘书处轮流挂靠各个院校，一个网站要保持长期的运行，没有稳定的人力、财力进行支持是不行的。也许将来运行成熟了，可以通过对社会提供有偿服务，获得一定的收入，但在初始阶段，一定要有单位出人出资。网络的管理也是一个问题，现在互联网鱼目混杂，如何保证网站的健康运行，也是需要认真考虑的。我们认为目前可行的办法是依托某一个网络运行比较成熟的大学，或者轮流由会长所在单位牵头搞，这样在人员、资金和管理方面可能有一定的保障。

其次是资源问题，目前各个大学和个人手里都有一定的资源，但大家是否愿意免费拿出来共享，还是一个问题。随着非通用语教学事业的发展，越来越多的大学开设了非通用语专业。当然各个大学培养的人才无疑会存在着竞争，这是很正常的。在市场经济条件下，有竞争才能优胜劣汰，才能激励各个教学单位去努力提高教学质量。但是为了非通用语教学事业的发展，为了给国家培养更多非通用语的人才，我们应当有宽阔的心胸，在竞争的同时要有合作，在竞争中合作，在合作中竞争，这样更有利于学生的成长，也有利于非通用语教学的良性发展。我们呼吁大家为了非通用语教学的事业，慷慨分享自己的成果。在技术层面，我们是否可以借鉴一些网站的运行模式，实行权利与义务相联系的办法，比如上传一定的资源可以免费获得一些资源的使用权，同时像维基百科一样，将一些资源建设设置成开放编辑系统，鼓励非通用语广大教师、学生甚至社会上的有志之士自愿去完善和丰富一些网站内容。

四、结语

全球化时代，要求我们培养出高素质的复合型非通用语人才，而要培养高素质人才需要我们从培养模式、教学理念、教学内容和教学手段上进行与时俱进的改革。信息化时代网络技术的发展为我们深化教学改革、整合教学资源提供了良好的条件。建立一个非通用语的教学科研网站，一方面有利于各个院校资源共享，为教师教学科研提供便利，另一方面也可以为网络时代的非通用语学生提供一个自主学习的平台。要建立这样一个平台，一方面需要非通用语教学研究会的协调，另一方面也需要我们每个院校和每个人慷慨地做出奉献。

参 考 文 献

［1］姜景奎．外语非通用语种教学与研究论［M］．北京：北京大学出版社，
2006．

［2］刘曙雄，等．军队外语非通用语教学研究［M］．北京：军事谊文出版社，
2008．

［3］史航．探索外语教学资源共享的新模式［J］．教育与职业，2009（20）．

［4］钟庆，杨玉宝．基于校园网的外语教学资源共享系统的构建与应用研究
［J］．疯狂英语：教师版，2010（1）．

［5］钟智翔，等．中国外语非通用语教学研究：第三辑［M］．广州：世界图
书出版广州有限公司，2014．

非通用语教学中的"慕课平台建设"刍议

■ 解放军外国语学院　刘娟娟　丁慧君

【摘　要】随着信息和大数据技术的不断发展，以慕课为代表的现代化教育变革正在世界各地席卷而来。鉴于其大规模参与、开放性共享、在线式交互和高水平课程的特征，新兴的慕课教育在扩大教学受众面、积累教学资源、创新教学模式、满足学习者的个性化需求、减轻教师工作压力等方面都十分有利于当前的非通用语教学改革与创新。依据打造开放的权威平台、制定多样化的知识图谱、制作灵活短小的微视频以及配置适当的练习、作业与考核的线路图，建设符合非通用语教学特点的慕课，必将对非通用语的教学产生积极的推动作用。

【关键词】慕课；非通用语；教学模式

作为科技革命风暴没能席卷的最后一个角落、数字化时代最后需要开垦的地方①，教育领域正在面临由大规模开放在线课程（Massive Open Online Courses，简称MOOCs）兴起而带来的革命性变化。这种以大规模参与、开放性共享、在线式交互、高水平课程为基本特征的新型教育模式近两年在世界范围内迅速兴起，不仅给传统教育带来了巨大冲击并由此引起了国际社会的广泛关注，而且为各国解决教育发展中的症结问题提供了有效的现实路径。面对这场教育史上的数字海啸，非通用语教学必须顺应潮流、把握机遇、趁势而动，这对于创新非通用语教学模式、改造非通用语外语人才培养模式、促进非通用语学科建设都具有非常重要而深远的意义和价值。

---

① 鲁伯特·默多克. 教育：最后需要开垦的地方［J］. 世界教育信息，2012（7下—8下）.

一、慕课的基本内涵与发展现状

2008年9月，加拿大阿萨巴斯卡大学学者乔治·西蒙斯和斯蒂芬·唐斯设计并领导了第一门具有慕课^①性质的课程——"联通主义与联通知识"，曼尼托巴大学的24位付费学生和来自世界各地的2200位免费学生在线参与了这门课程的学习。随后，加拿大学者戴夫·考密尔和布朗·亚历山大正式提出了"慕课"一词，但并未引起广泛关注。直到2011年，美国斯坦福大学计算机科学教授塞巴斯蒂安·特龙和彼得·诺维格在网上推出"人工智能导论"课程，来自190多个国家的16万人同时注册了该课程。自此，随着Coursera、Udacity和edX等慕课运行平台和联盟的广泛建立和应用，慕课理念开始得到越来越多人的理解和关注。

慕课这一新型教学模式虽然兴起时间不长，但却有较长的孕育过程，其理念最早可追溯到互联网产生之时。慕课教学模式的内涵主要体现在以下几个方面：

一是大规模参与性。大规模是相对于传统教学的一个教室、一门课程而言的。在慕课模式下，参与者可以少至几千，多到上百万。2012年斯坦福大学两位计算机教授创立的课程在上线4个月后便突破了100万人注册，这是传统教学中任何教室也不可能实现的。大规模还体现在课程资源上，一个慕课运行平台可以同时容纳几十门甚至上百门课程。这些课程互不干预、同时存在，学生可以根据兴趣进行自由选择。以全球最大的慕课平台Coursera为例，至2013年注册用户已逾500万，开设课程超过450门，加盟院校有90多所。

二是开放性共享。慕课的顺利运行，既需要大量的学习资源，又需要大量的参与者，即比传统教学需要更多的"教师"和"学生"，这就对运行平台的开放性提出了很高的要求。慕课的开放性，一方面体现在面对获得课程设计与领导资格的老师或院校实行开放性政策，以便对教学资源进行实时更新、追踪和补充；另一方面体现在任何人都可以参与到慕课学习中去，这种参与不因学习者身份、学历、知识水平、文化背景的不同而有所限制，也不因地域、时间的差异而有所区别。

三是在线式交互。真正的慕课可以完全摆脱传统的课堂授课方式，将教师讲授、学生学习、师生/生生讨论交流、作业提交和批改以及阶段性或完成性评估测试都可以通过互联网络在线实现。与此同时，慕课还十分强调和重视学习者之

---

① 2012年，华南师范大学学者焦建利教授首次将Massive Open Online Courses翻译为"慕课"。

间的交流互动，并以此作为不断改进和完善的重要动力和方向。

四是具有优质高水平的课程。基于开放性和在线式特征，高水平的课程是慕课能够吸引到大规模学习者参与的重要保证和关键支撑，没有高水平的课程是难以吸引到大规模的参与者的，没有大规模的参与者慕课就难以推广和普及。因此，任何一门慕课都必须以高水平的课程质量为前提，离开这个教育之本一切都无从谈起。以美国为例，开设慕课并成功吸引到大规模学习者参与的一定都是那些排名靠前的一流大学的优质课程，如2013年全美大学排名的前25所院校中有22所都开设了慕课。

基于学习理论基础的不同，现阶段慕课主要可以分为以下三种类型[①]：

	cMOOC	xMOOC	tMOOC
创立时间	2008年	2011年	2012年
理论基础	联通主义学习理论	行为主义学习理论	建构主义学习理论
课程组织	自组织	他组织	他组织
表现形式	基于知识网络的	基于内容的	基于任务的
学习取向	侧重于知识建构与创造	侧重于知识传播与复制	侧重于复杂技能获得
学习方式	强调自治与社会网络学习	强调视频、作业和测试	强调案例和学习共同体
典型项目	PLENK, CCK	edX, Coursera, Udacity	DS106, POT cert

当前，以行为主义学习理论为基础，基于内容的xMOOCs是全球最为普遍的慕课形式，也是参与人数、参与院校、开设课程门数最多的慕课形式，我国北京大学、清华大学、上海交通大学、复旦大学等国内一流院校建设的都是这一慕课形式。

二、慕课对于非通用语教学的积极作用

我国的非通用语教学最早可以追溯到1942年，此后全国各地众多高校逐步建立和发展了数量各异的非通用语专业，其数量和质量都已达到相当水平。但比较于英、日、俄、德、法、西等通用型外语教学，当前非通用语教学在实践中仍面临许多困难。如开设非通用语专业的院校数量总体有限、报考非通用语专业的学生数量不多、专职的非通用语教师力量不足、体系化的非通用语教学资源建设水平不高，这些都在相当程度上影响和制约了当前非通用语日益广阔的应用前

[①] 贺斌. 慕课：本质、现状及其展望［J］. 江苏教育研究，2014（01A）：4.

景。而基于非通用语优质教学资源的统一慕课平台的创立和运行将有效解决上述问题，从而极大地促进非通用语教学水平的不断提升。

（一）有利于扩大非通用语教学受众面

当前集中开设非通用语专业并形成语种群的院校数量十分有限，只有教育部批准设立的9个外语非通用语种本科人才培养基地开设有较为集中的非通用语专业。大多数院校只开设了朝/韩、越等相对应用较广的非通用语专业，而其他绝大多数非通用语专业，如阿尔巴尼亚语、保加利亚语、波兰语、梵巴语、芬兰语、捷克语、孟加拉语、泰米尔语、希腊语等在全国仅有一或两所院校开设，每年就读于这些专业的学生人数更是最多只能以两位数计，完全无法满足当前的非通用语应用。面对日趋广泛的非通用语需求，如果能够打破本科学历教育的体制、建立能够提供开放性共享服务的慕课，那么必将极大地增加学习者的人数、扩大非通用语教学的受众面，实现真正意义上的大规模参与。

（二）有利于积累非通用语教学资源

尽管非通用语教学在我国起步不晚，但整体发展水平并不高，尤其是在教学资源积累方面与其他学科专业还存在很大的差距。在非通用语的教学过程中，与对象国有关的资料搜集困难、藏书有限、交流不畅、网络资源更新迟缓的现象比较普遍。一方面，这与大多数非通用语使用国家在对自身语言研究、国情资料系统化整理、网络资源建设方面仍存在许多不足有关；另一方面，也与当前传统教学模式下各个院校单打独斗、各自为营的局面有很大的关系。当前，基本上所有的非通用语专业教学资源的积累都依靠本专业教师独立或合作完成，开设同一专业的院校之间缺乏交流与合作，在只有一两所院校开设的某些专业中，大多数教学资源的搜集、整理、分析、汇总甚至只能依靠一两名教师闭门造车，极大地制约了非通用语教学质量的提升。在这种情况下，如果能够建立基于同一平台的非通用语慕课联盟，在最大范围内将有限的教学资源整合、优化，不仅可以有效积累非通用语教学资源、提升教学质量，而且可以在开设同一专业的院校之间形成良性互动机制，发挥非通用语教学资源的最大效益。

（三）有利于创新非通用语教学模式

"在非通用语教学的历史发展过程中，受社会需求和办学指导思想等各种客观因素的影响，产生了多种人才培养模式，并在特定的历史阶段为非通用语的发展壮大起到了积极的推动作用。"①但是事实证明，过去"1+3"、"2+3"，甚至"7+1"、"3+1"的培养模式并不能完全满足打造国际化、复合型非通用语人才的培养需求，70%以上的毕业生并不能完全依靠所学专业就业。与此形成鲜明对比的是，在同等条件下拥有经济、金融、法律等专业知识的非通用语专业毕业生更受用人单位欢迎。因此，在培养非通用语人才的过程中，除了非通用语语言知识外，应更关注于学生复合型知识的建构。但是传统教学模式由于教师知识结构的单一、课堂教学时间有限和课程体系规划缺乏创新等原因，使学生只能在有限的在校时间内完成既定的语言类课程，而没有条件、没有精力进行其他知识的学习。而基于非结构性的网状慕课平台可以很好地解决这一问题，不同的慕课可以根据学习者的需要被自由组合拼接，同时又保持各自的独立性，为学习者打造全方位、最适宜的中央知识库。

（四）有利于满足非通用语学习者的个性化需求

传统的非通用语课堂教学以教师为中心、以课本为主体，所有的知识按照认知事物的一般规律，从字母到单词、从句子到会话，由易入难、由简入繁，学生只能在教师的教学计划指导下围绕课堂教学开展单一的线性学习活动，即使是对自身特别感兴趣或亟须应用的领域也是如此。与此相比，慕课有着显著的个性化、自主性特点。就非通用语学习者而言，慕课没有明确的学习预期、学习时段、学习成绩等硬性指标的限制，学习者可以根据自己的时间、地点、兴趣、水平自设学习计划和学习任务，甚至于学习什么样的课程、进行何种形式和程度的交互都由学习者自己决定，即使先学习会话交际、后学习单词语法也都是可行的。也就是说，慕课赋予学习者更多的自主性，学习者需要调动更多的积极性与主动性对自己的学习承担更多的责任。

（五）有利于减轻非通用语教师的工作压力

在历史和现实等多方面因素的共同作用下，师资力量薄弱、队伍结构不合理、水平参差不齐是当前非通用语教师队伍面临的主要问题。不仅如此，在现实的教学过程中，非通用语教师不仅经常要一人承担多门课程，而且还肩负着编写教材或工具书、开展专业领域科学研究的重任。对于大多数科班出身的教师来说，语言教学不成问题，但在涉及专业理论性相对较强的政治学、军事学、法

---

① 杨晓京，佟加蒙. 中国非通用语人才培养现状及发展对策研究［J］. 世界教育信息，2008（5）：59.

学、社会学、宗教等领域的问题时，教师往往也是仅知其然，而不知其所以然。特别是在一些缺乏长期关注跟踪和深入研究的领域，教师的讲解往往不能满足学生的需求。针对这种情况，开放性的非通用语慕课平台既可以直接引入相关领域专业学者较为成熟的慕课来辅助教学，也可以利用平台上其他院校相同专业的慕课资源把部分课程放手给学生自学自修，尽可能地减轻现实教学工作压力，把精力放到更多的科研工作中去，并进而促进非通用语科研水平的提高。

三、非通用语慕课建设路线图

慕课对于非通用语的未来发展具有十分重要的积极作用。在非通用语教学中大力践行慕课教学，与其说是一种教育形式的改革，其实更应是一种理念的创新。立足于当前国内非通用语教学的现状，慕课的建设与发展应该从打造开放的权威平台、制定多样化的知识图谱、制作灵活短小的微视频以及配置适当的练习、作业与考核这一基本流程着手。

（一）打造开放的权威平台

平台是慕课得以存在的重要载体，不仅能够为慕课开设者整合协调相关资源提供充足的空间，更可以通过友好、美观的界面为学习者开展有效学习提供舒适的环境。如上文所述，当前国际上的慕课平台或联盟主要有cMOOCs、xMOOCs和tMOOCs三种。而其中，基于内容的xMOOCs是全球最为普遍的慕课运行平台，也是目前国内已开设慕课院校攻坚的主战场。比起加盟已建成的慕课平台，全新打造适应于非通用语教学特点与发展规律的权威平台更适合当前的非通用语建设与发展水平。作为以高清视频为主、访问量可能会很大的应用型平台，非通用语慕课平台在建设时一方面要考虑到平台的权威性，这在相当程度上决定了访问者的来源和聚集程度；另一方面还要考虑到服务提供商的技术成熟度和业内影响力，技术成熟度高和业内影响力大的服务商更可以保证平台运行的稳定性与持久性。需要特别注意的是，权威平台的搭建必须充分考虑慕课学习者的使用需求，尽可能地照顾到不同类型课程，更需要全国各院校非通用语教师的积极参与。针对当前国内已开设的非通用语专业，在前期即要对多语种字体编码支持、输入法设定、篇章格局和书写方向呈现形式、微视频格式兼容、在线交互、进阶测试等给予全面、细致的考量，尽可能地让平台的结构和功能满足大多数非通用语慕课教学的需要。

（二）制定多样化的知识图谱

"知识图谱，在中小学业有时也被称为'知识树'或知识地图，它是学科自身逻辑与学生认知发展客观规律的反映，是教师教学的指南，是安排学习行程的依据。"① 一般而言，倡导自主性与开放性的慕课并没有一个组织者进行课程的顶层设计和总体规划，这就需要慕课开发者和设计者能够为学习者提供灵活、多样的知识图谱，并明确解释该门课程在某一非通用语专业学习中的性质与地位，以便学习者根据自身需求合理安排学习行程。根据当前非通用语的教学传统和人类认知的客观规律，非通用语慕课的知识图谱应以听、说、读、写、译五种能力的养成为基础，在此之上再开展对象国文化、国情等课程的学习。但这并不一定是固定线路，以口头交际为主要目的的学生可以更侧重于听和说，而以书面阅读为主要目的的学生则可以更关注于读和译。不仅如此，不以学习对象国语言而仅以了解文化、国情为目的的学生甚至可以直接从文化、国情等课程着手，这样可以有效提高学习效益。因此，知识树或概念图的网状呈现形式更容易受到学习者的欢迎和接受，也更容易呈现知识点之间的关系与紧密程度。总之，在制定非通用语知识图谱时不仅要考虑到多种人群的不同需求，更重要的是一定要精确地界定该门课程在整个非通用语专业学习中的性质和地位，以便学习者有的放矢。

（三）制作灵活短小的微视频

微视频是当前慕课最主要的组成构件，也是学生开展线上学习最主要的渠道与途径。首先，开设慕课的教师需要将知识内容，按照学科逻辑与学生的认知特点划分为若干较小的知识模块；其次，运用现代信息技术手段，整合图、文、声、像等要素，制作成短小精悍、目标明确、容量有限的微视频；最后，将这些微视频整理、加工后放置于知识图谱中的适当位置。学生在自主学习时，可以通过信息化终端根据自身的学习条件、学习目标和该课程的知识图谱，自由选取适宜的微视频开展学习活动。一般来说，微视频时间长度在5—7分钟，最多不超过10分钟，只就一个知识点开展讲解；制作多通过拍摄工具、录屏软件（Camtasia Studio、Showme、Screen Flow）等录制手段和视频编辑软件来完成，也可以采取录制与编辑相结合的方式进行，除电脑外还需要耳机、麦克风和手写板等工具；录制好的微视频多以MP4、MPEG、ASF、WMF、AVI等常用格式呈现。就非通用语慕课教学来说，微视频的制作与一般学科专业并无明显差异。考

---

① 陈玉琨，田爱丽. 慕课与翻转课堂导论［M］. 上海：华东师范大学出版社，2014：44.

虑到非通用语教学资源和师资力量的现状，我们认为，当前非通用语的语言基础类慕课微视频应当以录制为主，且在低层次应多以汉语讲解，这样有助于夯实学习者特别是初学者的知识基础。而文化、国情类的微视频则应尽量依靠电视、网络资源使用视频编辑软件制作，这样不仅可以尽可能地保持相关知识的正确性，而且可以有效吸引学习者的兴趣。

（四）配置适当的练习、作业与考核

必要的练习、作业与考核是学习者复习、检验与巩固所学知识、提升运用所学知识解决实际问题的基本方法，也是教师了解学习者学习状况与进度的主要途径。在内容相对碎片化的慕课的教学活动中，作业是对学生知识掌握的系统性与能力提升的状态的调查，具有不可替代的重要作用。特别是在非通用语慕课教学中，考虑到非通用语的使用面较窄、很少有机会可以在日常生活中用到的特定因素，适当的练习与作业可以起到串联知识点、梳理语法系统、提升学习者综合应用水平的作用，不容忽视。针对这种情况，非通用语慕课教学的作业应注意几个问题：一是作为慕课教学结果评估的唯一衡量手段，一定要注重信度与效度，尽量将测验结果的稳定性及可靠性保持在一定水平，比对传统课堂教学保证评估标准的一致性；二是考虑到语言的认知规律，要强调练习、作业的进阶性质，如果学习者未能完全掌握前一知识点，那么可以要求他们利用微视频再次学习，直到他们完全掌握，这就保证了学习者对基础知识的牢固掌握；三是在题型设置上，要充分利用互联网终端的多媒体功能尽量多引入听、说练习，这样做既可以有效激发学习者的学习兴趣，又可以帮助他们养成多说多听的外语学习习惯；四是要借助现代数字化手段与大数据技术，依托计算机分析学习者的作业完成情况与学习状况，改变过去小班教学某些教学难点难以被发现的情况，从而大大提升教学的针对性。

考虑到未来非通用语慕课平台的大规模特性，真正的慕课平台还应具有多种特色组成构件，比如电子辞典、自我评测、生生交互、任务发布与解决等模块，以及对象国相关网站和其他学科专业成熟慕课的转换链接等。这些都可以在相当程度上充实平台的丰富性，满足学习者的个性化需求。

四、结语

当代著名教育家和社会批评家伊万·伊里奇在1971年出版的《非学校化社会》一书中提出，好的教育制度应该达到三个目的：（1）在任何时候给任何想学习的人提供学习机会；（2）赋予那些掌握一定技术的人与他人共享技能的权利；（3）给那些想与公众交流的人提供机会。[①] 当前迅速兴起的慕课具有许多传统课堂教育或远程教育所不具备的优势，相信在不久的将来伊里奇的教育理念一定可以实现。但同时我们也应该清醒地认识到，并不是所有的非通用语课程或非通用语教学都适合开设慕课，而慕课也不可能完全代替传统的课堂教学模式。非通用语教学改革一定要顺应外语教学的一般规律，努力将人机互动、慕课建设与传统的实体课堂教育紧密地结合起来，相互补充、相互促进，充分地发挥各自的优势，使其既能满足时代发展的需求，又能传承课堂教学的优良传统，这才是未来慕课时代非通用语教学改革的正确发展之道。

参 考 文 献

［1］陈江. 慕课的建设与实施策略［J］. 北京广播电视大学学报，2014（1）：33—42.

［2］陈玉琨，田爱丽. 慕课与翻转课堂导论［M］. 上海：华东师范大学出版社，2014.

［3］贺斌. 慕课：本质、现状及其展望［J］. 江苏教育研究，2014（01A）：3—7.

［4］鲁伯特·默多克. 教育：最后需要开垦的地方［J］. 世界教育信息，2012（7下—8下）.

［5］徐运玲. 学习网络在非学习化社会中的应用：试析伊里奇学习网络理论［J］. 中国教育技术装备，2010（18）：29—30.

［6］杨晓京，佟加蒙. 中国非通用语人才培养现状及发展对策研究［J］. 世界教育信息，2008（5）：58—62.

［7］殷丙山，李玉. 慕课发展及其对开放大学的启示［J］. 北京广播电视大学学报，2013（5）：29—34.

［8］赵颜，黄永中. 非通用语网络教学资源平台的开发与实现［J］. 中国教育信息化：高教职教，2008（5）：66—68.

---

① 徐运玲. 学习网络在非学习化社会中的应用：试析伊里奇学习网络理论［J］. 中国教育技术装备，2010（18）：29.

缅甸语教学过程中的文化导入问题

■ 解放军外国语学院　钟智翔

【摘　要】外语学习实质上是一种语言技能和社会能力的学习。作为缅甸语教师，只有按照一定的原则、步骤和方法在授课过程中进行文化导入，使学生在学习缅甸语的同时习得缅甸文化，了解缅甸社会，才有可能消除文化障碍，避免在语言使用过程中出现文化失误，成功达到跨文化交际的目的。

【关键词】缅甸语教学；文化导入；跨文化交际

不同的民族都有着各自的社会文化传统，外语学习实质上是一种语言技能和社会能力的学习。作为文化的载体，语言蕴含了极为丰富的社会文化信息。掌握对象国文化背景知识的多寡直接影响到一个人的语言使用能力，成为其能否得体运用外语的前提。长期以来，缅甸语学界主要采用"语法—翻译法"授课，偏重语言知识、语言现象的讲授，而忽略了语言的载体功能，致使缅甸语专业学生在使用缅甸语时出现大量语用错误，影响到了语言的表达和对外交流。因此，培养学生跨文化交际能力势在必行。

一、文化导入的概念

文化导入的观点最先由 Schumann 提出。1978 年，Schumann 考察了二语习得情况，从社会心理学的角度指出第二语言学习过程中，最重要的是社会因素和个人情感因素，并据此认为文化导入程度的高低可以决定二语习得的成败。1989年，赵贤洲在国内首倡"文化导入说"，从文化的角度论证语言教学进行文化导入的必要性和可行性。1992 年，陈光磊从语言本体的角度出发，提出"语构文化、语义文化和语用文化"的概念。以语用文化为重心，以语义文化、语构文化为两翼来构建文化导入机制。他认为："进行语言教学，在教授语言结构规律的同时，还要使学习者了解、习得所学语言的本体构造和使用法式所具有的文化内涵和所遵循的文化规约，并在一定程度上转化为顺利加入语言社团的交际能力。"

作为一个学术概念，学界对什么是"文化导入"有不同的看法。有人认为文化导入说把语言和文化看成是没有内在联系的不相干部分，文化好像是被硬加进去的，因而对文化导入说持有异议。我们认为，文化导入是外语教学过程中，在教授语言一般结构规律和知识技能的同时，使学生习得目的语使用法则所含文化内涵和应遵守的文化规约，帮助学生增强跨文化意识，以更加得体有效地进行跨文化交际的一种文化背景知识教学，是一种辅助语言教学的文化引导。

二、文化导入的重要性

（一）强化文化意识是优化学生知识结构、掌握语言知识的关键

我们认为语言和文化息息相关，离开特定文化背景的语言是不存在的。因此，不懂得目的语的文化模式和文化准则就不可能真正地学好目的语。缅汉两大民族由于宗教信仰、历史传统、风俗习惯的不同，在语言中往往会对同一语汇产生不同的理解和评价，比如缅甸语 ေအးချမ်းပါေစ။（祝你幸福），字面意思是"祝你冷"。从字面上看，将冷与幸福挂钩中国学生难以理解。原来缅甸地处热带，气候炎热，人们喜欢也向往凉爽的日子；而中国地处温带，冬天气温很低，对"冷"的态度有别于缅甸人。所以汉缅两种语言中对"冷"的评价迥然不同：汉语中"冷"大多含有贬义，如冷遇、冷面孔、炒冷饭、冷言冷语等；缅甸语中 ေအး则多为褒义，如 ေအးချမ်း（幸福、安宁）、ေအးစွ（悠扬）、ေအးၿ（安宁、凉爽）、ေအးေအးေဆးေဆး（悠然地）、လူေအး（憨厚的人）。学生通过对这组词汇文化背景知识的了解，可以加深对语言和语言以外的国情知识的了解。所以说文化导入可以对所学语言知识进行多层次的、综合的分析，能起到优化学生知识结构的作用，同时也有利于学生尽快掌握缅甸语语言知识。

（二）适当的文化导入可以增强学生对两种不同文化的理解，提高其社会文化领悟力

文化理解力亦即文化领悟力是背景知识的深层结构，也是透过语言表象对语言所含文化内容的综合理解力。我们听懂一句话、理解一篇文章并非完全取决

于我们的听、读能力，在一定程度上还取决于我们的文化领悟力。如缅甸人喜欢把一个人比喻成ယုန်ကလေး（兔子）。缅甸语中，ယုန်ကလေး不是指其胆小、善跑，而是指他博学。若从汉语思维的角度出发我们便无法理解这句话的含义。所以，文化领悟力在一定条件下是理解对方、培养跨文化交际能力的基础和前提。

（三）文化导入可以进一步激发学生的学习兴趣，达到外语教学的目标

学习缅甸语与学习其他知识一样必须有一定的学习动力。心理语言学认为，兴趣是学生的最好老师，是其学习活动的内在驱动力。单纯的语言知识学习难免有些死板、枯燥。单一的单词记忆、机械的句型操练、枯燥的课文背诵都有可能成为学生学习兴趣的杀手，使其失去学习动力。如果教师能够改进教学方法，拓展教学空间，进行有趣的文化导入，通过语言了解文化语义、文化背景知识，就有可能激起学生的学习兴趣，激发其学习热情，达到全面掌握语言知识的教学目标。

（四）文化导入可以消除跨文化交际的障碍，达成语言的跨文化交流

许多学校的缅甸语教学目前还基本停留在重视语法、词汇和拼写正确与否的阶段，对语言的得体性和可接受性重视不太够。我们认为，如果仅满足于语言知识的灌输和语言技能的训练的话，是不能完全成功地达到跨文化交际的目的的。因为包括语音、词汇、语法、修辞在内的语言知识和听、说、读、写、译能力只是语言交际能力的基础。现实生活中说话者的语音、用词、语法错误往往能被目的语使用者理解和原谅，不会造成文化冲突。如သူတံဘက်ခါရန်ကုန်ကိုသွားတယ်။（错句：他后天去仰光），这句话时态用错了，但缅甸人通过词语对应可以明白它的意思。而语法完全正确的句子ဟိုဘုန်းကြီးသေရှာတယ်။（语用错误，那和尚死了），在缅甸人看来是天大的错误。因为对和尚不敬便是侮辱了其宗教，因而是不可原谅的。由此可见，外语教学中把握文化差异，消除文化冲突，有针对性地培养学生跨文化交际的能力是克服文化障碍，达成跨文化交流的关键。

三、文化导入的内容

（一）导入交际文化要素

1. 语言文化要素

语言文化要素指语言层面所含的文化意义，也叫文化背景知识，包括字面意

义和蕴涵意义、文化语境因素等。它是两种不同文化背景的人进行交际时影响准确传递信息的语言因素。我们在《基础缅甸语》的编写过程中，将语言知识与缅甸人的日常生活、传统习惯等相结合，设置多种交际场景，来促使学生适应各种文化背景下的交际差异，让学生习得缅甸语的同时了解缅甸文化，学会正确地理解和使用符合缅甸习惯的、地道的缅文缅甸语。

（1）明示语汇的字面意义和文化隐含义

我们认为，学习缅甸语不仅要掌握缅甸语语句的字面意义，而且也要明白其内涵意义。若不明白一个词、一个句子的内涵义或文化隐含意义，则有可能发生语义表达错误和语用错误，造成语言理解困难，影响交流。比如缅甸语颜色词 ဖြူ။ 除了有"白色"的意义外，还有一些与缅甸国情、缅甸风俗相关的文化隐含意义。ဆင်ဖြူ။ 字面义为"白象"，文化隐含意义为"纨绔子弟"。这是因为缅甸白象数量少，十分珍贵，常被人们当作吉祥之物，也常被帝王用作坐骑，受王宠爱，有出自名门的意味。现实社会中用 ဆင်ဖြူ။ 来比喻那些娇生惯养、无所事事的无用之人。可以想象，如果我们用 ဆင်ဖြူ။ 吉祥宝物的概念意义去称赞对方将会造成多么大的麻烦。又如 အနက်ရောင်နယ်မြေ 是 20 世纪七八十年代常用的一个词，字面意义为"黑区"，实际意义为"叛乱猖獗地区"。အနက် 为"黑色"之意。这是因为缅甸官方常将叛乱猖獗地区在地图上用黑色标记的缘故。若不了解该词的文化背景，那么对 အဖြူ။ရောင်နယ်မြေ（政府控制区）、အညိုရောင်နယ်မြေ（反政府武装与政府交错控制的地区）等词也就不知所云了。

（2）介绍语言中的交际文化要素

①介绍称呼语

缅汉两大民族有着不同的文化背景和语言文化传统。中国人使用缅甸语时常会受到母语思维的影响，出现一些语法正确而文化语用失当的错误。例如我们在缅甸语口语中常常会遇到这样一些句子：အမေ၊ ဟိုစာအုပ်ကို ကြည့်ပါရစေ။（大妈，让我看一下那本书吧。）或 သမီး၊ သမီးနာမည် ဘယ်လိုခေါ် ပါသလဲ။（孩子，你叫什么名字啊？）等。这些句子中用亲属称谓词 အမေ、သမီး 表示非亲属关系。在汉语中虽然也有使用亲属称谓来称呼非亲属关系的，但基本不会用"儿子"、"女儿"、"妈妈"等词来自称或称呼对方。这中间就隐含了一个重要的文化信息，即缅甸人普世一家的社会观和人际交往观。又如缅甸男子名 မောင်ထွန်းဝေ、ကိုထွန်းဝေ、ဦးထွန်းဝေ 中，人名冠词 မောင်、ကို、ဦး 分别表示了该人的社会地位、年龄大小、受尊敬程度等。教师在讲解时可以进一步将缅甸社会的等级观念、长幼有序的社会风尚做一番介绍。缅甸人名中也包含了当事人的一些生辰信息。如缅甸人笃信星相，每个人都有自己的生肖，周一生的人属虎，周二生的人属狮，周三上午生的人属有牙象，周三下午生的人属无牙象，周四生的人属鼠，周五生的人属豚鼠，周六生的人属龙，周日生的人属妙翅鸟。不同生肖者命名时，名字的起首字母不一样。这就要求教师要做进一步的文化内涵介绍。

②介绍问候语

结合教材中关涉言语交际的语言功能句，教会学生如何与缅甸人互致问候。教材中我们虽然列举了问候语 မင်္ဂလာပါ။ （你好！），但同时也应指出该句的局限性，以及在实际交际过程中缅甸人丰富的问候语功能句的使用状况。告诉学生 မင်္ဂလာပါ 来自 20 世纪 30 年代，是当时缅甸青年知识分子因苦于缅甸语没有与英语社交句 How do you do? How are you? 对应句子的情况而创造的，该句带有明显的书卷语色彩。现实生活中，缅甸语的问候方式多种多样，如行合十礼问候，用 ဘယ်ကိုလဲ။ （上哪儿？）、ထမင်းစား ပြီးပြီလား။ （吃饭了吗？）、ဘာလုပ်မလို့လဲ။ （你要干吗？） 等不需要回答的问句表示问候之意。

③介绍感谢与答谢语

缅甸人非常讲礼貌，对人常怀有感恩之心，时常会对别人的帮助表示感谢。如何表示感谢在汉语和缅甸语中大不相同。一般而言，缅甸人表示一般的感谢说 ကျေးဇူးတင် ပါတယ်။ （谢谢！）或者 ကျေးဇူးပဲ။ （谢谢！）就可以了。回答时说话人要坦然接受对方的谢意。这时缅甸语要用 ရပါ တယ်။ （好的，不客气）。正常情况下，缅甸人不会用 ကျေးဇူး တင်ဖို့ မလိုပါဘူး။ （不用谢）。因为本句话隐含有拒绝对方谢意，将对方推入尴尬境地的意思，同时也含有给予的帮助不是为了索取回报的，有略微责备对方的意思。另外，由于缅甸人信仰佛教，有时在对方给予自己帮助后不说 ကျေးဇူးတင်ပါတယ်။ 而用 သာဓု၊ သာဓု။ 来表心中的谢意，意为"善哉！善哉！"。"သာဓု၊ သာဓု။"这句话表示对方因给予自己帮助而积累了功德，隐含有佛教积德升天之意。

④介绍命令与请求

缅甸人在表示命令与请求时与中国人有明显的差异。在直接与间接命令（请求）的程度上，缅甸人会用不同程度的间接句式来表示礼貌地请求别人做某事。如在请别人将书拿过来时，对下级、年轻人会用ဟိုစာအုပ်ကိုယူခဲ့။（把那本书拿过来！）；对同事、朋友会用ဟိုစာအုပ်ကိုယူခဲ့ပါ။（把那本书拿过来吧。）；而对社会地位高、年纪大的人会用ဟိုစာအုပ်ကို ယူခဲ့ပါလားခင်ဗျ။（请您把那本书拿过来好吧！）；对僧侣则可能说ကျေးဇူးပြုပြီး ဟိုစာအုပ်ကို ယူခဲ့ပါ ဘုရား။（请大师费累，把那本书拿过来吧！）。一般而言，在命令与请求状态下使用的语句越间接语气就会越客气，越有礼貌，反之越直率、越带强求意味就会越不客气，甚至无礼。这便是句式所反映的文化特征。如果我们对僧侣用ဟိုစာအုပ်ကို ယူခဲ့။（把那本书拿来！）来表示请求，从语法上看该句没有任何语法错误，但所用的对象不对，可以想象将会造成多么剧烈的文化冲突。

2. 超语言文化要素

超语言文化要素是指语言使用过程中所表达的文化语境、伴随语言手段、表意符号等等。缅甸人在交际过程中常会伴有丰富的体态语来加强句子的语气或意义或表达某种不一般的情感。如为了表示热情、友好，缅甸人常会在交流时带有较为密切的肢体接触。笔者留学缅甸时曾与一澳大利亚人去仰光远郊进行语言田野调查。当地接待人员中有两位曾有过一面之交的中年教师。见到我们后，他们非常高兴，拉着我们的手问长问短。由于文化差异，澳大利亚人显得十分尴尬与不快，导致通过与对方进行肢体接触来表示友好的交际失败了。表情方面，缅甸人在讲话时喜欢猛拍自己的额头来表示惊讶、后悔；用说话前先弹下舌头发出声响表示不满；用语音语调、声音的硬软度来表示某种情绪。如果不了解这些，就容易导致交际的失败。

（二）知识文化要素

缅甸语教学过程中，知识文化的导入主要是指语言使用过程中所关涉的民俗文化知识和百科知识。

1. 介绍尊卑观念

缅甸文化是以佛教为主体的文化，有尊老敬老的传统。社会上的等级与尊卑观念比较强。在与长辈、上级交往时除了语言上使用谦语、敬语，如ကျွန်တော်（男用谦称，我）、ကျွန်မ（女用谦称，我）、ခင်ဗျား（男用敬称，您）、ရှင်（女用敬称，您）等。此外，还十分注重礼节。缅甸人喜欢席地而坐，交谈时子女、下级不能坐得比父母、上级高；与长辈说话时必须躬身低首，或目视长辈，呈立正姿势；接送物品时要用双手等。

2. 介绍日常习俗

在缅甸语精读课中，时常会遇到关涉缅甸情况的主题、课文。例如第一册第 9 课 တို့မိသားစု（我们的家庭）、第二册第 2 课 တစ်နေ့အစီအစဉ်（一天的安排）。在讲解此类课文时，我们十分注意对缅甸相关民俗文化的介绍。教师常会收集诸如缅甸人家庭状况、起居习俗、传统民居、家庭内部关系、饮食文化习俗与饮食礼仪、客人拜访时的穿着打扮、服饰文化等日常礼仪习俗资料，介绍给学生，以使其在学习语言的同时，更好地理解缅甸文化。

3. 介绍节会文化习俗

《基础缅甸语》第二册第 14、15 课 မြန်မာလူမျိုးတို့ရဲ့နေလေ့ထုံးစံ（缅甸人的风俗习惯）中多次提到缅甸的节会文化。我们在讲授课文时就重点讲解了缅甸节日的种类、由来、节会时间、庆祝方式、节会习俗等，尽量让学生对缅甸节会文化有更多的了解。在讲到 သင်္ကြန်ပွဲတော်（泼水节）时，特意把中国的春节与之进行比较，使学生体会到中国春节是农耕文化的产物，以饮食多样性的展示为中心。而缅历新年泼水节起源于印度，是与文化传播相关联的带有宗教气息的传统节日，其重心在情感宣泄、愉悦自我、祝福他人。从而通过比较来加深学生对缅甸文化的体认。此外，作为知识文化要素的组成部分，我们在讲授相关课文时也会对缅甸的地理位置、气候特点、历史状况、文学艺术、卫生教育等做相应的介绍，为其熟练地运用缅甸语，实现跨文化交流奠定基础。

四、文化导入的原则、方法与步骤

（一）文化导入的原则

零起点缅甸语教学过程中，除了要对文化导入的概念、内涵做出必要的界定外，还必须科学地树立文化导入原则，有计划地将缅甸语语言和非语言所负载的文化内容纳入到缅甸语教学体系之中，达成缅甸语习得与缅甸文化习得的同步发展。

1. 循序渐进原则

基础阶段缅甸语语言知识的学习是分阶段、分步骤进行的，所以同时期缅甸文化的导入也只能采取由浅入深、由简到繁的顺序在缅甸语专业学生进入基础阶段训练后开始其缅甸文化意识的培养。在缅甸语学生低年级阶段以词语文化因素和日常用语中的文化因素为导入的主体。如解释 စာပေ 、ပေ့ရွက် 、ပုရပိုက် 的含义，贝叶文化的内涵等。进入二年级以后，可以适当注重语言文化、知识文化的介绍。

2. 语言主体性原则

缅甸语教学首先是一种语言教学。但由于缅甸语不同于我们的母语汉语，所以缅甸语教学从一开始就有跨文化的性质。这就使得缅甸语学生在缅甸语学习过程中会受到母语干扰和母语文化干扰，因而导致缅甸语的学习过程成为排除汉语和汉文化干扰的过程。由于我们的专业学习是以语言为第一位的，所以缅甸语的教学具有本体性。缅甸语是教学的基点。文化导入作为缅甸语教学的辅助形式在教学中处于次要和辅助位置。尽管如此，文化导入仍很重要。

3. 实用性原则

文化导入不是全部文化体系的导入，而是指交际文化要素和知识文化要素的导入。学生学习缅甸语时的文化导入应注重文化知识的实用性，在初级阶段要多介绍语言的文化背景知识，所讲授的文化内容要有助于缅甸语语汇、句子、语篇的理解与使用，不能为教文化而"文化"。文化导入以学生喜闻乐见的形式服务于教学，满足学生学习缅甸语的实际需要，把教学内容与语言的文化背景知识有机地结合起来。教师在课前要精心准备一些与所教内容密切相关的文化背景知识内容，课堂上讲明这些知识与语言的关系，有意识地把文化知识渗透到具体的词汇、语篇教学当中去，从而达到语言与文化背景相融合的目的。同时，也可以根据情况需要将文化背景知识的面拓宽一点，以满足学生语言知识增长的需要。

4. 系统性原则

语言教学不仅仅是语音、语法、语义等传统语言形式的教学，更是语言及其附着在语言之上的文化的教学。在缅甸语教学过程中，必须结合语言本身的学习，系统地移入缅甸文化知识，使学生在习得语言的同时习得缅甸文化。而这种文化习得要有一定的系统性，不能弄得支离破碎。如在导入缅甸传统习俗文化时，与习俗文化相关的思想文化、制度文化要素最好也一并导入，以使学生对缅甸的习俗有一个全面的文化认知。

（二）文化导入的方法

文化导入的方法众多，因人而异，教师可根据实际情况灵活掌握。一般说来，似乎有以下几种：

1. 直接导入法

我们认为学生的语言学习主要在课堂上完成，加上平时学生也不易接触到真实的缅甸语环境，对课文中遇到的文化背景知识和知识文化要素等不易理解。这就要求教师发挥主导作用，挖掘课文的文化内涵，精选一些典型的与语言教学相关的文化背景材料用于课堂教学，进行文化的直接导入，将文化内容和语言材料融合在一起。比如缅甸语和汉语中都各有许多文化内涵丰富的词汇。由于文化因素决定词的社会含义，制约着其使用的得体性。教师这时就应不失时机地提醒学生。再比如缅甸文化中含有利他主义的成分，喜欢关心别人、打听别人的情况，与很早以前我国的情况相似，所以 သင် ဘယ်သွားမလို့လဲ။（你去哪儿？）、ဘာဖြစ်လို့လဲ။（怎么了？）、ဘာဟင်းစားသလဲ။（吃啥了？）等句子常不绝于耳。这时教师就应对缅甸社会的情况做出介绍，讲解文化差异，使学生了解缅甸人的隐私观念。

2. 间接导入法

语言所负载的文化内容十分丰富，涉及社会、语言的各个方面。教师不能也不可能在课堂上谈及所有的文化背景知识和文化知识。为了扩大学生的知识面，增加其语言知识和文化知识，可以有选择地指导学生进行有效的课外阅读、课外学习，利用第三方的力量进行文化导入，即间接导入。如向学生推荐一些讲述缅甸社会文化背景知识的报纸杂志、图书资料、影视作品、涉缅网站、语言文化类文章，指导他们收看缅甸电视等等。

3. 主体导入法

学生经过一段时间的学习后，对缅甸的语言文化会有一定的了解。这时就可以考虑发挥学生的主观能动性，鼓励他们主动地收集、发掘缅甸语的语言文化信息。给他们布置任务就某一专题，如颜色词的用法、中缅体态语的差别、禁忌语专题等，收集资料，进行文化比较；或是寻找他们自己作文中的语用失误；或是在课堂上让他们就某一内容进行主体介绍、讨论等，让学生作为参与的主体来参与文化知识的导入。

需要指出的是，文化导入的方法众多，各种方法可以相互配合，共起作用。但从类别上看，无外乎教师主导的文化导入和学生自我主导的文化导入两类。

（三）文化导入的步骤

如前所述，我们认为文化导入是缅甸语教学的辅助手段，贯穿于缅甸语教学的全过程。教师要在教授缅甸语的同时，有计划地将文化教学纳入进来。

1. 教学大纲的制订要充分考虑到语言的跨文化交际功能

外语的学习是以交流和沟通为最终目的的。作为语言教学的纲领性文件，缅甸语教学大纲在制订过程中，首先应考虑到本专业的培养目标，即培养有跨文化交际能力的复合型高级缅甸语人才。他们不但会缅甸语，也精通缅甸文化。为了排除缅甸语理解过程中的文化干扰，在缅甸语教学方案的制订时就应充分考虑到文化的功用，以多元文化为导向，以中缅文化背景为材料，以培养跨文化交际能力为目的，结合语言的文化因素，对缅甸语教学做出全盘考量，在对各语言点、知识点进行规划的同时导入文化的因素。从语言出发，从缅甸语的词汇（语义）系统入手揭示和阐释词语的文化内涵，从语用系统切入，发掘与语言使用相关的文化规约，制订出科学合理的教学大纲，指导本专业的课程建设和人才培养。

2. 教材选编中兼顾语言的文化因素

文化导入模式要有与之配套的教材才能发挥功用。在编写兼顾文化因素的缅甸语教材时，一定要严格依照教学大纲，以培养学生跨文化交际能力为目的，根据社会语言现实进行编写。在合理规划语言知识点的前提下尽量反映出缅甸语的文化特点。在选编课文、对话、练习、阅读材料时要突出语言的典型性和语言文化的代表性，多做一些文化背景知识方面的注释，以充分反映缅甸语所含的文化特点。教材编写也要方便教师在授课的同时结合文化开展课堂活动，培养学生的跨文化交际能力。

3. 充分利用教材，挖掘其文化内涵，在课堂上开展缅甸语文化定型教学

课堂上，教师不仅要教授正确的缅甸语语言知识，还要有意识地讲授缅甸文化背景知识，促使缅甸语学生了解缅甸文化，帮助学生形成正确的缅甸文化定位，使其在使用缅甸语时能自觉地结合具体的文化背景知识正确理解、表达。教材中蕴含深厚文化内涵的词一定要随文讲解，指明其文化意义和使用时的文化规

约。如在遇到缅甸语词 ငရဲက္ (下地狱) 时，教师可对缅甸宗教信仰做一介绍，指出缅甸人趋善避恶的价值取向和缅甸社会善良淳朴的民风。又如《基础缅甸语》第二册第 3 课 ဈေးဝယ်ခြင်း (购物)，在讲解本课时，教师可顺便讲解缅甸的物产、集市状况、买卖方式等背景知识内容，激起其兴趣，鼓励他们找出中缅集市文化的差异，帮助他们形成其缅甸文化定位。教师在课堂上除完成基本的语言教学任务外，还应为学生提供实践机会。精讲多练，在模拟的语言环境中培养学生的缅甸文化领悟能力。

4. 加强第二课堂活动，增加学生对缅甸文化的了解

要学好缅甸语，了解缅甸文化的深刻内涵，光有课堂教学是远远不够的。在上好课的同时，教师还应引导和鼓励学生开展第二课堂活动，进行课外语言实践，帮助学生形成对缅甸文化的敏感性和文化洞察力。要帮助他们认识本民族的文化传统，体会中缅文化的异同。可以以口语比赛、演讲、唱缅甸歌曲、阅读涉缅文学作品、看缅甸电影电视、开办专题语言文化讲座等形式，有意识地导入缅甸文化，让他们感受到缅甸文化的氛围，激发其主观能动性，使其在轻松愉快的气氛中掌握缅甸语基础知识和语言文化背景，提高学生的语言运用能力。

五、结束语

语言中的文化因素是客观存在的。在教授外语知识的同时进行文化导入，已经成为我国外语界的共识。我们只有在教学中将文化习得与语言习得相结合，重视学生跨文化交流意识的培养，重视中缅文化差异，强调文化背景知识对缅甸语学习的重要性，才能提高缅甸语学生的跨文化交际能力，取得良好的教学效果。

参考文献

［1］陈国明. 跨文化交际学［M］. 上海：华东师范大学出版社，2009.

［2］陈申. 语言文化策略研究［M］. 北京：北京语言文化大学出版社，2001.

［3］胡文仲. 文化教学与文化研究［J］. 外语教学与研究，1992（1）.

［4］焦燕. 对外汉语教学中的文化导入研究［D］. 哈尔滨：黑龙江大学，2009.

［5］李润新. 论第二语言教学与第二文化教学［C］//胡文仲. 文化与交际. 北京：外语教学与研究出版社，1994.

［6］束定芳，庄智象. 现代外语教学：理论、实践与方法［M］. 修订版. 上

海：上海外语教育出版社，2008.

［7］王魁京．第二语言学习中的跨文化现象研究［C］//胡文仲．文化与交际．北京：外语教学与研究出版社，1994.

［8］王蔷．英语教学法教程［M］. 2版．北京：高等教育出版社，2006.

［9］俞约法．文化背景知识、文化背景学和外语教学［C］//王福祥，吴汉樱．文化与语言．北京：外语教学与研究出版社，1994.

［10］赵爱国．应用语言文化学概论［M］.上海：上海外语教育出版社，2003.

［11］赵贤洲．文化差异与文化导入［J］.语言教学与研究，1989（1）.

［12］赵贤洲．关于文化导入的再思考［J］.语言教学与研究，1992（3）.

尼泊尔语汉语语篇翻译教学模式改革初探

■ 解放军外国语学院 何朝荣

【摘 要】传统翻译教学过分注重词句和语法，对语篇在翻译教学中的地位和作用重视得不够。20世纪90年代以来，语篇分析理论开始应用于翻译教学，使翻译教学经历了以词句为中心到以语篇为中心的改革。尼泊尔语—汉语翻译教学要努力突破传统教学模式，改革教学方法和手段，建构功能明确、评价多元的语篇翻译教学模式。

【关键词】尼泊尔语；汉语；语篇翻译；教学改革

20世纪90年代以来，语篇分析理论开始应用于翻译教学，使翻译教学经历了以词句为中心到以语篇为中心的改革。由于传统的翻译教学囿于译文与原文词句上的对比，局限在词句层面讲授翻译技巧，因而对大于句子的单位，即语篇在翻译教学的地位和作用重视得不够。这与翻译所要求达到的目标是不相符的。因此，如何突破以词论词、以句论句的教学方法，在翻译教学过程中运用语篇翻译模式，成为当前翻译教学改革的内容之一。本文基于我国目前尼泊尔语—汉语翻译教学的实际，拟对语篇翻译模式在尼泊尔语—汉语翻译教学中的具体运用和教学改革进行一番探讨。

一、语篇分析与翻译教学

语篇是指任何不完全受语法约束的在一定语境下表示完整语义的自然语言。这里强调了两个要素：一是特定语境中的交际功能；二是超乎句子、语法的范畴。具体到翻译领域，语篇研究的对象应是连贯而完整的较大的语言交际单位，如段落、整篇文章、会话等。

　　从翻译的几大流派（如翻译科学派、功能主义学派、操纵派、多元系统论、解构主义学派、翻译技术学派等）来看，以语篇为翻译对象的翻译语篇分析学派属于功能主义学派，它是以韩礼德的系统功能语言学及语用学为基础的，与以语言功能模式为指导思想的德国功能主义学派有所不同。翻译语篇分析学派认为，翻译中最为关键的是语篇的整体信息。对原文文本进行语篇分析，不仅能够厘清原文文本的语言特征，体现原文作者的意图及原文文本的功能，而且还能在翻译过程中充分考虑到语言和文化因素，创造出最贴近原文的译文。我们知道，原文作者在写作时，特定的词汇、语法及文本形式的选择等，都是为了表达特定的意义，实现其特定的目的，以达到预期的功能。因此在翻译过程中，原文文本的语言、作者的创作意图、文本功能以及与作品有关的历史文化、社会环境等因素都应给予充分考虑，只有这样才能译出语义连贯、结构衔接、功能明确的译文语篇。

　　在对语篇进行翻译之前，必然要涉及语篇的分类问题。语篇类型与语篇的内容和形式有着直接的关系，同时语篇类型在一定程度上决定翻译策略的选择。20世纪70年代始，不少学者开始从不同的角度来对语篇进行分类。（钱敏汝，2001）例如，纽马克根据语言的功能，将语篇分为表达型语篇、信息型语篇和呼唤型语篇。埃根沃德（Eigenwald）从语域的角度将语篇分为五种类型：①报纸语篇，包括新闻报道、社论、评论等；②经济语篇，如报纸的经济栏文章；③政治语篇，包括演讲、传真、决议、墙头标语等；④法律语篇，包括律师书信、法庭判决书、合同、法典等；⑤学术语篇，包括自然科学语篇和人文科学语篇等。格罗瑟从语篇的交际功能角度将语篇划分为八种类型：①规范性语篇，如法律、委托书、证书、证明、公证书、合同书等；②交际性语篇，如祝贺信、哀悼信等；③团体标示性语篇，如团体歌曲等；④文艺性语篇，如诗歌、小说、戏剧等；⑤以自我描述为主的语篇，如日记、传记、自传、文学性日记等；⑥以要求为主的语篇，如商店广告、党章、新闻性评论、请愿书、申请书等；⑦边缘性语篇，即既提出要求，又传播信息的语篇；⑧传递有关客观事物信息的语篇，如新闻性消息、天气、科技语篇等。

　　在汉语里，与西方学者的"语篇类型"不同的是，我国学者使用"文体"这一概念。通常，文体分为文学文体和实用文体两大类，文学文体又可分为诗歌、小说、戏剧和散文等；实用文体又分为新闻文体、科技文体、应用文体和议论文体等。

　　由于人类语言的共性，尼泊尔语和汉语两种语言的语篇类型有着不少相似之处，这也就构成了尼汉语篇类型对比的基础。同时，尼汉两个民族在文化和思维方式上存在的差异又导致了具体语篇的谋篇布局和衔接方式的不同，从而对语篇翻译提出了要求。

在尼泊尔语—汉语翻译教学中，以语篇分析为基础的语篇翻译教学的主要目的，就是要帮助学生在对比尼汉两种语言异同的基础上，分析各类语篇（文体）的语言特点，并根据不同文本的情景语境、语域特征来对原文进行总体把握，最终用恰当的符合译入语习惯的表达形式，忠实、通畅地把原文信息传达给读者。

二、语篇翻译教学的功能及实现的方式

多年来，我国的尼泊尔语—汉语翻译教学一般只停留在词、句层面，主要教授一些基本的翻译技巧，如"增词译法"、"减词译法"、"分句法"、"合句法"等。这种传统的教学方法由于脱离了语篇和上下文语境，过分注重词法、句法和语法的分析，教师对学生译文的评价也主要从语法角度出发，因此这种翻译教学更像是语法课的翻版。另外，由于它以词、句为单位进行翻译教学，未能教授学生如何解决高于句子的语际转换问题，学生们在翻译实践中往往只重细节，而不重整体，不能通过微观的理解与表达，实现宏观的整体效果。学生译出的译文大多是"句子集合"，句子间各自为政，没有句际和段际的衔接，也常常忽略语言外的一些因素，如文化因素、作者因素、读者因素等。总的说来，学生的译文缺乏连贯性及协调性，可读性也差。不可否认，在传统教学方法下，学生可以学到一定的翻译知识，但是其教学效果费时长、收效慢。这种教学模式显然有悖于翻译教学旨在培养和提高学生翻译能力的宗旨，更难以体现翻译是跨文化交际的本质。

与传统翻译教学相比，语篇翻译教学模式从语篇内各因素出发（如语篇的衔接、连贯、意向性及结构等），结合语篇外各因素（如语篇的语域、语境、功能以及历史文化、社会环境等），重点培养学生在翻译实践中的对比意识、文体意识以及技巧意识，使学生在把握整个语篇意义的基础上，从宏观和整体的角度出发，摆脱原语文字层面的桎梏，用符合译入语习惯的表达方式和结构来再现原文的意义和作者的意图。通过实践该模式，学生可潜移默化地掌握不同语体风格的文章，对语言形成"立体式"的把握，领悟不同类型文章的行文特征，进而提高翻译能力。

那么，如何在实际教学中改革传统教学模式，实现语篇翻译教学模式呢？笔者认为，可从以下三个方面着手：

（一）树立明确的语篇意识

树立学生的语篇意识是实现语篇翻译教学模式的第一步，也是关键所在。所谓语篇意识，就是在翻译研究及实践中，始终强调篇章在交际过程中的完整性和一体性。因为翻译活动所处理的不是一个个孤立的词句，而是由相互关联的词语和句子为了一定的交际目的按照一定格式有机地组合在一起的语篇。因此树立明确的语篇意识，不论在翻译实践还是在翻译教学中都有十分重要的意义。在翻译过程中，孤立地处理每个词、句和段落，忽视语篇内外诸因素，是无法真正传达原文信息和作者意图的。良好的语篇意识可以使学生逐步具备宏观的翻译思路，并为学生达到熟能生巧的翻译境界夯实基础，使学生在"译道"上逐渐"上路"。

语法研究以句子为最大单位，而语篇研究的对象是比句子更大的单位，如一段话、一篇文章、一部作品。我们常说的"上下文"、"语境"等，其实就是感性的、经验的语篇意识。汉语语法学家历来认为：结词成句，集句成段，连段成章。所以翻译中语篇意识是很重要的。但是许多学生在翻译时常常有一种观点，就是语篇问题是原文作者的事，译者无须操心，照原文见词译词，见句译句，语篇问题也就自然得到了解决。事实证明，这是一种误解。译者是否具有自觉的语篇意识，是衡量译文质量整体性好坏的一个标准。

（二）改革教学方法和手段

长期以来，尼泊尔语—汉语翻译教学的方法和手段都比较单一，大多以讲授翻译技巧（词句层面）、提供参考译文，并对学生的译文做一些"改错性"的评判为主。这种教学方法以教师为中心，是教师的一言堂，学生在整个教学活动中缺乏主观能动性，是被动的接受者，参与的机会很少。久而久之，他们会逐渐失去对翻译的兴趣，并抱怨在翻译课上一无所得。因此，为了适应翻译教学改革的需要，真正实现语篇翻译教学模式，应一改之前以文本对照为主的课堂模式，构建一种从语篇角度出发，能充分发挥学生主动性和能动性的翻译教学模式。在这样的模式中，教师的角色不是材料搜集者和改错者，而是组织者、启发者、参与者；教师的任务也不是向学生提供参考译文，而是与学生一起分析和探讨在翻译实践中遇到的各种问题，并为学生指出翻译策略和解决方案。这样一来，学生也会充分发挥主观能动性，积极地参与到教学活动中来，由被动的接受者转变为主动的学习者和积极的参与者。

（三）建立立足于语篇的"多元化"评价体系

任何一种实践活动都有一个评价体系有效地检验其最终结果，翻译教学也不例外。在翻译教学过程中，对学生译文的评价就是有效检验学生翻译实践活动的必要手段之一，也是必不可少的一个教学环节。

在尼泊尔语—汉语传统翻译教学中，教师对学生译文的评价多是以"标准译文"或"参考译文"为标准，或是以单个句子的翻译的好坏来评判，而并非从影响译文的语篇内及语篇外因素出发来进行综合评判。显然，这种评价体系和方法是有失科学和公允的，难免会让学生产生自己的译文和参考译文有较大出入的感觉，从而打击他们的自信心和学习积极性。另外，通过这样的评判，学生也不会明白为什么这样译，找不到自己的问题所在，翻译能力也得不到有效的提高，最终将大大影响教学的整体效果和质量。

语篇翻译教学理论认为翻译实践活动就是一种动态的交际活动，翻译的对象应是一个完整的意义单位，应把译文与原文的语篇对应当作翻译的标准。因此，教师对学生译文的评判应建立在一个"多元化"的评价体系上，不应只看某个单词、某个段落译得如何或是语法是否正确，更应该立足于语篇，从语篇内及语篇外因素出发，看译文的整体效果，如信息是否完整、语义是否连贯、语言是否衔接自然，以及译文是否再现了原文的文体风格及语用意义等。

三、具体教学改革建议

从语篇翻译视角来探讨尼泊尔语—汉语翻译教学改革，是整个翻译教学改革的内容之一。在具体教学实践中，如何使之具有可操作性，则又是一个值得讨论的问题。笔者根据自己的教学经验总结，提出以下几个具体办法，以供商榷。

（一）从尼汉语篇差异入手，进行语篇对比分析

语篇翻译教学模式要求，在重视尼汉两种语言语法对比的同时，不能忽视尼汉语篇模式的对比，要把语篇模式的差异与翻译的关系作为授课的主要内容之一。

语篇模式的差异体现着不同民族在思维模式上的不同，可能成为跨文化交际的障碍。例如，汉语重神摄、重意合，因此在句子结构上，多个分句线性铺排，以意相连，形态上没有明显的语义标记，在语篇的宏观模式上往往先设时空，后揭主题，一般先事实，后结论，先原因，后结果，等等；而尼泊尔语重形合，因

此句型呈空间立体布局，显性形态标记清晰，在语篇的宏观模式上往往先述主题，后由分题逐级论述，呈线性展开。为了保证交际的顺利进行，翻译时要根据不同的语篇布局模式进行调整。例如，尼泊尔语新闻语篇的句子结构倾向于多用简单句，并辅以定语、状语、同位语、插入语等补加成分，为读者提供更多的背景知识，所以新闻语言的句子看起来总是很长，而汉语新闻则不习惯使用太长的句子，因此翻译时要注意结构和语序的调整，使译文更符合汉语的叙事习惯。而且，尼泊尔语新闻语篇中经常刻意使用一些新奇词汇（如通过派生、合成、附加、拼缀及缩略等手段创造新词等），以达到吸引读者的目的，在翻译时也要联系上下文和语境，力求把握其准确含义，使译文同样具有"吸人眼球"的效果。例如：

एमाले वरिष्ठ नेता नेपालले पार्टीभित्र मौलाउँदो डनतन्त्रलाई निरुत्साहित गर्नुपर्नेमा जोड दिएका छन्। हेटौंडामा ३ असार बिहान आयोजित पत्रकार सम्मेलनमा उनले पार्टीभित्रको मौलिरहेको डनतन्त्रलाई कुनै पनि हालतमा छुट दिन नहुने बताए।

译文：*尼共（联合马列）高级领导人内帕尔强调，对党内日益严重的拆台之风要予以打击，在尼历三月三日赫陶达的记者见面会上他说，对于党内的这股风气在任何情况下都不允许它存在。*

डनतन्त्र 在这里是一个新词，由英语词 down + तन्त्र 构成，在尼泊尔语所有的工具书中都查不到，但通过上下文可知它指的是"通过威逼、恐吓等方式迫使当权者倒台"，也即"拆台"的意思。因此，只有在了解了尼泊尔语新闻语篇的这一特点之后，才能根据语境和上下文合理地想象，最后破解这一新词的含义。

（二）立足于语篇讲解翻译技巧

讲解尼泊尔语的词语、长句以及各种文体的翻译技巧是翻译课的重要内容，各种翻译教材都对此给予了很大的篇幅，教师在课堂上也花费了较多的时间和精力，但是传统的做法普遍建立在句子的处理上，以句子的语法分析以及尼汉语言的语法对比为基础。翻译的常用技巧，如词义的确立、增译、减译、转译、反译、拆译、合译等也是传统翻译教学的内容。不可否认，传统的技巧传授容易操作，且见效快。但是，学生作业中常常有"语不适境"的译文出现，有的甚至因为没有考虑到上下文而成错译。因此，语篇翻译教学模式要求在讲解这些技巧时，要从语篇着手，根据语篇的特点和功能，合理地运用翻译技巧。比如对于尼泊尔语新闻语篇的标题翻译，通常来说，简洁、准确、抢眼是新闻标题翻译的宗旨，因此可根据需要适当使用增词或减词译法，以达到醒目、有趣和吸引读者的目的。例如，将सहमति भए निर्धारित मितिमै संविधानः सभामुख नेम्वाङ 译成 "尼泊尔议长内姆旺：若达成共识将在规定期限内颁布宪法"，将नेपाल—भारत द्विपक्षीय सम्बन्ध अझ मजबुत हुने विश्वास译成 "尼印双边关系将更加牢固"，等等。

（三）从语篇角度纠正学生翻译练习中的错误

批改学生的作业，发现学生的翻译问题是翻译教学中重要的环节。在传统的教学模式中，教师非常注重发现学生的语法问题，重视局部理解的正确与否，以及译文表达上是否有问题，且把出错的原因主要归于学生的语言水平低、不会使用工具书甚至不正确的翻译态度，等等。教师和学生的精力集中在语言水平的提高上，翻译测试也主要围绕着语言水平方面的问题而设计。这种做法显然背离了翻译教学的根本，是由于混淆语言能力和翻译能力而造成的。翻译能力是在两种语言间进行转换的能力，是一门专门技巧，必须经过专门训练才能获得。语言能力是基础，具备语言能力是具备翻译能力的前提。但是，具备了较高的语言水平，并不一定能成为合格的翻译者。不可否认，学生翻译中的很多问题是语言水平的问题，但从提高学生的翻译能力这一教学目的来看，翻译课应该重点解决对语篇的翻译方面的问题，这些问题主要表现在忽视原文作者的交际意图，重视局部、忽视整体，脱离语篇语境，片面追求形式对应，译文缺乏连贯等。例如：

सासूलाई देखेर चामेले हात जोरेर ढोगिदियो। सासूले पनि जुठै हातले ढोग फर्काई। चामे पिँढीमा बस्यो। ससुरो हुक्का नली चामेका हातमा दिएर ढोगिदिन निहुरेको थियो चामेले गोडा जोरिदियो।

译文：看见岳母后，查麦双手合起行了跪拜礼，岳母也就势（没洗净手）还了礼。查麦在门廊坐下，岳父把烟管递到查麦手中，低下身要行礼，查麦把双脚合起，**好方便岳父行礼**。

此段话出自尼泊尔著名短篇小说《परालको आगो》，其中描写主人公查麦在接受岳父行礼时，有一个把脚合起的动作。学生在翻译这段话时，往往只是见字译字，从语法上看似乎没有问题，但汉语读者却不太能理解，因此需要从语篇角度来做些处理，加上一句 "好方便岳父行礼" 就好了。因为，在尼泊尔岳父是要给女婿行礼的，这是当地的文化。

此外，在检查和批改学生的作业时，尤其要注意学生的译文前后句是否衔接得当，是否连贯和合乎逻辑。教师要有意识地通过批改作业和给出参考译文，引导学生着眼于全局，建立起理解话语所必需的语义连贯，保证交际的顺利实现。

四、结语

翻译的直接对象是原文语篇，翻译的最终产品是译文语篇。语言学家历来认为：结词成句，集句成段，连段成章。所以语篇问题是翻译教学中应该重视和关注的问题。在具体翻译教学实践中，要打破以词句为中心的传统教学方法，改革教学模式，要以追求原文语篇与译文语篇之间的整体语义对等为翻译目的，深刻领会原文作者的交际意图，挖掘并整体再现原文的信息（包括文体和风格信息），译出语义连贯、结构衔接、功能明确的译文语篇。

参 考 文 献

［1］胡作友. 语篇翻译中的语境分析［J］. 学术界，2006（6）.

［2］李运兴. 语篇翻译引论［M］. 北京：中国对外翻译出版公司，2001.

［3］钱敏汝. 篇章语用学概论［M］. 北京：外语教学与研究出版社，2001.

［4］司显柱. 翻译语篇质量评估模式再研究［J］. 中国翻译，2008（2）.

［5］谭载喜. 语篇与翻译：论三大关系［J］. 外语与外语教学，2002（7）.

［6］张美芳，黄国文. 语篇语言学与翻译研究［J］. 中国翻译，2002（3）.

普什图语翻译教学问题及其解决策略探析

■ 解放军外国语学院　王　静

【摘　要】普什图语翻译教学中存在学生不会译、译不明和译太过等问题，出现这些问题的原因有语言基础不牢、教学方法滞后、理论与实践相脱节以及非通用语教学时间短、任务重的客观现实等等。本文深入分析翻译教学中存在的问题并提出对策，为提高普什图语翻译教学的质量进行积极探索，也希望能为其他非通用语的翻译教学提供借鉴。

【关键词】普什图语；翻译；文化；归化；异化

一、引言

普什图语专业的翻译课程开设在大学三年级，教学目的是强化学生的翻译能力，为其毕业后顺利开展工作做好前期准备。由于国内学习和研究普什图语的人数少、学生学习时间短和原文资料匮乏等客观原因，普什图语的翻译教学和研究相对于英、日、俄等通用语言来说问题和困难更多，这就要求教师在教学中不断学习和反思，与时俱进，使用先进的翻译理论引导学生树立正确的翻译观念，培养和提高学生的翻译能力。

二、普什图语翻译教学中存在的主要问题和原因

（一）原文理解困难——失"信"

我国清末著名翻译家严复最早提出翻译有三难：信、达、雅。"信"即译文要忠于原文，也就是说翻译要建立在彻底理解原文的基础之上，若不能正确理解原文内容，就是失"信"，失"信"即翻译失败。在初上翻译课时，学生见到

一个普什图语句子，常常是知道每个词的意思，却理解不了句子意思，在完成作业时主要靠"猜"，这样翻译出的句子无"信"可言。以下面这个句子的翻译为例：

例1：

بنارونه می ولټول په هيخ ځای کښی یی له هيچا سره پته نه وه .

译文1a：很多城市找我，他在任何地方没和任何人在一起。

译文1b：我找了很多城市，在任何地方、在任何人那里都没有他的地址。

译文1c：寻遍所有城市，无论在哪里，无论从任何人口中，我都得不到他的踪迹。

比较三句译文，译文1a让读者不知所云，每个词似乎都翻译正确，但是连在一起无论在语法上还是语义上都不成为句子，显然是译者没有看懂原句。出现这一问题从表层来看，原因是学生低年级时没有打牢语言基础，语法知识掌握不牢固。在大学非通用语教学中，翻译课通常是在三年级开设，由于接触所学专业语言时间尚短，语法知识掌握不够扎实，学生在翻译时会遇到大量如上所述的语法问题，教师不得不花很多时间来帮助学生解决这些问题，翻译课就常常上成了语法课，导致其教学效果大打折扣。

另外，如果深入分析，也可把以上问题归因于对文化差异认识不深。由于文化和思维方式的不同，普什图语与汉语在语序、句子结构等各方面有很多不同之处。比如，普什图语是SOV（主＋宾＋谓）型语言，而汉语是SVO（主＋谓＋宾）型语言，语序完全不同；再如，普什图人在说话或者写作中会使用大量的从句，甚至是"大从句套小从句"，一个复杂长句子就是一段话的现象俯拾皆是，句子与句子之间又常常不加标点，学生如果对外语与汉语之间由于思维方式不同而产生的差异没有清晰的认识，就无法正确理解原文内容，翻译也就无从下手。

（二）译文生硬难懂——不"达"

"顾信矣不达，虽译犹不译也"，严复先生在其《天演论·译例言》提出的"达"的标准要求译文通畅顺达，符合译入语的语法及用语习惯，字句通顺，没有语病，否则，不如不译。正确完整地理解原文是基础，在此基础之上学生需要将原文的信息用汉语通顺畅达地表达出来。虽然汉语是学生的母语，是学生最熟悉、掌握得最好的语言，但是，在将大量的外语信息用汉语翻译重组的过程中，很多学生的汉语译句文法不通，不符合汉语的表达方法和习惯，词不达意，正应了严复先生的"虽译犹不译"。

还是以例句1为例，可以看出译文1b的译者确实看懂了原句的意思，但是其译文翻译痕迹过重，不符合汉语的表达习惯，生硬难懂，不如译文1c句意清楚且表达畅顺。再比较例句2的两句译文：

例2：

خومره چه ژر کبدای شي ، هومره مي ژر بوزه .

译文2a：你能多快就多快，把我带走。

译文2b：你赶快把我带走。

显然，译文2a忠实于原句的句法结构，但问题同样是不如译文2b符合汉语的表达习惯。导致这一问题的原因有两方面。其一，学生母语水平不足。在现代科技与市场经济的推动下，迅猛发展着的视觉文化已在人们的审美文化生活中占据了中心位置，经典的文学阅读行为受到了极大冲击，这样的客观现实在一定程度上导致了大学生汉语水平的下降。若不能有效地解决汉语表达欠缺的问题，学生的翻译能力就不能得到有效培养。

其二，教师忽略了跨文化意识和思维能力的培养。将学生死译、硬译的问题简单地归结于学生的语言能力低是武断的，实际的原因很可能是在教学过程中，教师忽略了学生翻译时的跨文化信息交流意识以及在翻译过程中思维能力的培养。教师没有引导学生深入思考翻译的本质是什么，没有在翻译过程中引导学生对原文的意义进行探索，使得学生低估了翻译的复杂性，简单地认为翻译就是把原文词语翻译成译入语对应词语。

（三）舍弃原语文化——过"雅"

在普什图语教学过程中，笔者发现还有这样一类学生，他们语言基础扎实，汉语水平较高，翻译的习作不仅达到了信和达的标准，偶尔甚至可以说实现了"雅"，但是观其译文却总有一种似是而非的感觉，如下例：

例3：

که چا دچا دودی وخوره او هغه له لوری مرشو دغسی قاتل ته سزا نه ورکوی ، دغه راز مقتول ته خوک شهید هم نه وايي او نه خوک پری تبی تري .

译文3a：如果一个人吃了别人的饼而使饼的主人饿死了，他就不是杀人犯，不会受到惩罚，受害者也不会得到人们的同情。

译文3b：如果一个人吃了别人的馕而使馕的主人饿死了，他就不是杀人犯，不会受到惩罚，受害者也不会得到人们的同情。

译文 3a 和译文 3b 的区别仅在于对 دودی 一词的翻译上，前者翻译成"饼"，用的是纯汉语的词汇，而后者译为"馕"，使用了普什图语中的词汇。从跨文化交流的角度看译文 3b 更好，因为词汇是一个语言系统中民族文化最为外露的语言成分，用译入语的词汇代替原语的词汇虽然能够传意，却不能反映原文使用者的文化背景，不能帮助读者融通他们的文化。"馕"虽然不是原汁原味的汉语表达方式，但其含义已为中国读者所熟知，直译不仅能被中国读者理解和接受，而且能较好地体现普什图语的民族风格，再现普什图语的民族色彩。译文 3a 实际上是用汉语的文化信息完全替换了普什图语的文化信息，以翻译的信息传递功能来评判不能说是好的译文，正所谓"过犹不及"。造成译文 3a 出现的原因主要是教师在教学中片面强调"意译"，追求译文优美流畅、"不着痕迹"，忽略了翻译中有时要同中存异。

这里实际上涉及翻译理论策略中的异化和归化问题。归化和异化的概念是德国著名翻译理论家施莱艾尔马赫在他的《论翻译的方法》（1813 年）中首先提出的，他认为翻译的途径"只有两种：一种是尽可能让作者安居不动，而引导读者去接近作者；另一种是尽可能让读者安居不动，而引导作者去接近读者"，前者即异化法，后者即归化法。简言之，异化法就是要在译文中存异，即以原文的文化为归宿；而归化法则是要在译文中"求同"，即以译入语的文化为归宿。

当然，是"直译"还是"意译"，是采用归化法还是异化法也不可一概而论，就下面的谚语来说，"意译"更容易让读者理解其含义。

例4：

چه مړه شي اميران ، نيمگرى نه وي دا جهان .

译文4a：埃米尔死了，这个世界没有缺失。

译文4b：这个世界少了谁，地球都照样转。

例5：

څه چي کري، هغه به رېبي .

译文5a：种什么，长什么。

译文5b：种瓜得瓜，种豆得豆。

译文4b和译文5b显然更易引起读者的共鸣，使读者对原文所要表达的含义理解得更透彻。

此外，非通用语教学时间紧、任务重的现实是造成上述问题出现的客观原因。外语非通用语本科教育的时间一般是四至五年，在此期间，学生要学会一门以前从未接触过的语言，也就是说学生毕业时要熟练掌握所学语言的基础知识和相关的对象国国情知识，具备日常及某方向的听、说、读、写、译五项基本技能，达到毕业后从业的要求，时间十分紧迫。从专业建设方面来说，教师资源稀缺，一位老师要承担多门课程的授课任务，从低年级的基础课程到高年级的能力培养课程一贯到底，授课任务繁重；而且非通用语的教师大多非科班出身，没有经过系统的专业教师资格培训，需要在授课实践中摸索教学方法、总结教学经验。时间有限，师资有限，授课、学习、科研要同时进行，专业教材更新滞后，非通用语教学的这种客观现实导致教师在教学模式和方法上难免走很多弯路。

三、解决问题的策略

普什图语翻译教学中存在的这些问题在其他非通用语种专业的教学中也或多或少地存在，我们可以尝试从以下几个方面入手解决：

（一）打好外语语言基础的同时对比语言差异

语言是一个民族所有文化信息的浓缩，只有对外族文化有比较全面深刻的认识，才能准确把握语义并灵活运用其表达方式。而要全面深刻地认识外族文化就必须认真学习外语的语言知识（包括语音、语义、语法和习惯表达法），研究其对象国的历史文化知识并了解语言使用民族的文化生活习惯和生活方式。一方面，语言是基础，要会翻译，首先要理解原文，所以打好语言基础是第一位。要在短时间内让学生掌握好所学语言的基础知识，首先要巩固和提高学生的语法知识。非通用语翻译课的课时是有限的，所以语法知识的巩固应当由专门的语法课来完成。目前，一些非通用语专业只把语法课作为专业选修课，不强制学生学习，这不利于高年级学生语言综合能力的提高。翻译课的教学并不是孤立的，它需要精读、泛读、语法等课程的配合。因此，应当重视非通用语专业学生的语法学习，在高年级开设专业必修的语法课，夯实语言基础。

另一方面，有非通用语专业的大学应当在学生低年级时开设一门普通语言学课程，让学生首先从宏观理论上了解语言是什么，了解语言与特定文化和思维方式的关系，引导学生在外语学习的过程中注意比较外语与汉语的差异，使学生有意识地去探寻所学语言的文化背景，以语言学理论指导和促进具体语言的学习。以普什图语专业的学生为例，有了语言学理论的指导，他们就会对普汉两种语言有如下的认识：普汉两种语言在句子结构上存在着明显的差别，汉语句子是典型的意合句，而普什图语句子是典型的形合句①；在言语表述上，普什图语注重结构、形式以及对外在连接手段的依赖上，而汉语则注重功能、意义，少用或不用连接手段……如果学生在低年级时对两种语言句子结构的差异有这样清晰的认识，则专业学习能更易上手，到高年级时不仅语言基础更加扎实，而且语言文化对比分析能力会更强。

（二）提高中文水平兼顾培养跨文化意识

如上文所述，在中外文互译中，中文水平也是非常重要的，会直接影响翻译作品的水平和档次。要提高中文水平，必须要大量阅读。教师应引导学生多阅读中文翻译名作，尤其是翻译大家如傅雷先生的作品，通过阅读提高文学修养及中文表达水平；最好定期召开阅读讨论会，创设宽松自由的研读环境，在班内形成多读书、读好书的氛围。久而久之，学生在优秀翻译作品潜移默化的熏陶下，必然会使自己的中文水平和翻译水平有所提高。

跨文化意识指跨文化交际中参与者对文化因素的敏感性认识，即对与本民族文化有差异或冲突的文化现象、风俗、习惯等有充分正确的认识，对文化知识有相应的储备并在此基础上能以包容的态度予以接受与适应。从上第一节非通用语专业课开始，教师就应当把对象国文化知识适时地加入到语言知识之中，从基础阶段就要有意识地培养学生的跨文化观念，而且要使学生明确"翻译是将处于原语文化中的原作转换成译语后移植到译语文化当中的一个复杂过程"（杨仕章，2003：3），而不是词语的简单转换。在翻译教学过程中，有关翻译定义、翻译原则、翻译策略等基本概念的介绍不能省略，教师应该介绍古今中外不同翻译理论家对翻译定义和翻译原则的阐释，让学生首先在理论层面上认识到翻译的本质是意义的转换和文化信息的交流。

语言是文化的载体，与文化相互渗透、相互影响，世上没有一种语言能够脱离文化而单独存在，要真正学好一门语言就必须熟悉这门语言所依托的文化。正如美国语言学家萨丕尔所说："语言的存在不能脱离文化，不能脱离社会继承下来的各种做法和信念。"既然如此，翻译作为不同语言之间转换、交流的手段，自然也不能忽视文化的影响。历来翻译研究者或有经验的译者都很重视翻译与文化的关系，英国语言学家John Lyons说："翻译不仅是语言的转换过程，同时也

---

① 所谓意合句，指的是词语或分句之间不用连词或语言形态手段，而是靠语义或句间的内在逻辑来实现连接；而所谓形合句，指的是用连词或语言形态手段把句中的词语或分句连接起来，表达一定的语法意义和逻辑关系。

是文化的移植过程，译者为这个过程的主体，不仅应该精通原语和译入语这两种语言，而且通晓这两种语言所反映的文化。"王佐良在其《翻译中的文化比较》一文中说："翻译者必须是一个真正意义的文化者，人们说，他必须掌握两种语言，确实如此，但是不了解语言当中的社会文化，谁也无法真正掌握语言。"由此可见，翻译绝不是字面信息的简单转递，其实质是两种文化信息的交流。

非通用语翻译教学的最终目标是培养学生分析传递信息的能力（包括分析传递具体的语言内容和非语言内容）和运用语言表达的能力（包括运用汉语或非通用语重新组织信息），即帮助学生了解和掌握翻译的规律性、特异性，获取一种运用特定语言进行跨文化信息传播的能力。因此，在非通用语翻译教学中教师有意识地培养学生的跨文化意识是非常必要的。在教学实践时，教师要引导学生主动思考，培养学生翻译过程中的思维能力，即引导学生在"翻译中运用思维对原文作者的意指内容——意义进行探索"（刘宓庆，2006：42）。教师要时刻提醒自己，学生是课堂上思维活动的主体，教师主要发挥"指引"作用。拿到原文材料，要让学生先谈、先译，了解学生对原文的理解过程和意义转换过程，然后针对过程中暴露出来的问题进行诱导、启发，引导学生思考原文作者的交际意图，强调翻译不要脱离语篇语境，片面追求形式对等。

（三）归化与异化相结合

归化与异化两种翻译策略各有优缺点，使用归化法可以避免文化交流和理解上的障碍，但是单纯地强调归化，会失掉翻译所应有的传递文化的功能；使用异化法能够使译文反映出原语的民族文化特点，但是片面强调异化又会对文化信息的传播造成障碍。因此，在非通用语翻译教学中，教师应把两种翻译策略的优劣用实际的案例对学生加以充分说明，让学生在具体的翻译实践中体会二者的区别，斟酌翻译策略，把握归化和异化的力度，根据不同的文章取用不同的翻译策略。如果原文文本所承载的文化内涵能激活译语读者旧有的认知图式，能使他们做出相似的相关语境假设，从而实现对文本从语言到文化的透彻理解时，应当使用异化策略直译；但是有些文化特征脱离了母语便荡然无存，很多文化因素不能或不宜直译，此时，就需要退而求其次，牺牲原文的某些文化信息，而力求保留其语义信息，也就是使用归化策略意译。总之，使用何种策略主要依据译者与作者、译文读者之间的关系以及文本的不同功能类型。切忌以归化为最终标准，而丧失翻译所携带的文化传递功能。

此外，在翻译教学的实施过程中常出现两种极端，或重视翻译方法和技巧的讲解，翻译实践的比重不足；或片面强调实践的重要性，没有理论方法的指导，即理论与实践比重偏差大，或重理论轻实践，或重实践轻理论。前者易导致学生理论与实践相脱节，自己翻译时仍不得要领；后者易导致学生译一篇会一篇，不能举一反三，翻译水平提高缓慢。学习翻译需要理论的指导，但是翻译不是纯知识型学习，知识越丰富，翻译水平不一定就越高。翻译能力具体表现在语言的双向转换技能、技巧运作。刘宓庆（2006：43）指出："'翻译技能'和'翻译技巧'是有高低之分的两个有关联的概念，技巧高于技能，技能先于技巧。技能是翻译能力培训的基本要求，是首先要具备的；技巧是中级及高级阶段的要求，是技能发展的熟巧阶段。"可见，翻译能力的提高是翻译技能的提高以及从"技能"提升为"技巧"的过程，而这一过程要建立在大量的翻译实践基础之上。所以，在翻译教学过程中教师在介绍翻译理论、策略、方法的同时，要充分重视翻译实践，把翻译技能训练放在首位，精讲多练，让学生认识到翻译实践是提高翻译技能之根本，帮助学生在大量的翻译实践中摸索和掌握翻译规律，提高翻译技巧的运用能力。

由于非通用语学习的特殊困难性，要提高翻译课程的教学质量、在相对较短的时间内培养学生较高的翻译能力并非易事。承担翻译教学任务的教师应当吸取英语等通用语种翻译教学的经验和教训，以科学的翻译理念为指导，积极探索启发式、研讨式、开放式和实践式等先进的教学方法，积极推行案例教学、网络教学等教学模式，运用网络和多媒体等现代教学手段，在课堂上充分发挥教师的主导作用和学生的主体作用，切实有效地培养和提高学生的翻译技能。

四、结语

在听、说、读、写、译五项基本技能中，翻译是建立在前四项技能之上的一项综合技能，其教学过程尤其复杂，高年级翻译课程中所暴露出的教学问题有时可以反映出一门外语专业整体教学模式和方法的不足，反思和解决翻译教学中存在的问题有助于提高一门外语专业的整体教学水平。

翻译不仅是联结两种语言的纽带，同时也是联结两种文化的纽带，在翻译过程中处理文化差异有时比处理语言差异更重要。因此，在非通用语翻译教学中，教师不仅要讲授语言的转换规律和技巧，还要讲解文化转换的不同策略，在帮助学生打好扎实的语言基础的同时，应通过对外汉两种语言的文化背景、思维方式、语言结构和表达习惯的比较，培养和强化学生的文化信息感知能力和语言信息传递能力。

参 考 文 献

［1］党争胜. 从解构主义译论看翻译教学中的归化与异化［J］. 外语与外语教学，2008（11）：60—62.

［2］范莹莹，解嫒嫒. 小语种翻译教学中的常见问题及应对策略研究［J］. 吉林省教育学院学报，2011（5）：103—104.

［3］贾卫章. 跨越翻译教学中的文化障碍［J］. 中国石油大学学报，2009（2）：109—112.

［4］刘宓庆. 当代翻译理论［M］. 北京：中国对外翻译出版公司，1999.

［5］刘轶蓓. 对非通用语专业英语翻译教学的反思［J］. 大学英语，2009（9）：140—143.

［6］王晨颖. 浅谈视觉文化时代的大学生"经典阅读"［J］. 北方文学，2010（11）：97—98.

［7］王东风. 归化与异化：矛与盾的交锋？［J］. 中国翻译，2002（5）：26—28.

［8］杨丹宇. 大学生翻译课程中归化异化策略的探析［J］. 内蒙古师范大学学报，2011（11）：121—123.

［9］杨仕章. 文化翻译论略［M］. 北京：军事谊文出版社，2003.

［10］周方珠. 翻译多元论［M］. 北京：中国对外翻译出版公司，2004.

塞尔维亚语翻译课程的问题与对策

■ 北京外国语大学　彭裕超

【摘　要】本文归纳了北京外国语大学塞尔维亚语本科专业翻译课程中存在的主要问题，对其进行了分析和反思，提出了针对性的解决对策，介绍了若干个教学实践例子。笔者认为，翻译教学是塞尔维亚语专业发展的重点，而学生的跨文化交际意识的培养，是翻译教学的重中之重。

【关键词】塞尔维亚语；翻译课程；跨文化交际

北京外国语大学塞尔维亚—克罗地亚语专业成立于1963年。2006年根据需要，在原塞尔维亚—克罗地亚语专业的基础上成立了塞尔维亚语（以下简称塞语）和克罗地亚语两个独立的专业。近年来，随着中国与中东欧国家关系的迅速发展，作为中东欧地区的重要国家，塞尔维亚受到了额外的关注。我国在塞尔维亚的基建、商贸项目的遍地开花，使得塞语专业学生的就业前景相对明朗，与此同时，用人单位对塞语专业学生的能力要求也相应提高。新时期、新环境的挑战和压力，不仅对塞语人才的语言能力提出了新的要求，同时还对人才的思想素质、文化素质、政治素质、跨文化交际能力和职业能力提出了新的要求。如何适应新的要求，如何通过教学来提高学生的综合能力，是课程改革过程中必须思考的问题。翻译课程作为外语教学的重要环节，更是值得教师重视和研究。归纳、思考、总结现有塞语翻译课程中的缺点和盲点，有的放矢对症下药，处理好翻译课程中的相关问题，不仅能够提高翻译课程的教学质量，还能够提高学生的综合素质，为实现培养具有高度创新意识和跨文化交际能力的优秀塞语人才的目标提供坚实基础和有力保障。

一、塞语翻译课程存在的主要问题

在塞语翻译课程教学中，存在着若干问题，其表现主要如下：

（一）课程设计笼统、难体现针对性

根据《2012北京外国语大学本科专业培养方案》，塞语本科专业翻译课程的规划如下表：

课程名称	课程类型	开课学期	课时数量	课时合计
塞—汉笔译 I、II	外语专业技能课（必修）	5、6	36+36	216
汉—塞笔译 I、II	外语专业技能课（必修）	7、8	36+36	
塞—汉口译	外语专业技能课（必修）	7	36	
汉—塞口译	外语专业技能课（必修）	8	36	

从课程设置中可见，翻译课程按照传统办法将塞译汉和汉译塞两种课程分设在5、6、7、8四个学期中进行。这样的做法，在组织教学材料时难以体现翻译活动的双向性，造成翻译思维的割裂。另外，塞译汉的翻译过程比较简单，学生容易掌握，而汉译塞的翻译过程难度则较高，学生的水平容易出现断层。因此，在实践中，课程难度容易出现不均衡，难以对学生的翻译意识和翻译能力进行有效检验。

（二）教材零散

目前的塞语翻译课程所使用的教材为教师自主选择的零散教材。材料来源主要为互联网的信息资源、中外媒体的各类报道、塞尔维亚人学习汉语的材料等等。因此，教学材料比较零散，难以体现翻译教学的主动性和专题性。甚至在很多时候，翻译教学都受到了材料的牵制。其中的原因有两个方面：一是国内目前尚未出版适用于塞语本科教学的翻译教程；二是现有的塞语教学材料已经过于老旧，题材过时，无法适应新时期的教学要求。

缺乏适用教材，就难以对教学活动进行合理规划，难以对教学内容进行合理把控，难以对翻译知识和翻译理论进行有效讲授，翻译教学的效果也难以保障。因此，塞语翻译教材的建设，是目前塞语教研室工作的重点。

（三）教师的不足

教师在教学过程中，扮演着重要的引导角色，是教学内容和课堂活动的组织者和策划者。教师的教学理念、教学经验和专业理论在很大程度上决定了课程的水平和学生的学习效果。目前塞语教研室的两名教师，均有两年以上的海外学习和工作的经验，担任过多个领域、多种场合的口译和笔译工作，语言基础扎实，实践能力较强，翻译经验较丰富。然而，笔者在翻译课程的教学实践当中发现，尚存在着几个问题，需要加以注意。

首先，教师的翻译理论知识有所匮乏。这可能是非通用语翻译教学的一个通病，然而在塞语教学中体现得较为集中。以往的塞语教学，无论从学位培养还是课程设置上看，都是以文学、语言学和其他应用型知识为主，尚未对翻译流派、翻译史、翻译技巧等理论进行系统教学。这种状况所造成的第一个问题是教师翻译理论的系统知识的缺乏；第二个问题是针对塞语的翻译理论欠缺。因此，教师需要加倍重视翻译理论的学习，掌握并合理运用相关理论来指导教学工作，持之以恒地收集塞语翻译样本，加以梳理，并将其体现在教材编写和教学活动当中，让学生能直接受益。

其次，教师人数较少，兼顾的课程较多，难以对翻译课程的发展集中钻研。根据《2012北京外国语大学本科专业培养方案》，塞语专业在一个本科培养周期（4年）中需要开设的课程共计30门，其中包括塞语基本能力（听、说、读、写）培养、对象国国情知识（历史、地理、文化、文学）讲授、塞语实践能力（新闻阅读、翻译）提高等。由此可见，翻译课程在整个课程设置当中的比例是非常有限的。而塞语教师人数为2人，人均每学期授课高达3—4门课程，客观来说，难以集中精力投入于翻译教学和科研。面临这样的现状，塞语教研室正研究如何合理有效地整合课程内容和课程资源，让有限的资源适用于多个课程，从而帮助学生对重要知识进行有侧重的反复学习，最终达到巩固知识、活学活用的效果。

再次，教学方法较为单一，对跨文化意识的培养不够重视。多年以来，中式教学理念下的塞语翻译教学，已形成了较为固定的模式：教师分发材料—学生逐句翻译—教师纠正错误，给出标准答案。这样的教学模式，在操作上可控性很强，教师的任务比较轻松。然而，它的副作用也是明显的：学生的主动性得不到发挥，所谓的"标准答案"、"唯一答案"局限了学生的思维，忽视了翻译的动态性和开放性。在过去一个学期的翻译课程教学过程中，笔者针对这点做了调整，利用专题型的教学资料，以学生为主，与学生共同探讨使用不同表达方式、不同翻译技巧所带来的翻译效果的差异，效果是明显的，学生不但掌握了多种可行的翻译方法，还形成了主动的、开放的思维方式与习惯，从主观和客观两个方面改善了翻译教学的效果。

总之，翻译教学中的教师问题，是最为直接的影响因素，然而也是最容易调整的一个因素。教师的主观取舍和投入程度，很大程度决定了翻译教学的优劣。另外，学生的问题也是翻译课程的一个不可忽视的问题。陈有金在《东盟小语种翻译教学的问题与对策》一文中将学生问题的主要表现总结为以下几点：语言基础为零，语言基础不扎实，缺乏正确翻译观，学习主动性不高（陈有金，2014）。陈老师的思考和总结已经很到位，笔者在此便不再重复。

二、塞语翻译课程的改革对策

（一）改善课程设计，采取专题型教学，注重体现翻译的针对性

以2014—2015学年的翻译课程安排（教学对象为本科三年级塞语专业学生）为例，翻译课程采用的专题设计如下：

翻译专题			
C1. 数字的翻译	C5. 双边关系	C9. 体育	C13. 国防科技
C2. 习语的翻译	C6. 经济贸易	C10. 教育	C14. 环境保护
C3. 迎来送往	C7. 旅游	C11. 中国文化	
C4. 中国外交	C8. 塞尔维亚文化	C12. 医疗卫生	

采用专题型教学的好处在于，能够体现对不同题材和体裁的照顾和适应，能提高翻译课程内容的针对性。由于目前尚未出版专门的塞汉—汉塞翻译教程，教师在授课时使用自编教材。在教学内容选择上，应考虑到体现题材和体裁的多样性。课程设计的多样性，并非与专题性和针对性冲突，相反，是提升课程质量的重要途径。多元化是目前世界发展的主流趋势，社会各方面（政治、经济、文化等）高速发展，对复合型外语人才的要求也逐渐提高。为了使学生能够应对新时期的新要求，应在培养过程中，让学生接触各方面的素材，锻炼各种文本的翻译能力。

另外，在强调翻译的专题性和针对性的同时，应鼓励学生通过多种方法来解决翻译问题。具体做法是：首先，要求每位学生分别对同一则材料采用三种翻译方法进行处理；然后，在课堂讲解中，教师组织学生对不同的处理方法进行讨论

和评价，从而培养学生的动态翻译意识。经过实践验证，采用这样的教学方法，学生会对不同语境下的措辞、不同语法结构的表达有更加清晰的认识。

翻译课程的设计，本身也应是动态的。教师在课程设计前，应广泛阅览各种素材，学习翻译理论，研究教学理论。只有通过广泛而深入的研究，才能将课程设计、教学内容、教学活动有机地结合起来，才能让翻译教学的专题性、针对性和多样性得到发挥和兼顾。

（二）重视教师发展，提升教师理论水平

如前所述，翻译教学中的教师问题，是最为直接的和可调整的因素。要解决翻译课程的问题，最主要的是要解决教师问题，提升教师的综合素质。

1. 提高翻译理论水平

由于塞语属于非通用语，并没有独立的翻译理论和翻译流派，然而通用语的翻译理论并不能照搬过来用于塞语翻译教学。因此，塞语教师要提高翻译理论水平，需要通过深入学习通用语种的翻译理论，并结合塞语特征和中文因素，参考通用语的相关理论，对之进行调整，目的是得出一套较为适用的塞语翻译指导方法。指导方法是塞语翻译教学的重要依据。这是一个长期的理想目标，难度较大，但笔者认为这是一个应该坚持努力的方向。

2. 致力于教材建设

上文已对目前塞语翻译教材的不足进行了阐述，教材问题是翻译课程的不足之处，但同时也是翻译课程的一个发展机遇。目前的塞语翻译教学内容较为零散，但同时可塑性较强。站在新的理论高度上建设起来的教材，将更符合教学规律，能更好地配合教学活动。教师应共同努力，按照上文所述的课程设计、教学专题来编写教材，同时注意教材的时效性和实用性，并结合理论和实践，设计开放型的情景和练习。教材是塞语翻译教学的重要依靠，只有有了教材，翻译课程才能踏踏实实地向前推进，教学效果才能得到有效保证。

3. 时刻保持"教"与"学"意识

翻译是将两种语言进行转化的活动，它不仅仅是语言内部的现象，还涉及其他多种学科，因而教师要不断学习与翻译学科相关的交叉学科的理论及其研究成果。教师在教学、科研以及其他工作过程中，应时刻保持清晰而良好的"教"—"学"意识。这是两方面的：以"教"为目的，为了更好地"教"而去"学"。教

师应时刻想着什么知识应提醒学生注意，什么知识应传授给学生，什么又是对学生有益的。要做到这点，要求教师将教学活动与本人的生活、工作结合起来。要培养学生的主动性，教师应以身作则，首先做到主动。比如，2014年12月国务院总理李克强前往塞尔维亚首都贝尔格莱德出席第三次中国—中东欧国家领导人会晤，塞语教师对塞尔维亚的媒体反馈进行了持续关注。在梳理材料的过程中，教师发现了不同的媒体所采用的报道的口径和侧重有所区别，觉得学生应该了解和学习这样的现象，于是对其内在原因进行了探究学习。在课堂上，教师与学生分享了对这个现象的思考，组织了学生讨论，并要求学生进行了类似的语言练习。这样的课堂活动，内容上具有时效性、现实性，与课程设计和要求相吻合，学生的翻译能力得到训练，积极性也得到了提高，可以说是一举多得。

（三）重视培养学生的创新意识和跨文化交际能力

当今是一个全球化迅速发展的时代，各国在经济、社会、文化等领域的交流合作日益加深，交往日益频繁。而语言作为文化的载体，不仅是人与人之间的交流工具，而且还是沟通不同国家、不同民族的传统和情感的重要桥梁。因此，翻译既是跨语言的过程，又是跨文化的过程；翻译转换的是语言，传递的是文化内涵。所以，翻译课程的目标，翻译能力的培养，在强调语义、语法、技巧的正确性外，对学生创新意识和跨文化交际意识的培养，也应该受到重视。

在教学实际中，存在多种可以实施的手段与途径，笔者希望通过几个塞语翻译教学实践的例子，来分享几点经验：

1. 打破学生在翻译中"唯一答案"的观念

在塞语翻译教学中，笔者尝试了"一文多译"、"综合评价"的方法，让学生在实践和讨论中切实体会到不同的语境、不同的措辞、不同的语法结构等所带来的翻译效果的区别。这样的做法，更有目的性，也更为清晰。例如：

Predsednik Vlade Srbije Aleksandar Vučić i potpredsednik Sjedinjenih Američkih Država Džozef Bajden večeras su razgovarali telefonom.

译文：塞尔维亚总理武契奇今晚与美国副总统约瑟夫·拜登通电话。

上例中razgovarati是"对话"的意思，而telefonom是"以电话方式"的意思，学生可以将短语翻译成"进行电话会谈"、"进行电话谈话"、"进行电话交谈"等。这些都是正确的翻译，之间的区别很小。但是，教师在广泛查阅中方媒体的报道后，发现（领导人）"进行电话会谈"的媒体口径应为"通电话"。教师在教学过程中，首先肯定、评价了学生翻译的正确度和可取度，然后再有根据地提出最为恰当的译文，这样学生便能更为直观地了解到其中的区别，以便在日后自主从事翻译活动的过程中，能选择更为符合语境要求、文化要求的翻译方案。

2. 尊重中塞文化差异

中塞两国间的文化差异是广泛而根深蒂固的，学生在翻译过程中，必须首先尊重文化上的差异，才能做到准确翻译。比如，在空间的表达上，汉语一般从大到小（如全国人大常委会办公厅外事局主任科员张某某等），而塞语则是从小到大（Džang, Direktor Kancelarije za spoljske poslove administarstva stalnog komiteta Svekineskog narodnog kongresa）。

又如，面对语言习惯的差异，在语法上需要有思维突破。例如："中国的发展是和平的发展"。在塞语中，可以通过名词的属格形式或者形容词来表示修饰，在大多数情况下，意思都可以互通。然而，在表示某种属性的时候，则是使用属格形式，语义更为完善。以上例句可以翻译成"Kineski razvoj（形容词处理）je miroljubivi"或"Razvoj Kine（名词属格处理）je miroljubivi"，无疑是后者更为合理。再如："各国应互相尊重"，由于塞语中表达虚拟语气时多使用无主语形式，语义更为客观，因此可将其翻译成"Moralo bi se poštovati među zemljama"。

总之，培养学生的跨文化交际意识，应是翻译课程的培养重点和终极目标，在实践当中，应时刻围绕着这个目标来推进教学活动，提高学生的创新思维和跨文化交际能力，培养优秀的塞语人才。

三、结语

塞语的翻译课程目前存在的问题，是具有代表性的，是制约专业发展的重要障碍。塞语教研室通过仔细分析研究，结合对其他非通用语种翻译课程改革的参考，将实实在在、踏踏实实地解决问题。目前我国与中东欧国家的关系高速发展，塞语教研室要顺应这一全球化背景下的国家发展战略，把握好历史机遇，科学合理地改进翻译课程的设计，积极提高教师的综合素质，加强、加快翻译教材的建设，致力于培养具有高度的创新意识和跨文化交际能力的优秀复合型塞语翻译人才。

参 考 文 献

［1］陈有金. 东盟小语种翻译教学的问题与对策［C］//钟智翔，等. 中国外语非通用语教学研究：第三辑. 广州：世界图书出版广东有限公司，2014.

［2］江潇潇. 本科阶段"僧伽罗语笔译课"教学的几点思考［C］//钟智翔，等. 中国外语非通用语教学研究：第三辑［C］. 广州：世界图书出版广东有限公司，2014.

［3］林薇. 在尼泊尔语翻译教学中培养学生的跨文化交际意识［C］//钟智翔，等. 中国外语非通用语教学研究：第三辑［C］. 广州：世界图书出版广东有限公司，2014.

［4］杨琳. 克罗地亚语口译教程［Z］. 北京外国语大学自编教材，2013.

意大利语笔译教学实践探微

■ 四川外国语大学　贾晶

【摘　要】从意大利语笔译教学的实践现状来看，意大利语笔译课教学仍处于跋涉探索阶段。本文试从多个方面论述创新思维翻译教学的借鉴与探索：首先，从中国近代翻译名家翻译手法谈起，继而探讨"化境说"和"神似说"二者的相似性；其次，探讨意大利语历史演化的必然规律决定创新思维的形成；再次，谈论通用语英语翻译教学引领下的实践经验借鉴；接下来，着重讲述中国传统思想文化在笔译教学中的运用和体现，阐发其对笔译教学的借鉴与启示；最后，结合重庆现实的翻译理论，指出印证笔译的作用。

【关键词】意大利语笔译；教学思维模式；借鉴与探索

四川外国语大学意大利语笔译的本科高年级教学课程已走过五个春秋。从最初的译海拾贝、零星词汇和语句翻译，到2010年问世的全面系统的《意汉翻译理论与实践》（北京对外经济贸易大学周莉莉老师主编），意语笔译界确实迎来了一个质量提升的台阶，形成了一花多叶、个体与权威对应并列的局面。但在该书集大成鼎立局面的主导下，相关大学的意语笔译课教师仍处于自编教材、投石问路的摸索阶段。毕竟笔译课开课的历史较三年级其他课程来说，要短暂得多。除北外、上外等权威大学开课的时间可能更早些外，其他大学一般不会超过十年。以笔者的教学实践为例，自2009年执教川外意语笔译课课程以来，虽积累了若干短小实用的课堂实践教材，涉及语法、语义、语用等多元领域，但都蜻蜓点水浅尝辄止，无深入和系统的集大成成果，因而不免落入了现学现用、教无定法的境地，尚缺乏系统有效的梳理。这种断层层面的态势，必将持续经历一段时期，直到更多翻译教材的问世，来打破这种瓶颈局面。

一、传统教学思维模式与创新教学思维模式的磨合与碰撞

宏观来讲，意大利语笔译翻译思维模式涉及传统与革新两种迥然不同的思想主张。传统思维翻译教学实行的是一种集成的、豆腐块式的教学模式，虽然遵循翻译的"信、达、雅"三原则，但其框架仍摆脱不了就事论事、照本宣科的陈旧特点。直译是传统翻译教学实践遵循得较多的一种模式。就像1+1=2、小孩子玩过家家的游戏，直译是传统翻译最直观、了然的表白方式。虽然简单明了、直截了当，不拐弯抹角，但毕竟存在许多局限。文学意境的表达，如言外之音、方外化境就无法通过直译体现出来，尤其是中国传统文学特有的含蓄、淡雅的风格更是无处寻找。对于直抒胸臆的文学表白形式，直译比较适合，但只要一涉及具有古韵意味涵盖在内的文章，直译就强人所难了，这就解释了为何传统翻译模式的局限存在于简单叠加、硬碰硬的直观翻译中。正如20世纪70年代在极"左"思潮指引下翻译的口号、语录，机械、生硬、呆板，缺乏灵活变通，许多豆腐干式的文章不遵循客观规律，生搬硬套，味如嚼蜡，陷入不能自拔的误区。如何冲破束缚，走出误区，拉开传统思维翻译教学的改革帷幕，势在必行。

首先，要打破陈旧的框架，拔除追求高大上、喊口号的思维模式，融入合理、平衡、协调的思维理念，让翻译符合时代的节奏，与时俱进。其次，要打破简单、直截了当的翻译模式和贪图便利的偷懒思想，要使之面对现实，客观、理性地接受翻译自身规律的协调，不偷工减料，也不无中生有。再次，要打破翻译即是戴红花、粉饰太平的另一个错误态度。要客观、实事求是地反映真实，使翻译做到中正，经得起新时期以电脑和网络为特征的社会实践的检验。

其实，从历史沿革的角度来看，传统思维翻译教学一直处于一个动态平衡的体系中。其具备自我优化机制，淘汰与时代不相应的元素，朝着与历史进化相匹配的轨道前行。因此，从唯物论的观点来看，传统思维翻译教学去旧取新的自我演绎进程与创新思维翻译教学的奠定相辅相成，互相促进，形成了一个能动的自我完善的机制，这是时代客观需求作用的必然结果。

二、创新思维翻译教学的借鉴与探索

（一）中国近代翻译史上翻译名家的经验所得

创新思维翻译教学的借鉴和探索是一个去粗取精、去伪存真、浪里淘沙的过程。对于其历史经验可以从近百年来中国近代翻译史上翻译名家的教诲中获得。

鲁迅先生是近代中国最有影响的文豪和翻译家之一。他主张"直译"又叫作"硬译",即尽可能接近原文的、等值的翻译。"他带有明显西方语言特征的翻译让人们看到了汉语弹性的极限所在。"他认为,翻译"首先的目的,在于博览外国的作品,不但移情,也要益智"。(朱耀先、张香宇,2009:4)他以高度概括的形式,用"有益"和"有味"准确把握翻译的两个功用。在他的翻译观中,除了"硬译",还有求"丰神"和"可读性"的一面(赵秀明,2009:170)。他的标准依原文的文体而定,有读者的层次性,是一种多元的标准观。鲁迅对于翻译美学理论中的"神"、"化"、"风"、"韵"、"切"一系列美学原则都很重视,运用也十分熟练。"宁信而不顺"是鲁迅先生提出的另一种翻译主张(陈叶,2005)。这不是一种翻译技巧或翻译标准,也不是"矫枉过正"或"意气用事",而是一种理性的文化主张,是鲁迅为中国的新文化建设而发出的呐喊,是鲁迅文化观的反映,这与他的"拿来主义"思想是一致的。

如果说鲁迅先生的"直译"代表了传统译界学术苑里的一朵奇葩,辜鸿铭先生儒家经典的"意译"则从另一个角度诠释了翻译方法和技巧的突破。他的"动态对等"法使译文在表达思想方面发挥与原文如出一辙的作用,避免了原文与译文之间句栉字比的机械性转换。辜先生翻译儒学典籍的另一个重要特点就是引用歌德、卡莱尔、阿诺德、莎士比亚等西方著名作家和思想家的话来诠释某些经文,这对"东学西渐",打破西方殖民者对东方文化讳莫如深的蔑视态度有立竿见影的作用。辜先生所译的《论语》、《中庸》等著作较之以前西方传教士和汉学家的儒经译本有了质的飞跃,可谓儒经西译史上的一块里程碑。

在翻译的美学理论的探讨和归纳总结上,钱锺书先生和傅雷先生则达到了一定的共鸣。在对翻译三原则"信、达、雅"的理解上,钱先生做了进一步的阐述和发挥:"译事之信,当包达、雅;达正以尽信,而雅非为饰达。"(钱锺书,1979:1101)"信、达、雅"是一个统一的整体,不可分割。钱先生继承和发展了我国传统译论从文艺学和美学的角度揭示翻译的本质特征这一优点,提出"等类",意即对等或效果基本一致的原则。

钱先生翻译美学的高论"化境说"从意境上揭示出翻译最高理想的定论。这一理论与翻译大家傅雷先生的"神似说"有异曲同工之妙。翻译应像临画一样,所求的不在形似,而在神似。采用移花接木的方式,将中国古典美学运用于翻译理论,借助绘画和诗文领域里的"形神论"来探讨文学翻译的艺术问题。傅先生说:"要求传神达意……自非死抓字典,按照原文句法拼凑堆砌所能济事。强调神似,不是说可以置形式不顾,更不是主张不要形式。'神'依附于'形',而

'形'是'神'的外壳，'形'与'神'是一个和谐的整体，'形'与'神'的轻
重，是无法用二五分或三七开来衡量的。"

"神似"与"形似"和谐体现中西美学之精髓。傅雷先生就此论断总结说：
"任何艺术品都有一部分含蓄的东西，在文学上叫做言有尽而意无穷，西方人所
谓的between lines（弦外之音）。作者不可能把心中的感受写尽，他给人的启示
往往有些还出乎他自己的意料之外。'神似'与'形似'的和谐实质在于，既表
达出语言的'确定点'——'显形'，又表达出语言的'未定点'——'隐形'，使
之既传神又达意。"

（二）意大利语翻译教学客观存在的既定模式和必然规律决定创新思维的形成

如果说中国近现代史上翻译大家的理论丰富和拓展了译界的视野，意大利语
翻译教学客观存在的既定模式和必然规律决定翻译创新思维的形成。意大利语是
一门非常古老的语言，其直接传承于古拉丁语。这其间外来种族的战火洗礼，给
意大利语带来了一定的冲击，意大利语由此被证实是拉丁语与野蛮非文明混合物
的产物。另一种论断认为，古罗马时期存在两种不同水平的拉丁语：一种是宫
廷贵族的拉丁语，另一种是从民间拉丁俗语发展演化而来的。从语言学的角度
来看，在建立起印欧词形变化语言的优越性原则（克劳迪奥·马拉志尼，1994：
23）之后，德国语言学家席勒引导出合成语言和分析语言的种类区别，这种分类
旨在区别古代语言和现代语言。根据席勒的观点，分析语言诞生于合成语言的解
构。这种变格体现在古拉丁语向罗曼语（即现代拉丁语）的转换中。古拉丁语有
格，以合成方式变位复合时态，无需借助助动词。罗曼语（现代拉丁语）则全部
都有冠词，词尾表述的格被介词代替。分析语法代替合成语法的形成被认作是拉
丁语变格的真正原因。

在从拉丁语向俗语演化的过程中，意大利语势必在词源学、语形学、语音
学、语义学、语法学上都发生了本质的变化，形成了独有的一套衣钵。从翻译的
角度来讲，译者只有遵循上述多元学科的交叉渗透、复合使用，即遵循意大利语
历史演化的客观规律，才能不悖于常理。这中间涵盖的学问庞大、博杂，译者需
具备很深的学术涵养，才能依据事实考证语言所携带的多元文化因素，而不犯下
简单与主观臆断的错误。

（三）英语翻译教学引领下的实践经验借鉴

第三个影响创新思维翻译教学的因素是借鉴通用语例如英语等大语种的实践经验。

从历史演绎和地缘文化空间两个维度来讲，拉丁语系都会包含日耳曼语支这个组成部分。它的语言构成思维、语态表现与后者相比有相通的一面。例如在翻译一些原语已有而译语没有的说法时，需靠"借用"或"创造"方法来翻译，如翻译"一箭双雕"可借用英语的类似说法"Kill two birds with one stone."、"Uccidere due uccelli con una pietra."。稍复杂的一句谚语"天有不测风云，人有旦夕祸福"，翻译家杨宪益、戴乃迭夫妇采用异化①方法，将之译为："Truly storms gather without warning in nature, and bad luck befalls men overnight."意大利语译成："In natura le tempeste ti colgono realmente senza avviso, e la sfortuna accade da un momento all'altro."（周莉莉，2010：78）再则一例，可口可乐在美国本土的广告语之一是："Can't beat the real thing."意大利语翻译为："Non posso battere la realtà."（唯我独尊）

以上例子都说明了同属拉丁语系的意大利语和日耳曼语族的英语之间有着藕断丝连或传承的一面。寻找创新思维翻译教学模式应在它们的连带关系上寻找突破口。

三、中华优秀传统文化在笔译教学中的运用和体现

中华优秀传统文化历来被视作国学教育的重点，近年来已成为高校通识课程中的主打科目。对优秀传统文化的重视不仅是高教改革使然，更是莘莘学子借古鉴今、继往开来、应对时代的必然。中国古典文化的优异性体现在其作为民族之魂、华夏文明瑰宝，教育了一代又一代的栋梁之才，延续了中华文明源远流长的命脉。

以《诗》、《书》、《礼》、《易》、《春秋》和《大学》、《论语》、《孟子》、《中庸》为核心的"四书五经"有它历史传承的偶然性和必然性。作为延续了两千多年封建士大夫的研习之书，它们体现了封建统治者为维护等级秩序和纲常制度而制定的安邦定国之道。这是社会演绎、朝代更迭的历史发展规律，有其合理性更有其阶级局限性的一面。从道统的思想来看，以儒家思想独尊孔孟之道发展到后

---

① 异化指以源语文化为侧重点的翻译。异化着眼于对民族文化差异性的保留，译文尽可能多地反映异域文化特性和语言风格，使译语文化的读者有新鲜感，其实质是注重形式对等。

来儒释道三家并举，扩展、开辟和稳定了封建礼教以"仁、义、礼、智、信"为核心的意识形态体系。它构成了中国古典文化的基石，成为"学而优则仕"科举选拔治国之材的阶梯，作为政治服务的宗旨体现了封建社会择优录贤的举措。

但是，文以载道，史以鉴人，"四书五经"传承下来的更多是文化的精髓、文化的精神。这些经典的文化遗产，体现了强大的生命力，传承到我们今天这个时代，更有其独特的现实意义。中华民族在经历了晚清的屈辱阶段，迈过了历经沧桑、充满战争洗礼的疮痍后，终于迎来了崛起腾飞的今天。

以"中国梦"维系我们中华民族的寄托，反映了当今中华儿女的时代诉求。高校作为孕育人文学养和科学精神的文化园地及思想阵地，首先应发挥它继承和发扬优秀传统文化遗产的功能和作用，把学校作为培养具有高度人文素养的贤能和仁人志士的阵地；其次在以外语教学为特色的人文学科的设置上，实现优秀传统文化课与专业外语课的联姻，让优秀传统文化的诗性精神、人文素养贯穿、渗透到专业外语的教学实践中去。

迄今为止，在意语笔译课教学中我们引入了对汉语古典成语、唐诗宋词、古典文化意象的翻译实践，取得了初步的良好的教学效果。这种实践要求突出翻译美学上的造诣，实现诗词的形神兼具、意象美、格律美的双重特点。特别是后者，尤其难以兼顾。它讲究形式上的对称、音律上的照应、翻译的三原则"信、达、雅"。古典文化元素的翻译最难尝试，正如上述所说的，首先要精通古文，然后熟谙外文，再实现文化意识上的从量变到质变的飞跃，实现文化意象、语言符号之间的转换。

回顾中外翻译史上出现过的能人异士，首先要推举的就是佛经的翻译者唐玄奘，他翻译的《心经》为般若经类的精要之作，阐述五蕴、三科、四谛、十二因缘等皆空的佛教义理，便于持诵，在中国内地和西藏均甚流行。他和释道安、鸠摩罗什被推誉为中国佛教三大翻译家。释道安主持译经10部180卷，100多万字，还注释佛典和注经作序，在中国佛教史上有着重要的地位，被鸠摩罗什称誉为"东方圣人"。至于姚秦三藏法师鸠摩罗什翻译的《摩诃般若》、《妙法莲花》、《维摩诘》、《金刚》、《阿弥陀》等经，译文简洁晓畅，妙义自然，深受众人的喜爱。

"佛经翻译对中国文化的影响，就整体而言，是全方位的。它将印度佛教的精深与奥秘引入儒家和道家占统治地位的中国本土，给中国传统文人学者和普通百姓提供了思考人生、探讨宇宙的另外一条新奇和特别的路径。"佛经翻译这一历史文化事件在中外文化的交流过程中，也逐渐融为中华优秀传统文化的有机组成部分。

同样的，自1593年西方传教士利玛窦把《四书》翻译成了拉丁文之后，中国大部分文史经典都被翻译成各国文字，成为全人类的财富。以上佛经翻译和《四书》西译的经典案例启示我们：翻译先贤走过的道路是值得我们去探索和模仿的。他们身体力行所树立的典范值得我们去推敲、揣摩和研究。翻译这块蕴含无限生机的领地，越是传统经典的经、史、子、集宝藏，越焕发出知性和理性智慧的火花。

让我们以优秀传统文化经典著作的光辉来照耀，驰骋游弋于这片大海的宝藏中。让意大利语笔译课妙笔生花，融古典与现代、传统与时尚、经典与革新，"海纳百川，有容乃大"，充溢广博、深宏的知识元素。让优秀传统文化的经典著作引领意语笔译课的教学实践，踩着前辈翻译能人志士的足迹，走出一条具有时代特色、符合中国国情的道路来。

四、21世纪新形势下，结合重庆实际的翻译教学理论探微

展望21世纪，以重庆经济、政治、文化、民俗旅游多元维度为特征的意语翻译教学理论的探索，迎来了新的发展契机。重庆作为中国第四个直辖市的崛起，已经迈过了历史的18个春秋。重庆统摄西南地区内陆，雄踞长江上游，以钢铁巨人的姿态俯瞰巴渝大地。重庆地缘重要，民俗文化丰富，地域幅员辽阔。大足石刻作为世界文化遗产保护的首要目标雄冠一方，巴渝文化遗产的古迹散布可谓星罗棋布，明清文化一条街——磁器口古镇以其千年的历史风貌拉开了古镇的序曲，龚滩、涞滩、双江、白沙、文昌等古镇如雨后春笋般脱颖而出。辖区范围内的历史文化名胜不胜枚举，如珍珠般点缀巴渝文化大地。这一珍贵的宝藏昭示重庆继往开来，可持续发展战略的崛起，为城市灵动的血脉注入新鲜的血液、活力。

重庆在经济、政治、金融等领域的建设和发展战略彰显其在创新翻译教学理论中的独特优势。重庆现已成为国家"两带一路"[①]的重要战略支点之一，《重庆市在全国主体功能区中的战略定位研究》[②]表明，多重角色、复合型立体战略经济地位的交叉与融合勾勒出重庆作为西南地区经济重镇的综合特点。这条巨龙的

---

① "两带一路"指"丝绸之路经济带"、"长江黄金水道经济带"和"21世纪海上丝绸之路"。

② "重庆是国家深入实施西部大开发战略的重要据点；全国统筹城乡综合配套改革的先行示范区；形成沿海与内陆联动开发开放的经济示范区；全国生态安全示范区；国家重要的现代制造业基地；巩固国防安全的战略后方基地。"

勃起腾飞，牵扯诸多地缘战略经济的规划和实施，牵扯三千万余重庆人民的嘱托和期盼，因此，无论从生态环保、硬环境的开发利用保护，还是从民心向背等主观因素的考察来说，重庆正处于一个大发展和大跨越的时代，其宏图落实于实现"两个一百年"①奋斗目标及教育强国的举措中。如何将城市宏图发展的时运凝聚、整合为翻译课的资源优势，让翻译实践与时俱进，这是时下亟待考虑的问题。除了对行业信息化的筛选、裁剪、定位和处理外，最本质就是要发挥翻译的译介功能，使其最及时地反映重庆地区各行各业、各条战线上的动态和情况。翻译正是这个百花齐放、百舸争流的窗口的一隅，将对外展现其举足轻重的喉舌功能。

在此情况下，作为西南地区最重要的外语人才培养基地，四川外国语大学应充分认识自身所处的地域优势，把握时代契机，以开放的姿态迎接信息化时代的浪潮，运筹帷幄，拓宽渠道，对翻译资源进行整合、分类、归纳、梳理，建立跨文化、跨学科的板块资料库，让多媒体技术充分运用到对资源的管理和分配上。建立国际化的对外交流平台，立足重庆，放眼世界，让重庆的学子走出去，再引进来。把重庆介绍给海外，把外界引入重庆。实现优势互补，双向交流。

五、结语

从意语笔译教学实践来看，无论是已知的学问领域，还是未知的奥旨，笔译这块待耕耘的领地都等待更多的开拓者去挖掘、开垦。意大利语笔译作为一门新开设的学科课程，正展示出蓬勃的教学生机。通过意汉和汉意的双向互译，学生在翻译机制的信息转换中体会的不仅是语言和文化信息的再现功能，而且是一个语言重组、信息构化的再创造过程。翻译本身就是原语言与目的语之间一个有组织和条理的转换和再现的过程，翻译的机能决定了意大利语笔译研究的理论意义。意大利语笔译教学研究的学术价值决定了翻译本身作为跨文化、跨学科、多元文化信息视窗切换与再造的实质主体功能。它要求提升译者的全方位的文化涵养，培植深厚的传统母语的文化素养和对象国语言的专业文化素养，打下扎实的汉语和意大利语双语语言根基，对知识性的营养汲取和人文素养的兼容并收能够触类旁通，举一反三，运用自如。这对于意大利语人才培养的设置定位、专业发展方向、师资力量的建设，都将产生一系列的连锁反应。

---

① "两个一百年"的奋斗目标指的是：到建党一百年时，使国民经济更加发展，各项制度更加完善，实现全面小康；到21世纪中叶，建国一百年时，基本实现现代化，建成富强民主文明和谐的社会主义国家。

参 考 文 献

［1］"两带一路"战略实施对两江新区开发开放的思考［N］.重庆日报，2014-10-07.

［2］陈叶."宁信而不顺"：鲁迅文化观的反映［J］.学海，2005（1）.

［3］克劳迪奥·马拉志尼.《意大利语》第1章第2节［Z］.关于意大利语历史的"科学"反思.［意］波洛尼亚：il Mulino，1994.

［4］钱锺书.管锥编［M］.北京：中华书局，1979.

［5］赵秀明.论鲁迅的翻译思想［J］.东北师大学报，2009（4）.

［6］周莉莉.意汉翻译理论与实践［M］.北京：外语教学与研究出版社，2010.

［7］朱耀先，张香宇.论鲁迅的翻译策略［J］.中州学刊，2009（4）.

越南语新闻听练课翻译技巧与实践训练

■ 解放军外国语学院　谢群芳

【摘　要】新闻听练课是越南语学生听力训练的最初切入点，通过循序渐进的教学实践，学生从中获取越南语听说能力技巧，增加越南国情文化知识，丰富自身知识架构。在越南语新闻听练课程的教学实践中，词汇、短语及句段的翻译对听力理解起着重要作用，我们应当注意其中的翻译技巧、训练原则和方法等问题。

【关键词】越南语；听力教学；翻译实践

一、新闻听练课的翻译训练目的

越南语新闻听练课是越南语听力课的一个重要组成部分，其目的在于帮助学生了解最新的时事动态，掌握最鲜活的语言结构和表达方式，提高学生的学习兴趣。听练课中的翻译一方面可以加深学生对听练材料的理解，并由此加深对越南语的理解；另一方面也可以激活学生的知识结构，促进学生多关心时事动态，提高学生的语言应用能力。越南语新闻听练课中的翻译跟传统的越南语翻译课是有区别的，它更接近于口译练习，即需要学生在短时间内对听练材料进行快速"解码"反应，以"迅速、准确"为翻译原则。这主要是由听练课的训练目的所决定的。越南语新闻听练课的重点在于让学生理解听到的新闻材料，掌握材料的主体内容及重点细节。我们看到，除了听的基本功和一些听练技巧的训练外，在整个"听话人利用听觉器官对言语信号接收、解码的过程"中，翻译的准确性对学生的理解也有着重要的影响。在新闻听练训练中，翻译内容涉及新闻词汇、短语、句型及句子等方面，训练方法也需因材施教，具体问题具体分析。

二、越南语新闻听练的翻译实践与技巧

（一）越南语新闻词汇的翻译与技巧

越南语新闻报道中的词汇可以分为基本词汇、专有词汇和缩略语三大类。这些词汇多为基本词汇，意义大都稳定，没有太多变化，所以只要能熟记，听练中反应和翻译的速度会大大提高。

1. 基本词汇翻译

这类词汇多数是新闻常用语和套语，包括新闻开始语、结束语和过渡语，如：

Kính chào quí vị và các bạn! Mời quý vị và các bán đón xem (nghe) chương trình của đài truyền hình Việt Nam (Đài Tiếng nói Việt Nam). 各位观（听）众，你们好！欢迎大家收看（听）越南电视台（越南之声广播电台）的节目！

Chương trình "Thời sự" của Đài truyền hình Việt Nam hôm nay có những tin chính sau đây. 今天新闻的主要内容有：

Sau đây là nội dung chi tiết. 以下是详细报道。

Cảm ơn quí vị và các bạn đã quan tâm theo dõi. 谢谢各位收听我们的节目！

Cuối cùng mời quí vị theo dõi dự báo thời tiết. 节目最后请收看天气预报。

另外，一些常见的关联词如 trước hết, sau đây, dưới đây, và 等也是要熟记的。

越南语新闻中这类词汇大多出现在固定的语句中，词汇的增减差别不大，只要能熟记相应的词汇就能轻松地听懂它们构成的常用句。

2. 专有词汇翻译

这类词汇主要以越南国内行政区划地名、历史事件和遗迹、政府部门和官职的名称以及人名为主。具体而言就是要学生学会记忆并能在听练时迅速翻译出来，如：越南目前的63个省和直辖市名，包括首都及一些重要省辖市名；越南历史上的及当今国家领导人、重要政府机构的领导人名字；越南54个民族中主要民族的名称；军事术语如舰船、飞机、火箭、导弹等方面术语的表达。这些词汇大都需要学生在平时做一个有心人，有意识地学习和积累，积累的多少对学生听练效果和翻译能力有着很大影响。

此外还需要提到的是关于数字的翻译，包括年月日表达（农历、阳历说法）、分数小数整数表达，以及温度、雨量、距离等的术语。我们发现，在听练的时候

学生对这类词汇的反应不一，错误率也较高，所以不容忽视。其中要注意与汉语差别较大的数词，如tỷ（十亿），mười nghìn（万），gấp bội/đôi（加倍，两倍）等的翻译。我们通常采取的方式是进行针对性的双语互译练习，即听越语说汉语、听汉语说越语，熟练的互译能力无疑是提高听练理解水平的智能储备。

3. 缩略语和外来词翻译

越南语新闻中的缩略语主要为越南国内外的组织、机构的名称和术语。如：WHO（世界卫生组织）、WTO（世界贸易组织）、APEC（亚太经合组织）、ASEAN（东南亚国家联盟）、NATO（北约）、OPEC（石油输出国组织）、UNESCO（联合国教科文组织）、UNICEF（联合国儿童基金会）等。需要注意的是，这些词汇的读音是"越语式"而非英语式的，它们属于外来词，其读法以越语的拼读为主，这对学生进行听练及翻译很重要。教师要具体讲解示例字母的读法，学生则要熟记和多听，如W读作vê đúp或vê kép，GDP读作giđêpê，NATO从中间分开按越语拼读法读等等，同时还要记住相应的汉语翻译，听练的时候就不会感到紧张。

除了上面说的缩略语听练翻译要注意的问题，越南语中外来词的读法和翻译问题同样需要注意。近年来，越南语中的外来词多以英语直接读出和书写，如：Bush, Rogger, Obama, Austrilia, Brunei…，只是在读的时候缺少英语中的声调，都读成平声。中国的一些专名和人名则直接音译，如：Wushu, Taolu, Tán thủ, Ôn Gia Bảo, Giang Trạch Dân, Thần Châu；但是在人名读法上直接引用容易发生音变错误，给听力练习造成困难，如：HaoHaiDong（郝海东），HuJinTao（胡锦涛），ChenXieXia（陈燮霞）。这一点虽说不是很规范，但在越南语中已形成习惯，所谓约定俗成，连越南语言学者也感到无奈。我们要做的就是懂得规则与特殊，熟记在心。有了这些基础，听练的翻译自然有把握。

（二）越南语新闻短语的翻译与技巧

1. 固定短语

我们说的固定短语包括程式化词语、俗语、成语、名言警句等。

程式化词语如：kinhcháu ngoan Bác Hồ（胡伯伯的好孩子）、5 điều Bác Hồ dạy（胡伯伯五条教导）、bề dày lịch sử（悠久/厚重的历史）等；有些中越文顺序不同，如中越关系的"16方针"：láng giềng hữu nghị, hợp tác toàn diện, ổn định lâu dài, hướng tới tương lai以及quan hệ đối tác hợp tác chiến lược toàn diện（全面合

作战略伙伴），教师在授课时候需要提示并要求学生准确记忆。

成语类：uống nước nhớ nguồn（饮水思源）、đền ơn đáp nghĩa（报答恩情）、con rồng cháu tiên（龙子仙孙）、con Lạc cháu Hồng（貉子鸿孙）等。

俗语类：Thịt mỡ dưa hành câu đối đỏ, cây nêu tràng pháo bánh chưng xanh（肥肉腌蒿红对联, 幡杆炮仗绿年粽），Dù ai đi ngược về xuôi, nhớ ngày giỗ Tổ mồng 10 tháng 3（无论走南闯北, 勿忘三月初十祭祖日）。

名言警句：Không có gì quý hơn độc lập tự do.（没有什么比独立自由更可贵！）Các vua Hùng đã có công dựng nước, Bác cháu ta phải cùng nhau giữ lấy nước.（先祖雄王建国有功, 我们要一起保卫祖国。）

这类短语在越南语新闻中出现的频率高低不一，只要讲解过，翻译的难度都不大，与上面讲的基本词汇一样只是需要在日常的学习中反复强化双语记忆。

2. 旧词新意

词汇或短语的意义发生转变一方面是因为越南语语言内部规律的制约，受语法、修辞等因素的支配，另一方面则是受到越南民族的文化传统、思维方式、社会环境、生活习俗的影响。而词汇产生新的意思则是随着社会发展变化而出现的。

比如，tháng một 一词原指阴、阳历的 11 月份，现在有所改变，它也表示阳历 1 月份，在越南电视台 2009 年元旦新闻播报中多次听到，所以翻译的时候一定要联系上下文确定其具体所指的月份。而原来的 tháng riêng 一词仍然表示阴历正月与阳历 1 月。这一语言的变化是越南紧跟全球化发展变化的一个范式。

3. 新生短语

随着全球化浪潮的席卷，互联网的普及，各国语言之间的联系更加紧密，新发明、新生事物层出不穷，新的词汇短语自然就会随之生，这不是越南语独有的现象，而是世界上多数语言的普遍情况。如新近出现的 dịch cúm lợn A/dịch cúm A H1N1（猪流感/甲型 H1N1 流感），dịch bệnh Ebola（埃博拉疫情），Đối thoại Shangri-La（香格里拉对话），IS（Nhà nước Hồi giáo）（伊斯兰国）等。新词汇短语的翻译需要教师和学生及时跟踪国际、国内（越南）时事新闻，了解新生事物的双语对照表达。这类词或短语虽然处于一种上升趋势，但速度不是很快，在此不赘述。

（三）越南语新闻中常见句型的翻译与技巧

1. 常见固定句式

这类句式都是由固定常用的词语构成的固定句式，有了对应的词汇和短语积累，翻译难度不大，学生经过训练后都能较好掌握。

由于广播和电视新闻节目有时间限制，越南语新闻报道的篇幅一般不长，新闻报道文体中的句子结构相对较为简单，且同类新闻中的句式也较为相似，只要在听练的时候注意双语记忆就不难掌握。如互访类新闻常用句型"应……邀请"是 nhận lời mời 等。那么一条有效的途径就是从简单新闻听练入手，要求学生以背诵、记忆和听抄课文里的典型句子为主练对象。比如，在进入完整的新闻听练之前，我们先介绍越南国家广播电台、电视台播报新闻时的开始语和结束语，让学生对越南语新闻先有个轮廓认识，并且在课堂听练后进行现场记忆诵读，这样可以轻松掌握新闻首尾的关键语句，能获得听力训练的自信心，保持对新闻听练的兴趣。

2. 定语后置长句

在听练课训练过程中，对长句的听抄和理解往往是决定学生听力水平提高的一个重要因素。对越南语长句进行听练时存在的问题主要是由于定语后置及状语前置造成的障碍，加之在听练过程中，语速较快，学生难以对长句子迅速做出分析判断，头脑的信息编码处理不了，心译的速度跟不上，所以理解不了这些句子的意思。这样的情况需要教师在课前或者课后作业讲评的时候对长句做出详细分析讲解，要求学生学会记忆重点词汇和句式特点，抓住长句中的主语、述语和补语这些主干成分，其他的附加成分就可以一一破解。

比如越南语中含有双补语的句子 CN + gửi tới + BN$_1$ + BN$_2$（主语 + gửi tới + 补语$_1$ + 补语$_2$）。比如 Ngày 7-5-2009, Chính phủ Việt Nam đã trình Ủy ban Ranh giới thềm lục địa của Liên hợp quốc Báo cáo quốc gia xác định ranh giới thềm lục địa nằm ngoài phạm vi 200 hải lý tính từ đường cơ sở của Việt Nam. 在这句话中，主语是 Chính phủ Việt Nam（越南政府），述语是 trình（提交），Ủy ban Ranh giới thềm lục địa của Liên hợp quốc 是补语$_1$，Báo cáo quốc gia xác định ranh giới thềm lục địa nằm ngoài phạm vi 200 hải lý tính từ đường cơ sở của Việt Nam 是补语$_2$，两个补语分别都有后置定语，在翻译中就要把它们准确地表达出来。整句话的意思是：2009 年 5 月 7 日，越南政府向联合国大陆架界限委员会提交了《越南海基线 200

海里外大陆架划界报告》。只有理顺句子中各种成分间的关系，才能准确地译出句意，这样才有可能准确地理解整篇文章的意义。

3. 状语前置长句

越南语中有些状语比较长，阅读的时候可能困难不是很大，但是如果在快速的听练中出现，对语言经验不足的学生来说就比较难把握。比如，由Với附带主谓结构表示原因结构置于句首的情况在新闻中出现较多，翻译不清是影响学生听练理解的一个因素。如：Với truyền thống đạo lý "uống nước nhớ nguồn", ngày 27-7 hàng năm được lấy làm Ngày Thương binh liệt sĩ. 这虽是简单句，但有不少学生在听练实践中未能正确理解，不知道怎样处理前半句。有学生译为：为了饮水思源的传统道理，每年7月27日被定为伤兵烈士纪念日。这是由于没有掌握好Với的意义而导致的误译。（参考译文：本着饮水思源的传统，每年7月27日被定为伤兵烈士纪念日。）此外，听练中有这样一个比较典型的句子：Với 90 tác phẩm của gần 40 tác giả, cuộc triển lãm thực sự **mang đến** cho người xem những cảm nhận đa chiều về cuộc sống chiến đấu và sinh hoạt của người lính, sự giao lưu trên bước đường đổi thay của hai vùng đất vốn giàu tính lịch sử và nhân văn trong thời kỳ đổi mới. （影展包括来自近40位作家的90幅作品，让参观者真实地看到了军人对战斗岁月和日常生活多侧面的感悟，以及革新时期这两个素有历史和人文特性的地区在发展道路上的交流情况。）作业中没有学生能够完全理解这句话，关键是没有抓住该句的重点——述语词mang đến（黑体字），加上句子较长，学生基本上是机械听抄词汇，对句子意思一知半解。其实只要懂得Với所多带的附加成分是辅助部分，抓住述语词就能把句子分为两个部分，后半句的长定语也是影响学生理解的一个原因，容易造成断句不正确。当然，除了教师进行作业讲解，学生还应当注意精读课上语言基本功的巩固和提高，因为语法知识在不同的语言课程里都是相通的。

三、越南语新闻听练翻译能力训练方法

越南语新闻听练中的翻译训练目的在于辅助对听力材料的准确理解，它是一个循序渐进的过程，训练方法也是多方面的，重在积累翻译经验和技巧。

听力能力的培养涉及多方面的因素，听力能力的评估首先要看学生对语言的准确捕捉能力，听得准确与否既要看学生的辨音能力，也要看学生根据语境判断语言意义的能力，从这个角度来看，两种语言转换能力的培养在新闻听练训练阶

段起着重要的作用。因此,在具体教学实践中,我们需要采取多种方法来训练学生的翻译能力,帮助学生积累经验,总结相应的技巧。

(一)以心译、口译为主加强听练理解

训练过程中适当辅以心译和口译技能训练,加强学生对听练材料的理解。在听练过程中学生经常会碰到辨音不清、意义把握不准确的情况,这时候需要教师引导学生采用心译和口译的方法找出符合语境和背景知识的最佳词语,理清上下文的逻辑关系,最终完成信息的解码。

我们在语音阶段多为听写,那么到新闻听练中就要听译,由于是听力课,所以应当侧重于心译和简单口译来加强对材料的理解。心译指的是听练时学生自我进行信息解码,"翻译"成母语以理解材料,而口译除了课堂回答教师的问题外,也是平时听练基本功的要求。

如这样一个句子:Nhân dịp Ngày thành lập QGPNDTQ 1-8, quân và dân khắp nơi TQ đã triển khai hoạt động nhiều hình thức chào mừng QGPNDTQ thành lập **tròn** 74 năm.(值中国人民解放军建军74周年之际,全国各地军民举行多种庆祝活动。)句子中的黑体字让学生难以判断,因为越南语中的tròn和trọn,都含有"完整"的意思,且在语速较快的句子中二者的声调接近,仅仅靠辨音调是难以区分选择的。这样的情况需要我们先分清上下文的逻辑关系,再推测词汇的意思。前者侧重数量上的"完整",如:Tròn 18 tuổi.(满18岁。)Đi mất 3 ngày tròn.(整整走了3天。)Tính ra vừa tròn một trăm.(算起来刚好整一年。)而后者侧重于空间概念上或抽象意义的"完整",如:Đi trọn một vòng quanh hồ.(围湖走了整一圈。)Trọn vẹn lãnh thổ.(领土完整。)

类似的还有bề dày lịch sử(历史悠久),有学生把"dày(厚度)"听抄成了"dài(长度)",这两个词一个是长音、一个是短音,意思也接近,所以容易混淆。教师讲解的时候可提示汉语常说的"厚重历史",同时该词也是越南语中一个常用的搭配,后者一般不用在表示历史的长短,而是指距离长短。其他经常遇到的相近词还有:truyền / chuyền;mạnh / mảnh đất;nhường(让位)/ nhượng(割让)。在这样分析的基础上,学生容易记住并区分,也会懂得应如何选择正确词汇。

此外,要经常提醒学生在理解后进行表达时要注意符合汉语习惯,避免受外语影响。如:Bộ Nông nghiệp Trung Quốc đã tặng **hơn** 2,500 cuốn sách và **hơn** 1,200 chiếc đĩa lade về kỹ thuật thực dụng nông nghiệp cho căn cứ thực nghiệm kỹ thuật nông nghiệp mới của bộ đội.（农业部把有关实用农业技术的 2500 多册书籍和 1200 多张光碟赠送给部队新农业技术基地。）该句中出现两次的 hơn（超过，多），有学生未加考虑就译成："……赠送了**超过** 2500 本书和 1200 张光碟"；还有学生把 chương trình văn nghệ hay 译成"好的文艺节目"（应为：精彩的文艺节目）。这都不符合汉语表达习惯，应当及时予以纠正。

这样的技能训练应当建立在一定量的句子听抄的基础之上，而且需要苦练过硬的基本功，心译、口译才不会出现重大偏差。

（二）以语言结构分析带动理性理解

听力很多时候都是一种感性思维，听音时的第一感觉非常重要。但第一感觉有时也会出现误导，对把握不准确的句子，有时候需要进行结构解剖，必要时还要进行翻译对比，帮助学生找出两种语言的异同，提高学生的语言判别能力。

根据文章里的关键性或是代表性词语进行断句，如：

按地点词：Theo địa điểm: tại BK; Tại HN; Tại Phủ Chủ tịch...

按时间词：Sáng, trưa, chiều, tối; Ngay sau; Tiếp đó; Trước khi; Ngày mai sẽ...

比如这样一句话：Ngày này đã trở thành mốc son chói lọi trong lịch sử vẻ vang của dân tộc Việt Nam.（这一天已成为越南民族光辉历史上的红色丰碑。）学生多受越南语字面的影响翻译为：这一天成为越南民族光荣历史中的光辉的红色里程碑。读来感到词意重复且显呆板、拘谨。其中，"mốc son chói lọi"是个关键词，字面意思是"光辉的红色纪念碑"，与后面的"vẻ vang（光荣）"有意思重叠之处，如果两个词均译出则汉语句子不简洁，我们采取"综合扬弃法"——把"光荣"略掉，句子就通顺多了。

（三）以课外训练固化听译能力

新闻听练要求以听准确来理解材料内容，从中获取信息。由于课堂上时间有限，我们多以教师指导下的听练为主，对一些重点、难点的听辨理解进行讲解，课堂练习也多以简单问答及判断正误来反映学生听练理解的情况。因此课后的作业尤为重要，除了布置精听的听抄内容，还要选择适当的个别句子进行笔头翻译练习，以进一步了解学生的理解能力和翻译能力。

我们都知道，正确翻译的成功，技巧只起到了很小的作用，而知识的积累和翻译的经验却成为关键因素。为了有效提高翻译速度、扩展翻译知识，积累大量的翻译经验是必要的。为此，我们采取了多种灵活的方法进行针对性训练。首先是在课堂内进行必要的学习。课堂上进行大量的听译练习，并不意味着要求教师在授课的时候逐字逐句地让学生进行现场听译练习，而是学生在教师的听练指导下，自我进行听译训练，即边听边译，反复进行。当然，要达到快速听译需要一个过程，这也取决于学生自身的语言素质和学习能力。

另一个方面，学生要主动进行课外学习，可以通过越南语网站、报刊的新闻板块等练习口译，对一些政论性、概括性强的新闻尤其应当关注，读一句翻译一句，之后看一段口译一段。我们还可以交替浏览同样网站的不同语言页面，如中国国际广播电台网站里的越语版，越南中文版的共产杂志电子版网站等。同样的新闻我们可以看到双语的文章，这对短时间进行快速翻译训练学习有很大的帮助。同时还能广泛收集各类词汇，因为翻译最大的挑战是词汇信息的灵活表达，有了足够的词汇储备才有可能游刃有余地进行翻译。越南语新闻听练中的文章主题丰富，涉及政治、经济、文化、地理、科技的方方面面。如果学生能抓住日常生活中的各种机会搜集各类词汇，有助于提高新闻听练能力。此外也要重视阅读国内出版的报纸，如《参考消息》，重点阅读新闻类的翻译文章，学习同类新闻汉语的表达方式，力求听练翻译乃至日后翻译课的译文顺畅，是"中国味"而不是"越南味"的文字。其实，翻译训练材料不难找，难的是自己要坚持训练。

我们还建议学生学点速记技巧，在听练的时候要注意勤动手，笔记是脑记的有利辅助工具。听练过程中，录音或视频通常播放三遍，由于语速快、信息量较大，学生既不能完全依托脑子进行全面记忆，也不可能用笔把每个字都记录下来。这就需要平时多做速记练习，边听边做记录。速记训练可以从简单句子听练开始，可以由教师提供共同的标记，学生也可以自我设计速记符号，前提是要好记，能在声音消失后，通过这些符号、词汇片段串连起材料的基本框架。速记要抓重点，比如长句中的主述补结构，要把关键部位词汇信息记录下来，还要对数字、时间、原因、建议和转折的重要表达进行适当速记。

（四）文化因素导入促进听力理解

学习外语就是在学习一种文化。翻译者是文化转换的载体，所以文化因素对翻译的影响也是不言而喻的。

虽说越南文化受中国文化的影响很大，许多学者都认为是"同源文化"，但是在这"大同小异"中，我们仍然会不时被当中的"小异"绊住思维或是影响翻译的顺畅表达。越南语新闻听练中经常出现具有越南民族特色的文化词汇，如：mâm cỗ Trung Thu（中秋节食品盘）、bánh chưng Tết（年粽）、dưa hành（腌荙头）、Lang Liêu（郎寮王子）、Bác Hồ（胡伯伯）、Ngày Nhà giáo（教师节）、Tết Dương Lịch（元旦）、măng non（嫩笋，指代越南少年儿童）、Giỗ Tổ Hùng Vương（祭祀雄王祖先）、Phật Đản（佛诞日）、Cách mạng Tháng Tám（八月革命）、Chiến thắng Điện Biên Phủ（奠边府大捷）、Đường mọn Hồ Chí Minh trên biển（以海防港为起点的海上胡志明小道）等。这就需要教师在课堂上把其中蕴含的越南民族风俗、国家政治组织和历史发展、越南宗教信仰、某些事物代表的象征意义等国情文化知识点给学生进行提示性讲解和介绍，帮助他们扫清一些词汇障碍，为语言转换做好铺垫，更好地理解新闻内容，抓住重要信息。

新闻听练课不同于专门开设的国情文化课，我们不可能在有限的听力训练课堂上对越南国情文化知识进行面面俱到、全盘涉猎的介绍，也不太可能进行深入细致的讲解，所以应当多途径、多侧面地实施国情文化导入。比如给学生布置课前预习时要求他们查找与课文内容有关的越南文化知识；鼓励学生课后定时收听、收看越南电台、电视台新闻，广泛阅读网络文章和相关的国情知识著作。教师还应适时地在课堂上给予点评和指导，让学生学会取舍，充分发挥学生的主观能动性，国情文化知识的积累就会在不知不觉中达到"聚沙成塔，集腋成裘"的效果，丰富学生的知识结构。

四、结语

以上我们就越南语新闻听力实践课中的翻译问题做了一些分析和探讨。学生听力能力提高除了听力基本功训练和技巧训练外，对新闻中词汇、短语及句子的正确翻译也是影响学生正确理解和把握听练内容的重要环节，对于听练课的翻译训练也有方法技巧可循。虽然听练课中的翻译部分不是该课程的重点，我们授课也不应主次不分，但它影响着学生听力能力的提高，所以教师在教学过程中应当予以足够重视。做好这个环节，有利于提高越南语新闻听练课效果及学生听力能力。罗马不是一天建成的，要提高整体的听练翻译素质需要长时间的针对性训练和不断努力。

参 考 文 献

[1] 郭红梅. 听力教学与文化导入 [J]. 中州大学学报，2002（7）.

[2] 任敏. 听力理解的语用障碍及听力教学中的文化导入 [J]. 重庆工业高等

专科学校学报，2004（2）.

［3］王铭钰. 外语教学论［M］. 合肥：安徽教育出版社，1999.

［4］韦登秀. 中外名词术语的汉越翻译［J］. 东南亚纵横，2006（1）.

［5］吴自选. 文化差异与电视新闻翻译：以选送 CNN World Report 的新闻片为分析个案［J］. 上海翻译，2005（1）.

［6］喻红. 浅析英语口译的技能培训［J］. 和田师范专科学校学报，2008（28）.

［7］张振山. 如何认识和达到口译的准确、完整、简捷、传神［J］. 天津外国语学院学报，2005（3）.

［8］周彦军. 口译教学中的跨文化意识培养［J］. 内蒙古电大学刊，2008（1）.

计算机辅助翻译技术在非通用语术语翻译教学中的应用

■ 解放军外国语学院　李　维

【摘　要】术语翻译是翻译活动中的重要环节。非通用语种由于译员稀缺、译文资源匮乏，术语翻译的效率和质量都有待提高。计算机辅助翻译技术可以有效地弥补这一缺陷，但目前尚未受到非通用语界的重视。本文通过分析计算机辅助翻译技术相较于传统翻译技术的优势，旨在呼吁非通用语专业教师将其适当引入翻译课堂和翻译实践，以提高非通用语术语翻译的水平。

【关键词】计算机辅助翻译技术；术语翻译

一、术语翻译标准及行业现状

术语翻译是翻译活动中非常重要但又常常不被译者重视的环节。简单来讲，术语是指用来标记特定的人物、事物、现象、概念等的专用词汇或词组，在各种文体中都有可能出现。通常情况下，文学作品中常出现的术语是人名、地名、事物名、机构名等，而在科技、医学、经济、工程等专业领域的材料中，除了存在上述类型的术语以外，还有很多专业概念和称谓。钱多秀认为，术语的基本特征包括"专业性，即术语表达的是各个专业的特殊概念，通行范围有限，使用的人较少；科学性，即术语的语义范围准确，与相似的概念相区别；单义性，指术语在某一特定专业范围内是单义的，仅少数术语属于两个或更多专业；系统性，即在一门科学或技术中，每个术语的地位只有在这一专业的整个概念系统中才能加以规定"（钱多秀，2011：93）。从上述特征可以看出，术语翻译不同于普通词汇的翻译，在确保翻译准确的前提下，还特别强调规范性和一致性，即同一语境下的该术语应当具有相同的译法，否则就会产生混淆，出现歧义。此外我们还应当注意到，术语是一个开放的语言集合。随着社会文化和科学技术的不断发展，新事物、新概念不断出现，新术语不断产生，而已有的术语在概念、内涵、外延等方面也可能出现变化，因此术语翻译还必须与时俱进，在数量和质量方面满足信息时代的新要求。

在翻译实践中，术语翻译是一项看似简单实则要求极高的翻译活动。它不仅需要译者对某一术语有准确的理解和恰当的翻译，更需要译者充分了解该术语的标准译法或既往译法，从而翻译出能够在业内通行的译文。翻译界曾出现过把蒋介石的名字从英文回译成汉语时误译为"常凯申"的译例，译者的这一失误不仅使自己贻笑大方，更给读者带来困扰。在现实翻译中，类似的误译不在少数，尤其是在进行长篇幅翻译或多人协同翻译时，术语翻译前后不一致、一词多译的现象屡见不鲜。究其原因，除了译者主观上对术语翻译不重视、不严谨以外，传统翻译模式无法帮助译者高效准确地进行术语查询是极其重要的原因。译者通常根据自己的信息储备或翻译经验在有限的术语资源内进行人工查询，即使辅助使用了计算机办公软件中的查找功能，其效率和准确性也极为有限，容易出现错误或遗漏。在这方面，非通用语种尤其处于劣势。通用语种由于使用人数多，翻译力量也相对雄厚，不少领域的术语已具备专门的翻译规范和对应词典，译者在进行术语查找时能更加有的放矢、有章可循。而对许多非通用语种而言，尤其是对一些使用范围极窄的语种而言，目前甚至连最基本的人名译名表、地名译名表或译名规范都没有，译者随意发挥、一个译者就有一个译法的现象非常普遍，术语翻译质量很难得到保证。

针对这一现状，非通用语专业的教师在进行翻译教学时，不仅应当向学生强调术语翻译的重要性和翻译标准，更应当向学生传授一些能够切实有效地提高术语翻译质量的方法。事实上，随着计算机翻译记忆功能（Translation Memory，简称TM）的开发和利用，计算机辅助翻译技术（Computer-aided Translation，简称CAT）在提高术语翻译的效率和质量方面具有突破性的效果。目前，国内的通用大语种已尝试将这项技术运用到翻译课堂和翻译实践当中且成效显著，而非通用语专业在这方面则鲜有涉及。笔者希望通过此文引起非通用语教学界对计算机辅助翻译技术中术语库功能的关注和重视，从而推动非通用语种在术语翻译教学和术语翻译实践中取得进步。

二、传统翻译模式下术语翻译的困境

随着个人计算机的普及，越来越多的译者开始在计算机上进行翻译活动，但如果仅仅是利用计算机中诸如Word或"写字板"等工具进行简单的文字录入、查找和修改等，其实质和用纸笔翻译一样，都属于传统翻译模式。与计算机辅助翻译技术相比，传统翻译模式下的各个环节都高度依赖人工活动，即使是利用计算机的查找和替换功能，也必须要进行人为启动和人工比对，翻译效率和翻译质量并没有实质性的提高。就术语翻译而言，传统翻译模式存在着以下缺陷：

（一）术语查找困难

在进行术语翻译而又缺乏相关术语词典的时候，为了达到严谨统一的目标，译者会对该术语的既往翻译结果进行查找，并根据其权威性选择是否引用。如果利用传统的Word自带工具进行查找，译者至少需要完成两步操作：第一步是查找该术语此前出现的位置，第二步是打开对应译文文档进行人工比对和定位。如果该术语此前出现的位置与其当前位置处于同一文档，Word可以较为快速地完成查找工作，但译者仍要自行查找对应译文位置。而如果该术语此前出现的位置与其当前位置处于不同的文档，甚至该术语此前仅出现于译者的某次手写笔记中，其查找工作就可能变得异常困难，甚至可能出现查找失败的情况，从而导致出现译者因无从参考而自行翻译的不严谨情况。即使译者费时费力查找到了该术语原文，查找其相应译文也会再一次耗费时间和精力。可以说，传统模式下的术语查找效率低下，容易出现遗漏和错误。

（二）术语库创建和使用不方便

目前，不少译者已经开始使用Office办公系统中的Excel格式创建术语库，以方便对所积累的术语资源进行快速分类、排序和查找。这种方法比纯手工分类和查找要方便快捷很多，但仍然有不足之处。首先，利用Excel创建术语库，其术语导入和导出都需要人工操作，即使是使用粘贴、复制功能，也需要人工选择和操作。其次，利用Excel格式创建的术语库，虽然可以按照字母顺序、入库时间等进行排序和分类，在一定程度上方便了译者查询，但却无法实现术语库与翻译文档的实时互动与共享，译者仍然需要通过人为操作切换到术语库界面进行人工检索和查找。操作者需要在翻译文档和Excel文档两个界面之间来回切换，工

作效率大打折扣。

（三）术语库共享效果难以保证

在进行多人协同翻译时，术语译法的统一性对译文质量有着重要影响。普通的Word格式或Excel格式术语库虽然可以通过拷贝或联网传输等方式实现译者之间的共享，但其具体的使用却很大程度上受制于每一名参与者的主观重视程度和客观使用能力。同样的一份术语库资源，如果使用者对其高度重视并非常熟悉，就会主动地利用它进行术语查询和使用，而如果使用者没有意识到该术语库的重要性，或者不了解其内容，就可能放弃使用或未对其进行充分使用。在后面这种情况下，术语库虽然得到了共享，却并未真正发挥其作用。

从上述三个方面可以看出，传统的翻译模式在术语翻译方面仍有诸多不足，离真正的高效和高质量尚有较大差距。

三、计算机辅助翻译技术下的术语翻译优势

计算机辅助翻译技术是翻译行业的前沿领域。其核心内容是利用计算机辅助翻译工具的翻译记忆功能，并与附带或独立存在的术语管理工具、翻译对齐工具、翻译项目管理工具等结合使用，对翻译流程进行最优化。（钱多秀，2011：23）其主要运用于"翻译流程中涉及纯粹记忆的活动，比如自动搜索、提示、匹配术语，记忆和复现高度相似的句子等"（徐彬，2010：30）。

从以上描述可以看出，术语管理既是计算机辅助翻译技术的重要内容，更是其强项。目前发展较为成熟的计算机辅助翻译系统，如SDL Trados、Déjà Vu、Wordfast、MemoQ、"雅信"、"雪人"等都可以为译者同时提供一个或多个术语库进行使用。用户在计算机辅助翻译系统下打开翻译文档，就可以在同一界面上看到术语库窗口，不需要进行界面切换就可以实时利用术语库进行翻译。与传统翻译模式相比，计算机辅助翻译系统中的术语库功能可以大大提高术语翻译的效率和质量，其优势主要体现在以下几个方面：

（一）术语库创建灵活多样

计算机辅助翻译系统下的术语库创建，既可以采用普通的人工输入方式进行，更可以充分利用计算机及网络资源，采用多种方式快速建立符合译者需求的术语库。

一种方法是由译者将现有的大型公共术语库直接挂在翻译界面上进行实时

使用。这些大型公共术语库由政府或专门机构开发创建，内容丰富、覆盖面广并且具有权威性，无论其采用单语还是实行多语对照，都能有效地辅助译者对术语进行理解和翻译。对欧洲非通用语种而言，欧盟发布的 IATE（Inter-Active Terminology for Europe）和 EuroTermBank 术语库都非常不错。其中 IATE 源于欧盟理事会在 1973 年建立的多语名词数据库 Eurodicautom，其间经历多次增补，于 2008 年已经涵盖欧盟所有官方语言的名词术语。其词条共划分为 100 多个主要专业领域，数量超过 800 万条。而 EuroTermBank 术语库则侧重于欧盟新成员国的术语库建设和交流。（钱多秀，2011：96—97）对于语料资源相对匮乏的非通用语种而言，这样的术语库无疑会对译者大有裨益。

另一种方法是利用术语库工具创建术语库。上文所提到的主流计算机辅助翻译系统都具备配套使用的术语库生成管理工具。除此以外，另外一些如 Lexikon、T-manager 等专门的术语库工具也已广泛投入使用。这些术语库工具可以帮助译者在翻译前期、中期和后期各个阶段高效地创建术语库，并在其翻译过程中实现术语的自动识别和搜索，使术语翻译的效率和质量大大提高。

此外，计算机辅助翻译系统还可以将已有的术语词典直接作为术语库挂在翻译界面上。经过电子化的术语词典或网络上提供的术语词典都可以通过这种方法供译者实时使用，省去了译者人工查询纸质词典的麻烦。

（二）术语查询便捷全面

在计算机辅助翻译系统下，术语查询极其方便。一方面，某一术语一旦被添加入术语库，在翻译过程中只要有该术语出现，不需要译者进行手动查询，术语库窗口就会自动同时出现该术语及对应的译文，这样就大大节省了对术语分别进行原文和译文查找的时间。另一方面，计算机辅助翻译系统提供模糊搜索功能，可以使与该术语相近的其他术语同时显示在术语库窗口，帮助译者进行筛选或借用。这种模糊搜索的匹配率可以由使用者自行设定，其下限通常为 30%，上限为 100%，但推荐匹配率通常为 70%。对于许多以屈折变位为特征的非通用语种，这种可以设置的搜索匹配率不仅可以使相似度较高的不同术语互为参考，更可以保证处于不同性、数、格状态下的同一术语能够被有效检出，避免了不必要的翻译活动。

（三）术语译文自动应用

在利用计算机辅助翻译系统进行翻译时，当原文中出现术语库中已添加的术语时，对应的译文中也会根据术语库词条自动生成相应的术语译文，译者如不需要修改，可以点击相应按键直接保留该译文，而不需要进行复制、粘贴等步骤，也不需要译者进行手动输入。在许多非通用语种里，人名、地名等专有术语经常会出现音节特别多的词汇，有的人名、地名可能有多达十几个音节。对于这类术语，即使译者已经查找到了标准译法，但如果每一次翻译时还需要手动输入或复制、粘贴一遍的话，仍然费时费力。计算机辅助翻译系统中的术语译文自动化提取，无疑能大大提高此类术语的翻译效率。

（四）术语共享高效智能

在多人协同翻译时，术语共享是保证术语译文一致性的必备条件。计算机辅助翻译系统可以借助局域网或互联网在各个译者之间进行高效术语共享。实行共享的术语库资源会在译者进行翻译时自动出现，不需要译者手动查找，这样就避免了传统共享手段下由于译者主观意愿或客观能力的限制而没能充分利用共享资源的问题。另外，计算机辅助翻译系统还可以对术语库设置使用和修改权限。术语库的管理者可以根据需要向不同的译者设置术语库的可使用范围，避免用不必要的术语库干扰译者。另一方面，术语库管理者还可以向一部分译者提供术语修改权限，允许其对术语库进行增减或修改，而对另一部分译者则屏蔽术语修改权限，避免术语库出现混乱。这种智能高效的术语共享模式在大型翻译活动中成效显著，意义非凡。

（五）术语审校省时省力

无论是单人翻译还是多人协同翻译，译文完成后都需要进行审校。计算机辅助翻译系统同样可以为审校人自动呈现术语库中的参考译文，免去了审校人对术语及其译文的手动查找过程。此外，翻译过程中如果因各种原因出现了一词多译的现象，术语库窗口也会自动将其罗列出来，为审校人最后定稿提供参考。审校人在确定最终译文后，还可以实时将该结果作为标准译文导入术语库，并删除其他无效译文，完成对术语库的修订工作。

可以看出，计算机辅助翻译技术克服了传统翻译模式在术语翻译方面的不足，在译者的翻译界面内直接为译者提供术语支持，并具备高效、统一、智能的特征。作为信息时代的译者或外语学习者，非常有必要掌握计算机辅助翻译技术的基本知识，以提高术语翻译的质量和效率。

四、计算机辅助翻译技术在非通用语术语翻译教学中的应用

计算机辅助翻译技术产生于1966年（陈善伟，2014：1），但其成为教学内容和教学手段则只是近十多年的事（吕立松、穆雷，2007：35—43；钱多秀，2011：1）。而且，由于学科设置、师资力量等客观原因，计算机辅助翻译技术的推广和使用仍然局限于英语、俄语等通用大语种的翻译教学中。非通用语翻译教学界应当意识到自身在这一方面的不足，迎头赶上。在术语翻译这一计算机辅助翻译技术的强项上，非通用语教学界可以积极尝试，具体来讲可以从以下几个方面做起：

（一）普及计算机辅助翻译技术的基础知识

向学生普及计算机辅助翻译技术的基本原理和功能，并不仅仅是为了满足术语翻译的课堂教学需要，更是为了向学生展示翻译行业的最新技术和发展方向，帮助学生更好地适应高技术条件下的翻译工作。目前，计算机辅助翻译技术已经成为许多专业翻译团队和职业译员的必备工具，以翻译为主要职业前景的外语专业学生非常有必要了解这一发展潮流，非通用语专业的学生也不应例外。

应当指出，计算机辅助翻译技术原理复杂，不仅涉及深奥的语言信息处理知识，还包括大量的计算机和网络知识。即使是具体的计算机辅助翻译软件也门类繁多，功能复杂。对于非通用语专业的师生而言，全面掌握计算机辅助翻译技术是不可能也没有必要完成的任务。翻译教师在课堂上只需花一到两个学时简要介绍计算机辅助翻译的基本概念和原理，教会学生使用最基本的翻译界面、术语库界面、翻译记忆库界面就可以了。

需要强调的是，教师在授课之初一定要帮助学生克服以下两种不良情绪：

一种是排斥情绪。目前仍然有不少人将计算机辅助翻译技术误认为是机器翻译技术（Machine Translation，简称MT），认为其工作原理就是让计算机进行自动翻译，如现有的Google机器翻译系统。由于目前这一类机器翻译软件错误率仍然非常高，很多译文甚至不具可读性，导致人们对计算机辅助翻译技术也产生偏见，甚至拒绝使用。教师要让学生明白，机器翻译的基本原理是用电脑完全替代人脑参与翻译的核心思维过程，但目前的计算机技术还无法实现如此高的人工智能；而计算机辅助翻译技术只对翻译过程中单纯需要记忆的部分进行提取和复现，翻译的逻辑思考部分仍然由人脑控制，因此不会对翻译质量产生危害。

另一种是畏惧情绪。计算机辅助翻译技术涉及计算机软件操作，对于文科生来讲有一定难度。但教师应当告诉学生，计算机辅助翻译技术经过长期发展，人机交互界面非常友好方便，一般经过一两个课时的介绍和实践就可以掌握最基本的译者操作流程，所以应当抱着开放的心态去积极学习和使用。

（二）做好软硬件准备

在硬件方面，教师和学生需要分别拥有个人计算机终端，各终端之间最好能通过局域网或互联网进行连接，以利于术语库等资源的实时共享。即使无法进行联网，也可以通过复制、粘贴的方式完成术语库共享，只是不能实现及时更新和同步，但不影响使用。

在软件方面，教师需要提前做好功课，从众多计算机辅助翻译软件中找到适合自身语种的工具。理论上讲，上文提到过的 SDL Trados、Déjà Vu、Wordfast、MemoQ、"雅信"、"雪人"等常用软件都支持多语种翻译，但由于研发国家和目标用户的不同，每一种软件在实际的语言支持上可能存在差异。非通用语专业的教师必须要认真了解相关软件的特点，通过实践选择最适合本语种的软件。

（三）培养术语搜集和建库意识

计算机辅助翻译技术可以帮助译者更高效地完成术语翻译任务，但前提是译者需要建立合理适用的术语库。对缺乏术语翻译权威词典或标准译文的非通用语种而言，译者自行创建术语库是一项基础工作，也是一项高难度工作。非通用语种的翻译教师要在课堂上强调搜集、整理术语库的重要性，并教会学生在计算机辅助翻译系统下自行创建术语库。不少学生养成了通过 Word 或 Excel 格式创建术语库的习惯，但如前文所述，这样创建的术语库与翻译任务通常不处于同一界面，应用和导出也不方便，因此最好从一开始建库时就直接在计算机辅助翻译系统下进行，以便于日后使用。

对于现有的纸质术语资料，可以先将其电子化，然后利用专门的文件转换软件将其转换为计算机辅助翻译系统认可的术语格式，再导入术语库。对纸质文档进行电子化处理是一项复杂的工程，涉及软件较多，实际执行中出现乱码或排版错误的概率较大，因此在转换和校对时一定要格外细心。如果资料数量不多，建议教师组织学生人工录入，更能确保质量。

（四）提高术语库操作能力

计算机辅助翻译系统界面简洁直观，易于操作，但学生仍需反复操练，才能更好地利用其进行术语翻译。学生要自己亲手实践，熟悉建库、挂库、术语导入与导出、术语选取等基本流程，懂得如何处理操作中出现的常见问题。

在鼓励学生积极运用术语库进行翻译的同时，教师一定要让学生明白一点，那就是：术语库的成果固然可以借鉴，但翻译的主动权仍然掌握在译者本人手里。非通用语种由于使用者和精通者都较少，关于某一术语的翻译往往不像英语等通用语种那样经过多方论证才最终定稿，而经常是一家之言或是几人之言，出现偏差甚至是错误也在所难免。这就要求学生们在使用已有的术语库时不盲从、不想当然。无论译文出自老师还是某位专家之手，学生们都要用客观的眼光来看待，以语言和事实为最根本的出发点，寻找出最合适的译文。

五、结语

计算机辅助翻译技术是翻译行业的前沿领域，也是翻译行业的发展趋势。合理利用计算机辅助翻译技术，不仅可以有效提高术语翻译的效率和质量，还可以从多方面改善翻译实践。非通用语专业的翻译教师要具备行业前瞻性，主动将该技术引入课堂，为学生的未来翻译道路打下更坚实的基础。

参 考 文 献

［1］陈善伟. 翻译技术新视野［M］. 北京：清华大学出版社，2014.

［2］吕立松，穆雷. 计算机辅助翻译技术与翻译教学［J］. 外语界，2007（3）：35—43.

［3］钱多秀. 计算机辅助翻译［M］. 北京：外语教学与研究出版社，2011.

［4］徐彬. 翻译新视野：计算机辅助翻译研究［M］. 济南：山东教育出版社，2010.

图式理论在哈萨克语—汉语翻译教学中的运用

■ 解放军外国语学院　张　辉

【摘　要】图式理论对哈萨克语—汉语翻译教学有重要的指导作用，可以帮助定准教学方向、编写教材、革新教学模式、丰富翻译教学策略等，以达到提高翻译教学质量的目的。在哈汉翻译教学过程中，教师应当帮助学生建立和丰富语言图式、结构图式和文化图式，以更有效地提高学生的翻译能力和水平。

【关键词】图式理论；哈萨克语；汉语；翻译教学

图式理论最早主要应用在人工智能领域。近年来，国内外学者将图式理论广泛应用于外语教学当中，但鲜有从哈萨克语—汉语翻译教学的视角来分析图式理论的运用。笔者试图借助于图式理论，从教学定位、教材编写、教学模式革新三大方面分析哈汉翻译教学中存在的问题，并提出相应的对策和建议。

一、图式理论与哈汉翻译教学

（一）图式理论与哈汉翻译

"图式（Schema）"一词来源于希腊语，作为哲学概念是由德国哲学家康德（Kant）于1804年第一次提出的。20世纪初图式理论吸收了理性主义关于心理结构的思想后，又继承了经验论关于过去经验对心理具有积极影响的观点，比较全面地阐述了图式的概念、结构和功能。20世纪70年代美国人工智能专家鲁梅哈特（Rumelhart）把其发展为现代图式理论。在现代图式理论中，图式是指人脑围绕某一或某些主题组织并存储在记忆系统中的知识的表征和结构，包括各种各样的知识，图式的总和便是一个人的全部知识。（Barlett，1932）图式是认知的基础，人们在理解新事物的时候，需要将新事物与已经存在的图式进行一次关联，基于人脑中已存在的信息图式框架来解释、预测、组织、吸收外界的新信息，如果输入的新事物的信息与存在的图式相吻合，则识解达成。（刘明东，2002）

哈汉翻译是一种哈萨克语和汉语的符号转换活动，同时将哈语所承载的各种信息输入到汉语中。哈汉翻译包括对哈语原文的理解和汉语译文的表达两个方面。理解实质上是对哈语进行解码的过程，而表达实质上是用汉语对哈语中的信息进行再编码的过程。哈汉翻译是一种语言活动，更是一种思维活动，实质上则是一种图式转换的过程，在某种意义上，可以将语言翻译理解为"图式互译"。（刘明东，2004）

哈汉翻译是文本与译者知识结构图式的交互过程。翻译时，译者头脑中哈语和汉语这两套图式要同时激活。译者要用哈语的图式来理解哈语的内容，再用汉语的图式把哈语中承载的信息转换成汉语。在这一过程中，哈汉两套图式是相辅相成的。译者自觉不自觉地会对这两套图式进行比较，发现二者之间的差异。

（二）哈汉翻译教学中的三种图式类型

哈汉翻译教学过程中应充分考虑学习者的三种图式类型，即语言图式、结构图式和文化图式。

第一，语言图式。语言图式指学生自身掌握的有关哈语的词汇、句型和语法等方面的语言基本知识。语言图式有助于把握语言的形式，是文本理解和翻译的基础，所以掌握必需的语言知识是哈汉翻译的基础。

第二，结构图式。结构图式指的是篇章结构的知识，即语篇知识。具体地说，是指对哈语文本的格式、结构和体裁等的熟悉程度。掌握结构图式，可以宏观地把握篇章结构，有效地提高翻译的效率。

第三，文化图式。文化图式指的是对文本主题和内容范畴的了解程度，以及对文本以外的哈萨克斯坦文化知识，包括相关的民族宗教、风俗习惯和地理知识等的了解程度，还包括具体文本中涉及的其他学科和专业的知识。

上述三种图式都参与到翻译实践活动中，教师在翻译教学中要教授学生有意识地运用以上三种图式，使文本内容与学生头脑中的图式融合，完成理解过程；也可帮助学生进行词义的选择，有助于翻译的解码；还可以帮助学生激活头脑中相关的文化图式，做到更精准的翻译。

二、图式理论对哈汉翻译教学的启示

哈汉翻译教学中存在问题的一些原因，如哈语和汉语语言图式的欠缺、中哈两国文化图式的缺失等在学生中普遍存在。此外，翻译教材陈旧、教学理念与方法落后等也是突出的问题。

教师要帮助学生丰富相关的知识，完成图式的积累与激活。学生平时多积累图式知识，在具体的翻译实践中就能以已经掌握的图式去理解和建构译文，使输入的信息与业已存在的图式相匹配，完成信息处理的过程。教师指导学生积累图式知识时要分门别类，各属其纲。只有如此，在翻译实践中需要相应的图式结构和内容时，才能信手拈来，省时高效。为保证翻译教学的短时高效，可以借助图式理论，对以下几个方面进行加强。

（一）定准教学方向

哈萨克语专业采用"复语制"教学模式，专业学时有限，学生在四年级上翻译课之前，没有太多的时间去充分掌握哈萨克语的语音、词汇和语法，从而导致语言图式欠缺，已有的哈语语言图式与翻译的要求相差甚远。以词汇的掌握为例，学生往往通过只背诵词汇的词形和词义来掌握词汇，不懂得变通活用，经常片面地理解哈萨克语词汇的意义和用法，认为哈萨克语词汇与其对应的汉语意义是对等关系。这种学习模式，阻碍了哈语图式量的突破。由于语言图式的欠缺，学生在理解哈语原文时就比较吃力，翻译时大部分的精力都用于理解词汇和语法结构，思维受到禁锢，译文便难以形神兼备了。

从信息的转译者来看，除了要掌握足够的哈语语言图式，更要用汉语把哈语原文中的内容准确而完整地表达出来。为此，学生必须要有丰富的汉语语言图式，保证译文符合汉语的表达习惯。在进行哈汉翻译时，学生的汉语图式掌握得越充分，所译的内容越准确、生动。反之，翻译成"哈语式的汉语"，则会使汉语译文缺乏通俗易懂性，让读者费解。如下面这个例子：

Бұл іргелі екі ұлт әлемде қауіпсіздік пен тұрақтылықтың қамтамасыз етілуін қолдайды.

学生译文：这两个民族同样支持维护国际不危险与安定。

参考译文：这两个国家同样支持维护国际安全与稳定。

"ұлт"为一词多义，包括"民族"和"国家"等意义。在该句的语境下，应该选择"国家"的意义，但比较学生的译文和参考译文，我们可以发现，学生在对"ұлт"处理时，没能正确选择适合当前语境的词义，暴露了其语言图式欠缺的问题。

哈汉翻译是传递信息的过程，没有相应的语言图式，就无法利用哈文提供的信息和线索去调动大脑的语言图式，无法完成对哈文的理解，完成翻译。为解决类似问题，应在图式理论指导下，定准教学方向。

首先，在现有基础上增加阅读量和阅读广度。学生的阅读不能仅仅限于教科书，要拓宽视野。课余时，学生可以更多地阅读原文报纸、杂志，浏览网上信息，也可以阅读已经成熟的哈中对照翻译材料，如两国签订的各种协议、联合声明等，内容涉及面要广泛，学生可以从阅读中不断吸收哈语知识，在不断积累和领悟中逐渐丰富哈语语言图式。

其次，增加翻译练习的强度。由于哈汉语言模式的差异性，两种语言中一词多义的现象很多，一些哈萨克语词汇在不同的语境下势必会显现出不同的词义，这给翻译造成很大的障碍。解决类似障碍，仅通过翻译教学是不够的，学生可以在进行其他相关课程的学习时，有意识地进行基本功训练，如扩大词汇量，了解词汇的基本意义和用法；将新学的语言知识，包括词汇、语法等，进行综合翻译练习，强化记忆，提高翻译能力。这种有意识的训练可使学生巩固所学知识的同时，激发其求知兴趣。此环节是提高学生哈汉翻译能力不可或缺的重要组成部分。

再次，丰富汉语图式。学生常常不重视汉语图式的积累，甚至认为汉语是母语，不学也可以。汉语课程往往处于非常尴尬的地位，学生的汉语图式止步于高中水平。通过哈汉翻译教学中对不同版本译文的比较，教师要使学生能够体会到哈汉两种语言的差异，意识到自己汉语图式的不足。汉语图式在翻译中作用重大，丰富汉语图式有很多方法，如参加讲座，扩大知识面，提高人文素养；学习"大学语文"等类似课程，吸收中国思想经典、中国传统文化、中西文化比较研究等知识；参加形式多样的活动，如交流会、辩论赛等，培养"重汉语，学汉语"的意识。研究哈汉语的异同，分析各自的思维方式，形成丰富的中哈语言图式，才能实现在汉语中用最接近、最自然的对等语再现哈语信息。

教师要定准教学方向，引导学生了解认知规律，不仅使学生意识到要丰富自己的哈语语言图式，更要注重丰富汉语语言图式。双语图式要比单一思维模式的记忆更加持久、更加高效，哈汉翻译的困难往往源于双语语言图式中的汉语语言图式的欠缺。我们要改变以前只强调哈语图式积累的弊病，因为哈汉翻译作为双向的交际活动，需要学生双语图式的丰富，不能厚哈薄汉。教师要引导学生多做哈汉翻译实践，在实践中加深和丰富哈汉双语图式的容量。

（二）在图式理论指导下编写翻译教材

当前哈汉翻译教材的内容和形式比较陈旧单一，缺乏新意，大多是文学翻译的基础理论、技巧和材料。这与学生毕业后实际遇到的政治、经济、外交、军事、安全等方面的应用文体的翻译不能无缝对接，难免会造成学的东西用不上的尴尬局面。

可以借助图式理论指导哈汉翻译教材的编写工作。不同文体都有各自的结构图式，对不同文章结构图式的了解有助于翻译的顺利进行。在翻译教学中，我们可以引导学生建立和丰富结构图式，并学会灵活、及时地调用和原文相吻合的结构图式，以便翻译出更地道的译文来。让学生在有限的哈汉翻译课时内尽可能多地熟悉不同文体的结构图式，是我们教材改革的一个重要目标。

首先，翻译教材应丰富学生的结构图式。

结构图式是对篇章整体的把握。哈汉翻译中需充分调动结构图式，分析篇章的特点和功能以及不同篇章的异同，否则会导致译文的风格千篇一律，不能真实地还原原文的功能。（王振华，2008）学生在翻译时，往往受到结构图式不足的制约，不能准确地选择相应的语言图式，导致译文往往令人啼笑皆非。例如：

Жиналыста саяси сенімді нағайту, аймақтың қауіпсіздігі тереңдету, экономикалық ынтымақтастықты ынталандыру, бірлескен даму мен гүлденуге ұмыту, гуманитарлық саладағы ынтымақтастықты және адамдар арсындағы байланыстарды кеңейту болып табылады.

学生译文：会上双方表示将加强政治信任，加深安全领域和经济领域的合作，统一发展、壮大，加深文化交往和人员往来。

参考译文：会议决定双方加强政治互信，深化安全合作，促进经贸合作，谋求共同发展繁荣，扩大人文合作和民间交往。

参考译文采用政论文体来翻译语句，传承了哈文语句中的结构图式，但学生因为缺失相应的结构图式，未能采用政论文体，而采用记叙语体来翻译哈文语句，显然是不得体的。

为解决类似问题，教师在选择材料编写哈汉翻译教材时，不仅要考虑时效性，更要考虑针对性。翻译材料不应只局限于内容陈旧、形式单一的文学材料，而应结合当前社会发展的需要，做到尽可能广泛，应包括政治经济、军事外交、文化风俗、科技等领域。同时应结合实际需要，涉猎部分科技文体的翻译。翻译教材的语料选取主要是国内外各大主要媒体、报纸、杂志或者网站上的原版材料，以及国内外原版小说、读物，或者国内外名家的经典译文。不同文体的翻译需要学生掌握不同的结构图式理论，充分培养学生的文体策略意识和翻译目的决定翻译手段的思想。

其次，哈汉翻译教材应难易适中。哈汉翻译教材所选文章的篇幅和难易程度要适合复语制模式的哈萨克语本科专业的学生，尽可能选择有代表性的文章，同时具备时代性和典型性，要便于引发交流，还要有高频率的语言使用量。这样可以方便学生整理、总结和背诵不同文体的固定词、词组和句式，快速提高学生翻译的速度和质量。另外，翻译教材应突出哈汉两种语言的差异性。翻译材料的选择不应只局限于整篇文章，也要大量穿插中哈对照语句。这可以使学生更直观地把握哈汉两种语言在各自结构图式上的差异性，更好地对二者进行比较，深刻体会二者的转换。

哈汉翻译教材是哈汉翻译教学的重要载体，教师要对哈汉翻译教材进行不断的更新，使教学内容更加贴近现实生活，改变现有教材内容陈旧、形式单一的状态，突出教材的实用性和针对性。

（三）革新教学模式

语言是文化的一部分，语言不可能脱离文化而存在。中哈两国在国家体制、自然环境、民族宗教、风俗习惯、历史文化、性格心理、思维模式等领域都存在较大的差异，这必然给哈汉两种语言打上民族文化的烙印。哈汉翻译不仅仅是语言符号的转换过程，更是文化的转移过程。哈汉语言之间的差异体现了哈中两个国家在文化上的差异，拥有丰富的中哈两国文化图式，是确保哈汉翻译趋于完美的前提。但实际中，学生在翻译一些涉及哈萨克斯坦历史、宗教和民族文化方面的材料时，其中哈两国文化图式就捉襟见肘了。翻译是一门艺术，哈汉翻译是在哈语基础上用汉语进行"再创作"的过程。学生在翻译时，自始至终受到哈语的内容和汉语的习惯双重制约。中哈两国文化图式的欠缺，在翻译时制约着学生充分地领悟哈语的思想，创作形神兼备的译文。例如：

Жеті өлшеп бір кес.

学生译文：量七次后再裁剪衣服。

参考译文：三思而后行。

在翻译实践中，学生只是单纯地将哈文直译为中文（量七次后再裁剪衣服），并没有考虑到哈中两国文化图式上的差异，致使译文难以让人理解。反之，如果结合中国文化图式，采用与哈语原文功能相当的参考译文（三思而后行），翻译效果则会有质的飞跃。

结合哈汉翻译教学而言，用翻译理论指导学生的翻译实践活动可以减少翻译的盲目性。但实际情况是翻译的基础理论知识讲解不够，这与翻译教学长期未受到足够重视有关。另外，翻译教学模式的研究和实践也缺乏科学性和系统性，翻译教学中理论与实践的结合也未能恰到好处，这些都是影响翻译教学质量的重要因素。

在翻译教学中，教师要在图式理论的指导下，改变一成不变的翻译语法化教学模式和哈汉翻译练习讲评式的课堂教学模式，使教学模式更注重理论，更有针对性，更能加强对文化图式的传授。教与学要充分互动，学生在教师积极的指导下进行翻译实践的体验。教师应该有意识地指导学生翻译一些有关哈萨克斯坦文化的书籍、音频和视频材料等，使学生真正地认识到，哈汉翻译是实现哈萨克与汉民族之间交际和文化转换的过程，单单掌握词汇、语法进行哈汉翻译是不够的，文化图式的缺失，会造成学生无法正确理解哈文。

有的时候，甚至可以说文化图式在理解上的作用大于语言图式，它能帮助学生选择信息和排除歧义，在一定程度上能处理语言图式解决不了的问题。只有深刻理解中哈两国文化图式的差异，才能使译文不仅在语言上对等，更能在文化上对等。因此，教师应该革新教学模式，使学生意识到，文化图式的丰富和激活在翻译教学实践中扮演着重要的角色，文化图式信息常常决定着翻译的成功与否。应帮助学生构建丰富的中哈两国文化图式，了解两国文化图式的差异，转变长期形成的中式思维方式和认知模式带来的思维定式，处理好二者之间的异同，克服哈汉翻译中的文化图式缺失的障碍。在翻译过程中自觉地对中哈两国文化图式进行转换，使译文能做到"入乡随俗"，切实提高翻译水平。

具体来说，教师在教学工作中应注重以下四点：

第一，注重翻译理论的讲授。教师应首先系统讲授基础翻译理论知识，介绍一些常用的翻译方法，如直译法、意译法、增译法、删略法、词类转换法等，有意识地培养学生运用翻译理论指导翻译实践的自觉性，从根本上提高学生对翻译理论体系的认识。教师在备课时，应挑选有代表性的语句作为学生课堂上口头翻译的材料，这也是对翻译理论的一种补充认识。课后，教师可引导学生多阅读哈汉文对照的翻译材料，让学生从实际中体会理论与实践结合的效果。学生只有将翻译理论及时应用到翻译实践中，做到理论和实践的有机结合，才能使翻译能力得到不断提高。

第二，教学手段的多样化，改变传统灌输式教学模式为启发式教学模式。教师在指导学生准确理解原文时，不仅要强调理解词汇意义，领悟其背后深层的文化图式，更应启发学生进行自主思考，提高学生的自主翻译能力。在讲解翻译材料时，应让学生尝试自主翻译。对于误翻、错译，要查找原因，与正确译文进行比较分析。增加翻译练习，强化翻译技巧的训练，使学生边学习边运用，达到提高翻译能力的目的。在翻译课堂教学中可以通过多种手段，帮助学生深刻体会语言中的文化差异，增强文化差异的敏感性，提高跨文化意识。如教师可以充分利用现有的教学条件和设备，比如外文书刊、音频和视频等，向学生介绍哈萨克人的人文历史、风土人情、宗教信仰等知识，激发学生的学习兴趣，让学生有感官上的真正体验；也可以邀请外籍教师和有哈萨克斯坦留学经验的教师举办哈萨克斯坦文化知识讲座；鼓励学生开展哈语活动，如哈语戏剧表演、国外节日庆祝等。学生可以通过这些课堂内外各种形式的活动建立和丰富多样化的文化图式，从而提高相应的理解能力。

第三，开展"以学生为中心"的哈汉翻译教学。教师从哈汉翻译教学目标的设定、材料的选择到教学的过程等各方面都必须充分考虑学生的能动因素，翻译教学设计应充分考虑学生的特点和兴趣等因素，翻译的教材、教学的方法和授课的进度要根据实际授课情况不断进行调整。要从根本上激发学生的学习兴趣，从而取得更好的翻译教学效果。

第四，丰富文化图式。基于跨文化背景的哈汉翻译，不仅是哈汉两种语言的转换，更是中哈两套文化图式的碰撞。影响学生翻译水平的不仅仅是哈汉两种语言图式和结构图式，文化图式的因素也十分重要。引导学生加强文化意识、正确处理中哈文化差异是翻译教学的主要任务。丰富文化图式，学生能更好地理解哈文的内容，实现语言与文化的双层翻译。教师要在翻译教学过程中加强对学生的中哈两国文化知识的传授，争取与国情文化教学同步，让学生了解哈汉两种语言图式和文化图式的差异，并将这些差异放置在一定的结构图式下进行分析，从而增强学生对文化图式的敏感性，使译文在尽可能地反映哈文的风格与意境的同时，也符合中文的语言习惯。

三、结语

认知过程的复杂性要求翻译教学除了重视语言图式的教学外，还需充分考虑建立在结构图式上的理解和中哈文化图式的转换。认知图式理论指导下的哈汉翻译教学，既遵循了学生的认知规律，又改变了单一的翻译教学模式，为哈汉翻译教学提供了新的参考模式。在这一模式下，要求学生在掌握哈汉语言图式和结构图式的基础上，熟知中哈两国文化图式，用理论指导翻译实践。哈汉翻译教学实践也表明，学生的相关图式越丰富，对哈语的解读能力越强，译文可接受度则越大。

参 考 文 献

［1］刘明东. 图式在翻译过程中的运用［J］. 外语教学，2002（6）.

［2］刘宗和. 论翻译教学［C］. 北京：商务印书馆，2001.

［3］齐艳，李晓峰. 从认知图式看翻译教学［J］. 教书育人，2007（11）.

［4］王嘉. 认知图式理论视角下的翻译人才培养［J］. 长春师范大学学报：人文社会科学版，2014（11）.

［5］王振华. 论图式理论在翻译教学中的应用［J］. 外语教学与研究，2008（19）.

［6］薛海萍. 论图式理论对翻译的影响［J］. 青海师范大学学报：哲学社会科学版，2006（1）.

［7］周红民. 翻译图式解析［J］. 上海科技翻译，2003（3）.

［8］赵艳芳. 认知语言学概论［M］. 上海：上海外语教育出版社，2001.

［9］Barlett, F. C. Remembering［M］. Cambridge: Cambridge University Press, 1932.

葡萄牙语文学译著在葡汉翻译教学中的应用

■ 上海外国语大学　张维琪

【摘　要】在葡汉翻译教学实践中，教师向本科生解释翻译理论的同时，结合翻译评价标准，对比分析研究葡萄牙语文学原著及其汉语译著，是一种有益的教学方法。自20世纪80年代以后，葡萄牙语文学原著大都从葡语原文直接译出，还有几部作品曾在国内正式出版过多种汉译本，这不仅为我们提供了丰富的对比内容，更让我们从中了解不同译者的不同的翻译理念。在欣赏文学原著和译著之余，学生更应该将关注的重点投入到对翻译方法的揣摩、体会之中。

【关键词】葡萄牙语；汉语；翻译教学；文学译著

翻译是外语学习听、说、读、写、译五项能力的组成部分之一。翻译教学始于学生语言水平达到较高层次之后，在外语教学中始终占据着显要的地位。葡萄牙语归属于非通用语言，在葡萄牙语翻译教学过程中，目前主要面临两个方面的问题：一是教学资料稀缺，全国目前仅公开出版过一册翻译教材，双语词典仅有3本；二是课时有限，国内大部分高校葡萄牙语专业的翻译课程总课时数在72－144学时之间。

近三十年来，由于翻译界前辈的辛勤耕耘，不少葡萄牙语文学作品相继翻译成汉语，在国内正式出版。这些译著，主要源于葡萄牙或巴西两国的文学作品，大多都能在书店和图书馆里找到。对于讲授葡汉翻译课程的教师，抑或是进行翻译自学者来说，这些译著文献都是极为珍贵的。通过对这些作品进行仔细的比对、评价和揣摩，不仅可以获得课堂上未予讲述的翻译知识，还可以了解译者在处理汉语和葡萄牙语的差异时采取的策略、方法和技巧。

一、采用的理论与方法

"翻译学是一门经验科学（empirical science），建基于翻译经验（translation experience）。"[①] 因此，通过学习前人的译作所获得的经验，同样也可以内化成为自身经验的一部分。翻译课需要大量实践为基础，而翻译理论教学如何安排效果更好也是一个问题：是理论一块、实践一块的模块化，还是两者结合起来教学好？是先实践再理论的方法更有效，还是先理论后实践的方法更实用？根据这些实际情况，我们建议，可以让学生掌握一定的译文评析鉴赏能力，让他们能够在课程内外更好地发展翻译能力。

翻译的原则与评价标准实际上应该是一致的。把文学原著和译文进行对比、赏析，我们不妨沿用严复先生的"信、达、雅"作为主要评价标准，同时也可以参照现代翻译理论研究中的一些重要观点，如奈达的动态对等理论，作为更稳固的理论支撑。

另一方面，我们需要引入对比分析法，这是我们得以了解周围事物的基本方法之一，除了可以用在语言研究领域，在评析译文质量过程中也同样适用。事实上，本文拟在翻译教学过程中引入对比分析的方法，特别是将同一葡萄牙语原著的多个译本进行比较。因为，通过不同版本的译文对比，可以了解不同的译者在翻译过程中所持的主要观点，借此理解译者在纷繁芜杂的语言信息下所做出的选择。得益于几代译者的不懈努力，我们如今可以找到几个例子，借用语言学的共时、历时这对概念，对葡萄牙语文学译著进行历时分析研究和共时分析研究。

二、对多个译本的分析研究

（一）不同翻译版本的历时分析研究

葡萄牙浪漫主义作家卡米洛·卡斯特罗·布朗库的文学名著《毁灭之恋》（*Amor de Perdição*）的三个译本为我们提供了分析研究的对象。从出版时间来看，这三个翻译版本差不多是每隔十年左右出版的。下面让我们从历时角度进行对比研究，了解每个译本的不同特点。

---

① 刘宓庆. 新编当代翻译理论 ［M］. 北京：中国对外翻译出版公司，2005：15.

表1 《毁灭之恋》三个译本的出版信息

出版年份	书名	出版社	译者
1981	《被毁灭的爱情》	甘肃人民出版社	顾逢祥、薛川东
1993	《失落的爱》	中国对外翻译出版公司	王全礼
2001	《毁灭之恋》	海南出版社	王锁瑛

为了可以直观地表述这种对比评价，我们不妨引用一下该书的原文以及相应的译文，进行较为详细的说明：

Foi Simão Botelho cautelosamente hospedado, e o arrieiro abalou no mesmo ponto para Viseu, com uma carta destinada a uma mendiga, que morava no mais impraticável beco da terra. A mendiga informou-se miudamente da pessoa que enviava a carta e saiu, mandando esperar o caminheiro. Pouco depois voltou ela com a resposta, e o arrieiro partiu a galope.

Era a resposta um grito de alegria. Teresa não reflectiu, respondendo a Simão, que naquela noite se festejavam os seus anos, e se reuniam em casa os parentes. Disse-lhe que às onze horas em ponto ela iria ao quintal e lhe abriria a porta.[①]

1981年译本：西莫奥被蹄铁匠人不知鬼不觉地隐蔽起来，同时驭夫急忙赶到维塞乌，把一封信交给那个讨饭的老婆婆，这老太婆住在一条很偏僻的巷子里。老太婆详细盘问了驭夫，转身出门，并吩咐来人在原地等候。不一会儿，她带回了回音，于是驭夫火速回返。

黛莱萨的回答犹如一声欢乐的呼叫，她没加考虑就回复了西莫奥：这天晚上庆祝她过生日，亲戚们将集聚在家里，晚上十一点整，她去后花园给西莫奥开门。[②]

总体来说，这部作品的首个翻译版本基本上以直译为主。作为首个译本，在翻译过程中，两位译者谨慎地向译文读者传递着原著所有的信息，或者说他们更在意内容上的准确性。出于表达效果考虑，两位译者在翻译过程中也运用了加词等翻译技巧，但是整体上句子结构比较冗长。通读该译本，整体上感觉有一定的生硬感。在首个翻译版本问世十余年之后，第二个译本正式出版。在阅读这个版本的过程中，我们可以感受到译文在表达上的流畅性加强了。

---

① Branco, Camilo Castelo. Amor de Perdição [M]. Porto: Porto Editora, 1996: 26.

② 卡米洛·卡斯特罗·布朗库. 被毁灭的爱情 [M]. 顾逢祥，薛川东，译. 兰州：甘肃人民出版社，1981：35.

1993年译本：西蒙·博特略被悄悄地安顿下来。与此同时，脚夫赶往维塞乌镇，给住在一条偏僻小巷里的乞丐老太婆送去一封信。老乞丐详细询问了写信人的情况，然后走出门去，并让来人稍等片刻。不一会儿，她带来了回信，脚夫马不停蹄地赶回去。

回信令人兴奋不已。特莱莎未加考虑就告诉西蒙，那天夜里要庆祝她的生日，亲朋好友要在她家里聚会。她告诉他11点整，她到花园为他开门。①

这一版本的译者在翻译细节方面的处理，给予我们一些重要的启发。例如，专有名词"Viseu"，对应的是地名"维塞乌"，但译者明显考虑到译文的读者对葡萄牙地理可能不甚明了，于是在译文中添加了"镇"一字，消除了潜在的疑问。对照原文，我们还是能发觉一些细小的差别。例如，说明乞丐居住环境的那个形容词从句，原文中使用的最高级形式没有在译文中体现出来。此外，译文的最后一句虽然能够理解，但是总觉得有进一步修改的余地。差不多又过了十年，第三个译本正式出版，在我们看来，这次的译文与原文的契合度有了再一次提升。

2001年译本：西蒙被小心翼翼地安顿了下来，同时脚户急急忙忙地赶到维塞乌城，把一封信交给一个叫花婆子，她住在当地最僻陋的一条胡同里。叫花婆子详详细细地询问了写信人的情况，吩咐送信人等着，就出了门。不一会儿，她拿着回信转来，脚户立即飞马离去。

回信带来了黛蕾莎的欢叫。黛蕾莎没有考虑就答复说，那天晚上她过生日，亲戚们都会去她家里，11点整时她将去后花园给他开门。②

葡萄牙语的名词有阴阳性之分，原文的"mendiga"一词，涉及两重含义——乞丐、女性，未见有其他修饰成分。分别对照三个译本，我们可以看到：讨饭的老婆婆、老太婆（1981年译本），乞丐老太婆、老乞丐（1993年译本），叫花婆子（2001年译本）。按照奈达的功能对等理论，可以判断出哪一种更适合。在第三个译本中，乞丐居住环境的糟糕情况也得到了准确体现。此外，译文最后那句话，运用了省略、合并两种翻译技巧，删去了有些累赘的"她告诉他"，获得更佳的表达效果。

① 卡·卡斯特洛·布兰科. 失落的爱［M］. 王全礼，译. 北京：中国对外翻译出版公司，1993：29.

② 卡米洛·布朗库. 毁灭之恋［M］. 王锁瑛，译. 海口：海南出版社，2001：47.

（二）不同翻译版本的共时分析研究

我们可以对巴西浪漫主义作家贝纳多·吉马良斯的文学名著《女奴伊佐拉》（*A Escrava Isuara*）两个翻译版本进行共时分析研究。两部译作几乎同时正式出版，仅有1个月的时间间隔。20世纪80年代中期，适逢我国改革开放之初，有大量外国文学作品集中翻译，满足人们对外国事务的好奇和向往。与此作品同时出现的，还有一部同名巴西电视剧。通过对两个版本的译文进行对比分析，除了不同版本能够体现出不同译者的翻译理念以外，我们还可以对翻译过程中的句型运用和词汇选择方面予以重点关注。

表2 《女奴伊佐拉》两个译本的出版信息

出版年份	书名	出版社	译者
1984	《女奴》	江苏人民出版社	翁怡兰、李淑廉
1985	《女奴伊佐拉》	浙江文艺出版社	范维信

为了直观地表述这种对比评价，我们不妨简单地引用一下该书的原文以及相应的译文：

Entretanto, como se verá, não tinha muito de que congratular-se. O visitante era Miguel, o antigo feitor da fazenda, o pai de Isaura, que havia sido outrora grosseiramente despedido pelo pai de Leôncio.[①]

1984年译本：可是，莱昂西奥并没什么值得高兴的。来客是庄园的老工头，即被莱昂西奥的父亲粗暴赶走的伊佐拉的父亲米盖尔。[②]

1985年译本：然而，读者马上就能看到，莱昂西奥没有什么值得庆幸的理由。来人是米盖尔，伊佐拉的父亲，当年被老庄园主粗暴辞退了的工头。[③]

可以注意到，原文中两个用来表明米盖尔身份的同位语成分，以及后面的一个形容词从句，起到解释说明作用。葡萄牙语句型结构中，定语往往是后置的，而另一方面，汉语的定语则是前置的，承载能力有限。对应的第一个译本，译者根据原文的修饰关系，在翻译时进行了重组，把原文的每一个成分都准确地反映出来。可是，虽然米盖尔的身份和相关信息都有了，但读下来不免让人有种兜圈子的感觉。第二个译文中，有一丝细微的改译，就是把"莱昂西奥的父亲"（pai

---

① Guimarães, Bernardo. A Escrava Isaura [M]. São Paulo: Ciranda Cultural, 2001: 21.

② 贝纳多·吉马朗斯. 女奴 [M]. 翁怡兰，李淑廉，译. 南京：江苏人民出版社，1984：31.

③ 贝纳多·吉马良斯. 女奴伊佐拉 [M]. 范维信，译. 杭州：浙江文艺出版社，1985：40.

de Leôncio）改换成为"老庄园主"。但读者完全可以从前文获得相应的信息，明白这两者的身份其实是一致的。译者在翻译过程中也进行了顺序上的调整，同时还注意到了汉语在表达上的效果。于是，那种结构上的简洁、明快感就出来了。

三、其他资源与方法的推广

一本葡萄牙语文学名著，能有两个以上汉译本的并不算多。除了上述两个例子以外，我们能够找到的译著可以分为两类：一类是所有译本都是从葡萄牙语译出的，另一类当中有的是从其他语言转译而来的译本。

从葡萄牙语直接译出的主要是巴西当代作家保罗·科埃略的小说作品，其中包含有《牧羊少年奇幻之旅》（*O Alquimista*，又译《炼金术士》）、《维罗妮卡决定去死》（*Veronika Decide Morrer*），分别由孙成敖和闵雪飞翻译。随着中国葡萄牙语教学的发展和翻译实践的深入，相信不久以后会有更多的译著从葡萄牙语直接译出。

包含从其他语言转译而来的主要是巴西现代主义作家若热·亚马多的小说《加布里埃拉》（*Gabriela, Cravo e Canela*），它有两个译本，其中之一便是由孙成敖从葡萄牙语直接译出，另一个版本则是从西班牙语转译而来，出版时间较为接近。除此以外，还有葡萄牙现代主义作家费尔南多·佩索阿的散文集《不安之书》（*Livro do Desassossego*，又译《惶然录》）。该书的三个译本中，最早的一个译本来自作家韩少功，第二个译本的译者是香港诗人陈实，第三个译本由刘勇军翻译。

能有这些译本，归功于葡萄牙语翻译界的前辈和同仁的不懈努力。那么，对于其他缺乏类似资源的非通用语，如何实现这种对比研究呢？我们建议，如果仅有一个翻译版本的，不妨与自己翻译的内容进行对比；要是没有译本的，不妨鼓励学生自己动手，相互之间把翻译内容进行比较，或是把自己以前翻译的内容与现在翻译的内容进行对比，同时进行评析和总结。这样，翻译能力必定能有所增强，理论水平自然也会有所提高。

四、结语

综上所述，通过对比研究不同的译本，可以使我们较快地发现一些翻译上常见的问题，并可以从比较过程中找到较为可靠的解决办法。这种方法，结合着具体的翻译实例，使得对翻译理论的讲授不致过于抽象，同时可以指导学生或者让他们自己发现问题并想出解决办法。这也是一种积极参与翻译实践并不断提升理论研习的过程。总之，每一个译本对我们来说都是宝贵的资源，应该予以妥善的应用。希望这些富含翻译思想、技巧的译著不仅能成为文学爱好者的珍藏，而且能成为翻译学习、研究人士的良师益友。

参 考 文 献

［1］贝纳多·吉马朗斯. 女奴［M］. 李淑廉，翁怡兰，译. 南京：江苏人民出版社，1984.

［2］贝纳多·吉马良斯. 女奴伊佐拉［M］. 范维信，译. 杭州：浙江文艺出版社，1985.

［3］卡·卡斯特洛·布兰科. 失落的爱［M］. 王全礼，译. 北京：中国对外翻译出版公司，1993.

［4］卡米洛·布朗库. 毁灭之恋［M］. 王锁瑛，译. 海口：海南出版社，2001.

［5］卡米洛·卡斯特罗·布朗库. 被毁灭的爱情［M］. 顾逢祥，薛川东，译. 兰州：甘肃人民出版社，1981.

［6］刘重德. 文学翻译十讲［M］. 北京：中国对外翻译出版公司，1991.

［7］刘宓庆. 翻译教学：实务与理论［M］. 北京：中国对外翻译出版公司，2007.

［8］刘宓庆. 新编当代翻译理论［M］. 北京：中国对外翻译出版公司，2005.

［9］Branco, Camilo Castelo. Amor de Perdição［M］. Porto: Porto Editora, 1996.

［10］Guimarães, Bernardo. A Escrava Isaura［M］. São Paulo: Ciranda Cultural, 2001.

［11］Nide, E. & Taber, C. The Theory and Practice of Translation［M］. Shanghai: Shanghai Foreign Languages Education Press, 2004.

基于学生兴趣的葡萄牙语翻译教学

——以"慕课"体现形式为参考

■ 解放军外国语学院　宋文强　熊　轩

【摘　要】"慕课"是近年来在全球范围内兴起的一种新的开放式教学模式，并在中国迅猛发展，其带来的教学变革意义不容忽视。本文旨在探究开放性翻译教学——基于学生兴趣的翻译教学，试通过对"慕课"体现形式进行转化与继承，贯彻该模式"学生本位"的核心思想，模仿该模式网络教学以及"微课"创新授课形式，对翻译课堂教学提出具体做法。

【关键词】翻译教学；兴趣；慕课；教学模式

"慕课"改变了传统的教学组织方式，真正意义上实现了传统教学长久以来难以达到的实现方式——学生作为学习的主体。在"慕课"形式授课的背景下，学生可以有目的、有选择地决定自己要研修的课程，在选择课程方面拥有更强的自主性和目的性。当然，限于院校现实以及语言学习的客观要求，完全铺开的"慕课"教学并不实际，适合不同专业领域的教学也没有一个标准可以依据，本文介绍的"兴趣"属于狭义上的兴趣，是规定了范围内的"兴趣"选择。虽然在实现结果上无法与真正意义上的"慕课"相比，但是，此种方法确实比以往由老师来决定授课内容的传统方式人性化得多，同时也服务于院校对于培养人才的要求。

一、参照慕课形式的葡语翻译课教学

本文提及的教学方式仅针对翻译这门课程，核心特点为基于学生兴趣式教学，实现方法为参照"慕课"的体现形式。具体实施分为三个步骤，即准备阶段、实施阶段和考核阶段。三个阶段紧密联动，缺一不可，共同构成本教学模式的基本框架，下面介绍三个步骤具体的实施方法。

（一）准备阶段

本教学模式的准备阶段，即通过简单方式，让学生展示出其兴趣所在，在翻译课程的框架下，由学生选择自己想要学习的内容。具体准备内容有：

1. 传统观念转变

首先，转变传统教学观念。"慕课"是当今时代促成的新的教育变革，对于高等教育来说，与传统教育相比，其优势有："慕课"突破时空和规模的限制，实现了优质教育资源全球共享；"慕课"改变了传统的课程组织方式，形式新颖独特；"慕课"改变了传统的教学质量评价方式。作为高等院校的教师同样不能固守传统，遏制新兴事物的发展，应学习大趋势下"慕课"教学模式精华，结合广泛的多媒体形式，提供高质量的教学。因此，转变传统教学观念，认识到新教学模式的价值，对于教师这一层面至关重要。

其次，明晰翻译教学与教学翻译的区别。教学翻译以外语为中心，是外语教学的辅助手段，旨在帮助学生认识外语词汇和语法，提高运用能力，练习材料以词句为单位。翻译教学将外语能力视为获得翻译能力的前提条件，运用翻译理论全盘规划翻译课程，旨在培养学生的翻译理念、技能和方法，是自成体系的翻译职业培训。这是本文采取"基于学生兴趣"教学方式的支撑理论，也明确了该模式旨在教授翻译教学，介绍翻译理论，实践翻译方法与技巧。有的老师可能认为，基于兴趣的教学只会让教学无章法可遵，无规法可依。当我们真正意义上将翻译课程作为一门课程的时候，我们会知道，介绍翻译理论与方法、磨炼翻译技巧才是翻译课的核心，抓住这个重点、这个核心，将具体理论与方法融入到学生感兴趣的主题或话题中而展开的教学势必会达到更好的效果。这也是教学者需要认识到的一个问题，要展开新的教学模式，在认知上得提前做好准备。

2. 学生兴趣调查

结合学校实际，尽量模拟"慕课"式自由选择学习内容的形式，在课程开设前对学生感兴趣的领域做调查，参见表1"兴趣领域调查表"。

表1 兴趣领域调查表

姓名	领域	（画钩）
	文学	
	艺术	
	经济	
	哲学	
	音乐	
	体育	

　　之后教师针对学生选择的领域进行有针对性的课程准备。表中提供的领域相对有限，原因是实际执行要结合具体实际拟定领域，既要体现选择的宽泛性又要保证实施的可操作性，在此之前，教师需要考虑两个因素，一是教师对相关领域的了解程度；二是学科内容、翻译方法与翻译技巧联系是否紧密。兴趣领域设置的内容模仿Coursera所列举的领域，但又结合具体教学实际，因此，表1只是提供了一个参考样本，旨在展示本专业为翻译课开展所准备的选择领域，其他老师也可以根据自己熟悉的领域对本表格领域内容进行适当删减。需要明确的是，在这个表格中，学生只可选择一项作为其之后翻译课程的主修内容，并选择另外一项作为辅修内容。表2为班级学生的选择样本，表格显示Elsa同学对于文学领域最感兴趣，选择其为今后翻译课程的主修课程，音乐为其次感兴趣的领域，并选择其作为辅修课程。

表2 兴趣领域调查表

姓名	领域	（画钩）
	文学	√ 1
	艺术	
	军事	
Elsa	经济	
	哲学	
	音乐	√ 2
	体育	

学生的兴趣是学生学习的不竭动力，传统教学模式下，对于学生兴趣的培养往往不足，授课内容与兴趣的连接不系统、不持久且过于单一，学生可能会觉得学习内容枯燥，往往不愿意花大力气去钻研。分类列举不同领域，让学生来做选择，很大程度上体现了学生的意愿、兴趣和想要学习的东西，有了目标和定位，那么学习上也会更加用心。了解学生选择的主要兴趣领域之后，还需要细化一个具体主题，作为开设课程的名称，这需要学生自己在具体领域框架下进行相应的选择，下面以列举本班学生的课程专题选择为例，参见表3"开设课程主题名称"。

表3　开设课程主题名称

姓名	所选领域	具体主题
Bruno	体育	NBA 的发展历史以及若干著名球星
Elsa	文学	保罗·科埃略作品以及人物赏析
Noé	艺术	葡萄牙蓝白瓷艺术

通过表格我们可以直观看出具体选择的范围以及内容，我们也可以看出学生基于自己的兴趣，在主题选择上各不相同，该部分需要教师审核，衡量实际开展的难度与可行性，在不改变学生兴趣的基础上，进行主题范围的扩大与缩小，形成最佳的授课主题。完成这一步骤后，接下来教师就要开始对学生选择的主题进行材料的收集，结合翻译理论与方法，以及需要讲解的翻译技巧，把主题内容作为载体，将理论与方法作为核心，通过撰写幕后脚本，录制教学视频，进行后期处理，最终形成一个个基于学生兴趣的教学模块。

3. 教师知识与技能培养

作为该模式的推出者，教师本身要对"慕课"有比较深的了解，通过理论学习了解"慕课"的概念以及发展历史，通过知名"慕课"教学网站的学习，以一名学习者身份切身感受"慕课"学习的方方面面，具体评估"慕课"教学形式的优点，掌握此种教学的展开与演绎形式、与传统教学的差异，形成自我在展开教学变革上的基础储备。浏览国外成熟教学形式，借鉴国内已有的现实案例，增加对于"慕课"教学方式的理解。

此外，还需学习相应的计算机知识，比如视频制作、视频剪辑以及后期制作等一整套相关的知识，在实践中培养这方面的技能，在实际反馈中不断修订自己的教学短片，融入趣味性，形成学生最容易接受的形式。

（二）实施阶段

实施阶段的基本形式为"网络＋课堂"这种形式，主要通过学生课下学习网络平台上教师准备的基于兴趣的翻译课程为支撑，通过自主学习，提交相应作业完成授课。网络平台是学生自我学习的中心，也是该模式对于教学改革的一个重点，对于知识的讲解和讨论与答疑都应该体现在这个环节上。课堂上，教师始终围绕翻译理论、翻译方法和翻译技巧这一核心，对于一堂课重要问题做出补充讲解，回答学生网络学习中集中出现的问题，再通过具体实例与练习巩固学生对于所学知识的掌握、发散和迁移。针对不同主题的例子让学生认识到相同的翻译方法可以适用于不同的领域中，并具有现实与指导意义，加深学生对于课程核心的把握，即掌握翻译方法与翻译技巧。

1. 基础准备

本教学模式具体实施起来应做好以下基础准备：首先结合本学期具体实际，通过调查学生课余时间分布情况，掌握学生可以实施网络学习的时间。请参看表4"课余时间调查表"（以 Bruno 为例）。

表4　课余时间调查表（空白代表忙碌，阴影代表空闲）

姓名	课节	星期一	星期二	星期三	星期四	星期五	星期六
Bruno	1						■
	2			■			■
	3		■	■	■	■	■
	4					■	■
	5	■	■				■
	6						■
	7		■				■

从本表格可以清楚看出学生 Bruno 空闲时间的分布，由此可以了解学生学习网络课程的时间段，规范学生提交作业与问题的时间，方便教师及时进行反馈，做好课下的讨论，以及课堂中有针对性的解答。课余时间表的调查中空闲的时间一般不可以被其他事情支配，因此，学生在填写时一定要掌握实际，并不能单一

理解为没有课就是空闲时间，这点需要提前跟学生沟通好。规范的时间节点是督促学生系统学习的一个关键，也是展开网络教学非常重要的环节。其次，当翻译课程开课前，教师将事先制作好的网络资源教学视频上传到相应的院校网络学习平台上，供学生自主学习使用。通过规定学习时间、留好相应习题、集中答疑、展开讨论等形式展开教学。

2. 授课内容

授课内容要体现学生的具体兴趣，但又不能偏离翻译这门课程的要求，因此在具体安排上要有所规划。简单来说，授课内容＝兴趣性＋同步性。

兴趣性是指翻译课程的讲授要符合学生之前选择领域的相关知识，针对具体主题，将要讲解的翻译方法和技巧融合到该领域介绍之中，学生可以利用自身之长，在具体翻译实践中更快理解精髓。举例来说，介绍动作修饰语的翻译方法时，比如"学生们进入学校，<u>又唱又笑</u>"这句话，"Os alunos entraram na escola, **cantando e rindo**"其中"cantando e rindo"属于葡语中的副动词用法，用来修饰学生进入学校的一种状态，当教师要讲到该知识点的时候，基于兴趣教学的模式，在网络平台的教学视频下，我们通过改变句子形式，贴近学生主题，变化成新的形式，当视频镜头定格在给到一位著名球星的表情上，这时候给出以下句子："篮球宝贝们进入球场，<u>又唱又跳</u>，然而，这一刻，科比的心无比宁静。""A animação da torcida de basquetebal entrou no estádio, **cantando e dançando**, mas nesta altura, Kobe era extremamente tranquilo. "其中"cantando e dançando"也是副动词的用法，修饰啦啦队员进入球场的方式。对于那些对NBA有兴趣的学生来说，这样的切入就非常恰当，而且接受起来非常自然。

同步性是指每个学生每次课接受到翻译知识是同步的。通常来说，每一名学生一周只有一次翻译课，因此网络资源的学习也是每周更新一次，因为学生个人学习的具体内容是不同的，相关翻译方法与翻译技巧的介绍要是相同的，教师可以在课堂集中解决学生问题，举出更多例子加深其他学生对于讲解知识的全面理解与消化，也使得课下的分散学习集中到课堂学习上来。这是保证课堂教学在该模式下存在的重要方面。

具体详细的授课内容分为两部分，第一部分为介绍性课程，包括介绍开设本课程的原因、授课方法、作业内容、要达到的效果、授课安排表，以及教师准备课程的参考书籍和网站。第二部分为实际的授课内容，具体分为：

表5　翻译课授课内容

翻译理论介绍	葡汉语言对比1	葡汉语言对比2	异化法
归化法	基于原句翻译	基于译语翻译	词义特点
增词与减词	词类转换	语态转换	语序调整
重复法	反译法	长句译法	篇章实践

　　虽然我们看到基本的课程还是跟翻译课没有太大区别，但是我们要知道，在具体实践中，每一名同学接收到的信息都是不一样的，学生接受理论的切入点也是不同的，思维方法、引入途径都是独特的。我们选取其中"重复法"授课内容作为一个例子。

　　"重复法"就是对于葡萄牙语中重复的部分，经常使用其他成分对其进行替代，并连接上下文，形成比较饱满的句子。然而汉语中这样的情况并不是很多，习惯上我们要采取"重复"的方式完成上下文的连接，这是葡汉翻译的一个技巧。例如"A casa de Tino, está situada no Parque Natural, numa **aldeia chamada Vale de Mu**, a cinco minutos do Porto."译文为："蒂诺的家住在一个**小山村**的自然公园里，这个**小山村**叫木谷，离港口有五分钟的路程。"这个例子，在葡萄牙语原句中，小山村"aldeia"只出现了一次，通过"chamada"和前置词"a"将句子连接起来。然而，汉语译文中，我们最好将山村重复一下，连接较为多的修饰语，使句子符合汉语表达的习惯。如果是普通教学，我们举的例子就仅限于此，我们的学生接收到的例子都是一样的。但是，基于上文所述的新模式，不同的学生将会在网络教学中得到不同的教学实例。比如我们会看到这样的例子，参见表6"翻译教学实例"。

表6　翻译教学实例

Noé	O azulejo é uma peça de cerâmica vitrificada e/ou esmaltada, de pouca espessura, são recomendadas para serem utilizadas como revestimento de parede, ganhando grande fame em Portugal.
Elsa	A edição do seu primeiro livro foi em 1982, Arquivos do inferno, que não teve repercussão desejada infelizmente.

　　Noé同学的例子的译文为："蓝白瓷是一块厚度薄，经过抛光或者上釉的瓷片。蓝白瓷常常被用来装饰墙壁，在葡萄牙享有盛名。"葡语原句中，蓝白瓷只出现了一次，解释语太长，如果一口气翻译出来，句子显得冗长，因此句中可

以重复一下"蓝白瓷"这一主语，使汉语译文更通顺。Elsa同学例子的译文为："保罗于1982年出版了他的第一本书，《地狱档案》，然而，不幸的是，该书的反响不尽如人意。"这个句子中，重复了"该书"使得句子更为完整，符合汉语表达习惯。从以上所举例子中，我们可以看到基本翻译方法的引入与教授是完全可以融入到学生兴趣的选择上的。将所有授课内容，以学生兴趣领域为基础进行再创造与加工，形成统一核心的教学，就是如此展开的。

（三）考核阶段

考核阶段是对该教学模式下学生具体翻译能力的考察和评估。由于该模式采用课堂与课下并重的授课方式，因此，在考核上也要考虑到其特殊性。基本方式为：学生总成绩＝笔试成绩60%＋平时成绩40%＝100%。

笔试成绩的内容包括两个部分，第一部分为该学生所学主题内的考查，涉及网络教学中的内容以及延伸，考核的翻译题的主题都集中于学生自己所选择的主题框架下的内容考核；第二部分为共同考核部分，考试内容旨在考查学生迁移、发散的能力，看其是否能够将所学的方法与技巧应用到具体实践中，从而突破自己学习领域的限制。考核内容涉及范围并不固定，涉及领域也较多。一张考试试卷为100分，每个部分各占50分。

对于平时成绩的考量主要包括两个方面，一是辅修课程教学视频制作，二是日常完成情况，两者所占比例分别为40%和60%。首先，我们看日常完成情况考核内容，请参照表7"日常表现评估表"。

表7　日常表现评估表

姓名	完成课程数量	提交作业数量	提交作业质量	文章收集数量
Bruno				
Elsa				
Noé				

表7的前几项内容我们都可以从网络教学平台上统计得到，提交作业的质量需要教师自己评判，给出自己的看法和修改意见。文章收集数量是指学生对于自己所选主修以及辅修课程主题的资料收集，查看学生对于感兴趣领域的研究与探索程度，不仅服务于其辅修课程教学视频的制作也有利于教师积攒资料，作为以后开设该领域课程的基础资料储备。通过这些项目的综合评定，最终给学生一个

中肯的分数。

辅修课程教学视频的制作旨在让学生了解本模式下教学的中心是让学生透过主题看到翻译方法与翻译技巧的讲授，了解本课程的组织与实施形式。它是学生综合能力的延伸与提高的一个考核，全面检验学生口语、写作、网络搜索以及多媒体应用的能力。要求学生模仿网络课程的形成方式，制作一节包含特定翻译元素的教学视频。在某种程度上说，学生的作业体现形式中的优点，教师也可以及时吸收，在之后的课程制作中找到灵感，对于教学视频进行相应的优化。

（四）注意事项

本教学模式还应注意如下事项：

1. 课程准备工程量大

通过学习 Coursera 上的课程可以发现，其授课形式、视频制作、后期处理等方面都很出色，各方面联系紧密，讲解生动活泼，不拘泥于形式。要想达到同等的网络教学水平势必须下大功夫，在材料收集、台词撰写、后期制作、多媒体技术学习等各个方面，不付出大的工程量是难以达到预期效果的。此外，本翻译教学模式是基于学生兴趣，不同学生具有不同兴趣，因此课程的准备任务就更加繁重、复杂。

2. 理论联系实际难度较大

基于学生兴趣的授课模式提高了学生学习的自主性，但是，实施起来可能会发现要将相应领域的主题与具体的翻译方法与技巧融合起来难度较大，需要花费很多时间和精力，在具体讲解中需要做出一定取舍，否则容易出现理论与实践相脱节的情况。

3. 考核量化标准不细

虽然最后的考核形式多样，考查内容较为全面，但是我们会发现具体量化的标准并没有给出，考虑到学生学习内容的不同，完成作业评定的标准也就不一样，主观性较强。因此，本模式下具体量化的标准还需要更多的完善与修改。

4. 学生自主学习监督不够

虽然该模式通过课余时间调查表掌握了学生一周的具体时间安排，通过习题、讨论形式规定了学生的学习时间，但是学习效果以及认真程度并不能完全很好掌握，只能通过作业以及课堂表现来了解学生的自主学习情况。

二、结语

针对新形势下葡语教学模式的改变，本文通过研究翻译课程教学特点，提出了一种探索性的教学模式，并给出了其具体的实现方法，构建一套完整的模式系统，应该对葡语现实翻译教学具有一定的借鉴意义。尽管该模式还存在一定的不足，但是，日后对于该模式的实际运用与反馈，对于该模式的补充和完善，会使基于学生"兴趣"的翻译教学更富有成效。

参 考 文 献

［1］陈江．慕课的建设与实施策略［J］．北京广播电视大学学报，2014（1）．

［2］陈肖庚，王顶明．MOOC的发展历程与主要特征分析［J］．现代教育技术，2013（11）．

［3］陈玉琨．慕课与翻转课堂导论［M］．上海：华东师范大学出版社，2014．

［4］杜世纯，傅泽田，王怡．浅论MOOC对我国高等教育的影响与启示［J］．高等农业教育，2014（5）．

［5］胡红玲．英语专业慕课教学设计蠡测［J］．创新与创业教育，2014（6）．

［6］桑新民，李曙华，谢阳斌．21世纪：大学课堂向何处去？——"太极学堂"的理念与实践探索［J］．开放教育研究，2012（2）．

［7］谭笑．军队院校慕课建设面临的困境及发展对策［J］．煤炭高等教育，2015（1）．

［8］王萍．大规模在线开放课程的新发展与应用：从cMOOC到xMOOC［J］．现代远程教育研究，2013（3）．

［9］俞翔．葡汉翻译：理论与实践［M］．北京：外语教学与研究出版社，2014．

［10］张鸷远．"慕课"（MOOCs）发展对我国高等教育的影响及其对策［J］．河北师范大学学报：教育科学版，2014（2）．

认知语义学理论在泰语多义词教学中的运用

■ 上海外国语大学　宋　帆

【摘　要】词汇教学是外语教学的基础，多义词教学是教学中的重点和难点。本文结合个人教学经验，通过实例介绍和探讨认知语义学理论在泰语多义词教学中的具体教学方法和实际运用效果，希望对泰语教学者有所启发。

【关键词】泰语词汇教学；理论运用；方法

泰语和汉语一样，都属于汉藏语系，基本语序相似，并且缺乏形态变化。因此，对于将泰语作为外语习得的学习者而言，语法习得较为简单，而难度更大的是词汇习得尤其是多义词的习得。泰语中的多义词比重相当大，这些词往往使用频率高，词义随不同的使用环境变化，较难掌握。因此，泰语多义词的教学问题很值得研究。

一、问题的缘起

泰语的多义词掌握之所以是个难点，其客观原因在于大多数多义词在汉语中无法找到同等意义范畴的词汇来对应，初学者又往往受到母语的干扰，造成词语理解和使用上的偏误。泰汉词典里的词义解释往往是用中文近义词汇来解释的，难以表达词汇的确切意义。泰泰词典对词语的解释虽然更加贴切，但并未从认知角度对词语意义做深入分析，亦未对各意义项之间的联系做具体说明。

在泰语词汇教学上，如果我们能对目标生词进行深入研究，找到并深入阐述该词语各义项之间的内在联系，就能帮助学生更深入地理解生词。

认知语义学理论的发展突破了传统语义学的局限，如果能从认知的角度深入解释词语的意义发展扩大的过程，就能为词汇教学提供新的启示。近年来，已经有一些关于在外语词汇教学中应用认知语义理论进行教学的研究，但在泰语词汇教学研究上，仍然非常匮乏。

本文将结合本人的实际泰语教学经验，探讨认知语义理论在泰语多义词教学中的作用及运用方法，以求提高泰语多义词词汇的教学效果。

二、认知语义学理论在泰语多义词教学中的实际运用方法

（一）在教学中深入阐释词汇各义项之间的内在深层联系

认知语义学的基本观点是认为语义是基于经验感知的，语义是一种心理现象，独立于认知以外的语义是不存在的。认知语义学主要研究人类基于认知基础上的概念系统、意义和推理。语义的形成与概念的形成同时并举，语义的形成具有动态性和不确定性。认知语义学还认为，各民族对客观事物界限的划分与各民族的认知和实际交际需要等因素有关，这也是造成不同语言词汇差异性的根本原因。

根据认知语义学理论，词义向外扩展的规律是由近及远，从熟悉到不熟，从具体到抽象。这个扩展往往借助于隐喻及转喻等方式经过复杂的途径才最终实现。而其途径越是复杂便越是难以分析，这也是人们之所以难以理解词汇各义项之间的联系的原因，但这种义项的存在在多义词中又十分普遍。

认知语言学家Lakoff和Johnson认为，事实上隐喻在日常生活中十分普遍。他们认为隐喻不只是人类的一种修辞方式，而是一种思维方式或认知机制。隐喻实际上是概念隐喻，是从一个概念领域向另一个概念领域的映射，是通过一种事物来理解另一种事物的手段。概念隐喻的提出为多义词教学提供了新的视角。根据概念隐喻理论，一个词可能有多个含义，但只有一种是其基本含义，其他的含义都是由其基本含义创造或引申而来的，即隐喻含义。概念隐喻可以帮助学习者发现并掌握多义词不同义项之间的联系，通过对其基本含义的掌握，激活头脑中的隐喻概念，进而发现多义词的隐喻意义并掌握多义词的各个义项之间的关联，从而深入领会该多义词。

但是，对于外语习得者而言，寻找多义词各义项之间的关联难度更大，这是因为不同语言之间的认知方式和隐喻方式不是等同的。

以泰语词汇"ออก"举例。这个词最常用的意义是"出去"，做动词，其对应的基本原型范畴是指从封闭容器向外移动的概念。这个词语看似非常简单，但它有各种扩展意义，其中有一部分等同汉语里面"出"这个词的意

义及搭配，学生很好理解。例如，泰语中有"ออกหน้าออกตา"，可对应汉语中的"出头露面"一词，指在公开场合露面。泰语中"ออกหนังสือพิมพ์"指的是出版报纸，"ออก"在这里是"发行，办（报）"的含义。汉语中也有"出报纸，出书"等的说法，学生可以很容易理解"ออก"的这些用法和搭配。该词也有不同于汉语的扩展义项，例如它还具有"生育"的意义。虽然不同于汉语的表达，但也较容易理解。因为生育的过程也是从胚胎里出来的过程，符合该词词义产生的基本认知意象图式。但是"ออก"的另一个意义是做形容词，意为"比较"。它的位置既可以放在被修饰语前面，也可以置后，例如"สวยออก"的意思是比较美丽，表示程度相当。汉语中的"出"一词没有这样的用法和意义，很多学生对这个义项的出现表示不理解。近年来泰国语言学学者从认知语义学角度研究该词，认为这个词义是隐喻义，也与从封闭状态向外移动的概念有关，是指某一特性从隐藏着的不明显状态由内向外移动而使特性从不明显到明显表现出来的结果。"สวยออก"指美的特性从内到外逐渐明显地表现出来到了一个显著的状态，其实际意义为"从特性不明显到明显表现出来"的意思。因为在汉语中没有这样的隐喻意义，我们只能用"比较"这个词来对应翻译，是翻译的对应词义，实际上该词义与不同事物在一起比较的过程无关。

语言词汇教学不应是灌输式的，简单地罗列每个词的义项然后让学生死记硬背是收不到良好效果的，应尽量深入讲解词义来源的理据性，避免机械死板的教学方法。

（二）以中心词义为基础建构词义框架，安排合理的教学顺序

多义词各义项之间的词义存在着联系，是围绕中心词义建立起来的词义框架结构。在词汇教学中，必须帮助学生分析和找到其基本词义，理解各词义的扩展先后关系。认知语义学的原型观认为每个词都有词义原型，其余意义和它共享诸多家族相似性。因此多义词的教学应该以核心词义原型为基础，以语言对比为研究分析工具，确定教学顺序以及教学重点。

以"หน้า"这个词为例，从原型观我们得知，这个词的中心意义为"脸"，指的就是我们的面孔，是人体的重要器官。这就是这个词的原型范畴语义。但人的脸和其他事物又是怎么通过隐喻路径建立联系的呢？事实上，在词典中这个词一共列举有 11 个义项。教学中应该遵循意义链的扩展线索，并遵循从具体到抽象，从易到难，从典型到模糊，从常见到少用的顺序来帮助学生建立起一个词义网络。这个词不仅对应着汉语的"脸"，还对应着汉语的"面"的一

些义项。它可以指书籍的封面，物体的表面和前面等。通过扩展还可以指布匹的宽幅，进而可以作为布匹计量的量词，也可以指书本的页张，进而作为书本的页数的量词。由于每个人只有一张脸，这个词又可以借代个体的人。同时，这个词还可以更深入地转喻为"面子"、"情面"的意义。这点正好和汉语相同。在教学中，可以安排先教与汉语该词相似的义项以及虽然有所变化但仍然较为容易理解的义项。

另外，"หน้า"的泰语特有语义为"季节"、"时节"。这个义项不容易理解，在汉语中"脸，面"也没有对应的义项，可对学生进行深入的解释。正如一个人的脸为其代表性器官一样，脸是一个人最主要的外在展示之一。因此当一段时间某样事物特别多的时候，例如在雨季，雨特别多并成为这段时间展现出来的最主要的特点的时候，便将这段时间称为"หน้าฝน"，即"雨季"。同样，当某段时间榴梿上市的时候，榴梿四处可见，成为很明显的表面现象或很具有代表性的事物，便把这段时间称为"หน้าทุเรียน"即"榴梿季节"。

最后，根据认知语义学理论，人类有空间方向感知器官，没有时间感知器官，人们往往把时间关系看作空间关系，将时间看成是一个从过去开始一直通向未来的连续不断的流动路程或路径，而且空间要素关系和时间要素关系之间具有许多的相似性。因此"หน้า"这个表示"前面"的空间概念的义项又发展成为表示将来的时间，并且词性也发生改变，成为副词，修饰时间名词表示"将要到来的"。这也是汉语中没有的用法。

通过对"หน้า"这个词进行深入的认知语义分析，能帮助学生深刻理解词汇，从而构造与该词汇有关的互相联系着的意义链，加深学生记忆。这也要求我们更多更深入地对泰语多义词进行认知语义研究，并运用到泰语教学中来。

（三）在多义词的教学中融入国情文化知识教学

认知语义学理论认为，不同语言群体对某个现象的认知策略的选择和侧重会有一定差异，尽管语言认知现象上的差异不足以覆盖和动摇人的整体认知能力。泰语有着悠久的发展历史，在漫长的语言发展过程中，语言中的每个词语都深深带着社会文化的烙印。语言教学和国情文化教学应该更紧密地结合在一起。

例如泰语里"หัวกะทิ"一词，其基本语义为"椰浆"，另一个意思为"精英"。这与泰国传统的椰浆榨取和制作文化有关。"หัวกะทิ"为头道榨取的椰浆，也是最浓最精华的椰浆，所以这个词转喻为"精英"。很多的固定俗语更是带着特定社会历史文化中的独特认知痕迹。泰语学者对俗语的来源有着较多研究，应将其用于教学当中。通过深入教授这些词汇意义，能让学生更深刻地了解泰国历史文化。

泰语中的"ร้อน"意为"热"。泰国气候终年炎热，泰国人喜欢凉爽的气候，但凉爽的日子很难得。在泰语中，"ร้อน"的组词能力很强，基本都是贬义词。如"ใจร้อน"（脾气急躁），"ร้อนรน"（焦躁不安，坐卧不安），"ร้อนหนี้"（因负债而焦虑）。而"凉爽"一词对应的往往是褒义词，如"อยู่เย็นเป็นสุข"（安居乐业，幸福安康）。在泰语中"เย็น"（凉爽）和"หนาว"（冷）的意义有重叠，划分不清晰，这与泰国缺乏寒冷气候有关。而"冰块"一词，泰语"น้ำแข็ง"是通过对冰的外部特性而非从温度角度去造词的，直译为"硬邦邦的水"。泰语中没有能做形容词的单音节词"冰"。而在汉语中与"热"相关的有不少的褒义词，例如"热情"、"热心肠"等。而"凉"有贬义义项，如"心凉"指的是失望的心情。在形容事物很白的时候，可以用"雪白"一词，而泰国人一般比喻为"像棉花一样白"。对气候的不同感知影响了语言的发展。在讲述词汇的时候，可以结合介绍泰国的气候概况，既可以加深学生对泰国国情的了解，也可以丰富和活跃课堂气氛。

再举个例子，泰语"ขวัญ"这个词翻译为"魂"，"วิญญาณ"翻译为"灵魂"，两个词在汉语中很难看出区别。事实上泰国人对"魂"和"灵魂"有着不同的解释。"วิญญาณ"是巴利文。泰国人的魂的概念早于灵魂的概念。要让学生了解"ขวัญ"这个词，可以结合介绍泰国人原始信仰中的魂信仰。魂是活人的魂，使人充满活力生命的好东西，但它有时候会短暂离开，这时候必须行招魂仪式，将魂招回来。汉语中用"心肝"表示心爱的事物，而泰语中可以用"ขวัญใจ"（魂+心）表示。而灵魂是指人的精神，人死后灵魂才显示，死后的灵魂有好坏两种作用。灵魂一旦离开便不再回来，但会继续投生。

三、在泰语多义词教学中运用认知语义学理论的教学效果

（一）有助于学生加强对近义词语的理解和辨析能力

深入了解词汇语义能避免学生在习得词语义项的时候与其汉语译词简单等同，或者与其他的词语混淆起来。例如，"หนัง"这个词的中心意义为"表皮"，指人体和动物的表皮。由于动物表皮经常用来制作各种皮革制品，所以这个词也可指皮革制品。这个词和汉语的"皮"的词义扩展路径是不同的。汉语的"皮"后来还扩展为指大多数物体的相对较薄的外壳，如橘子皮、包子皮、苹

果皮等。然而泰语中"หนัง"这个词却向另外的路径扩展。由于古代泰国盛行皮影戏，"หนัง"这个词同时用来指皮影戏，在电影传入泰国后，这个词便具备了"电影"的含义。而汉语的认知路径是根据电影的需要用电以及具备影像而造出"电影"这个词汇。这是因为汉语的词汇组合能力很强，词素的意义形象生动，往往不用音译的办法创造新词，而是根据该事物的基本特点组合出具有汉语特点的新词。在泰语中，后来也创造出了另外一个词"ภาพยนตร์"，该词由"图像"和"机械"两个词素组成。但是"หนัง"这个词沿用至今，尤其在口语中使用广泛。在对比中我们发现，汉语中"皮"这个词使用范围要广得多，中国学生在翻译"包子皮"的时候往往也使用这个"หนัง"词，从而产生使用偏误。事实上，"包子皮"因其仍然为面粉质地，在泰语中应该翻译为"แป้งชั้นนอกของซาลาเปา"。同样，苹果皮在泰语中翻译为"เปลือกแอปเปิ้ล"，"เปลือก"指的是植物和植物果实的表皮。因此，在教学词汇的过程中如果能深入讲述不同词汇的词义在认知基础上的扩展路径，便可以让学生在理解的基础上有效避免词汇之间的混淆使用。

（二）有助于学生掌握词汇之间的搭配和使用规则

认知语义理论不仅可以帮助我们深入了解词汇意义，事实上还能帮助我们更好地掌握词汇的用法，下面以"ติด"这个词为例。这个词在词典里就归纳有超过 20 个义项，而且从汉语角度来看，它们之间并无密切的关联。这个词是动词，有"粘贴"、"悬挂"、"安装"、"（口齿）结巴"、"传染"、"上钩"、"发动（机动车）"、"上瘾"等意义。学生必须一一记住这些词义，但并不理解这么多的义项之间的联系，不知道这个词的词义原型范畴是什么。在某些义项的词汇搭配和使用规则的掌握上还会容易出现偏误。例如其中有一个常用义项"携带"，是最容易出现使用偏误的。

该词在出现"携带"这一义项的句子中，往往出现"动词＋被携带物＋ติดตัว"的搭配结构。例如：

เขาเอากระเป๋าเงินติดตัวไปด้วย 他随身携带了钱包。

这个结构理解起来较为困难，学生不明白为何会出现两个动词，在中文里"携带"的宾语往往是被携带物，而这里的意义为"身体"，即"ตัว"。教师一般把"动词＋被携带物＋ติดตัว"这个表示随身携带某物品的搭配结构当作一个固定结构要求学生记住，学生往往根据汉语思维直接把"ติดตัว"理解为"随身携带着"的意思，因此会出现下面这样的偏误句子：

เขาติดตัวเงินมา 他随身带钱了。

下面这个句子里"ติดตัว"无法理解或翻译成"携带","ติด"在这里为"跟随"的意义。

มีแต่ความดีเท่านั้นที่จะติดตัวเราไป 只有功德修行会一直属于我们。

上句可见,"ติดตัว"的位置不一定是"动词+携带物+ติดตัว"的搭配结构,也可能是"被携带物+ติดตัว"。所以,按照固定结构去教效果不好,容易使学生产生使用偏误和理解偏误。

这些理解和使用偏误说明学生并未真正了解"ติด"词的意义和用法。我们需要深入解释该词的认知语义来源。通过对这个词的考察,我们认为这个词的原型范畴意义为"某物(或人,或地点)保持靠近或者附着在另一物(或人、地点)上的相对稳定状态",而我们携带物品的时候,物品会相当于"附着,依附"在我们身上,所以才会有这个延展义项。在使用时往往与"ตัว"(身体)一词连用成为一个动宾结构。"ตัว"本身与携带义无关。"ติดตัว"后是不能再接宾语的,"ตัว"已经是动词宾语。但被携带物必须依靠人的动作使之被携带,所以前面可以加上一个表使动功能的动词结构,使得语义表达完整。可见"ติด"的"携带"不同于汉语,光用汉语对应词义来进行解释很容易造成混淆使用。在汉语中"携带"的宾语只能是被携带物,而泰语中该词后面可以跟"人体"做宾语,这是由"ติด"的"附着,跟随"原型范畴义项决定的。理解了这个词真正对应的核心范畴概念,学生就把死记硬背转换成了逻辑记忆并且能够灵活理解和使用这一词汇了。

泰语和汉语的显著共同点之一是都具有丰富的量词。量词常常承担描述物体特性的功能。由于不同语言使用群体选择从不同的认知角度去描述该物体的不同特性,故而造成相同的名词搭配不同的量词。以"桌子"为例,汉语中用"张"这个量词。"张"可以修饰弓、桌子、报纸等事物,这些事物之间貌似差别很大,没有什么必然联系。"张"这个词的本义是动词,意义为"张开"。"一张弓"这个词组与张开弓的动作显然相关,通过张开这个动作使得弓被拉紧成一个展开的平面。这也是"张"这个词的原型范畴意义。而在"一张报纸"中,则是由于通常读报纸时都是摊开阅读的,因此可以推断,这个量词搭配的是可以展开的平面状物体。"张"成为这些事物搭配使用的量词与汉族人民对平面物体的认知有关。同理,桌子虽然非完全意义上的平面状物体,但作为桌子最重要的主体部分之桌面,仍然是一个平面。

再看泰语,泰语中桌子对应的量词为"ตัว"。它的基本原型意义是指"身体，物体的主干部分"。在泰语中，所有动物的量词都用"ตัว"，因为这些动物都具有四肢，具有身体部分。这个量词还被用作衣服的量词。衣服虽然没有真正意义上的身体，但从隐喻认知角度上看，衣服具有袖子，裤子具有裤腿，仍然和身体的概念有关联性。同理，桌子也非有生命的物体，不具备身体部分，但桌子有四只脚，在隐喻意象中，桌子就好比动物的身体一样。所以它也适用搭配"ตัว"这个量词。

深入向学生阐述认知基础上所产生的词语意义的理据性，有助于学生掌握"ตัว"这个量词的搭配范围。在初学这个量词的时候，学生在了解到许多看似差别很大的并且在汉语中搭配不同量词的事物都可以搭配"ตัว"这个量词时，往往误以为这个量词为万能通用量词，造成"ตัว"这个量词的滥用和误用。只有让学生真正理解词语的意义，才能清楚掌握词语搭配的规律。

（三）有助于学生提高判断词义的能力和阅读理解能力

再以"ติด"这个词为例，这个词的常见义项一共有 20 多个，如果一一教授，学生难以全部记住，也增加了学生的学习负担。事实上，教师只需讲授该词的原型范畴意义以及几个较为常见的重要义项即可。其他义项学生可以从上下文中推测出来。例如：

มีปัญหาอะไรหรือคะ ฉันเห็นติดอยู่ที่ด่านนานเหลือเกิน （选自北外编《泰语会话》教材第六课）

翻译：出了什么问题吗，我看见（你们）在海关停留了好长时间。

根据该词的原型范畴语义"某物（或人，或地点）保持靠近或者附着在另一物（或人、地点）上的相对稳定状态"，学生能够推测出这里的词义为"停留，滞留"。

（四）有助于提高学生的翻译水平

在词汇教学中经常从认知语义的角度进行教学，能让学生懂得不同语言认知语义系统的差异性，加强灵活翻译的意识。

例如，颜色认知是人们对客观世界的重要感性认知，颜色的概念一旦形成又会成为某种象征物，从而使颜色词具有了丰富的引申含义和隐喻含义。不同民族的颜色词的义项往往有很大差异。以"红色"为例，很多相关词带有浓厚的民族色彩。有些词语如"红军"可以直译为"กองทัพแดง"，但有些词语如"红白喜事"、"红颜知己"、"红尘"、"红男绿女"等，在泰语中缺乏相对应的红色的隐喻义或借代义，因此必须意译或者寻找泰语中相对贴切的其他词语，不能直接对应翻译。同样，泰语中的"ข้าวแดงแกงร้อน"一词，若直接翻译成"红饭热汤"，在汉语中也不能理解。在泰国古代，人们吃的都是红米，这个成语引申为前辈的恩惠。

再以前面说过的"ออก"这个词为例，在未对学生深入解释这个词的词义义项的情况下，学生在翻译这个词的时候往往不容易将它和"比较"一词对应，或者会将它与"比较"一词机械对应，出现翻译错误。而在日常口语中要表达"比较"或者"较为"这一概念时，往往会用"ค่อนข้าง"（比较，较为），很少会主动想到用"ออก"。究其深层原因，在于中国学生对该词的认知思维方式和泰国人是不同的。在对学生深入解释该词义的发展过程后，学生加深了对该词的理解，避免了机械记忆，也会主动使用这一义项，从而帮助学生习得更地道的泰语表达方法。

由于汉泰语序一致，两国地域接近，都属于东方文化，很多词汇义项的扩展轨迹有很多的相似点，因此结合词汇产生的认知轨迹去理解泰语多义词词汇义项更为容易，但也容易造成学生在翻译的时候往往喜欢直接从字面上翻译，形成众多的翻译偏误。例如汉语里习惯说"下大雨"，在泰语当中则习惯说"下强雨"。

四、结语

认知语义学理论给多义词教学带来启示，这些理论同样适用于泰语。本文所举出的实例只是大量例证中的一部分。事实上，针对汉泰语的认知语义系统的相似性和差异性，有针对性地开展教学将大大有助于在各方面综合提高教学效果。但是，对泰语词汇的认知语义的研究目前还较为匮乏。泰语教学研究界应加强从认知角度研究词汇内在意义，并结合两种语言的对比研究，以适用于泰语多义词教学。

参 考 文 献

［1］陈忠. 认知语言学研究［M］. 济南：山东教育出版社，2005.

［2］戚盛中. 泰国民俗与文化［M］. 北京：北京大学出版社，2013.

［3］史一鸿. 一词多义的认知探究及其对英语多义词教学的启示［J］. 云南农业大学学报，2014（1）：79—82，89.

［4］束定芳. 认知语义学［M］. 上海：上海外语教育出版社，2008.

［5］束定芳. 隐喻学研究［M］. 上海：上海外语教育出版社，2010.

［6］易靓靓. 原型范畴理论在多义词教学中的应用［D］. 湘潭：湖南科技大学教育学院，2011.

［7］［泰国］甲班迪·翁思. 从认知语言学角度分析泰语"ออก"一词的语义系统［D］. 曼谷：泰国朱拉隆功大学，2004.

缅译汉作业常见错误分析

■ 北京大学　杨国影

【摘　要】缅译汉课程是本科生语言教学过程中的一门必修课程。在教授缅汉翻译课程的过程中，发现会出现各种错误。经过归纳，发现这些错误有着一定的共性，主要集中在对原文的理解错误、使用目标语言的表达错误以及综合知识的欠缺等几个主要方面。通过对这些典型性错误的分析，可以指导在教学过程中有针对性地加强对学生的训练。

【关键词】翻译教学；作业分析；缅汉翻译

听、说、读、写、译是外语学习的五项基本功，其中"译"又是外语学习的终极目标，听、说、读、写的水平直接关系到"译"的质量。因此，外语教学中，翻译一般都是一门必修课。笔者在教授缅汉翻译课程的过程中，发现学生在学习翻译课程前虽然已经学习了近两年的缅甸语，但是在缅汉翻译时还是会出现一些错误，经过归纳这些错误有着一定的共性，现总结如下，供大家今后在学习和教学中借鉴。所选取的例子均为学生平时作业中出现，具有一定的普遍性和典型性。学生作业错误集中在三个方面，即理解错误、表达错误和知识背景不足。

一、理解错误

理解错误包括词义理解错误、对助词用法把握不够精准、对句子成分分析错误、对时态理解错误等几个方面。

（一）词义理解错误

这是翻译过程中最常见的错误之一，有时是因为单词没有学过，学生没有查字典；有的是字典中虽然有但是和文中的意思对不上；还有的是缅文中新出现的单词，因为科技的进步和社会的发展，大量的新词出现在缅语中，而原有的字典并没有出现这类词汇，因此学生在翻译的过程中容易出现理解错误。这其中分为三种情况：

1. 对原文词义不理解

（1）WTO အဖွဲ့ဝင်အားလုံးအတွက် အထည်အလိပ်**ခွဲတမ်း**ဟာ ၃၁−၁၂−၂၀၀၄ မှာ **အဆုံးသတ်**သွားမယ်။

误译一：将于 2004 年 12 月 31 日最终确定纺织品标准。

误译二：要 2004−12−31 最终结束对世贸成员制成品区别对待的政策。

上述两句翻译错误在于对 ခွဲတမ်း 和 အဆုံးသတ် 的理解不正确。ခွဲတမ်း在这里是名词，"配额"的意思，而不是动词"区别对待"。အဆုံးသတ 是动词，"结束"的意思，不是"确定"的意思。

正确译法：截止到 2004 年 12 月 31 日，所有世贸成员国的纺织品配额都将取消。

（2）တရုတ်ပြည်က လယ်ယာစိုက် လယ်ယာထွက် ကုန်ပစ္စည်းတွေအတွက် ငွေကြေး ပံ့ပိုးမှုကို **ခြံထွက်တန်ဖိုး**ရဲ့ ၈.၅%ထက် မပိုစေပါဘူးလို့ သဘောတူထားတယ်။

误译：同意中国政府对农产品的补贴不超过其**农业产值／自身价值／价值本身**的 8.5%。

上句中对 ခြံထွက်တန်ဖို း一词理解得不够到位，ခြံထွက် 是"从园子里出来"的意思，但是这里因为涉及 WTO 的具体条款，具有一定的专业性，其确切含义是"产地价值"。

正确译法：同意中国政府对农产品的补贴不超过产地价值的 8.5%。

2. 对多义词的义项选择错误

（1）ဘယ်လိုလုပ်ငန်း အဆင့်တွေကို ဖယ်ထုတ်ပြီး ဘယ်လုပ်ငန်းအဆင့်တွေကို ပေါင်းစပ်နိုင်ပါသလဲ။

误译：该放弃哪一些领域又该与哪一方面的企业联合？

လုပ်ငန်း一词在缅语中有"工作"、"企业"、"公司"等多个意思，这里结合上下文指的是"工作"。

正确译法：哪些工作步骤该摈弃哪些又该组合呢？

（2）ညနေပိုင်း ကျွန်တော် မောင်ဆင့်ပိုတို့ လင်မယား ကလေးချီပြီး အပြင်ထွက်လာတာ

မြင်တော့ ကျွန်တော် လှမ်းမေးလိုက်တယ်။ 'ဒီမိသားစု ကလေး ဆေးခန်းပြမလို့လား' မောင်
ဆင့်ပိုကပြန်ဖြေတယ်။ **'မဟုတ်ဘူးအစ်ကိုရေ'**

误译：不是的，老公。

အစ်ကို 一词既指自己的"哥哥"，也可以称呼别人，女子还可以用来称呼自己的丈夫。在本句一开头已经显示说话人"我"是男性（ကျွန်တော်），回答者是另外一位男子 မောင်ဆင့်ပို，因此这里应该译为"大哥"。

正确译法：不是的，大哥。

（3）စက်မှုတော်လှန်ရေး မတိုင်မီကထက် **ကမ္ဘာ့**မြေပြင်ရဲ့အပူချိန်ဟာ ပျမ်းမျှခြင်းအား ဖြင့် ၀ ဒဿမ ၇၄ ဒီဂရီစင်တီဂရိတ် မြင့်တက်လာပါတယ်။

误译：**世界**地表温度与工业革命**开始**之前相比，平均升高了 0.74 摄氏度。

ကမ္ဘာ 既可以指"世界"，也指"地球"，在这里说的是温度，关键是后面还跟了一个 မြေပြင်（表面），结合上下文应该译为"地球"。

正确译法：地球表面温度与工业革命之前相比，平均升高了 0.74 摄氏度。

（4）ခြင်းလုံးကစားခြင်းသည် မြန်မာ**အမျိုးသား**တို့၏ ကိုယ်ပိုင်ကစားနည်းတစ်ခု ဖြစ် သည်။

误译：藤球是缅甸男子运动项目。

在缅语中，**အမျိုးသား**有"民族"、"国家"、"人民"、"男子"、"丈夫"等多种意思，这里结合上下文和文化背景知识，应该译为"人民"更合适，因为藤球同样也是女子运动项目。

正确译法：藤球是缅甸人民所特有的运动项目。

3. 对原词含义进行过度的解析

တရုတ်ပြည်ဟာ WTO အဖွဲ့ဝင်နိုင်ငံအားလုံးအပေါ် **သာစေနာစေ သဘောထားကင်းကင်း** နဲ့ ဆက်ဆံဆောင်ရွက်ရမယ်။

误译一：中国将真诚友善地与世贸所有成员国交往。

误译二：中国要和世贸组织的所有成员进行非歧视性的交往和合作。

本句中 သာစေနာစေသဘောထားကင်းကင်းနဲ့ 的含义是"摈弃厚此薄彼的态度"，在句中做状语。"真诚友善"和"非歧视性的交往与合作"是对原文词义的过度解析。

正确译法：中国将对所有世贸成员国一视同仁。

（二）对助词用法把握不够精准

缅甸语中助词是虚词中非常重要的一类词汇，不仅数量多，而且用法各异，缅语中各实词的语法功能都要靠助词来实现，离开了这些助词，会造成句子意思的混乱。同时有些助词本身还有实义，而这些实义和其虚词功能没有任何联系。因此在翻译的过程中对助词的精准把握显得尤为重要，而因为对助词的理解错误和遗漏助词而造成的翻译错误也不在少数。助词翻译错误常见的有以下几种类型。

1. 将助词理解为实义词或者将实义词理解为助词

（1）အခြားသူများ**အား** တွန်းလှဲ**ပြီး**မှ သင်အောင်မြင်ကျော်ကြား**ဖို့** မကြိုးစားပါနှင့်။

误译：其他人努力你不努力。

这句译文把表示宾语的助词 အား 理解为实义名词"力量"了，同时忽略了后面的表示目的状语的助词 ဖို့，导致原句的意思完全没有理解。

正确译法：不要试图踩着别人来获取自己的成功。

（2）ကျွန်တော်ကတော့ ကျောင်းသင်ခန်းစာတွေ**နဲ့ အလုပ်များ**နေပါတယ်။

误译：我正忙于工作和学习。

这句译文把实义词 များ 理解为表示多数的助词了。此外 နဲ့ 是表原因的助词，而不是表并列的连词，原意是"因学习而忙碌"，而不是"工作和学习"。

正确译法：我正忙于学习。

2. 将表示某种语法功能的助词理解为另外一种语法功能

（1）ရုံးမှာဆိုရင် ကျွန်မတို့ သတင်းထောက်တိုင်း**လိုလို** အင်္ဂလိပ်လို ရေးကြတဲ့အခါ ကွန်ပျူတာအဘိဓာန်ကို အားကိုးကြရပါတယ်။

误译：办公的时候，我们也和记者一样用英语写作的时候，需要用到电脑字典。

正确译法：在单位时，几乎每个记者用英语写稿的时候都要依赖电脑所带的词典。

（2）အရပ်ထဲမှ သက်ရွယ်ကြီးသူတို့သည် ဥပုသ်နေ့တိုင်းလိုပင် သီလဆောက်တည်လေ့ ရှိ၏။

误译一：几乎在每个守戒日村子里的老人们都有斋戒的习惯。

误译二：长辈们几乎每天都遵守斋戒。

误译三：村镇的持戒长者几乎每到守戒日（即缅历每月初八、十五、二十三、月底的一日——译者注）都会持戒。

误译四：镇上的长者们每当守戒日都会去受戒修行。

误译五：村子里的老人们几乎在每个守戒日都有守斋戒的习惯。

正确译法：村子里上了年纪的人会像平时守戒日里一样守戒。

例句（1）和（2）中是把 လို（像）和 လိုလို（几乎）的意思弄混了，该译为"像"的时候译成了"几乎"，该译为"几乎"的时候译成了"像"。

（3）သင့်စိတ်ကူးများကို အပြုသဘောဆောင်အောင် အသေအချာပြုလုပ်ပါ။

误译一：对于你的想法要积极主动地去做。

误译二：确切地按照你的想法去做吧。

这句中的 အောင် 是表示程度的助词，和其前面的动词构成宾语补足语，修饰前面的名词，而不是构成副词修饰后面的动词。

正确译法：要确实使你的想法具有建设性。

（4）အလုပ်ဌာန（သို့မဟုတ်）အရောင်းဆိုင်များကို ကြည့်ရာတွင် အလုပ်ရှင် မျက်လုံးမျိုး ဖြင့် ကြည့်ပါ။

误译：在工作部门或商店里，也要注意对老板察言观色。

这句译文中，把表示方式的助词 ဖြင့် 理解为表示宾语的助词了，因此产生错误。

正确译法：要以老板的眼光看待工作部门或店铺。

3. 漏看助词

因为缅甸语中助词大多不长，很多仅为一个短小的单字，跟在实义词后常常被漏看，这会造成意思的重大偏差。例如：

（1）လေးစားအပ်သော မိဘများခင်ဗျား

误译：尊敬的父母

上句翻译漏看了名词复数助词 များ，让人误以为这是写给父母的信。有了这个词，表示不止两位父母，是很多父母，理解为写给父母的信就讲不通了。这是在一个家长会上的发言的开头。

正确译法："尊敬的各位父母"或"尊敬的家长们"。

（2）ဒါပေမယ့် အခုလောလောဆယ် အလုပ်သမားတွေကို အချိန်ပိုမခိုင်းနိုင်တာကြောင့် လုပ်သားတွေအနေနဲ့ ဝင်ငွေအရနည်းပါတယ်။

误译：但最近由于工人的工作时间没有保障，工人工资有所降低。

这句翻译中忽视了一个小词 ပို，但却导致意思发生偏差。没有 ပို 大致可理解为"工人们的时间无法支配"，有了这个 ပို，意思变为"不许加班"了，而不是工作时间减少。

正确译法：但最近由于不许加班，工人工资有所降低。

（3）သို့ပေမယ့် 'မေမေတို့က ကျော့်ကိုမခွဲနိုင်ဘူးတဲ့ မဝါ။ ပြီးတော့ အိမ်မှာ မေမေနဲ့ ညီမလေး **နှစ်ယောက်ထဲ** ကျန်ခဲ့မှာ၊ ကျော်တို့နဲ့ အတူတူနေရင် ပိုကောင်းမယ် ထင်တာပဲ**'တဲ့**။

误译：然而……"玛瓦呀，妈妈这儿还是少不了觉啊，而且如果他走了，家里就剩下我**和他两个妹妹了**，觉还是和我们住一起比较好。"

这句翻译中忽略了引语助词 တဲ့，တဲ့ 前面的话表示引述别人说的话，而忽略了这个词导致说话对象就变了，再加上本句中省略了主语，因此没有分清是谁说的话，于是整个译文的意思错了。根据上下文这里应该指的是玛瓦的丈夫"觉"。另外，在缅文中，经常用第三人称来指代第一人称。

正确译法：但是觉却说："玛瓦，妈妈说不能和我分开住，再说，家里就剩妈妈和妹妹两个人，还是和我们一起住更好些。"

（三）对句子成分分析的错误

缅语中有一些句子较长，再加上某些助词可表示多个语法功能，因此常常会对句子成分的分析造成困扰，从而产生理解错误。可分为下列类型：

1. 对句子成分的语法功能理解错误

（1）ဖုန်းအမျိုးအစားတွေထဲမှာ အမျိုးသားတွေက နိုကီယာတံဆိပ်ကို ပိုဝယ်ကြပြီး **လိုင်းသိပ်မမိတတ်ပေမယ့် ပုံစံဆန်းတယ်၊ လှတယ်၊ အမ်ဝီသရီး၊ ကင်မရာ၊ ဘလူးတုသ်စတာ တွေပါတဲ့** ဆမ်ဆောင်းနဲ့ မိုတိုရိုလာဖုန်းတွေကို အမျိုးသမီးတွေက ပိုနှစ်သက်တယ်လို့ ပြောပါ တယ်။

误译：从手机种类来看，男士比较中意诺基亚品牌，虽然信号不太好，但式样比较新颖美观；然而，具备MP3、摄像以及蓝牙功能的三星和摩托罗拉品牌，更多地得到女士们的钟爱。

这里将定语搞错了。句子的宾语实际上是一个并列结构，"男士喜欢……，女士喜欢……"，关键是文中的黑体字都是做定语修饰三星的，而不是修饰前面的诺基亚的。

正确译法：从手机类型来看，男士买诺基亚的居多，而虽然信号不太好，但式样比较新颖美观并具备MP3、摄像以及蓝牙功能的三星和摩托罗拉品牌，更多地得到女士们的钟爱。

（2）ပထမနည်းလမ်းကတော့ စွမ်းအင်တွေကို ယခုထက် ပိုမိုထိရောက်အောင် အသုံးချ ပြီး ချွေတာတဲ့နည်း ဖြစ်ပါတယ်။

误译：首要方法是使用更有效的能源。

这句译文中 ထိရောက်အောင် 是状语，修饰 အသုံးချ，上面的错误在于将它译成定语，修饰名词 စွမ်းအင်。

正确译法：首要的方法是提高能源利用率，节约能源。

（3）ဥပမာ စက်မှုနဲ့ အိမ်သုံးစက်ကရိယာတွေမှာ လျှပ်စစ်ဓါတ်အားကို နည်းနည်းနဲ့ ထိ
ရောက်စွာ အသုံးပြုနိုင်အောင် အစားထိုး အသုံးပြုခြင်းအားဖြင့် ကာဘွန်ဒိုင်အောက်ဆိုဒ် ဓါတ်
ငွေ့ ထုတ်လွှတ်မှုကို လျှော့ချနိုင်ပါတယ်။

误译：比如说，在工业和家用电器使用方面，通过有效利用少量的电能能减
少二氧化碳的排放。

上述译文的错误在于将定语译成了状语。

正确译法：比如：通过使用低能耗高效率的工业机械和家用电器的替代使用
来减少二氧化碳的排放。

（4）ခြင်းလုံးကစားခြင်းသည် ငွေကုန်ကြေးကျ သက်သာစွာနှင့် **မျှတသော** ကိုယ်လက်
လှုပ်ရှားမှုကို ရစေသည်။ စုပေါင်းစိတ်ဓာတ်နှင့် မျှတသောစိတ်ဓာတ်ကို ရရှိစေသည်၊ ထို့
ကြောင့် မြန်မာ့မှု ပိုင်ခြင်းလုံးကစားနည်းကို မြန်မာတို့ နှစ်သက်စွာ ကစားနေကြခြင်း ဖြစ်လေ
သည်။

误译：要让藤球运动成为一项既廉价又公平的体育运动就要具备团结协作的
精神和公平的意识。

原文是因果关系，译文却变成了目的状语从句，因而整个句子的意思错了。

正确译法：藤球运动花费少，又能均衡地运动全身，还能培养人的团结协作
和公平意识，所以缅甸人非常喜欢自创的这项运动。

（5）စက်မှုဇုန်မှာ အလုပ်လုပ်တဲ့ အလုပ်သမားတစ်ယောက်ကို အနည်းဆုံး အသက်(၁၈)
နှစ် ပြည့်ပြီးသူများသာ **ရွေးချယ်ပြီး** အခြေခံပညာအဆင့်မှ စက်မှု၊ စီးပွားရေးစီမံခန့်ခွဲမှု၊ စီး
ပွားရေးဘွဲ့ရ အထိ ၉၃၄နအသီးသီးမှာ အလုပ်လုပ်ကိုင်နေသူတွေ ရှိကြပါတယ်။

误译：在工业区工作，年龄最小的满18岁，员工都是筛选出来的，从最基
层的车间、经济策划到总管都有。

忽视了中心词，因此前面的定语就翻译错了。

正确译法：在工业区工作的每个员工都是从18岁以上的员工中选拔出来的。
学历从基础教育到获得工业、经管、经济学学位的都有，分布在各部门工作。

2. 对否定理解的错误

缅语中否定比较独特，否定都是否定在句子的谓语部分。但是也有在句子中
间对某些特定成分的否定。此外缅语中一些词肯定时是一个意思，否定时并不一
定是其反义，而可能发生转义。因此在翻译否定句时要特别注意否定的是哪一部

分。例如：

（1）WTO ကိုဝင်ပြီးတာနဲ့ တရုတ်ပြည်က ပြည်ပငွေကြေး အဖွဲ့အစည်းတွေကို တရုတ်ပြည်ထဲမှာ **ဖေါက်သည်အရေအတွက် မကန့်သတ်ဘဲ** နိုင်ငံခြားငွေလုပ်ငန်း လုပ်ခွင့်ပြုရမယ်။

误译：中国加入世贸后，不能限制外国金融团体在中国的数量，要给予他们经营货币的权利。

မ....ဘဲ 是“不……而……”的意思，在这里直接按原文顺序翻译会很拗口，不如先把主要意思译出来，把否定部分放在最后。

正确译法：中国一俟加入世贸组织，即允许外国金融机构经营外汇业务，而不得限制其客户数量。

（2）တော်တော် စိတ်မကောင်းစရာ အဖြစ်အပျက်ပဲ။

误译：真是没良心的事啊。

这句翻译的错误在于 စိတ်ကောင်း（好心、善心）进行否定之后并不是其反义词“没良心”，而是发生了转义，成为“难过”、“不愉快”的意思。

正确译法：真是件不愉快的事情。

（3）သို့သော် **စာဆိုတိုင်းကား** ကလေးသဘာဝကို အရေးထား၍ မရေးခဲ့ကြပေ။

误译：每个作家关注孩子的天性却不曾动笔创作过。

这种在最后对前面整个表达意思的否定尤其要注意。缅甸语有整体否定和部分否定之分，这里的意思不是“每个作家都不……”，而是“不是每个作家都……”。

正确译法：然而，并不是每位作家都倾心于童趣描写。

（4）ဒါပေမယ့် ဘယ်နည်းနဲ့မှ ၂၀၁၀ ထက်ကျော်လို့**မရဘူး**။

误译一：要完全消除关税要到2010年以后。

误译二：不过要到2010年才能实现。

မရဘူး是否定式结尾，“不得”、“禁止”的意思。上述两个译文均在否定方面理解错误。

正确译法：无论何种方式均不得迟于2010年。

3. 在翻译时有时为了中文句子的通顺需要对句子成分进行转换

သို့ရာတွင် သိပ္ပံမောင်ဝသည် အင်္ဂလိပ်ကို အထင်မကြီးသူ၊ အင်္ဂလိပ် အုပ်ချုပ်ရေးစနစ်ကို ကိုယ့်မြန်မာလူမျိုးတို့အပေါ် ဖိနှိပ်ချုပ်ချယ်ရေး ကိရိယာတစ်ခု**အဖြစ် မသုံးဘဲ** ကိုယ့်လူမျိုးသက်သာရာသက်သာကြောင်း ရှုထောင့်မှ အုပ်ချုပ်စီရင်ခဲ့သူ ဖြစ်သည်။

误译：然而，他并不认同英国的体制。他认为，英国的统治制度是一种剥削、压迫缅甸人民的工具，我们不应用之而应弃之，立足于本民族的福祉，来进行统治。

句子成分转换，后半句直译应该是"他是从本民族福祉出发进行统治的人"，但为了保持全句的顺畅，将后半句的判断句译成由主语发出动作的句式。

正确译法：然而他并没有奉迎英国，没有将英统治制度作为镇压缅甸人民的工具，而是立足于本民族的福祉，来进行统治。

4. 为了正确理解，有时还需要联系上下文含义

လူတွေဆင်းရဲခြင်းသည် ကိုလိုနီစနစ်ကြောင့်ဟု အပြစ်မဆို။ ကျေးရွာတွေ မွဲချာခြင်း သည် အရင်းရှင်စနစ်ကြောင့်ဟု သူကမရေး။ ဝါဒခစနစ်အယူအဆ ကင်းစင်လေသည်။

误译：他在这个时期立场全无，既没有揭露人民的贫穷是殖民政策带来的恶果，也没有指出农村的贫瘠源于资本主义制度。

正确译法：没有将人民的贫穷归咎于殖民政府，没有将农村的落后归咎于资本主义制度，没有意识形态色彩。

单从字面来看，前者的翻译没有错误，但是结合上文来看，意思就全拧了。上面的一句话是 သူသည် လူကို လူလိုသာမြင်၍ ဆင်းရဲသား၊ လူချမ်းသာ၊ ကျေးရွာ တိုင်းမင်းကြီး၊ စသည်ဖြင့် ခွဲခြားပိုင်းခြားလိုခြင်းမရှိ။ လူတန်းစားတိုက်ပွဲနှင့် လူမျိုးရေးခွဲခြားခွဲယူလိုသော အယူအခံ မရှိလှ။ 他只关注人本身，没有去分人的贫穷富贵以及社会地位，没有阶级斗争和民族歧视。

本来原作者是客观评价，但将意思弄拧之后变成了批评，因此要注意上下文意思的互相关照。

（四）对时态理解错误

缅语中的时态不像某些语言那样严格，有时句子里甚至不出现表示时态的实义词或助词，但是根据上下文应该能明确时间概念，并保持一致。

（1）WTO အဖွဲ့ဝင်ဖြစ်လာတဲ့အတွက် တရုတ်ပြည်က ကမ္ဘာ့စီးပွားရေးနဲ့ ပေါင်းစည်း ရောယှက်မှု ပိုအဆင်ချောစေဖို့၊ တာဝန်ယူ လုပ်ဆောင်ပေးရမှာတွေ ရှိလာတယ်။

误译一：中国要成为 WTO 成员国，有助于世界经济一体化的顺利完成。

误译二：为了成为世贸成员，中国需要……

这句话中没有明确的表示时态的词语，但从上下文看起来，中国已经成为世贸组织的一员，不能再译为"要……"、"为了……"。

正确译法：随着中国成为世贸组织成员，为了顺利地与世界经济接轨，需要

承担一定的义务。

（2）နိုင်ငံတော်ဖွဲ့စည်းပုံအခြေခံဥပဒေ ရေးဆွဲရေးအတွက် ဆွေးနွေးမှုများကို ပြုလုပ် **လျက်ရှိပြီး** အဲဒီဖွဲ့စည်းပုံအခြေခံဥပဒေအရ ခေတ်မီဖွံ့ဖြိုးသော နိုင်ငံတော်သစ်ကို တည်ဆောက် သွားမှာ ဖြစ်ပါတယ်။

误译：一直以来，我们都在讨论关于制定国家宪法的问题，最后，我们也将根据国家宪法建立一个现代的、发展的新国家。

这句中有明确的表示时态的助词 လျက်ရှိ 和 မှာ，前半句是正在进行时，后半句是将来时。

正确译法：我们正在讨论制定国家宪法，并将依据新宪法建设一个现代的发达的新国家。

（3）ဖွံ့ဖြိုးဆဲနိုင်ငံအချင်းချင်း ပူးပေါင်းဆောင်ရွက်မှု ဘောင်အတွင်းမှာ အရှေ့တောင်အာ ရှနိုင်ငံများအကြား နည်းပညာ ခွဲဝေရေးဆိုင်ရာ ဖွံ့ဖြိုးမှုမဟာဗျူဟာ ရေးဆွဲချမှတ်ခြင်းဖြင့် ပူး ပေါင်းဆောင်ရွက်မှု အရှိန်အဟုန်ကို ပိုမိုမြှင့်တင်သွားနိုင်**မှာ** ဖြစ်ပါတယ်။

误译：作为发展中国家，东南亚各国通过国际分工的战略，进一步加快了发展的步伐。

本句在句子的结尾处有明确的表达时态的助词 မှာ，因此译为"加快了"就不对了。

正确译法：通过制定技术分配发展战略，一定可以促进合作的高速发展。

二、表达过程中易犯的错误

在翻译过程中，理解是第一步，能够正确理解原文的意思是译文质量的基础，而用目标语言恰当地表达出来是关键的第二步，如果表达不正确，常常给人不知所云的感觉，译文的质量也大打折扣。在表达过程中常犯的错误有以下几种类型：

（一）用词不当

用词不当包含多个方面，既有词义选择不当，也有词义的褒贬不当，或者一味地按照原文的行文直接翻译，被外语牵着鼻子走，这其中既有用词上的，也有句子结构上的。

（1）ယင်းတွေ့ဆုံဆွေးနွေးပွဲများကို ခင်မင်ရင်းနှီးမှုစိတ်ဓာတ် အပြည့်အဝဖြင့် ပြုလုပ် ခဲ့ခြင်း ဖြစ်ပါသည်။

误译：这些会面中充斥着两国的深厚友谊。

"充斥"一般是贬义词，用在这里明显不合适。

正确译法：会谈洋溢着友好的气氛。或：会谈在友好的气氛中进行。

（2）တိုင်းရှစ်တိုင်းတွင် အသည်းရောင်ဘီ **ကာကွယ်ဆေး** ထိုးမည်။

误译：八省注射乙肝预防药。

"预防药"一词是直接从原文翻译过来的，中文一般用"疫苗"。

正确译法：八省将接种乙肝疫苗。

（3）ဝါဆိုသင်္ကန်းကပ်သူက ကပ်သည်။ ထီးဖိနပ်စသော ရဟန်း အသုံးအဆောင် အမျိုးမျိုးကို လှူဒါန်းသူက လှူဒါန်းသည်။

误译：布施僧侣袈裟的布施，布施拖鞋等日常用品的布施。

这句译文简直完全按照原句的词序和句式翻译，完全不顾中文的表达，可以称为"暴力翻译法"。

正确译法：有的布施僧侣穿的袈裟，有的布施鞋子、伞等各种日常生活用品。

（4）သို့သော် နိုင်ငံပေါင်းချုပ်အသင်းကြီးသည် အကြောင်းအမျိုးမျိုးနှင့် အခြေအနေအရပ်ရပ်ကြောင့် ဒုတိယကမ္ဘာစစ်ကြီးကို မတားဆီးနိုင်ခဲ့။

误译：但是国联的成员国个个见风使舵，第二次世界大战因而还是未能避免。

"见风使舵"是一个贬义词，在这篇文章中，只是客观叙述，不应带有表达主观感情色彩的词。

正确译法：但是国联的成员国出于多方原因、迫于各种形势，未能阻止第二次世界大战的发生。

（二）词语搭配不当

（1）ဤအခါသမယတွင် အဆွေတော် ကျန်းမာစေရန်နှင့် အောင်မြင်စေရန်အတွက်လည်းကောင်း၊ တရုတ်ပြည်သူသမ္မတနိုင်ငံနှင့် ပြည်သူအပေါင်း ဆက်လက်တိုးတက် သာယာဝပြောစေရန်အတွက်လည်းကောင်း ဆုတောင်း မေတ္တာပို့သလိုက်ပါသည်။

误译：此刻，我谨祝您身体健康，工作顺利，并祝中华人民共和国以及全体国民进一步发展、富强！

在这句译文中，可以祝国家发展、富强，但是人民不能说发展、富强，属于典型的词语搭配不当。

正确译法：在此，我谨祝阁下身体健康！工作顺利！祝中华人民共和国进一步发展、富强！祝中国人民更加幸福。

（2）ဤ （၅၅)နှစ်မြောက် နှစ်ပတ်လည်အခါသမယသည် နှစ်နိုင်ငံအကြား တည်ရှိပြီး ဖြစ်သည့် ဆွေမျိုးပေါက်ဖော် ချစ်ကြည်ရင်းနှီးမှုကို ပိုမိုမြင့်မားသော အနေအထားသို့ မြှင့်တင် ပေးသည့် အရှိန်အဟုန်ကို ဖြည့်ဆည်းပေးလျက်ရှိပါသည်။

误译：值此55周年建交之际，进一步加强两国之间友谊向更高的水平发展的速度。

动宾搭配不当，"加强"和"速度"不能搭配。

正确译法：建交55周年这一契机，将我们两国之间业已存在的友谊推向更高的水平。

（3）WTO ဝင်ပြီး**တာနဲ့** တရုတ်ပြည်ဟာ အထည်အလိပ်နဲ့အဝတ်အစား သဘောတူစာချုပ် ဝင်ဖြစ်လာတယ်။ **တာဝန်တွေရပိုင်ခွင့်တွေကို** လိုက်နာရမယ်။

误译：由于中国加入WTO后即成为《纺织品协议》成员国，必须遵守责任和义务。

虽然原文中只用了"遵守"一词，但是中文中和责任义务相搭配的词是不同的，因此还是要选择符合中文习惯的表达方式。

正确译法：由于中国加入WTO后即成为《纺织品协议》成员国，享受相应的权利并承担相应的义务。

（4）အဖိုးကျော်ထွန်း၊ အမိဒေါ်ဌွေနှစ်တို့မှ ၁–၇–၁၉၁၉ ရက်နေ့တွင် သံတွဲခရိုင် တောင်ကုတ်မြို့ မွေးဖွားသည်။

误译：吴觉吞和杜韦妮的女儿——历史学家玛锦，于1919年7月1日出生在丹兑县当沟市。

这里历史学家玛锦才是主角，父母并不是名人，只是缅甸的习惯，因为缅甸人没有姓氏，为了说明身份，必须加上父母名字，因此其父母名字应该放在次要地位，而玛锦应该放在主要地位。

正确译法：历史学家玛锦（父：吴觉吞；母：杜韦妮）于1919年7月1日出生在丹兑县当沟市。

（三）语言风格不对应

在表达过程中要根据文体的不同选择不同的语言风格。文学作品讲究优美和文学化的语言，对话要把说话人的语气尽量还原出来；新闻要选取简洁明了的语句。

（1）"အင်တာနက်လုပ်ငန်း**အတွက်** ကိုယ့်စည်းကမ်းနှင့် ကိုယ်နေရေး အခြေခံအချက်များ မှာ မျိုးချစ်စိတ်ဝါဒ၊ ဥပဒေကိုလေးစားလိုက်နာခြင်း၊ တရားမျှတမှုနှင့် ယုံကြည်ထိုက်ခြင်းများ

ဖြစ်သည်" ဟုကြေညာချက်ကဆိုသည်။

误译：通告上说：为了因特网产业，在相关规则及存在基础上应有爱国主义、遵守法纪、公平信任。

这是对一则关于互联网新闻的翻译，新闻语言讲究简洁、明白，去掉一切不必要的词，对于一些口号等更是越精练越好。

正确译法：公告中还称：对因特网产业来说行业自律的基本原则是：**爱国、守法、公平、诚信**。

（2）ဝါတွင်းကာလသည် မိုးလည်း ဖြိုင်ဖြိုင်ရွာ၍ ရေလည်း လှိုင်လှိုင်ဖြိုးချိန် ဖြစ်၏။

误译：结夏安居期也是雨哗哗下，水呼呼涨的时期。（好像太口语了）

连学生自己都觉得这么译太口语化了，和文章的风格不符。

正确译法：结夏安居期间大雨滂沱、水浪翻滚。

（3）ထုတ်လုပ်မှု တိုးတက်၍ စရိတ်စကသက်သာစေရန် ဘယ်လိုပြုပြင်ပြောင်းလဲမှုတွေ လုပ်ဖို့ လိုအပ်ပါသလဲ။

误译：怎样改良变化后才能在扩大了生产规模的基础上降低成本。

原译译文显然不够精练。

正确译法：怎样改革才能增产节支？

（4）အိမ်တစ်အိမ်က ကက်ဆက်ဖွင့်ထားရင် ရှေ့နောက်ဘေး ခုနစ်အိမ်လောက် ကြားရတယ်။

误译：一家人如果开着录音机，周围七八家都能听到／前后七家都能听到。

这句译文出现的问题也属于表达不符合目标语习惯，太忠实于原文。

正确译法：如果某家开了录音机，左邻右舍都能听到／四邻八舍都能听到。

（5）သဘာပတိကြီး；

ဘုရင်မင်းမြတ်နဲ့

အဆွေတော်များခင်ဗျား–

误译：各位主席，国王以及列位阁下

这是一篇讲话稿的开头称呼部分。问题在于：首先，原文中并没有显示主席是多位；其次，中文没有"列位阁下"这样的说法；再次，为了表示郑重，应该加上"尊敬的"。

正确译法：（尊敬的）主席阁下、（尊敬的）国王陛下、各位贵宾们

（6）ဘတ်စ်ကားပေါ်က နေရာ

误译：公车上的一小块地儿／公车上的地方

这是一篇短篇小说的题目，标题讲究简单明了，或者寓意深远，引人遐思，

上面的翻译直译原文，显得直白了，也不够简洁。

正确译法：座位/公车之上

（四）用辞不严谨

翻译中还要注意措辞的严谨，不当会铸成大错。例如：

ဧရာဝတီၤ မြစ်နုဒီသည်၊ မြန်ပြည်မြောက်ဖျား

误译：伊江万里入缅州

缅甸即使在历史上也未曾成为中国的一部分，这里译成"缅州"，似乎成了中国的一部分。要是真在外交场合会引起外交冲突的，应该避免此类译法。

正确译法：伊江万里入缅国

（五）使用病句

有些句子译出来本身就是病句。

（1）လူဦးရေ ၄၅သန်းနဲ့. မြေဧရိယာ ၂၆၀၀၀၀ စတုရန်းမိုင်ရှိတဲ့ မြန်မာနိုင်ငံဟာ သယံ ဇာတ ပေါကြွယ်ဝတဲ့ နိုင်ငံတစ်နိုင်ငံလည်း ဖြစ်ပါတယ်။

误译：缅甸是一个有着4500万人口，26万平方英里的国土面积，以及自然资源丰富的国家。

译文如果完全忠实于原文，应该采取"缅甸是一个有着……人口、……国土面积和……资源的国家"这样的由三个定语组成的形容词加中心语格式，但是上面的译文却在最后一个定语用了主谓格式。其实，更好的译法是把三个定语分别译成三个小分句，简单明了。

正确译法：缅甸有4500万人口，国土面积26万平方英里，自然资源丰富。

（2）ဃရာဝါသ**အတွက်** လက်ထပ်ခြင်းအမှုကို ဝါတွင်းကာလ၌ ရှောင်ကြဉ်ရသည်မှာ မိဘရိုးရာကျင့်ဝတ်ပင် ဖြစ်လေသည်။

误译：按照祖传的习俗，为了家族能香火旺盛，结夏安居期里忌婚庆喜事。

又要家族香火旺盛，又禁止嫁娶，本身矛盾。

正确译法：按照缅甸的传统习惯，旨在生儿育女、繁衍后代的嫁娶行为，在结夏安居节期间是忌讳的。

（3）အင်းအိုင်ချောင်းမြောင်းနှင့် လယ်တောတစ်ခွင်ရေပြင်ဖွေးဖွေးကို တွေ့နိုင်သည်။

误译：在池塘里或者田边的水洼里可以看到潺潺流动的溪水。

溪水怎么可以在池塘里或者水洼里看到？

正确译法：江河湖泊、田地旷野，皑皑白光，水天一色。

（六）数字翻译错误

数字在翻译中是一个容易出错的"坎儿"，应当特别注意。缅甸的数字表达有自己的规律，10万以下的数字和中文的表达基本相同，但百万缅文有时会用表示百万的专用词 သန်း，有时会用十万 သိန်း做单位，如150万，可以说 ၁သန်း၅သိန်း，缅甸语中更多是用 ၁၅သိန်း来表示。同样千万和亿都以 သန်း做基本单位，如၁၃၀၀万是၁၃သန်း，即"十三个百万"，一亿是သန်းပေါင်းတစ်ရာ，即"一百个百万"。在译为中文时数字翻译不能直接照搬原文的单位和表达法，而要转换成符合中文习惯的表达法！

（1）အခုလက်ရှိအချိန်မှာဆိုရင် လှိုင်သာယာစက်မှုဇုန်မှာ နိုင်ငံခြားရီးနီးမြှုပ်နှံမှု စုစု ပေါင်း အမေရိကန်ဒေါ်လာ ၁၈၁ ဒသမ ၈ သန်းခန့်ရှိပြီး မြန်မာကျပ်ငွေ စုစုပေါင်း ၅၂၀၀၀ သန်း ရှိနေပါပြီ။

误译：目前，莱达雅工业区的国外投资约181.8百万美元，折合缅币52000百万。

译文中的两个数字都是直接照搬了原文的数字，明显不符合中文的习惯。

正确译法：目前莱达雅工业区的外资约1.818亿美元，缅资520亿缅元。

（2）အောက်ခြေအလုပ်သမားတွေဟာ အနည်းဆုံး ကျပ်တစ်သောင်း ရကြပြီး အတတ် ပညာရှင် ဝန်ထမ်းတွေကတော့ ကျပ်**သိန်းဂဏန်း**ထိ ရရှိပါတယ်။

误译：基层工人最低有10000缅币，高层管理人员/高学历职员/有一技之长的负责人/技术工人可高达几十万缅币。

သိန်းဂဏန်း是指"数字十万"，并不是几十万。

正确译法：基层工人最低有10000缅币，技术专家可拿到6位数。

（3）ခြင်းလုံး၏ လုံးပတ်မှာ ၁၅လက်မရှိပြီး **အလေးချိန်မှာ ၅ကျပ်သားခန့်ရှိ၍** ကြိမ်ဖြင့် ပြုလုပ်ရ သည်။

误译一：藤球的直径不到四指宽，重量大约0.05缅斤/5缅斤。

误译二：藤球直径不过15英尺，重量也只有约5缅两重。

误译三：藤球直径15英寸，重约5缅钱/5铢。

误译四：藤球是用竹藤编的，半径15（小的5）的球。

一个简简单单的句子却因为度量衡出现了这么多的错误译法！缅甸的度量衡使用一向非常混乱，既有公制也有英制，还有缅制，没有太多规律，完全看他们的使用习惯。因此在翻译过程中要特别注意。平时还需要经常积累缅甸习惯使用的各种度量衡。

正确译法：藤球周长15英寸，约5缅两重，由藤条编织而成。

（七）地名人名翻译错误

在长期的翻译过程中，已经有一套相对较固定的地名和人名的翻译，一般情况下，我们遵守这种约定俗成的译法即可。但是有时地名人名过于生僻，没有现成的译法可用，有时原有的译法不够优美，甚至有不好的意思在里面，我们可以自己新译。遵循的原则是尽量音译并选用含义优美的符合中文习惯的字。例如：

မြန်မာနိုင်ငံ၏ အခိကရေနံတွင်းများ ဖြစ်သော ထောက်ရှာပင်၊ ကန်းနီ၊ မန်း၊ ရေနံချောင်း စသော ရေနံတွင်းများမှ တစ်နေ့လျှင် စည်(၂၀၀၀)ကျော်စီ ထုတ်လုပ်ပေးလျက် ရှိသည်ဟု ၎င်း က ပြောကြားသည်။

误译：他说："作为缅甸主要油井的陶夏宾、红湖/红海岸、曼、油枪/油溪/耶安羌等地，日产量均达到2000桶。"

这句中的 ကန်းနီ 可按发音译为"甘尼"，译为"红湖"是将 ကန် 理解为 ကန်，译为"红海岸"是将 ကန်း 等同为 ကမ်း。而 ရေနံချောင်း 传统上译为"仁安羌"，译为"油枪/油溪/耶安羌"等从翻译上来说没有错，但不符合习惯。

正确译法：他表示：作为缅甸主要产油区的陶夏宾、甘尼、曼、仁安羌等地的油井日产油量达到2000桶。

三、背景知识欠缺造成的错误

在翻译实践中，会遇到各种题材、各种体裁，内容和话题包罗万象。因此翻译的人应该是一个杂家，需要拥有百科全书般的知识。此外，对于专门的行业还应该有些专业知识。对于对象国和母国的传统知识和文化也要多多掌握，才能更加自如、更加恰到好处地翻译。但是在翻译中因为背景知识的缺乏出错的例子也比比皆是。例如：

（1）အန်ကယ်၊ အန်တီတို့နဲ့ ကျွန်တော့်ဝမ်းကွဲ ညီအစ်ကိုမောင်နှမများ နေကောင်းပါရဲ့ လား။

误译：叔叔、婶婶、表弟、表妹们，最近身体好吗？/姑父、姑妈和堂兄弟姐妹们身体好吗？

由于现在的孩子们亲戚关系简单，一些亲属称谓不再严格区分，导致亲属称谓的混乱。按我们的传统习惯，叔叔婶婶家里的是堂兄弟姐妹，姑姑家里的是表兄弟姐妹。

正确译法：叔叔、婶婶、堂兄弟姐妹们，最近身体好吗？/姑父、姑妈和表兄弟姐妹们身体好吗？

（2）လက်ရှိဂျာမနီနိုင်ငံမှာ လေစွမ်းအင်နဲ့ လျှပ်စစ်ဓါတ်အား **ဂီဂါဝပ်** ၂၀ ကျော် ထုတ်

လုပ်နေပါတယ်။

误译：现在的德国生产出 20 千瓦的电能和风能。

20 千瓦是一个多么小的数字啊，形容一个发达国家的风力发电如何说不过去。这里 ၂ဂါ၀၆ 是一个专有名词，用于力电，指"千兆瓦"，换算成千瓦就是"百万千瓦"。

正确译法：现在德国利用风能发电 2000 万千瓦。

四、结束语

通过上述对学生作业中出现的错译分析可以发现，学生翻译中出错主要表现在三个方面，即理解错误、表达错误和背景知识欠缺造成的错误。这与我们经常强调的翻译最主要的基本功有关，即扎实的双语功底和丰富的背景知识。针对这三个方面，在平时的教和学的过程中应该注意，加强词义的辨析能力（包括实词和虚词）和对句子尤其是长句子的分析能力。表达上要加强中文修养，不受外文原文的干扰。在翻译完成后可以读给别人听，看能否听懂。增加背景知识的积累，既包括对象国背景知识的积累，也包括自己国家背景知识的积累。翻译所涉及的内容几乎是无所不包的，要在脑中形成相关知识的数据库。在翻译过程中需要再创作的部分学生大多做得较好，例如诗歌的翻译。这是因为对于诗歌学生基本理解原文意思即可充分发挥自己的母语优势，而不需像其他类型的翻译要最大限度地忠实于原文。而对于某些题材的文章，不同的学生显示出不同的优势，比如翻译体育方面的文章，男生要比女生正确率高不少，说明背景知识对理解原文的重要性。

外语口语课课堂教学效率的提高
——以越南语为例

■ 广西民族大学　莫子祺　黎巧萍

【摘　要】受教材内容、教学方式、教学要求等因素的影响，当前诸多高校的外语口语课存在着课堂教学效率低下的问题。本文主要以笔者编著的一本越南语口语教材及笔者在越南语口语课的实际教学实践为例，从教材内容、教学方式、教学要求三个方面，论述提高外语口语课课堂教学效率的有效措施。

【关键词】口语课堂教学；教材内容；教学方式与教学要求

三百多年前，捷克著名教育家夸美纽斯在《大教学论》（1984）一书中写道，要"寻求并找出一种教学方法，使教师可以少教，但是学生可以多学"。这种以"少教"达到"多学"的愿望，是历代教育工作者所孜孜追求的目标，这种目标实际上就是我们今天所说的教学效率。在中国教育界，课堂教学的效率问题在10多年前就得到较多的关注，如钟鹏明（1991）、梁建（1997）、李涛（2000）、俞建伟（2000）、张忠华（2001）等，而近年来并没有得到应有的重视。然而，经过长期旁听和跟踪我院外语口语课或会话课的课堂教学，以及通过与外校教师交流、访谈、旁听等方式调查，笔者发现当前不少高校的外语口语课或会话课程普遍存在着"课堂输入量少，学生接收信息量少而慢，练说机会少，语言输出效果不佳"的课堂教学效率低下问题。如何在有限的课时里给学生输入更多的知识信息，如何让学生更愉快地学习，更快速地提高外语表达成为笔者长期思考的问题。本文主要以《实用越南语口语教程》及其相应教学实践为例，从教材内容、教学方式、教学要求三个方面阐述当前大学外语口语课的效率问题，同时提出提高大学外语口语课堂教学效率的系列措施。

一、从教材内容方面看

（一）有教材比无教材效率更高

经多次旁听英、法、越、泰、印尼语等多个语种的口语课，笔者发现一些任课教师尤其是外教上课并没有使用正规出版的教材。尽管每个老师有着自己独特的教学方法，上课过程好像也是挺生动活泼的，但我们认为，外语口语课的课堂教学，有使用正规出版的教材总比没有教材或自编教材的效率要高。如果没有教材，任课教师得在课前进行大量的准备，不仅要制定好本课要学的主题，还要准备好每次课要练的句型，需要提前考虑好本次课要让学生学会表达哪些内容，创设什么样的口语练习情境，让学生达到什么样的教学目的等。此外，还要备好大量有可能用到或碰到的生词以及要扩充的与本课主题相关的大量词汇等等，这就耗费了任课教师的大量时间和精力来备课，而到了课堂还得花不少的时间来抄写所要补充的单词或句型，这就大大降低了课堂教学的效率。

相反，口语课的课堂教学如果有了现成的教材，上述这些问题就全部迎刃而解了。因为教材基本都规定好了每一课的主题，列出了每课的生词以及所要求学会的句型和内容，有着生动逼真的会话情景或短文，还有本课所涉及的相关语法点以及一些常用词汇和国情文化知识，最后是口语练习。有了这些现成的教学内容，任课教师就可以把更多的课堂时间放在学生的听说练习上，而不是放在教学内容的准备和抄写上，这样，外语口语课的课堂教学效率就会大大提高。为此，我们认为，在大学外语口语课的课堂教学过程当中，有教材比无教材的效率要高得多，大学外语口语课的课堂教学一定要使用已经出版的相关教材。

（二）教材内容有中文翻译比没有中文翻译效率更高

我们发现，在林林总总、五花八门的外语口语教材当中，有一些教材内容并没有中文翻译，那么在实际教学过程当中，教师必须得把对话内容详细讲解一遍。而学生为了更好地理解教学内容，还常常把中文意思抄写下来，尤其要记录那些难句、长句或者生词生字的意思。众所周知，写的速度永远跟不上讲的速度，这就出现了"学生跟不上教师"的现象，即教师已经讲到下面的几句话了，而学生还在忙于理解和记录上面几句话的意思。或者教师为了让学生跟得上进度，不得不暂停下来，等待学生抄完了再接着讲，这就大大降低了口语课的课堂教学效率。有的教材则是把中文翻译放在课本的最后，目的在于让学生尽量适应纯外语的教学内容和教学环境，让学生在确实不懂的时候才参考译文。但在实际上课过程中，学生总是忍不住要翻看后面的译文参考，然后再抄过来，因为几乎不会有学生能够做到课前先预习弄懂全部教学内容之后才来上口语课，实际上也没有这个必要。为了让学生更好地理解对话内容，任课教师经常性的做法是请一个个学生站起来一句句地口头翻译出来，而这个理解和翻译的过程已经大大降低了该口语课的课堂教学效率。

相反，有的教材则是每一句会话下面都会有相应的中文翻译，如越南语口语教材《实用越南语口语教程》。我们发现，有了这个直观的中文翻译，学生就完全不用抄写中文意思了，只需要在教师讲解到一些重点、难点或扩充几个生词、相似句型的时候，简单做一下笔记就可以了。而且，有了直观的中文翻译，任课教师只需要简单讲解一遍，学生就可以快速理解和熟悉会话内容了，然后再让学生练读几分钟，同桌之间对练几分钟，那么学生基本上就可以按照该会话内容，套上自己的实际情况进行对话练习了，这就大大缩短了外语输入到输出的时间，从而大大提高了口语课的课堂教学效率。

当然，也有人认为，每一句会话下面都附有中文翻译，会让学生过于依赖中文翻译，无法创造纯外语的语言意境。试想，学生在理解困难、理解模糊甚至无法理解的情况下去学表达那些所谓的"纯外语意境"的内容，那简直是一件相当困难、相当痛苦的事情。笔者也曾试验过使用没有中文翻译的口语教材来授课，发现学生在学完一课书之后，对本课内容还是比较生疏。一个学期下来，学生对本学期学过的内容感觉相当陌生，除了知道学过哪些场景对话、懂得表达一些简单日常会话以外，根本无法演练和表达那些具体场景的实际交流对话，可见这样的课堂教学效率之低。此外，学生在学完之后没有具备能够表达自己想法的能力，没有一点成就感，这就会让学生走进"越学越厌倦，越学越差，越差越不想学"的怪圈。

为此，我们认为，外语口语课的教材有直观的中文翻译远比没有中文翻译的效率要高得多。在编写或选择外语口语课教材的时候不应该追求什么"纯外语的语言意境"，而应该追求"有直观的中文翻译"，因为外语口语课应该更多地专注于学生的语言表达，而不是学习内容的理解和翻译，即应更多地专注于学生的语言输出而非信息输入。况且，在实际学习过程当中，对于那些常见的、简单的句型，学生在非常熟悉之后，就不会再去看其所谓的中文翻译了。

（三）有短文综合训练比没有短文综合训练效率更高

我们在这里所说的"短文综合训练"指的是外语口语课每一课会话之后都要学习1—2篇典型的主题短文，然后要求学生参考该范文，同时根据自己的实际情况写一篇文章，教师批改、点评之后，让学生利用课余时间背熟练熟，最后在课堂上轮流上台陈述自己的文章内容。

我们不难发现，不少外语口语教材中只有句型、对话，并没有主题短文，那么教师就只能在讲解句型和会话内容之后，让学生把相关句型运用到对话练习中，这样好像也基本达到运用和表达的训练目的了。殊不知，如果在每课主题当中再增加1—2篇典型的主题短文、典型范文的话，会取得更好的效果。如越南语口语教材《实用越南语口语教程》每一课会话之后都设计有1—2篇主题短文，每次教完该主题短文之后，笔者一般都会让学生参照这个范文，根据自己的实际情况写一篇短文，笔者批改点评之后，让学生在课后自行练习、背熟，然后在下一次课堂上轮流上台脱稿陈述自己的内容，即我们所谓的"短文综合训练"。这样的短文综合训练有许多好处：第一，让学生课后参照典型的范文去写自己的内容，可以大大提高学生的写作能力；第二，将读、写、说紧密结合起来，也提高了学生的外语综合运用能力和表达能力；第三，将所学内容运用到自己的实际生活表达当中，严格要求学生脱稿陈述，可以真正达到我们常说的"学以致用"的目的；第四，让每个学生轮流上台脱稿陈述自己的内容，教师要进行点评和评分，同时让其他学生就陈述的某些内容进行提问和交流，类似演讲比赛中的提问环节，这就很好地锻炼了学生上台表现的胆量和应变能力；第五，某个学生在讲台上陈述自己文章内容的时候，教师要求其他学生必须注意听并随时记笔记，然后教师随机提问某个学生自己所听到的内容，或者用中文简单陈述出来，这就促使每个学生都必须注意聆听。因此，在锻炼台上学生的胆量和表达能力的同时，还可以锻炼其他学生的听力。

总之，我们认为，在外语口语课中有短文综合训练比没有短文综合训练的课堂教学效率更高，当然，我们所说的这个"短文综合训练"是包括"讲解、学习典型范文——学生参照范文并根据自己的实际情况写一篇文章——教师批改、点评——学生课后背熟——学生轮流上台陈述，同时教师点评并评分——其他学生聆听并做笔记，用中文复述"等训练环节在内的综合训练，大大提高了学生的外语综合运用能力。此外，这个范文也应该是有直观中文翻译的，因为我们在口语课想要锻炼更多的是口语表达，而不是学生在课堂上的理解和翻译能力。

（四）实用性和针对性强的教学内容可以大大提高口语课的效率

有部分外语口语教材的教学内容的实用性和针对性并不是很强，比如有的教材，教学对象明明是在校大学生，但学习主题却为祝酒、吊丧之类的，或学习内容却为"你结婚了吗"、"你有几个孩子"之类的。我们认为，学习主题和学习内容与教学对象身份不符合，学完之后无法运用，表明该教材没有很好的针对性，实用性也不强。

相反，假如外语口语教材针对明确的学习对象，从学习对象的日常学习生活实际出发，设计相关的衣食住行、学习、生活、工作等情景对话和主题短文，那么将会大大提高课堂教学的针对性和实用性，学生学习起来将会更有兴趣和动力，从而大大提高课堂教学的效率。以《实用越南语口语教程》为例，该教材取材于越南语学生在日常学习生活和赴越留学期间有可能碰到的种种场景，按照这些具体场景从易到难编排典型的对话和主题短文。这些典型对话如师生之间的问候、询问班级情况、询问家乡和家庭情况等，都是要求学生学完之后必须能够运用的，即与其他学生或跟老师对话时能够听得懂并能够按照自己的实际情况回答。主题短文也是要求学生学完之后能够切实运用的，即学生学完主题短文之后要参照该范文，结合自己的实际情况写一篇介绍自己情况的文章，经教师批改、点评之后练熟背熟，然后在下一次课堂上脱稿陈述，如自我介绍，介绍自己的班级、家乡、家庭，介绍自己的大学生活，介绍自己的某个老师、某个同学或某个亲密朋友等。既然能够听得懂别人的提问并能够回答出来，既然能够脱稿陈述介绍与自己相关的情况，表明该学生已经基本掌握所学内容并且可以运用了，这就达到了"学以致用"的外语学习目的。而既然学完之后能够听得懂说得出，能够表达和运用，也就可以大大提高学生的学习兴趣和学习动力。学生的学习兴趣、学习动力与教师的课堂教学、学生的学习效果是相辅相成、互为促进的，而能够达到这种"教学相长"的良性教学效果，与实用性和针对性强的教学内容是密不可分的。因此我们认为，实用性和针对性强的外语口语教学内容，可以大大提高学生的学习兴趣和学习动力，从而大大提高课堂的教学效率。

（五）摒弃过多的语法讲解和语法练习可以提高口语课的效率

有部分越南语口语教材有着较大篇幅的语法讲解和语法练习题，要求任课教师必须逐条讲解语法点，并要求学生按照语法讲解去完成相应的语法练习题，然后教师在课堂上讲解练习题。笔者认为大可不必这样做，因为这样的话，会使口语课的重心有所偏差，也大大降低了口语课的教学效率。口语课的目的本来就是让学生在基本熟悉课本内容的基础上，能够表达与该主题相关的内容，从而实现具体实际场合的交流。口语教材中可以列出一些必要的语法点和扩充知识点，如越南语口语教材《实用越南语口语教程》，每一课短文之后都有语法部分，但没有相应的语法练习题。语法部分一般都是某个语法点的系统、详细的讲解和举例，所举的例子一般也都有中文翻译，主要是供学生自学、参考所用，教师在时间允许的情况下可以简单讲解一遍，主要起到提醒、补充的作用，但完全没有必要详细讲解语法点和语法练习，更没有必要让学生一遍遍地练习造句、做题，因为语法点应该是基础课或综合课的重点教学内容，而不是口语课的重点。如果在口语课上详细讲解语法点和语法练习题，不仅会大大降低口语课的教学效率，还会与基础课或综合课的语法讲解有着不必要的重复之嫌。为此，我们认为，摒弃过多的语法讲解和语法练习，也是可以提高外语口语课的课堂教学效率的。

二、从教学方式上看

（一）"分组同时练习"比"师生轮流对练"效率更高

我们通过旁听一些外语口语课，包括中国教师和外籍教师上的口语课，经常发现这样的教学环节：任课教师轮流与每个学生练习对话，但在该师生对话的同时，其他学生基本上都是无所事事，只是在等待着轮到自己，轮过了的学生又在等待着下课，或者在干别的事情。笔者认为，这样的上课方式有许多弊端：第一，效率实在太低了，低到三节课下来平均每个学生只轮到一次与老师对练的机会，也就是说三节课过去了，但每个学生只是有效利用了与老师进行口语对练的几分钟而已，其他时间都是在"无所事事地等待着下课"。第二，教师很忙碌，忙着轮流跟一个个学生进行对话练习，但同时却扼杀了更多学生的练习机会，因为老师与某个学生进行对话练习的时候，其他学生是要注意听而尽量不出声的，因为只要每个学生发出很小的声音，那全班的嘈杂声也会盖过老师与那个学生的对话。此外，尽管教师要求其他学生注意听，但其他学生基本上都是没法认真听得下去的，因为"事不关己，高高挂起"，况且"老师也管不着"，因为老师在忙着与一个个同学对话。第三，老师与某个学生练习对话的时候其他同学在听，这样的对话方式让正在对练的学生会非常紧张，心理压力非常大，生怕自己说错或说不好，很丢面子。

总之，"师生轮流对练"的教学方式弊端多多，我们迫切需要改变这样的上课方式。我们可以将"师生轮流对练"改为"学生分组同时练习与教师抽查相结合"的教学方式，例如，笔者在上越南语口语课时，一般都是在讲解完相关会话内容之后，首先让学生练读熟读会话内容，然后将学生分成若干组，或者直接让同桌学生之间根据自己的实际情况进行对话练习，教师则在同学之间来回巡查督促和答疑解惑，然后再请一两组同学站起来演练。或者让学生在课余时间就某些主题先行讨论和练习，下一次上课时，老师先让各组同学之间或同桌之间再对练几分钟，然后请一两组同学站起来进行演练，也可以是老师抽查，请一两个学生站起来与老师对话。这样既保证了每个学生都参与练习，又达到了检查学生表达能力的目的，大大缩短了大部分学生"无所事事"的等待时间，从而提高了外语口语课的教学效率。

（二）"人人参与的任务式教学"比"少数学生自告奋勇"效率更高

在外语口语课中，有的老师在启发某些主题训练的时候，没有要求每个学生都必须参与，而只是请学生自告奋勇上台展示，这样会使更多的学生存在着懒惰心理："这个太难了，我不敢！就让那些厉害的人上好了。""反正又不是人人都要上台展示。"或者存在侥幸心理："应该不会叫到我吧？""就算叫到我，我也不会，老师也不能把我怎么样。"这就是为什么积极踊跃的总是那几个学生，而对于更多学生则是"启而不发"的主要原因。这需要任课教师积极改变教学方式，必须严格要求每个同学都要参与。例如，在每次上完会话部分让学生练读和对练的时候，笔者都在教室里来回巡查，以及时督促某些偷懒或走神的同学注意练读或对练。在上完主题短文之后，笔者也严格要求每个学生都要参照范文并根据自己的实际情况写一篇文章，笔者批改点评之后，每个学生都要在课后背熟，因为每个学生都要上台陈述自己的内容，笔者要给每个学生评分。这样的要求对每个学生都公平公正，学生也就不会再有什么懒惰心理和侥幸心理了。

或许有人会疑问：每个学生都要轮流上台陈述自己的内容，那要多少节课才能轮完呢？这样的上课效率不也是挺低的吗？其实，正如我们前面所说的，当某个同学在台上陈述的时候，教师要求其他同学都要带着任务注意听并随时做笔记，教师可以就着该学生的文章内容随时提问或在陈述完之后提问，这样就可以同时锻炼学生的听力了。此外，我们都知道这样一句俗语，"台上一分钟，台下十年功"，我们用这个俗语来形容学生在课后所下的功夫一点都不为过。学生想要上台表现得好，想要好一点的评分，就必须特别认真思考怎么样写得更好，还必须在课余时间一遍遍地背诵自己的文章，最后才能在课堂上好好地表现几分钟。其实，这个课后背诵的过程也是一个学习的过程，是一个任务式的自主学习过程。再者，假如一个班级学生相对较多，三四十人以上怎么办呢？这时，我们可以采取灵活一点的办法，比如每次训练必须抽查1/3或1/2的学生，让学生知道这个"不被抽到"的概率还是很小的，甚至还可以课上检查一部分，课后检查一部分，当然，这就需要任课教师有一定的牺牲精神，多花一些自己的业余时间了。总之，我们认为在外语口语课中，"人人参与的任务式教学"比"少数学生自告奋勇"的教学方式效率更高，这个效率高就高在每个学生同时参与练习，高就高在每个学生都必须在课余时间自主学习、自己练习。

（三）"以学生为中心"比"以教师为中心"效率更高

在旁听一些外语口语课的时候，我们还发现这样的教学情境：任课教师尤其是外教在课堂上声情并茂、滔滔不绝地讲个不停，时不时才问学生一两句话，或者教师在黑板上扩充抄写太多的句型和词汇，学生们则在下面跟着抄个不停。这样的教学方式是"以教师为中心"而不是"以学生为中心"，就好像教师是演员，在声情并茂地表演，而学生则充当观众，在看老师表演，在听老师说话，这就严重扼杀了学生开口练习的机会，会大大降低口语课的教学效率。为此，我们迫切需要改变这样的"角色颠倒、本末倒置"的上课方式，老师应该只是充当导演的角色，主要起到组织和引导的作用，学生才是中心人物，是主要的参与者和表演者。例如，笔者在上越南语会话部分时，一般都只是简单讲解一遍，一个对话一般只用10分钟左右的时间来讲解，其余时间都是留给学生练读和相互对练。一般先让学生自己练读，第二遍是同桌之间互相练习对话，然后交代学生课后自行准备，下一次课请同学之间按照自己的实际情况进行对话演练，或者师生对练，回答老师提出的问题。也可以将学生分组，组与组之间以游戏或比赛的方式互相问答。当然，下一次课在会话演练前，笔者还是会给学生自行练读和对练几分钟，然后才开始演练；对于短文部分，一般也只是用很短的时间简单讲解一遍，其余更重要的是让学生写作、背熟和上台演练。

三、从教学要求方面看

一本好的教材、一些恰当的教学方式，可以大大提高外语口语课的课堂教学效率，但除此之外，一些严格的教学要求也是有助于提高外语口语课教学效率的。

（一）严格要求学生人人参与课堂，提高课堂教学效率

我们在巡查课堂教学时经常会发现这样的现象：老师在讲台上讲得汗流浃背的，下面却有一些学生在打瞌睡或在发呆，有的在看别的书或在做别的事，有的学生甚至在玩手机、玩游戏、看电影，这样的课堂教学谈何效率？而这种现象在外语口语课堂上一样会发生，除了部分学生发呆、打瞌睡、玩手机以外，甚至还有一些学生因懒惰或心存侥幸而不积极参与，"启而不发"，无法回答问题。

那么，如何改变上述这种现象呢？如何才能做到严格要求学生人人参与课堂呢？这就需要我们采取一些策略。比如说，在讲解课文内容的时候，或让学生自行练读的时候会有一些学生思想开小差，不注意参与课堂，那么这个时候笔者就需要在学生当中来回走动，随时督促不专心、开小差、打瞌睡的学生注意听讲，注意练读或对练。再如在布置短文综合训练任务的时候，笔者就预先说明，每个同学都要根据自己的实际情况写一篇小文章，每个同学都要交作业，老师批改点评之后，每个同学都要在下一次课堂上轮流演练，笔者要给每个同学记分数作为平时成绩或测验成绩，哪个同学不遵从，那就缺了本次成绩。这样，就可以完全消除学生的懒惰心理和侥幸心理，每个同学都必须参与，并且努力表现好，以积累平时成绩。此外，对于文章写得特别好、课堂演练特别好的同学，笔者还要随时突出表扬，将其文章作为范文点评和宣读等。这样，也可以激励学生认真对待，努力表现好，这就在无形当中提高了教学效率。而当某个同学在台上演练时，笔者也预先提醒所有学生要注意听，笔者会随时提问，随意点同学起来回答问题，这样就可以确保大家都注意聆听，锻炼听力，相应地就提高课堂教学效率了。

（二）严格要求学生模仿语气语调，加快学生的口语熟练运用程度

外语口语水平高不高，外语表达是否地道，除了表现在是否能听懂，是否能快速反应并回答之外，还在很大程度上表现为外语表达的语气语调是否符合当时的情境，是否像语言对象国的人所说的话。然而，我们发现有些任课教师不注意纠正学生的语气语调，不鼓励学生大胆模仿外国人说话的语气语调，任由学生僵硬生涩的语气语调发展下去，直到大学四年毕业后讲外语的语气语调还是那么生硬晦涩，所体现出来的就是整个外语表达不够地道，可见教学效率之低。

那么，想要改变这种现象，就需要任课老师在学生平时练口语的时候，严格要求学生努力模仿实际情景对话中应有的语气语调，模仿外国人说话的语气语

调，而任课教师在跟学生对练和平时外语交流的时候也要注意自己应有的语气语调，只有这样，才能训练学生地道的语气语调，从而使学生能大胆与外国人交流。

笔者曾经见过这样的现象，一些学生在大三出国留学的时候，跟语言对象国的人说话，人家怎么都不相信其是外国人，直至拿护照出来看才相信。而有的学生则相反，外语表达的语气语调非常生硬晦涩，人家一听就知道是外国人，有的甚至自己毕业出来做老师了，外语表达的语气语调还是那么生硬晦涩不地道，可见模仿语气语调在外语教学与口语表达中的重要性。

当然，有的人会说："外语表达是否流畅，语气语调是否地道，更多的是看自己的语言天赋，看外语学习是否受地方方言的影响。"但我们认为这些同学是特例，一般来说每个班都会有那么几个同学，但在平时外语口语训练时，如果任课教师注意鼓励甚至严格要求学生模仿语气语调的话，就长期教学效果而言还是可以提高口语课教学效率的。

（三）严格要求学生一开始就正确使用人称代词

在外语口语训练和交流时，还有一点需要特别注意的是外语人称代词的使用。人称代词使用不正确，会让人感觉你的外语学得不地道。这一点在越南语学习和交流中尤为明显，因为越南语人称代词非常多，使用方法也比较繁杂。由于在越南语当中没有类似汉语中绝对中性的、人人都可以使用的人称代词"你"、"我"、"他/她"，使用越南语进行交际和称呼时需要看具体的场合，需要看自己与交际对象的上下尊卑关系，这就使许多中国学生常常无法恰当地使用越语人称代词，给日常学习生活、交流交际甚至实际工作带来不少的困扰。比如"tôi"这个人称代词，一般只用于比较正式的场合，或者自己地位相对比较高的场合，或者读者、听者对象范围较广或不具体的场合等，因此并不是什么时候都可以用"tôi"的，尤其对于一个在校学生来说，在实际交流当中则用得更少。

此前，笔者曾经使用其他的教材来给学生授课，这些教材没有特别注意越南语人称代词的实际使用规范，一开始就过多地使用"tôi"和"anh"、"chị"、"em"，而对于同学朋友间经常使用的"bạn"、"mình"、"cậu"、"tớ"、"tao"、"mày"等人称代词却使用得非常少。尽管笔者一再强调这样的使用方法不科学，但没有办法，由于学生一开始学习的内容都是用"tôi"来自称，称对方为"anh"、"chị"，导致后来在实际交流和对练的时候，也总习惯按照汉语思维，把该人称代词"tôi"当作汉语的人称代词"我"来使用，或者总习惯自称"em"，而习惯称对方为"anh"或"chị",很长时间都很难改正过来,这也是教学效率低下的一个表现。因此,后来在编写越南语口语教材的时候,笔者就特别注意实际交流场合当中越南语人称代词的具体用法和称呼习惯,而在使用该教材给学生授课之后,笔者就发现学生较少有按照汉语思维胡乱使用越南语人称代词的现象,而基本上都能根据具体交际场合正确使用越南语人称代词了。

为此,我们在选择教材的时候要注意看教材内容当中人称代词的使用是否符合学生对象,要注意一开始就教给学生正确的人称代词使用方法和称呼习惯,同时还要在平时的对练和交流当中严格要求学生正确使用人称代词,严格纠正学生错误的称呼法,这样就可以在一定程度上提高外语口语课的教学效率了。

四、结论

综上所述,想要解决当前外语口语课效率低下的问题,我们需要从教材内容、教学方式和教学要求三个方面着手改革。想要提高外语口语的课堂教学效率,我们需要一套内容丰富、针对性和实用性强、有直观中文翻译、训练环节多样并附有大量扩充词汇的教材;需要教师发挥主观能动作用,以学生为中心,采用"分组同时练习"和"人人参与的任务式教学"等教学方式进行授课;同时还要严格要求学生人人都要参与课堂,要求学生大胆模仿外语语气语调,要求学生正确使用外语人称代词等,从而提高外语口语课的教学效率和教学效果。

参 考 文 献

[1] 夸美纽斯. 大教学论 [M]. 傅任敢,译. 北京:人民教育出版社,1984.

[2] 李涛. 提高课堂教学效率之我见 [J]. 教育理论与实践,2000(2):41—45.

[3] 梁建. 课堂教学效率的分析评价及其提高的措施[J]. 中国教育学刊,1997(1):44—46.

[4] 莫子祺. 实用越南语口语教程 [M]. 北京:北京大学出版社,2014.

[5] 俞建伟. 现代课堂教学效率刍议 [J]. 苏州教学学院学报,2000(2):37—41.

[6] 曾瑞莲,罗文青. 新编越南语口语 [M]. 南宁:民族出版社,2007:32—35.

［7］张忠华. 论提高课堂教学效率的策略［J］. 教学研究，2001（1）：19—20.

［8］钟鹏明. 重视提高课堂教学效率［J］. 教育理论与实践，1991（4）：33—35.

中国学生学习意大利语宾语代词的难点分析及训练方法

■ 浙江外国语学院　王忆停

【摘　要】意大利语的宾语代词不同于汉语和英语的宾语代词，无论是词形还是位置，都与后两种语言有着明显的差别。中国学生在初学意大利语宾语代词的时候，往往会碰到各类障碍。本文将学生碰到的主要困难呈现出来，透过学生的角度，逐一分析难点产生的原因，并通过多年课堂实践教学，介绍一些简单实用的训练手段，以求帮助学生更为高效地学习掌握这一语法点，为将来意大利语的综合使用打下坚实的基础。

【关键词】意大利语宾语代词；词形；位置；学习难点；训练手段

一、引言

中国学生初次接触意大利语的时候，在学习上往往会碰到一些困难，例如：名词、形容词的性数搭配，动词变位，宾语代词的使用等。在这些困难中，尤其以宾语代词的使用最为典型。很多学生经过长时间的学习，依然掌握不好宾语代词的精髓，从根本上来说是因为意大利语的宾语代词与英语以及我们的母语汉语的宾语代词都不一样，无论是代词的词形还是位置，都与后两种语言有着明显的差别。通常，中国学生在学习意大利语的过程中，对于汉语和英语中没有的语法现象掌握得非常差，无论是发音还是语法，通常都是被动接受，并且没有一套切实可行的训练手法。同时，这方面的教学也显得困难重重，很多教师对这样一些"语法难点"无从下手，自己心中明白、理解语法含义，但是很难通过自己的语言将知识传递给学生，让学生真正理解并学会在实际环境中使用。

如今，国内对于意大利语本科教学的研究还处于摸索阶段，各大高校甚至连统一、标准的教材都没有。北京外国语大学意大利语教研室出版的《大学意大利语教程》①在教材领域似乎弥补了这一遗憾，但是从多年的教学效果来看，该教材在意大利语宾语代词的讲解、训练方面，依然比较有限，讲解也不是十分深入。还有很多教材只是将宾语代词的词形进行罗列，通过几个简单的例句以求让学生掌握这一语法点。但是从实际教学来看，学生大部分都是被动接受，极个别学生甚至完全不能理解该语法点。在宾语代词的书面、口头使用中，学生更是大量"回避"，或者是错误百出。

以上事实说明：中国学生在学习意大利语宾语代词的时候，碰到的困难非常大。这里我们将这些主要困难逐一进行分析，找出原因，并介绍一些实用的手段进行课堂训练，以求取得更佳的学习效果，让学生真正掌握好这一语言点，为将来意大利语的综合使用奠定基础。

二、意大利语宾语代词学习的三大难点

（一）宾语代词词形复杂

1. 词形的人称、性数太多

意大利语的宾语代词分为直接宾语代词（以下简称直宾代词）和间接宾语代词（以下简称间宾代词）。每一类词又有6个人称（若算上尊称，则有8个人称），4类性数，因此，宾语代词词形的种类非常多。学生在记忆这些代词的时候，大脑往往需要"拐很多弯"，通过一连串的思考过程才能选出适当的宾语代词，这极大地影响了学生外语表达的流畅性。

我们先来看一看各类宾语代词的词形。首先，直宾代词共有以下词形：

mi（第一人称单数）　　　　　　ci（第一人称复数）

ti（第二人称单数）　　　　　　vi（第二人称复数）

lo（第三人称阳性单数）　　　　li（第三人称阳性复数）

la（第三人称阴性单数）　　　　le（第三人称阴性复数）

ne（部分或否定含义的宾语代词）

La（尊称单数）　　　　　　　　Vi（尊称复数）

---

① 《大学意大利语教程1》第八课（直宾代词）、第十一课（间宾代词）、第十四课（命令式），《大学意大利语教程2》第十课（副动词）、第十一和十二课（不定式）、第十三课（分词式）对意大利语宾语代词做出了讲解。

这样看来，直宾代词一共有11个。再来看看间宾代词的词形：

mi（第一人称单数）   ci（第一人称复数）

ti（第二人称单数）   vi（第二人称复数）

gli（第三人称阳性单数）   gli/loro（第三人称阳性复数）

le（第三人称阴性单数）   gli/loro（第三人称阴性复数）

Le（尊称单数）   Vi（尊称复数）

间宾代词也有10个。因此这21个宾语代词就构成了学生理解、运用意大利语的一大难题：到底应该选哪个呢？

特别是第三人称代词的选择，不仅要知道所代名词的人称，如第三人称，还要知道所代名词的性和数，在确定了这些问题之后，才能选出正确的宾语代词。

因此，这部分语法点的学习，对学生原先所学的基础知识，如名词、形容词的性数，人称的构成等知识点要求极高，只有在很好地掌握了基础知识的前提下，才能相对减轻宾语代词学习的难度。

2. 直接宾语与间接宾语区分困难

直接宾语与间接宾语的区别，又是学生碰到的一大难题。主要问题就是：什么宾语是直接宾语，什么宾语是间接宾语？经过几年的教学实践，笔者发现现在的学生很少能真正搞清楚直接宾语和间接宾语的区别。笔者个人认为，这主要是汉语学习不到位，以及英文学习的应试后果。我们自己的母语——汉语，在直接宾语和间接宾语这一语法点的讲解上，是不够深入的，并且母语的学习与外语的学习不一样：母语重在模仿，很少有人深究其语法解释；外语重在理解，在通晓语法的基础上，不断练习。例如"我吃苹果"这样一个例句，我们在用汉语表达的时候，是不会思考"苹果"是直宾还是间宾的，因为大家都这么说，"吃什么"就在"吃"的后面直接加上"对象"，更不会思考"吃"这个动词是及物动词还是不及物动词。换成英文，老师就会给你讲："吃"的英文动词原形是"eat"，是一个及物动词，后面可以直接跟宾语构成"吃"的动宾结构，因此动词"eat"后面跟的宾语就是"直接宾语"。我们在理解类似"I eat an apple"这样的句子时，就会有一个概念：一般情况下及物动词可以直接跟宾语，这样的宾语通常就被称作"直接宾语"。类似这样的概念，有一定英文基础的学生在理解的过程中是不会有太大问题的。但是，如果出现了"间接宾语"或者是"双宾语"的情况，很多学生就会开始犯糊涂。例如"请回答这个问题"这个句子，中文看起来是及物的，因为"回答"的对象就是"问题"嘛！但是，往往这样的动词在外文中却都是不及物动词，翻成英文是"Please respond to the question"，意大利文是"Rispondi alla domanda"。在这两个外文句子中，动词"回答"都是不及物动词，后面跟的宾语都是间接宾语！因此，学生在理解的过程中，首先必须牢牢记住这样的结构，在分清直接宾语和间接宾语的基础上，再去选择合适的代词。再如"我要把这本书给老师"这句话，句中出现了两个宾语，一个是"书"，一个是"老师"，这就是典型的双宾语句式。学生必须搞清楚"句中宾语有人有物，人通常充当间接宾语，物通常充当直接宾语"这样的口诀①的含义，在此基础上进行直宾代词和间宾代词的选择，才能提高正确率。因此，我们在回答"Dai questo libro alla professoressa（你要把这本书给老师吗）"这个问题时，需要分析：主语和谓语是dai（你给），直接宾语是questo libro（这本书），间接宾语是professoressa（女老师），这样就不难选择出回答中所需的宾语代词了。直接宾语"这本书"是第三人称阳性单数，选择lo，间接宾语"女老师"是第三人称阴性单数，选择le，将名词进行代替写成"Sì, lo do alla professoressa（是的，我要把它给女老师）"或者是"Sì, le do questo libro（是的，我要把书给她）"。

因此，学生在使用宾语代词的过程中，首先必须对所代宾语进行分析，确定其属于哪一类宾语，然后再选择正确的宾语代词。

3. 宾语代词 ne 难度高

在宾语代词中，有一个词的使用难度非常大，即代词ne。首先，这个代词在我们母语和英语中都没有，学生很难理解它代表的含义；其次，学生经常会将其与代词lo、la、li、le混淆起来。如果查阅《意大利语语法》，书上会告诉我们：该代词表示宾语代词"部分"或"数量"的含义，同时也可以在否定句中表示"完全否定"的意思。学生们看后通常是一头雾水，什么是"部分"？什么是"数量"？举例来说，"你几岁了"翻译成意大利语是"Quanti anni hai"，字面意思就是"你有几个年了"。因此，我们在回答中必须要将动词avere（有）的宾语anni（年）用一个宾语代词替代，但问题是：这个anni（年）你所拥有的并不是全部，也就是说你不可能拥有"世界上所有的anni（年）"，如果你20岁，你只拥有"全部年里面的20个罢了"。因此，按照这样的理解，这个宾语anni（年）其实是总量里面的一部分，那么我们在回答的时候，就要启用这个表示"部分"的宾语代词ne，将回答变成"Ne ho 20（我20岁）"。再看一个经典的例句：

Leggi tutti i libri? 这些书你都要看吗？

---

① 文中出现的此类口诀为笔者自行总结，并非从语法书中得出的正式用语。

回答一：Sì, li leggo tutti. 是的，我都要看。（"全部"含义）

回答二：No, ne leggo solo alcuni. / No, ne leggo solo 2. 不，我只看一些 / 不，我只看两本。（"部分"含义）

回答三：No, non ne leggo nessuno. 不，我一本都不看。（"完全否定"含义）[6]

从中文的角度来看，回答一应该选用"全部"含义的宾语代词li，写成"Sì, li leggo tutti（是的，我都要看）"。回答二中无论是"一些"还是"两本"都是"部分"的含义，因此选用部分宾语代词ne，写成"No, ne leggo solo alcuni（不，我只看一些）"或者是"No, ne leggo solo 2（不，我只看两本）"。回答三中"一本也不看"明显是"完全否定"的含义，那么根据语法书中的讲解，此答句中的代词也应该选择ne，写成"No, non ne leggo nessuno（不，我一本都不看）"。

另外，还需要强调的是，在复合时态中，宾语代词ne也是要影响后面过去分词性数的，由于代词ne本身的词形永远不变，因此一个看上去都是ne的代词有可能代表着不同的性和数（阳性、阴性、单数、复数），这里一定要多加小心。

（二）宾语代词位置特殊

1. 直陈式——"变位动词前，原形动词后"

学过意大利语的学生都知道，在直陈式中，宾语代词应该放在谓语动词的前面。这跟汉语还有英语截然不同，这种位置上的要求严重影响了学生说话的流利度。举例来说，中文的"我爱你"，主语是"我"，宾语是"你"，那么谓语动词就是"爱"，它的顺序正好是"主语＋谓语＋宾语"。这句话翻译成英文是"I love you"，主语、谓语、宾语的顺序跟汉语一模一样，因此，学生在"动宾"结构的中英文互译方面，问题不是很大。再来看意大利语，这句话应该说成"Ti amo（我爱你）"，意大利文的动词由于存在变位，因此一般情况下主语都可以省略，将主语和谓语连在一起写成"amo"，意思是"我爱"，而宾语是"你"，意大利文是"ti"，但是书写的时候，却放在了谓语动词（连同主语）的前面，变成了"Ti amo"。因此，学生在初次造句练习的时候，会习惯性地"转中文"，先通过中文的构造摆好各个位置的词语，在经过"意大利文结构"进行改写，将中文中谓语动词后面的宾语放在动词的前面，完成意大利语要求的调整。这样，通过大脑的二次转换，降低了学生语言表达的速度，也影响了语言表述的流畅性。

同样，例如"我看你"、"他们遇见我们"、"你陪我"这样的句子，在翻译成意大利语的时候，都要变成"你我看见"、"我们他们遇见"、"我你陪"这样的结构。

另外，如果在意大利语的句中出现了原形动词，学生还可以将宾语代词放到原形动词的后面，具体含义为：将原形动词末尾的元音e去掉，直接连写宾语代词。请看例句：

Stasera vuoi andare a vedere quel film con noi?（今晚你愿意跟我们一起去看那部电影吗？）

回答一：Ma certo che voglio andare a vederlo con voi.（我当然愿意跟你们一起去看了。）

回答二：Ma certo che lo voglio andare a vedere con voi.（我当然愿意跟你们一起去看了。）

在回答一中，我们将宾语代词lo（代替电影film）放在动词原形vedere（看）的"后面"：将原形动词vedere末尾的元音e去掉，直接连写代词lo。而回答二中，我们将宾语代词lo（代替电影film）放在变位动词voglio（我愿意）的前面，写成lo voglio。学生在掌握这一位置规律的时候，应当多阅读这样的例句，在熟悉语感的基础上，加强记忆。在平时的造句作文中，两种位置的练习都应该进行。

2. 命令式——"非尊称变位动词后，尊称变位动词前"

说完直陈式，学生们一定还会问，那类似"Scusami!"和"Mi scusi!"这样的句子如何解释代词的位置呢？学生发现，在这样的句子中，直陈式中关于宾语代词位置的"口诀"不适用了。这就是意大利语这门语言的难点之一：各类语式有自己的构成法则，不同语式之间的规律不能通用。直陈式宾语代词位置的"口诀"不适用于命令式中宾语代词的位置，该位置遵循"非尊称变位动词的后面，尊称变位动词的前面"这样的口诀！

简单来说，命令式共有5个人称，其中"你"、"我们"、"你们"这三个人称属于非尊称，而"您"、"您们"这两个人称属于尊称。在与宾语代词配合使用的时候，只需要认准命令式变位的人称，将其归类，就不难写出宾语代词的位置。请看下列例句：

（1）-Aiutami per favore!（请你帮我一下！）

（2）-Mi aiuti, per cortesia!（请您帮我一下！）

（3）-Portami qualcosa da mangiare!（请你给我拿点吃的东西来！）

（4）–Mi porti qualcosa da mangiare, per favore!（请您给我拿点吃的东西来！）[7]

例句（1）中，人称使用的是"你"，因此先进行命令式变位aiuta（请你帮助），之后判断归类，它属于"口诀"的前半句，即"非尊称变位动词后"，那就将宾语代词mi（我）放在其后，变成aiutami；例句（2）中，人称使用的是"您"，因此先进行命令式变位aiuti（请您帮助），之后判断归类，它属于"口诀"的后半句，即"尊称变位动词前"，那就将宾语代词mi（我）放在前面，变成mi aiuti；例句（3）中，人称使用的是"你"，先进行命令式变位porta（请你带），之后判断归类，它属于"口诀"的前半句，即"非尊称变位动词后"，那就将宾语代词mi（我）放在其后，变成portami；例句（4）中，人称使用的是"您"，先进行命令式变位porti（请您带），之后判断归类，它属于"口诀"的后半句，即"尊称变位动词前"，那就将宾语代词mi（我）放在前面，变成mi porti。

因此，在学习过程中，学生应该清晰地将两类规则进行分开记忆，直陈式代词的位置套用直陈式的"口诀"，命令式代词的位置套用命令式的"口诀"。在大量阅读例句的基础上，掌握各自宾语代词位置的规律。

另外，意大利语三类不变位语式"副动词式"、"不定式"、"分词式"中关于宾语代词的使用也有自己的一套规律，在这里就不一一展开了。

（三）代词综合使用复杂

1. 组合代词的构成和位置

刚才我们讨论了直陈式和命令式中宾语代词的位置问题，都是将直宾代词和间宾代词分开进行书写的，学过意大利语的学生都知道，意大利语宾语代词中还有一类代词，叫作"组合代词"，意思是直宾代词和间宾代词可以进行"组合"，变成一个"大代词"，这样的"大代词"就是"组合代词"。"组合代词"中间宾代词放在前面，直宾代词放在后面（注意：间宾代词的词形会发生变化）。那么组合过后的"大代词"的位置又该如何放置呢？一句话：将"组合代词"看成一个大整体，套用各自的位置"口诀"。请看直陈式的例句：

（1）–Domani dai questo libro alla professoressa? –Sì, glielo do domani.（"明天你把这本书带给女教授好吗？""好的，我明天带给她。"）

（2）–Vuoi dare questo libro alla professoressa domani? –Sì, voglio darglielo domani.（"明天你愿意把这本书带给女教授吗？""可以，我愿意带给她。"）

（3）–Vuoi dare questo libro alla professoressa domani? –Sì, glielo voglio dare domani.[8]（"明天你愿意把这本书带给女教授吗？""可以，我愿意带给她。"）

例句（1）中，组合代词glielo（直宾代词lo和间宾代词le的组合）作为一个整体，放在变位动词do（我给）的前面；例句（2）中，组合代词glielo（直宾代词lo和间宾代词le的组合）作为一个整体，放在原形动词dare（给）的"后面"；例句（3）中，组合代词glielo（直宾代词lo和间宾代词le的组合）作为一个整体，放在变位动词voglio（我想）的前面。总结：直陈式中组合代词的位置完全参照"口诀"中的规定。

再看命令式的例句：

（1）–Possiamo raccontare questa storia al professore? –Certamente, raccontategliela pure.（"我们可以把这个故事讲给老师听吗？""当然可以，你们尽管讲给他听好了。"）

（2）–Questa rivista è mia. Per favore me la dia.（这本杂志是我的，请您把它给我。）

例句（1）中，组合代词gliela（直宾代词la和间宾代词gli的组合）作为一个整体，放在非尊称变位动词raccontate（你们讲述）的后面；例句（2）中，组合代词me la（直宾代词la和间宾代词mi的组合）作为一个整体，放在尊称变位动词dia（您给）的前面。总结：命令式中组合代词的位置也完全参照"口诀"中的规定。

2. 各类非宾语代词的使用

在代词的学习过程中，还有除去直宾代词、间宾代词、组合代词以外的代词，我们把它们称为"非宾语代词"式代词。它们包含自反代词、小品词等。在学习这类代词的过程中，学生通常能够掌握其词形（种类不多）和位置（套用已学过的"口诀"），但是对于其所表达的含义，却往往掌握得不够好，因此这些代词的学习应该将重点放在记忆不同代词所表达"含义"的归类上。

例如，小品词ci，它的词形没有变化，位置也很固定，但是所包含的"意义"却有多种：可以代替上文所讲述的"地点"，可以充当宾语代词（直宾或间宾）"我们"，可以代替短语"a ciò"，也可以充当自反代词"我们"。所以，学生在长期的学习过程中，可能会经常碰到这个让他们头疼的ci，对于不同句中的ci，学生一定要加以重点分析，真正搞清楚同一个代词在不同句中的含义，并学会举一反三，为将来更深层次的阅读打好基础。

三、意大利语宾语代词的实用训练手段

（一）第一、第二人称互换，第三人称不动

在宾语代词的课堂练习中，很多教师反映学生跟不上节奏，对于口头上的快速问答反应较慢，通常是将老师的"外语问题"翻译成中文，经过思考，组织"中文答案"，再将"中文答案"转换成"外语答案"。特别是在"人称"及"变位"的思考上，花费了太多时间，影响了外语表达的流畅性。举例来说，老师提问"Mi accompagni alla stazione stasera（今晚你陪我去车站吗）"，学生首先要进行中文翻译，思维过程如下：主语和谓语是accompagni，意思是"你陪"，那么宾语按照规则，应该位于动词的前面，那就是mi，意思是"你"，再看后面的补充成分是alla stazione stasera，意思是"今晚去车站"，最后将句子整理成"今晚你要陪我去车站吗"。这是第一步，接下来学生需要组织回答，如果是肯定的回答，中文一定是"是的，我陪你去车站"。首先，主语和谓语换成accompagno，意思是"我陪"，宾语要换成ti，意思是"你"，最后根据各类词语的位置规律拼装成"外语答案"，变成"sì, ti accompagno"。这样，学生给出了一个正确的回答，但是却浪费了大量的时间，从口语交际的效果来看，已经失去了"交流的目的"。由于学生在思考过程中参杂了大量的"中文思考"，大大降低了回答的"效率"，而教师应该鼓励学生尽量避免"中文转换"，直接用外语进行思维。还就上文这个问题进行探索，我们试用"第一、第二人称互换，第三人称不动"这个规律，具体解释一下如何"避免中文思考"。首先，听到问题"ti accompagni..."，马上进行思考，主语是accompagni，第二人称"你"，回答中就换成第一人称"我"，词形是accompagno，宾语是mi，第一人称"我"，回答中就倒过来，变成第二人称"你"，词形是ti。好了，到此我们就快速完成了"第一、第二人称宾语代词的互换"，马上得出了答案"ti accompagno"。这样就避免了思维过程中的"中文模式"，直接用"口诀"得出了正确答案。再如"Lo ami?"意思是"你爱他吗"。运用上文的规律，这里主语是ami，第二人称"你爱"，那么回答中就迅速改成第一人称"我爱"，词形是amo，再看宾语是lo，第三人称"他"，根据规律"第三人称不动"，回答中还是使用该词形lo，迅速组织肯定句回答为"Sì, lo amo"（是的，我爱他）。同样的，如果问句是"La ami?"（你爱她吗?），回答就是"Sì, la amo"（是的，我爱她）。

因次，我们只需要牢牢记住规律"第一、第二人称互换，第三人称不动"这

个规律，在以后的口头练习中，就可以快速地组织答案，无须通过"中文模式"的转换。另外，在使用的过程中有两个注意点需要强调：第一，第一人称单数与第二人称单数进行互换，反之亦然；第一人称复数与第二人称复数进行互换，反之亦然。第二，同类词（相同位置）之间进行互换，例如"主语"跟"主语"互换，"宾语"跟"宾语"互换。不同类型词之间不可进行互换。例如：

1. 第一人称单数与第二人称单数之间的互换：

–Mi ami? –Sì, ti amo.（"你爱我吗？""是的，我爱你。"）

2. 第一人称复数与第二人称复数之间的互换：

–Ci invitate stasera per la festa? –Ma certo che vi invitiamo.（"你们今晚邀请我们参加聚会吗？""当然我们会邀请你们啊。"）

3. 第三人称保持不变：

–Lo vedi? –Sì, lo vedo.（"你能看见他吗？""是的，我能看见他。"）

–Come si chiama questa ragazza? –Si chiama Maria.（"这个女孩叫什么名字？""她叫玛丽亚。"）

–Li hai invitati alla festa? –No, non li ho invitati infatti.（"你邀请他们参加聚会了吗？""没，事实上我没有邀请他们。"）

–Ci incontrano alla Piazza Centrale? –Sì, vi incontrano alla Piazza Centrale.（"他们会在中心广场迎接我们吗？""是的，他们会在中心广场迎接你们。"）[9]

另外，当学生们熟悉了这个规律后，在以后的各个时态和语式中都能套用这样的规律进行快速回答，大大提高语言交流的时效性。

（二）经典语句"死记硬背"

在宾语代词的学习中，学生往往会发现：他们费尽各种力气组织起来的语句，通常都是意大利人脱口而出的"日常用语"，而当意大利人随意说出这样的句子时，自己又会惊叹：他们怎么说得这么快，这么熟练，难道他们不用思考所谓的代词使用规律吗？这里笔者跟大家解释一下：这就是所谓的"母语"和"外语"之间的区别。意大利人口头表达中使用"宾语代词"的问题，就好比我们中国人说汉语时使用"四声"的问题！试问：我们中国人正常说汉语时，会思考一句话中每个字的"四声"发音吗？肯定不会，因为这就是"母语"，我们说出来的话就是标准的，不会有错误，因为"天天说，大家都说，每个人都这么说"。而意大利人就不一样了，他用中文说一句话的时候，有很多单词甚至每个字他都要思考"是第几声"这样的问题！反过来，当意大利人说"Scusami（对不起）"这样的句子时，他们不会思考：scusa 是非尊称"你"的命令式变位，因此宾语代词 mi 要放在变位动词的后面，组成 scusami 这样的结构。他们说这句话的时候，大脑甚至都不用开启，是自然的反应，下意识的语言反应，因此这就是他们的"母语"。你要是问他们"为什么 mi 要放在 scusa 的后面"，大部分人可能会说"我也不知道，反正一直这么说的"。这就是所谓的"母语"，我们在说自己的"母语"时，是不会对一些具体的语法规则进行思考的，而"外语"则不一样，你不学习语法规则，说出来的话很有可能是错误的，对方无法理解。因此，这里我们推荐另外一种记忆"宾语代词"的手段，就是"死记硬背"。这条方法主要是针对一些意大利人经常说的、短小的、经典的语句，在使用这样的语句时，我们可以尽量避开"语法思考"，直接根据记忆"出口成句"，或者模仿意大利人"脱口而出"，无须过多关注其语法规则。在平时的学习中，如果我们能够大量记忆一些这样的"经典句式"，在语言的日常使用中，我们就能大大提高语言表达的流畅性和时效性。下面给出一些意大利人使用"宾语代词"的"常用经典句式"，以供大家参考：

Scusami! 对不起！（非尊称）

Mi scusi! 对不起！（尊称）

Fammi vedere! 给我看看！

Dimmi! 告诉我！

Dammi... 把……给我！

Ci penso io. 交给我吧，你就别担心了。

Vattene! 滚开！

Non mi dire che... 你别告诉我……

Fidati! 相信你自己！

Ricordati! 记住！[10]

（三）说话时刻意使用"宾语代词"

在意大利语教学界，大部分老师都清楚，考察一个人意大利语说得是否地道，有两个评判标准：一个是代词的使用，一个是被动语态的使用。因此，想要真正掌握好代词的使用规律，就应该在平时的说话过程中"逼自己多多使用代词"，在能使用代词的时候尽量使用，在不断的练习中达到逐步熟练的效果。我们都知道，意大利人说话都很简洁，特别是在回答的时候，就是因为他们使用了大量的代词，在表达同样的意思时大大提高了说话的效率。例如，我们学习过这样的句子：Da quanto tempo studi l'italiano?（你学意大利语多久了？）回答时我们可以这么说：Studio l'italiano da più di un anno.（我学它一年多了）。这样的回答当然没错，但是意大利人的回答很有可能变成Lo studio da più di un anno.（我学意大利语一年多了）。他们会自然而然地使用宾语代词lo，而不是再次重复一遍l'italiano。再如：Puoi dare questo libro alla professoressa domani?（明天你能把这本书带给老师吗？）中国学生可能会这么回答：Sì, posso dare questo libro alla porfessoressa domani.（是的，明天我能把这本书递给老师。）意思虽然正确，但语句显得非常啰唆，等于把问题重复了一遍。而意大利人在回答这样的问题时，十有八九会使用"组合代词"，变成：Sì, glielo posso dare domani. 这样就显得简洁明了。

因此，学生如果想真正说一口地道的意大利语，就应该在平时的练习中多多使用代词，让"使用代词"变成自己的一种能力和潜意识，在不断的练习中，熟悉各类代词的用法，同时多多模仿意大利人对于代词的使用方法，强化练习。在经过一段时间的练习后，就会发现自己使用代词变得越来越轻松，正确率也会越来越高，同时说话的效率也会大大提升。

四、结语

在国内意大利语教学中，针对宾语代词的练习不多，而且大部分的练习都局限于书面的语法练习，口头上"宾语代词"的练习更是少之又少。学生在学习宾语代词的时候，往往会借助"中文思维"进行思考，将语句全部组织成"母语"，再将"母语"转换成"外语"，尤其是宾语代词的词形繁多、位置特殊，大大降低了学生口头表达的效率和正确性，也影响了学生学习的信心。针对这一母语和英语中都没有的语法难点，国内教学中还缺乏比较有效的教学方法，能够让学生快速、高效地掌握该语法并学会正确使用，这方面的研究还在摸索过程中，还没有形成一个系统的、完善的教学体系。上文所提到的一些练习"手段"，是通过多年的课堂教学，通过学生们的切实反映，外加对意大利语和中英文对比思考的基础上形成的，包含着教师对课堂教学方法的思考和学生课堂学习成效的现状总结，希望这些"手段"能够促进学生更好地掌握意大利语的宾语代词，同时为广大教师提供一些授课的技巧，帮助他们在课堂上更好地了解学生学习的状况和难点，抓住重点，有针对性地进行课堂训练。

参 考 文 献

［1］王军．大学意大利语教程1：校园生活［M］．北京：外语教学与研究出版社，2011．

［2］王军．大学意大利语教程2：生活面面观［M］．北京：外语教学与研究出版社，2010．

［3］王军．大学意大利语教程1：校园生活（教师用书）［M］．北京：外语教学与研究出版社，2011．

［4］王军．大学意大利语教程2：生活面面观（教师用书）［M］．北京：外语教学与研究出版社，2011．

［5］王军．意大利语语法［M］．北京：外语教学与研究出版社，2008．

［6］文铮．新视线意大利语：意大利语言文化多媒体教程初级1（学生用书）［M］．北京：北京语言大学出版社，2007．

［7］文铮．新视线意大利语：意大利语言文化多媒体教程初级1（练习手册）［M］．北京：北京语言大学出版社，2007．

［8］Pietro Trifone e Massimo Palermo. Grammatica Italiana di Base［M］. Casa editrice Zanichelli-Bologna, 2007.

［9］Maurizio Dardano e Pietro Trifone. Grammatica Italiana Modulare［M］. Casa editrice Zanichelli-Bologna, 2002.

［10］Antonietta Esposito, Rosa Errico. Grammatica Italiana di Base-Risorse di grammatica italiana per stranieri［M］. Guerra Edizioni-Perugia, 2007.

外
语非通用语翻译研究论坛
·········

柬埔寨语文化负载词及其汉译策略

■ 解放军外国语学院　钟　楠

【摘　要】柬埔寨语中有大量文化负载词，因其鲜明的文化特征和浓厚的民族气息，其汉译工作一直是个难点。本文从关联理论角度出发来研究柬埔寨语文化负载词的汉译，发现该理论对柬埔寨语文化负载词翻译有重要的指导作用，译者应当充分考虑原文作者的意图和译文读者的认知环境等因素，为选择具有最佳关联性的译文、实现语境的近似做出努力。

【关键词】文化负载词；文化内涵；最佳关联；认知语境

一、引言

文化负载词（culture-loaded words）反映了特定民族在漫长的历史进程中逐渐积累的、有别于其他民族的、独特的活动方式，是该民族文化中具有特定文化内涵的词语，是概念意义和文化意义的复合体。柬埔寨语中有大量的文化负载词，具有鲜明的文化特征和浓厚的民族气息，它们不仅广泛地运用于文学作品中，而且在人们的日常生活和交际中的应用也极为频繁。由于文化负载词特定的文化内涵，译者很难实现原文与译文的完全对等。因此对这类词语的翻译一直是一项极其复杂的工作，若翻译不当，容易导致跨文化交际的失败。

法国语言学家、哲学家D. Sperber和英国语言学家D. Wilson（1986，1995）提出了交际与认知关系的关联理论（Relevance Theory），强调"在语境中理解语言"。Gutt首先把关联理论应用于翻译研究中，提出了关联翻译理论。作为语用学翻译理论模式的关联理论正日益受到翻译理论界的重视。赵彦春（2003）提出，关联理论对翻译这一人类历史上最为复杂的现象有着最强的解释力。因此，如何认识柬埔寨语中的文化负载词，如何将关联理论科学系统、富有实效性地运用到柬语文化负载词的汉译中，乃是本文探讨的主题。

二、柬埔寨语文化负载词

美国翻译理论家尤金·奈达把语言中的文化因素分为五类：（1）生态学；（2）物质文化；（3）社会文化；（4）宗教文化；（5）语言文化。作为语言的基本要素，词汇对文化因素的负载体现是最为突出的。下文将从以下几方面对柬埔寨语中文化负载词进行一个简要的总结。

（一）生态文化负载词

从地理位置上看，柬埔寨境内河湖密布，鱼类数量和品种丰富，他们喜欢用鱼作为文化载体，生动地传达生活中的种种道理。如"ត្រីនៅក្នុងកន្ត្រកតែមួយ"（同在一筐里的鱼，形容"一丘之貉"）、"ត្រីមួយត្រកតែស្អុយមួយ ស្អុយទាំងអស់។"（一条烂鱼害得满筐臭）、"ត្រីអៀតផ្អៀតពង"（干鱼下子，形容"不切实际"）等等。

从气候上看，柬埔寨属热带，降雨量大，气候潮湿炎热，所以他们将季节分为雨季和旱季。每年 12 月至翌年 4 月，从亚洲大陆吹来干燥的东北季风，形成旱季，鲜见雨水，因此柬埔寨语里有"ពូអញ្ចើញមកទីនេះ ខ្លាចតែមានភ្លៀងធ្លាក់រដូវប្រាំងទៅដឹង？"（大叔来这儿，怕是旱季也要下雨呢？）这里面的习语与汉语中的"太阳打西边升起来了"的修辞效果相似。

不同的生态环境使得不同民族看待动植物也有各自独特的视角。柬埔寨森林覆盖率高，湖泊水系密布，鹤在柬埔寨较为常见，其习性也被当地人们所熟悉。柬埔寨人认为，鹤是一种母性很强的动物（សត្វមេ），它身后总是带着自己的子女。因此流传在民间有一种说法"ក្រៀលដឹកនាំកូនចៅ"，即人们相信，如果有鹤从村庄上空飞过，就预示着不出几日，就会有年轻男女一同私奔。此外，柬埔寨人常常用蝉鸣来形容美丽姑娘悦耳动听的歌声（ពិរោះដូចសំឡេងរ៉ៃ），用"មនុស្សរុយ"（苍蝇人）来指代那些寄人篱下、不思进取的懒惰的人，用"ចៀមជាំ"（灰白绵羊）来形容"一成不变，守旧"的事物，用"ក្រោកមាស"（金孔雀）来形容"水性杨花的女人"等等。

（二）物质文化负载词

不同民族生活在不同的物质世界，所创造出来的一切物质产品都是文化的物质载体。衣食住行是物质层面文化的主要部分，也是经济基础和思想观念在人们

生活中的直接反映。比如柬埔寨传统服饰文化里有"សារុង"（纱笼）、
"ក្រមា"（水布）等。饮食文化中有"ទឹកត្រី"（鱼露：一种用臭咸鱼制成的调味
汁，深受柬埔寨人民喜爱）、"បបរសាមចុក"（一种放入粳米、肉沫、蛋、葱花熬
成的早餐粥）、"នំតម"（一种用叶子包的内有椰子或豆泥做馅的纺锤形糯米
团）等等。在出行方面，柬埔寨人都习惯搭乘"ទុក"（嘟嘟车）出行，这是一种
传统人力三轮车的机动化形式，十分简易、方便实用。另外，柬埔寨地处热
带，蛇鼠较多，为了防止它们的侵害，柬埔寨传统民居都是干栏式建筑，可以细
分为"ផ្ទះបុិត"（有柱式）、"ផ្ទះកន្លាង"（无柱式）两种，但通常都分上下两层，
上面住人，下面放养家畜或堆放杂物。这种物质生活环境对汉民族，特别是身处
中原的汉人来说也是完全陌生的。

（三）社会文化负载词

社会文化方面的文化负载词在称谓语使用上表现最为明显。不同语言里
对一个概念的所指和使用范围是不尽相同的。柬语中亲属称谓泛化现象相当
普遍，特别是在乡村，人们习惯于用带有亲情味的亲属称谓来称呼非亲属成
员甚至是陌生人，如果不这么使用，就会被认为失礼。如柬埔寨人称呼与自
己同辈的人为"បង"（大哥、大姐）或"ប្អូន"（阿弟、阿妹），称与父辈年
龄相仿的人为"ពូ"（伯伯、叔叔）或"មីង"（姨妈、婶婶），称与祖辈年
龄相仿的人为"តា"（爷爷、大爷）或"យាយ"（奶奶、婆婆）。另外，柬
埔寨人重感情、轻血缘的传统观念使得亲属称谓词中存在着父系和母系不分、直
系和旁系相混、血亲和姻亲不分以及同辈男女同一称谓的现象。比如柬语中对父
母亲的兄弟姐妹的子女共同使用一个称谓即"បង"（哥、姐）或
"ប្អូន"（弟、妹）。这些都是让中国人感到不适应的。

不同的文化背景，形成了不同的风俗习惯，产生了大量的民俗
文化词汇。这些词汇反映了特定民族在漫长的历史进程中逐渐积累
的、有别于其他民族的、独特的活动方式。以"ស្លា"（槟榔）为例，在柬埔寨
婚姻缔结的各个环节中都不能少了象征幸福美满的槟榔。高棉族的男方家长
向女方家长提亲，都要以"ស្លាកន្សែង"（包着槟榔蒌叶的布包）为探询对方
意向的最初礼品，对方接受就表示初步同意，可以继续商谈彩礼和择定吉日
等；不接受则表示拒绝这门亲事。在议定聘金和择选吉日时，有一个订婚仪式
叫"ពិធីខាន់ស្លា"，此时男方必须送出"ប្រាក់ស្លា"（包含槟榔在内的各种聘礼）给
女方家长。到迎娶之日，迎亲队伍中须有一人手持槟榔盒，新郎带着彩礼盘和槟

椰盘等礼品到新娘家，新娘会把新郎带来的槟榔分给父母亲人和好友，大家一起嚼槟榔，祝愿新人白头偕老，名为"ពិធីសុីស្លាកំណត់"仪式。婚礼上，有一道必不可少的程序"សំពះធ្វើមទទួលផ្កាស្លា"（并肩合十接过槟榔花），象征夫妻二人正式结为连理，并祝福他们永结同心。这些词在汉语中都找不到对应的词汇，也很少有中国人单从字面意义上能明白它真正的文化含义。

（四）宗教文化负载词

宗教文化是人类文化的一个重要组成部分，几乎每个民族都有自己的宗教信仰。柬埔寨是一个佛教国家，90%的柬埔寨人信仰小乘佛教，认为佛陀是世界上最聪慧的智者，能指引人类摆脱苦难，得到永生。与佛教相关的、蕴含佛教文化内涵的词汇在柬埔寨人民日常生活中经常出现。比如人们在表示感叹时常说的"ព្រះពុទ្ធអើយ!"（佛祖啊!），长辈面对晚辈问好时答语中的"លើកដៃថ្វាយព្រះ! កូយ ្ញុសុខសប្បាយជាធម្មតា!"（向佛主致敬! 孩子，我很好。）等等。

另外，柬埔寨人的信仰还受到印度宗教的影响，比如那伽（នាគ）信仰。那伽是一种传说中的神秘生物，外表类似巨大的蛇，有一个头或多个头，其形象在婆罗门教、印度教和佛教经典中常有出现。那伽被视为柬埔寨的始祖，也是泉水、井水和河流的保护神。它们能够造雨（这一点与中国的龙相似），因而带来丰收。在汉语里面，由于受佛经译法的影响，那伽通常被翻译为"龙"或天龙。但二者的文化内涵相差甚远，不可相提并论。

三、关联理论与文化负载词的翻译

由于人们所处地理环境的不同、涉足社会经历的差异、接受教育程度的区别等客观存在，其认知能力、认知语境也因人而异。文化负载词的形成从根本上讲也是在不同的认知能力和认知语境条件下形成的。因此在翻译文化负载词时，译者也应充分理解原文作者的信息意图或交际意图，充分考虑译文读者的认知能力（接受能力）。这正与关联翻译理论所设定的"最佳关联性"原则和标准相一致。关联翻译理论把翻译看作是一种认知—推理的交际活动，译者在翻译的过程中应根据关联性原则，综合考虑原文作者的意图和译文读者的认知环境，灵活选择适当的翻译策略和方法。因此，关联翻译理论能给文化负载词的翻译带来重要的启示。

Gutt认为，文本话语的内在关联性越强，则读者在阅读中所付出的推理努力就越少，就越能取得好的语境效果（语境含义或假设）；反之，若文本话语的内在关联性很弱，则读者在阅读过程中须付出较多的推理努力才能取得好的语境效果。因此，从文本的创作或翻译来看，好的文本或译文要向译者或读者提供最佳关联性。根据这一理论，"最佳关联性"是文化负载词翻译的原则和标准。一方面译文应当是同原文文化负载词释意相似的目的语语段，能准确向译文读者转达原文作者的意图；另一方面，译者还必须充分考虑译文读者的认知环境和接受能力，使读者能根据译文所提供的信息、逻辑及其自身具备的知识等，以最小的努力推理出原文作者的意图，获得足够的语境效果。

从译者角度来说，他担任着读者和交际者的双重身份。一方面，译者要根据原文的交际线索，结合自己的知识结构等进行推理，以读者身份获得原文作者的意图。另一方面，译者以交际者身份向译文读者转达原文作者的意图，在充分考虑译文读者的认知语境（对译文读者的认知语境做出正确假设）的基础上，采用灵活恰当的翻译策略选择具有"最佳关联性"的译文，实现原文作者的意图与译文读者的期盼相吻合。

这种建立在语境基础上的翻译理论始终以交际为出发点，以寻找最佳关联性，减少译语读者为理解原作意图而做出的努力为目标，对柬埔寨语文化负载词的汉译策略有重要的指导作用。

四、关联理论视角下的柬埔寨语文化负载词汉译策略

（一）积极异化

过去，在柬汉翻译领域一直存在偏向归化译法的倾向，如将"នៅថ្លុលម្លប់"译成"待字闺中"，"ហនុមាន"译成"猴王"，"នាគ"译成"龙"等等。在我国翻译界，虽然总体上普遍承认归化和异化都是成功翻译不可或缺的策略，但近年来主张重视异化翻译的学者越来越多。有学者认为，异化保存异域情趣，更多地保留语言文化的民族性，这是世界文化融合的一种趋势。（金惠康，2004：89）在文化翻译领域，随着两个国家、两个民族交往的不断深入发展，以源语文化为归宿的翻译原则可能运用得越来越广泛，并最终占到上风。我们在进行翻译课教学过程中也发现，文化负载词的适度异化，也符合培养学生文化差异意识和跨文化交际意识的目标。在这一背景下，我们赞同孙致礼（2003：131）提出的"在'文化层面'应尽量争取异化"的观点。那么，讨论如何才能做到合理异化就非常重要了。具体来说，可以通过直接翻译和直接翻译加补偿的手段来实现。

1. 直接翻译

在关联理论视角下的直接翻译要求译文要准确传达原文的交际线索。为了完成交际目的，人们可以用带有柬埔寨特色的词汇来传递信息。柬、汉语的结构有相同的一面，汉译时可照译，在传递原文意义的同时，尽量做到译文的表达形式、句法结构与原文保持对等或基本对等。当源语和目的语在引申义和语用上相吻合时，就可将词、词组及其搭配等直接翻译过来。采用直接翻译的方法是诠释柬语文化负载词中民族风采与文化内涵的表达方式之一。例如：

ទឹកឡើងត្រីស៊ីស្រមោច ទឹកហោចស្រមោចស៊ីត្រី។

水涨鱼吃蚁，水退蚁吃鱼。

这句话描绘的是洞里萨湖每年一次涨水退水过程中的自然现象，其柬、汉语结构是非常对应的，在意义上也相吻合，直接翻译不会影响汉语读者对原文意图的理解。如果译成"三十年河东，三十年河西"反而造成了文化亏损，不宜于文化的交流。

ម៉ានយ៉ានញញឹមតែស្មានឹងចេកក្អែកនឹងពងមាន់។

曼娅笑了，就像猴子得到了香蕉，乌鸦得到了鸡蛋一样。

笔者在指导学生翻译这句话时，绝大多数学生都选择不译"乌鸦得到了鸡蛋"，事实上，因为有了"猴子得到香蕉"的"前提"，读者自然会产生相似喻义的推理。因此带有柬埔寨本土特色修辞手法的"乌鸦得到鸡蛋"不会给读者带去认知障碍，应当予以保留。

គឺដោយសារចៃដន្យ ទេពតានាំជើងសុទ្ធសាធដែលនាំឲ្យខ្ញុំរកឃើញផ្លូវចាស់ដែលនាំចូលកាន់ព្រះវិហារព្រះអាទិត្យ។

运气真不错，有神仙牵引着虔诚者的脚步，我终于找到了一条通向太阳神庙的小路。

这句话中，对"ទេពតានាំជើងសុទ្ធសាធ"的翻译也是直接翻译，为读者提供了一种新鲜的思维想象和认知体验。

格特认为：直接翻译有赖于"语言特征的相似性"，但是由于翻译面对的是两种不同的语言，他们的语言特征并不具备太多的相似性，差异性居多。因此，直接翻译的"保留原文或原话中的全部语言特征"的最终结果是"保留语言特征为译者提供的引导读者获得交际者本意的交际线索"。因此，直译后的文化负载词是否能引导读者获得交际者本意也是判断译文是否成功的衡量标准。

2. 直接翻译加补偿

在关联翻译理论的视角下，译者的翻译活动就是在原作意图和读者期待的关系中寻求一种最佳关联的活动过程。而在此过程中，思考、推理、提出假设和寻找最佳关联是译者义不容辞的职责。无法直接翻译的文化负载词我们还可以采取直译加补偿的方法，即当源语在译入语中没有对等词时，可以通过提供文内补偿或文外补偿（注释）来"点拨"读者。但在这一过程中，译者要注意删减那些关联性较小的假设，做出可行性推理，力求最大限度上与原文作者的意图关联起来，为读者提供最佳关联语境。如：

ខ្ញុំចង់និយាយថា មាខ្ញុំនឹងធ្វើកបិនមួយទៅវត្តនៅប្រវត្តិវិស្យៗខ្ញុំចង់បប្ចូលអ្នកទាំងអស់គ្នាទៅ។

我想说，我的叔父将组织一次加顶节游行，将人们捐赠的袈裟送到波立基里隆的一所寺庙。我想邀请你们都去参加。

加顶节是柬埔寨佛教徒最隆重的节日之一。"加顶"的仪式往往由一位富户或有声望的人发起，并负责有关费用。组织者把人们捐赠的以袈裟为代表的礼品集中起来，然后在喧天的鼓乐声中把礼物抬往某个寺庙，途中还继续接受人们的捐助。原文中"ធ្វើកបិនមួយ"字面传达的意思只是"组织一次加顶节"，译者充分利用了自己掌握的语境信息，结合个人的辨析能力、语言功底、综合知识等，对原文意图进行分析推理，对译文读者的认知能力做出恰当判断，使经过补充（"游行"、"将人们捐赠的袈裟送到"）后的译文既符合汉语的表达习惯，又显现了较佳的语境效果。以下几句也是这类补偿的典型范例：

ម្ដាយវិជួលអើតក្បាលតាមសំឡេងកូនស្រី ហើយសម្លក់ថ្ងៃមករកសង្ខា ព្រមទាំងស្ដោះទឹកមាត់ស្លាមួយធ្វើចាមមាត់បង្ងុច ហើយក៏ហៅកូនស្រីតាត់ទៅខាងក្រោយដោយពុំបានរាក់ទាក់ជាមួយភ្ញៀវសោះៗ

罗姆鲁尔母亲顺着女儿的声音抬起头，审视地盯着桑哈看，又向窗外吐了一口混着槟榔汁儿的猩红色吐沫，叫女儿进到后屋，根本不跟客人套近乎。

嚼槟榔是柬埔寨人的一种饮食习惯，特别是老年人多喜欢用这种方式来清洁牙齿和强健腮帮，生活在农村的老人张嘴说话时唇齿黑红，就是长期咀嚼槟榔的结果。译者考虑到两国人民的认知差异，竭力为读者营造相近的认知语境，适度补偿了"混着"和"猩红色吐沫"，最终便于读者尽可能多地感受到柬埔寨风俗文化并更清楚地理解译文。

តែបើសម្លឹងគយគន់ល្អូហ្គត់ចត់ទៅក៏នឹងឃើញកុមារម្លាក់ដែលមានរូបរាងដូចជាថៅ ចិនមានអាយុ ប្រហែល១៨ឆ្នាំ មុខរាប់ សម្បូរជ្រះ ទឹកមុខស្ងប់ស្រពោននៅក្នុងយានតែម្លាក់ឯង។

　　但只要细心观察就会发现有一个十八岁左右的孩子，长着罗睺般英俊容貌，皮肤洁净，像是有中国人血统，却神色憔悴地一个人坐在车上。

　　"រាហ៊ុ"是古印度神话中的一个恶魔阿修罗，译作"罗睺"，他长有四只手，下半身为蛇尾，好为非作歹。在天神与阿修罗搅乳海以制不死之水时，罗睺阿修罗乔装改扮，混在天神队伍里偷喝不死甘露，结果被日神苏利亚和月神索玛发现，向印度大神毗湿奴报告，毗湿奴当即用神盘砍下了罗睺的头和手臂。但因为罗睺已经喝了不死之水，成为不死之身。他的上半身变成了黑暗之星，为了报复日神与月神，就经常追逐并吞噬太阳和月亮，从而引起日食和月食，此为日、月食的由来。2008 年版《柬汉词典》第 753 页上将其译作"天狗"，因此很多学生在遇到这个句子时都将"មុខរាហ៊ុ"硬译为"长着天狗一样的面容"，实在是让人摸不到头脑。实际上，罗睺尽管是一个恶魔，但其长相俊朗，柬埔寨人常常用他来比喻那些长相英俊大气的男子。因此，在翻译"មុខរាហ៊ុ"时最好采用增加文内补偿的异化法，"英俊"就是补偿的部分，也是必不可少的一个重要信息。

　　在翻译实践中会遇到一些文化负载词涉及的文化比较复杂，无法用增加简短词汇词组的文内补偿方式解释清楚，这时可以将有关文化缺省的说明放在注释之中。例如：

នូនឯងនិយាយយ៉ាងនេះចំជាត្រូវហើយៗបើប្រសិនជាខ្ញុំដូចនួនឯងវិញ ខ្ញុំក៏ផ្តាច់ដែរៗគិតមើលសព្វៗទៅយើងមិនទាន់ស៊ីស្លាបព្ញាប់ពាក្យឬទទួលភ្លុអ្វីជាខាន់ស្លាក់ទេដែរៗ

　　努恩你这么说是对的。如果换作是我，我也会拆散他们的。全盘来考虑，我们都还没吃到槟榔或是收到任何槟榔礼呢。（槟榔：在柬埔寨婚俗中，槟榔是提亲、定亲、订婚等仪式中必不可少的象征物。）

　　从上文中我们知道，柬埔寨有复杂的姻缘缔结的程序，槟榔在其中起着重要的象征作用。译者用文外补偿的方式既解释清楚了文化词语后面深藏的文化内涵，又没有影响译文表达的完整性，为读者提供了最佳关联语境。以下两例也是文外补偿译法的典型范例：

ញាតិមិត្តទាំងអស់ចេះតែផ្តង់ផ្តងខ្ញុំទៅនឹងទារដែលនៅចូលម្លប់នៅឡើយៗ

　　所有人都想把我和还在"蔽日期"中的狄欧撮合到一起。（蔽日期：柬埔寨少女成年之前必经的一段修行期，不见男客，不出屋门，学习女工，修身养性。）

បាឡាត់នោះខំទប់ទល់អាតមាក្រោកឡើងដែរោងដួចពស់ត្រូវមន្តសណ្ដំរបស់ហនុមានៗ

　　巴拉特先生奋力挣扎着想站起身来，却发现自己像中了哈奴曼咒语的蛇，昏昏欲睡。(哈奴曼：印度英雄史诗《罗摩衍那》中的神猴，也是柬埔寨传统民间故事《林给的故事》中的重要角色，因其骁勇善战、充满正义感的英雄形象而深受柬埔寨人民的喜爱。)

在上述例句中，原文读者语境中一目了然的信息，在译文读者语境方面可能会感到一片茫然。如果译者不能准确地判断原文读者和译文读者之间的认知差异，那必将导致译文读者误解、曲解，甚至贻笑大方。因此，在翻译时有必要对原文的形式或内容做一定程度的改变，以适应目的语国家或读者的语境、文化背景和语言规范。

(二) 适度归化

归化策略就是用本土化的陈述来转译异质文化因素，即用目的语读者易于理解的语言表述出源语中的异质文化。我们认为，在翻译文化负载词时采用归化策略是有一定前提的，即译者已尝试使用直接翻译和直译加补偿译法，仍不能调和源语和目的语的文化鸿沟，无法寻找到最佳关联性。比如："មនុស្សរុយ"（喻指凡事依赖别人、不劳而获、懒惰的人）和 "មុខពងងងក្រពើ"（喻鹅蛋脸形），如照字面分别译作"苍蝇人"和"鳄鱼蛋脸"，必然会引起中国读者误解。关联翻译理论告诉我们，在使用这类策略时，一定要在透彻理解原文内容的基础上，摆脱原文结构的束缚，对原文意义进行整体翻译，使译文按照目的语读者熟悉的本土表达方式来反映源语中的异质文化，符合目的语规范，令目的语读者付出尽可能小的努力而获得最大的语境效果。例如：

យើងខ្ញុំធ្លាប់ទទួលទានចំណីហ្នឹងចៀមជាំហើយ។

我们吃的东西总是这些，一成不变。

原文中的 "ចៀមជាំ"（灰白绵羊）在柬埔寨用来比喻"老一套，不创新"，直接翻译为"我们已经吃过这道灰白绵羊菜了"或是用直接翻译加补偿的方法都无法建立起最佳关联，没有中国人能够理解其意，但是用归化策略，着眼于传达词语的文化信息，能很好地传递词语的文化内涵，满足不同民族的潜意识与思维定式。

ខ្ញុំខំរកមើលអាសត្តិ៤និងអាចក់ខ្យៀរដែលតែរកមើលរាពុំឃើញសោះ។... បងប្អូនយើងដោយ
ខឹងរកអាយមបាលទាំងពីរនាក់មិនឃើញក៏កាប់តុទ្វៅអ៊ីសាលាស្រុកហែកសំបុត្រស្មាមួកវាចោលពេញជុំ។

我们没有找到那两个浑蛋官员，非常气愤，开始砍砸市政府的桌椅板凳，将文件材料撕成碎片，满地都是。

此句选自《妈妈的牺牲》，小说以 1967 年著名的三洛农民暴动为背景，讲述一个家庭为革命顽强战斗、英勇牺牲的故事。原文中的"អាយមបាល"意为"阎王，地狱管理者"，在这里具体指代"អាសត្តិ៩"和"អាចក់ខ្យៀ"两位对农民实施苛政的官员。由于前文一直没有使用过"អាយមបាល"一词，这里如果译作"阎王"可能会让中国读者产生错误关联。译者充分考虑到中国读者的认知环境，将"អាយមបាល"变通为"浑蛋官员"，从而迎合了中国读者的接受心理，更好地传达了原文的信息意图。

ខ្ញុំប្រើល្បៀចកលក្តៅ-ត្រជាក់សព្វគ្រប់អស់ហើយនៅតែមិនបានការទៀត វាក៏ចាប់ប្រើធិមក្តៅ ផ្ទាច់ ព្រៃត្រែមួង។

敌人软硬兼施，使用各种手段，却依然没有任何效果。于是他们开始采用暴力手段，实施酷刑。

"ល្បៀចកលក្តៅ-ត្រជាក់"直译是"冷热计谋"，其意思和汉语中的"软硬兼施"基本贴合，可以直接借用汉语成语让汉语读者容易理解。要想将"ធិមក្តៅ"译得很妥当也非易事，必须要与前面的"ល្បៀចកលក្តៅ"区分开来。译者透析原文语境信息，对原文意图进行分析推理，对源语文化进行了恰当的归化处理——改用中国读者熟悉的成语，在语义上层层加码，既形象地表现出原文的信息意图，也使读者能够在语境中更好地理解语言的含义，减少了读者所需付出的认知努力。

五、结语

柬埔寨语文化负载词的研究工作刚刚开始，我们所看到的还只是冰山一角，要想对其有更深入的研究还需要更多素材的积累。但通过对柬埔寨语文化负载词汉译策略的探讨，进一步论证了关联理论对文化负载词翻译过程中的影响，其起到的作用是毋庸置疑的。尽管文化差异不可避免，尚不能做到翻译对等，但译者仍应尽力获取最佳关联性，实现语境的近似，将原语文化负载词中的文化因素恰如其分地传达出来，力争读者能充分理解。此外，我们赞同在翻译柬埔寨文化负载词时采用积极异化、适度归化的原则，以尽可能多地保存异域情趣，更多地保留语言文化的民族性。

参 考 文 献

［1］廖七一. 当代西方翻译理论探索［M］. 南京：译林出版社，2000.

［2］金惠康.跨文化交际翻译续编［M］.北京：中国对外翻译出版公司，2004.

［3］孙致礼.新编英汉翻译教程［M］.上海：上海外语教育出版社，2003.

［4］李寅，罗选民.关联与翻译［J］.外语与外语教学，2004（1）.

［5］李占喜."关联性"视角中的互文性翻译［J］.语言与翻译，2005（1）.

［6］林克难.关联理论翻译简介［J］.中国翻译，1994（4）.

［7］赵彦春.关联理论与翻译的本质［J］.四川外语学院学报，2003（3）.

［8］Dan. Sperber, Deirdre Wilson. Relevance: Munication and Congnition［M］.
Oxford: Blackwell, 1986/1995.

《三国演义》柬埔寨文译本刍议^①

■ 云南民族大学　莫源源

【摘　要】《三国演义》是我国四大古典名著之一，也是我国古代优秀的文学作品。本文通过将柬文版《三国故事》与罗贯中所著《三国演义》两种文本进行对比分析，试图探究《三国故事》译本与原著之间存在的整体性和细节性差异、译本在翻译上的谬误，并分析存在这些差异和谬误的主要原因，以期为更好地传播中华民族优秀传统文化提供可借鉴的参考。

【关键词】三国演义；柬埔寨语译本；翻译批评

一、《三国演义》在柬埔寨的传播

《三国演义》最早传入东南亚的国家是泰国。1802年，曼谷王朝一世王菩陀耀发朱拉洛（1782—1809年在位）委托当时主管财政的大臣大诗人昭帕耶帕康（洪）［Chaophraya Phrakhlang(Hon)］主持翻译《三国演义》，于是《三国演义》的首部泰文译本《三国》（*Samkok*）诞生了。该版《三国》泰译本被后世奉为经典译本，被曼谷王朝六世王瓦栖拉兀（1910—1925年在位）时期的瓦栖拉兀文学俱乐部评为"散文体故事类作品之冠"。（金勇，2011）

《三国演义》在柬埔寨的传播时间比较晚，20世纪40年代，柬埔寨开始出现《三国演义》的片段译文。柬埔寨作家努肯以《三国演义》泰文译本为蓝本于1933年完成了转译工作，分为78个篇幅。但是整编成译著以5个篇幅为一册，共18册。由于历史的原因，当时该译著未能出版。1948年《柬埔寨太阳》杂志

① 本论文为云南省教育厅科学研究基金项目"《三国演义》柬文译本翻译方法和技巧研究"（项目编号：2012Y301）研究成果。

开始连载努肯转译的《三国故事》（*Roeng Samkok*）。2005年，柬埔寨作家索坡先生把努肯的译著收集整理，结集出版10册，共84章。2010年由柬埔寨作家斯洛赛编著的《三国故事》漫画版正式出版，至今已第四次再版，每个版本均为10册。近年来，柬埔寨"高棉之声"广播电台连载了由柬埔寨皇家学院宋春本院士编译的《三国》。此外我国拍摄的《三国演义》电视剧，也被翻译为柬语，在柬埔寨的电视台播放。

可以说，自从《三国演义》传入柬埔寨后，便深受柬埔寨人民的喜爱。三国时期的历史、战争场面、人物形象是柬埔寨人民最为熟悉的中国历史人物形象和典故。《三国故事》是柬埔寨人民了解中国古代社会历史、军事、习俗、文化等方面的一扇窗口。

本文研究的对象是努肯翻译的、于2005年出版的柬文版《三国故事》。

二、柬文版《三国故事》与原著存在的差异

（一）整体性差异

1. 行文风格以及结构差异

（1）柬文版《三国故事》与原著的行文风格差异主要体现在体裁上。两个版本均采用了小说的记事体裁。《三国演义》是我国第一部章回体历史小说。章回体小说是中国古典长篇小说的主要形式，它是由"宋元话本"发展而来的。因此，章回体小说中经常出现"话说"、"且说"、"却说"、"话分两头说"等这样引入正题的字眼，又如"未知性命如何，且听下回分解"、"毕竟说着甚的，且听下回分解"之类的引入下个章回的字眼。如《三国演义》的开头便写道"话说天下大势，分久必合，合久必分……"（P1）、"却说玄德访孔明两次不遇，欲再往访之"（P316）、"毕竟说着甚的，且听下回分解"（P362）等等。由于柬埔寨小说体裁中并无章回体体裁，因此柬文版《三国故事》在尊重原译本的基础上采用的是"散文体故事"叙事小说的形式进行编排，与原著的章回体小说形式风格迥异。

（2）柬文版《三国故事》与原著结构的差异主要体现在对章节的划分和章节的衔接上。对于章节的划分，译本与原著存在着结构性的差异。原著在结构编排上的特点是将全书分为若干个章节，称为"回"。《三国演义》共计一百二十回。每回前用两句对偶的文字标目，称为"回目"，以概括本回的故事梗概。如《三国演义》第一回回目为"宴桃园豪杰三结义，斩黄巾英雄首立功"。而柬文版

《三国故事》并没有按照原著结构编排划分章节，而是按照某种参考（泰文译本）对小说进行章节划分。《三国故事》前言提到，译者将译本整理成78个章节，以5章订为一册，合计有18册。但在之后的整编出版时，由于遗失译著的最后章节，实际出版物划分为84个章节，共计10册。每个章节译者以大号粗体字分别注明书名、译者和章节的编号，并在正文的开头注明本章节故事概要。

（3）另外在章节的衔接点上译本与原著也有所不同。如《三国演义》第一回故事情节至"便要提刀入帐来杀董卓"，而译本第一章故事情节至对应原著内容为"儁与玄德、关、张率三军掩杀，射死韩忠，馀皆四散奔走"；《三国演义》第二回故事情节至"视之，乃曹操也"，而译本第二章故事情节至对应原著内容为"虞大喜……"。其余每章均如此，不再赘举。

2. 篇章的缺失

从章回上看，《三国演义》原著共计一百二十回，以"荐杜预老将献新谋，降孙皓三分归一统"结束；而柬文版《三国故事》共译编为八十五章左右（因编译者缺失了《三国故事》最后一章的译稿，出版的《三国故事》只有八十四章），从第一章刘、关、张三结义开始，叙述到第八十四章邓艾偷渡阴平（相当于原著第一百一十七回）结束。译本较原著缺失3个回目。

《三国演义》原著正文以"自此三国归于晋帝司马炎，为一统之基矣。此所谓'天下大势，合久必分，分久必合'者也。后来后汉皇帝刘禅亡于晋泰始七年，魏主曹奂亡于太安元年，吴主孙皓亡于太康四年，皆善终"为结尾。此般收尾与正文开篇遥相呼应，前后对照，再次充分强调了《三国演义》的这一主题思想。同时简练清晰地介绍故事的最后结果，戛然而止，令人回味；由于《三国故事》缺失了《三国演义》最后三个回目的译稿，所以在出版《三国》柬埔寨语版的时候只叙述到"邓艾回到军营中就下令所有的士兵连夜……"便结束，戛然而止，对应的原著内容为原著第一百一十七回"当夜下令，尽拔寨望阴平小路进军……"。但在柬文译本的最后附上编译者索坡的致歉书，译文如下：

由于本人能收集到的译文只有这些，因此故事只能到此结束。根据努肯先生的介绍，大概还有一章的情节，本故事才算完结。我们对于没能找到最后一章译文感到万分遗憾。敬请读者谅解！

（二）细节性差异

1. 故事情节编译的差异

从正文内容上来说，《三国演义》原著开篇以"话说天下大势，分久必合，合久必分。周末七国分争，并入于秦。及秦灭之后，楚、汉分争，又并入于汉。汉朝自高祖斩白蛇而起义，一统天下，后来光武中兴，传至献帝，遂分为三国"，向读者交代故事发生的历史背景。短短不足七十个字就将历史上政权更迭、各方势力纵横捭阖、你争我夺争霸天下的历史演变和兴衰展现得淋漓尽致；柬文版《三国故事》的开篇是参照原著开篇翻译的，现将柬文译文回译如下：

中华帝国的大地上，三国时期以前安定了很长一段时间，之后爆发战争，战争平息后，又归于安定。那以后，进入周武王的统治时期。武王之后700年的时间里多位帝王统治的中华大地和平安定。那时中国有七个属国，京都定于郑国郡。周武王打败了七国，统一了中国。周武王的后代秦王被项羽打败，而汉高祖又打败项羽当上了皇帝。（西）汉朝自汉高祖算起，相继经历了12位皇帝。后来王莽叛乱当上了皇帝，在位18年。之后汉高祖的后裔汉光武帝杀死王莽后，（东汉）相继有12个皇帝在位。汉朝的末代皇帝是汉献帝，之后中国分成了三个国家，中文称之为"三国"。

不难发现，柬文译本的表述不但毫无中国古代文言文精辟简练，平实易懂而大气恢弘的底蕴，反而显得离奇古怪，晦涩难懂，背离了中国历史，使读者难以了解三国故事发生所处的历史环境和背景，甚至从根本上失去了对中国古代历史文化的了解。

2. 诗词、文书以及史料典故的缺失

（1）元末明初作家罗贯中基于前人的著作进行创作时，在错综复杂的三国故事情节中穿插了许多后人对其中人物事件的诗评、诗词、古风。笔者统计，《三国演义》原著中诗评、诗词、古风合计171篇，诸如：后人评价赵云单骑救主的诗"血染征袍透红甲，当阳谁敢与争锋！古来冲阵扶危主，只有常山赵子龙"（P347）、诗人杜甫评价孔明巧布八阵图的诗"功盖三分国，名成八阵图。江流石不转，遗恨失吞吴"（P693）等等。而译本缺失了对这171篇诗评、诗词、古风的翻译。

《三国演义》描写的重点是封建社会内部各个政治、军事集团之间尖锐复杂的矛盾冲突，在叙事的过程中，国与国、君与臣、军与士之间经常出现一些文书

往来，如诏书、策文、奏表、檄文、盟约、书信、榜文等等。此类文书一般语言严肃，引经据典，委婉精辟，较为著名的有诸葛亮的《出师表》等等。而译本缺失了此类文书的翻译，一笔带过，例如：《三国演义》第五回"次日筑台三层，遍列五方旗帜，上建白旄黄钺，兵符将印，请绍登坛。绍整衣佩剑，慨然而上，焚香再拜。其盟曰：汉室不幸，皇纲失统。贼臣董卓，乘衅纵害，祸加至尊，虐流百姓。绍等惧社稷沦丧，纠合义兵，并赴国难。凡我同盟，齐心戮力，以致臣节，必无二志。有渝此盟，俾坠其命，无克遗育。皇天后土，祖宗明灵，实皆鉴之！读毕，歃血。众因其辞气慷慨，皆涕泗横流。歃血已罢，下坛。众扶绍升帐而坐，两行依爵位年齿分列坐定。操行酒数巡，言曰：'今日既立盟主，各听调遣，同扶国家，勿以强弱计较。'"而柬文版《三国故事》是这样叙述的：

曹操就让人在营中建造用于袁绍宣讲国事的大坛，到了大吉之日，请袁绍上座。曹操和十七路诸侯摆置香烛祭品，盟誓祈神，以示效忠天朝。随后曹操就为各路诸侯酌酒，言道："大战在即，请各位团结一心，切勿国事；忠诚相对，大事可成。"

显而易见，译者只是概述了大致的故事情节，并缺失对原著中袁绍所述盟约的翻译。

（2）译本关于叙述中国前朝史料、典故的缺失。《三国演义》中出现了大量三国时期以前的历史典故和著作的经典，但译者在其《三国故事》译本中遗漏，甚至是缺失。例如：

原著中第一回有"汉朝自高祖斩白蛇而起义，一统天下"，涉及"高祖斩白蛇"的典故，而译者在译本中是这样叙述的：汉高祖打败项羽当上了皇帝。这样明显丧失了原著作者所要表达的内涵和重点，读者也就无法了解中国古代农民起义当中以封建迷信为幌子的文化内涵。

又如，原著中第三十七回有"徽曰：'可比兴周八百年之姜子牙、旺汉四百年之张子房也。'"涉及西周和西汉的著名开国谋臣的史料，而译者在译本中是这样叙述的：我们要见识一下孔明的才学，是否真的比得上辅助周文王打下800年基业的姜子牙。由此可以看出译者只是翻译了前段，而"旺汉四百年之张子房也"并未译出。

再如，原著第一百一十六回有"艾备言其梦，邵答曰：'《易》云：山上有水曰《蹇》。《蹇卦》者：利西南，不利东北。'孔子云：《蹇》利西南，往有功也；不利东北，其道穷也。将军此行，必然克蜀；但可惜蹇滞不能还。'"涉及中国古代经典哲学著作《周易》，该理论建立在阴阳二元论基础上，讲述天干地支、五行对《蹇卦》的见评。而译者在译本中是这样表述的：到了早上，邓艾就叫来爱绍，向他描述了梦境。爱绍说：此梦是好梦，去攻打西川，定能拿下，但梦中山上进出水来，预示您不能返回洛阳。由此可见，译者并未提及《周易》、《蹇卦》以及孔子的见评，只是简单地叙述爱绍占卜的结果。

三、柬文版《三国故事》翻译上的谬误

（一）逻辑谬误

1. 原著中第三十七回有"玄德揖而问曰：'二公谁是卧龙先生？'"对应的译本内容为：刘备上前行礼并问道："您们二人是卧龙先生吗？"这不免让人费解，难道卧龙先生是两个人吗？

2. 原著中第三十七回有"玄德视之，见小桥之西，一人暖帽遮头，狐裘蔽体，骑着一驴，后随一青衣小童，携一葫芦酒，踏雪而来。"对应的译本内容为：刘备看见孔明的岳父骑着骆驼，其后跟随着一个小孩，从桥上走过来。故事所发生的地点是隆中，据考证，隆中位于湖北省襄樊市境内，骆驼主要分布在我国西北如新疆、青海、甘肃、内蒙古等地区的干旱荒漠草原上，而湖北位于我国南方地区，不可能以骆驼作为交通工具的，不符合逻辑，此处实际上是译者将"驴"误译成了"骆驼"。

3. 原著中第十回有"惇出射猎，见韦逐虎过涧，因收于军中。"对应的译本内容为：夏侯惇外出游玩看到韦典打死老虎，韦典游过大海来与我相见。三国时期的故事局限在陆上、江河之上，并没有发生在海上。而译文中"韦典游过大海"明显不符合逻辑，实际上是译者将"涧"误译成了"大海"。

（二）专有名词翻译谬误

1. 译本中官职的遗译。例如：原著中第九十一回有"乃召中军大将军曹真，镇军大将军陈群，抚军大将军司马懿三人入寝宫。"对应的译本内容为：乃下旨叫三位大官曹真、陈群、司马懿面见圣上。可见译本中分别省去了曹真、陈群、司马懿三人"中军大将军"、"镇军大将军"、"抚军大将军"的官职。

原著中第四回有"宴罢，卓问侍中周毖，校尉伍琼曰……"对应的译本内容为：当百官走后，（董卓）就向周毖、伍琼问道……。可见译本中分别省去了周毖、伍琼"侍中"、"校尉"的官职。

2. 官职的混淆。原著中第一百一十五回有"昭遂拜钟会为镇西将

军"、"一面差人持节令邓艾为征西将军",对应的译本将"征西将军"和"镇西将军"都通过音将它们译为"ເເɸɪ̃ໄເ̃ɕɪຼ̃ɬɸໄ",对应的拼音为"zhenxijiangjun"。大概由于"镇"和"征"音节很相似,导致译者认为上述两个官职是同一个职务。若能加上注释将有助于读者了解中国古代封建官衔制度的文化信息。

3. 译本中对官职的误译。例如:原著中第三回有"封弟雯为左将军、鄂侯,封吕布为骑都尉、中郎将,都亭侯",对应的译本内容为:遂封董雯为左将军,封其养子吕布为右将军。译本中除了对官职翻译遗漏外,还误将吕布的官职译为"右将军",不符合原文的内容。

(三)度衡量翻译谬误

1. 原著中第三十七回有"遥望山畔数人,荷锄耕于田间",对应的译本内容为:便遇到有五个人在山脚下农作。原著中提及所看到的人数是"数人",是一个概数,意思为"几个人",但译文中译为"五个人",为确数。又如,原著中第一百一十五回有"后主一连十日不朝",对应的译本内容为:刘禅得知姜维回来,在宫中九十天不上朝议国事。原著中提到后主刘禅十日不上朝,而译文中译为"九十天不上朝"。

2. 原著中第五回有"这关离洛阳五十里",对应的译本内容为:虎牢关相距洛阳为200公里。原著中距洛阳为"五十里",而译本中译为"200公里"。又如,原著中第三十七回有"遂上马,行数里",对应的译本内容为:刘备上马走了约1200米。原著提及刘备"行数里",也是一个概数,意思为"几里",并没有特指具体的里数,但译文中译为"走了约1200米"。这些都与原文不符。再如,原著中第五回有"卓然其说,唤李傕、郭汜领兵五百,围住太傅袁隗家,不分老幼,尽皆诛绝",对应的译本内容为:董卓听后,正合他的意思,就叫李傕、郭汜带兵五万去捉拿袁隗和他的党羽,不分男女,尽皆杀绝。原著中李傕、郭汜所带兵力是"五百",而译本中译为"五万"。

3. 原著中第五回有"公孙瓒挥槊亲战吕布。战不数合,瓒败走",对应的译本内容为:公孙瓒手握长矛来战吕布才十回合,身无力气就策马逃走了。原著中为"战不数合",意思是"没有战斗了多少个回合",而译本中译为"十回合",明显不符原文意思。

4. 原著中第一回有"玄德回视其人:身长八尺,豹头环眼……",对应的译本内容为:刘备回头去看背后那人,只见(张飞)体形高大,身高 5 哈(柬长度单位），头如虎头，眼睛硕大。三国时期，一尺等于 24.2 厘米，那么原著中张飞的身高为 193.6 厘米。《柬汉词典》第 1052 页对"哈ហ្គ"的释义为"两拃之长度，约 0.5 米"，可知算出译文中张飞的身高约 250 厘米，明显不合事实。

四、柬文版《三国故事》与原著出现差异的原因

（一）转译的影响

柬文版《三国故事》是由努肯根据泰语版《三国》转译而成的。而在泰国广为流传的《三国》，是依据中国古典历史小说《三国演义》的口述版本编译而成的，在翻译过程中进行了一番"泰化"的再创作，删去了原作中读者不易理解的大部分诏令、檄文、布告、诗词等，改变了原著中章回体结构和讲究悬念的叙述方式，采用印度史诗《罗摩衍那》式的铺叙，并且把贯穿原书全文的"天命"观改成"佛道"观。而柬文版《三国故事》中诗评、诗词、古风、诏书、策文、奏表、檄文、盟约、书信基本上没有，其根本原因就是译者是根据泰语《三国》译本进行翻译的。另外，柬文版《三国故事》平铺直叙的记述方式、章节的划分也是受泰文版《三国》译本的直接影响。

（二）文化背景的差异

作为中国四大名著之一的《三国演义》，从人物穿着打扮到言行举止，从行军打仗到易经占卜，从亲属称谓到官职称谓，无一不体现中国的传统文化。其中最为凸显的是从人物性格中体现的中国传统精神和信念，特别是儒家文化精髓，原著中体现得淋漓尽致。而在泰国和柬埔寨相当长的历史长河中，深受印度文化和小乘佛教文化的影响。其独特社会风俗习惯和宗教文化下的思想观念、审美情趣以及民族文学传统等文化传统都与汉文化存在巨大的差异。因此在翻译的过程中，意译多于直译，很多细节被改，以符合译入语接受者的思想观念和审美情趣。由于柬埔寨和泰国思想文化比较相近，因而柬译本的文体风格、结构脉络与泰译本很相似。因此，文化源流传统的差异，使得文字转换的过程更加艰难，对译文的准确性也难以把握。

（三）中柬翻译人才的匮乏

柬文版《三国故事》的成书年代正值柬埔寨处于法国的殖民统治时期，柬埔寨的近代教育相当落后，法国当局在柬大力传播法国文化和西方文化，灌输西方

的价值观，并用行政手段限制柬埔寨本土文化和其他文化的发展，阻碍了华文书籍在柬埔寨的传播。19世纪末期，一批华人因战争、生计等原因逃难到柬埔寨，一般是生活底层的普通百姓，知识水平低下。在柬埔寨当时的历史背景下华文书籍难以在柬埔寨传播，并且十分缺少精通两种语言、充分了解两种文化背景及差异的高级专业翻译人才。

五、余论

《三国演义》作为我国古典四大名著之一，是中国古代文化、文学艺术、军事历史的载体。因此高质量的外文翻译作品对于传播中华民族优秀文化，提升中华民族文化软实力有着积极的意义。本文通过对比分析柬文版《三国故事》与原著存在的诸多差异，并探究造成这些差异的原因，认为由于译者所采用的翻译对象不是《三国演义》原始文本，以及受文化差异等因素的影响，导致译本中部分章节情节内容、诗词文书、史料典故的缺失以及细节性故事情节上的一些翻译的谬误。因此，为了将《三国演义》更好地译介给外国读者，需要译者精通两国语言的同时，熟悉两个国家和民族的文化传统、思想信仰、价值观和思维方式，熟练掌握两种语言在词汇、语义、结构等方面的差异，掌握大量的习语、谚语、俚语和历史典故资料，掌握原文的主题思想和写作风格，用地道的译文忠实流畅地将原著的信息精彩无误地呈现给异国读者。另外中国著作在柬埔寨的翻译还相当滞后，需要一批精通两国语言、深谙两国文化的高级专业翻译人才，具备高素质翻译能力的译者，把更多中国优秀作品翻译成柬文，介绍给柬埔寨的读者，为两国文化的交流发展做出贡献。

参 考 文 献

［1］金勇．泰文《三国演义》经典译本产生的原因分析［J］．解放军外国语学院学报，2011（3）．

［2］金勇．《三国演义》与泰国的文学变革［J］．内蒙古师范大学学报：哲学社会科学版，2010（5）．

［3］罗贯中．三国演义［M］．3版．北京：人民文学出版社，2002．

［4］庞希云．东南亚文学简史［M］．北京：人民出版社，2011．

［5］ន កន.សាមកុក, ២០០៥

跨文化文学传播中的"误译"与"传播"的关系

——以《三国演义》的三个泰文译本为例

■ 北京大学　金　勇

【摘　要】《三国演义》在泰国的传播是跨文化文学传播中的一个经典个案。在诸多泰译本中，昭帕耶帕康（洪）版《三国》是最经典的译本，却也是误译现象最多的版本。本文通过对《三国演义》的三个泰译版本的比较和分析，具体探讨误译现象与跨文化文学传播的关系，及其对跨文化文学传播效果的影响。

【关键词】跨文化文学传播；《三国演义》文本比较；误译

一、引言

1802年，《三国演义》第一次被译成泰文，曼谷王朝一世王御令当时的财政大臣、大诗人昭帕耶帕康（洪）（Chaophraya Phrakhlang[Hon]）主持翻译《三国演义》。这个译本被人称作昭帕耶帕康（洪）版《三国》（*Samkok*，以下简称洪版《三国》），也被视为最经典的泰文《三国》译本，影响巨大。今日《三国演义》在泰国家喻户晓、妇孺皆知，人们对三国里的人物和故事如数家珍、耳熟能详，其影响相比在日本、韩国、越南等传统汉文化圈国家也毫不逊色，甚至有过之而无不及。与《三国演义》题材相关的泰文书籍已有百余种之多，时至今日每年仍有数种《三国》类书籍推出或再版重印。在这一传播过程中，洪版《三国》居功至伟，作为一部译作，它被泰国人视为本民族的文学财富，跻身泰国文学史中的经典之作。但长久以来，洪版《三国》也被人指摘，最主要的原因就是它"不忠实"原著，存在着很多"误译"（mistranslation），甚至有大量删改原文的现象。

在洪版《三国》之后，泰国又陆续推出两部泰文《三国》全译本，分别是万崴·帕塔诺泰（Wanwai Phathanothai）的《新译〈三国〉》（1977年，以下简称万崴版《三国》），和威瓦·巴查冷威（Wiwat Pracharuangwit）的《批注版全本〈三国〉》（2001年，以下简称威瓦版《三国》）。万崴与威瓦都将矛头直接指向洪版《三国》中的"不忠实"问题，使泰国读者无法领略《三国演义》真正的风采，由此质疑洪版译本的权威性和经典性。万崴版与威瓦版相比洪版，的确从形式到内容都更忠实于罗贯中《三国演义》原著，但多年过去，泰国人提到《三国》（Samkok），如果不加说明，指的仍旧是洪版《三国》，它的经典地位丝毫没有动摇。是什么原因导致了更忠实的译本在竞争中落败？误译对于跨文化文学传播效果究竟有何影响？明晰这个问题将避免我们走入文化对外传播中的误区。

二、洪版《三国》经典译本的误译现象

正如万崴和威瓦以及其他许多通晓中文的泰国学者和作家指出的那样，洪版《三国》译本和中文的《三国演义》相比的确有很多差异，有些差异还相当大。概括起来主要有以下几类：

（一）简化了原作的结构形式和表现手法

《三国演义》原著中大量的韵文诗词被删去。《三国演义》全书有近200首诗词，但在洪版《三国》里绝大部分都删去不译，甚至连那首著名的开篇诗词《临江仙》也一并删去，只保留了对情节推动较为重要的11首，并进行了意译。此外，洪版《三国》重新调整和划分了章节，大幅压缩篇幅，120回的原著在洪版中仅有87章，后半部分数段大战内容被删去，原著中人物出场的艺术化处理方式等也被简化。

（二）专有名词的误译

主要是一些人名和地名上的误译。同一个人名或地名前后译名不一致；有些读音接近的人名被译成一个名字；不同的地名译成同一个地名；将官衔爵位错当成人名等。

（三）用泰国文化语境下的表达方式取代原著原有的表达方式

原著中提到的一些泰国没有的事物，用泰国既有的类似事物作为替代，如桃园三结义中，用夹竹桃（Yitho）替换当时泰国人不认识的桃树，用印度神话中

的圣兽 "Rachasi" 替换原著中的麒麟等[①]；对泰国人难以理解的名词和概念加以变通，如泰国人不理解中国文化中 "天" 的观念，在翻译时把 "天意" 一词多处改为 "福报"、"业报" 等带有佛教观念的表述；删改与泰国政治、文化传统相左的内容，如一些违抗王权或有违佛教教义的地方，都进行了曲笔、回避甚至干脆删去。

（四）其他细节错误

如将原著中的人物对话改成了叙述，或将叙述改成了对话；三国人物关系上的错误；年代以及其他数字方面的错讹等等。

这些差异或误译现象的出现，客观上与翻译的方式有关。昭帕耶帕康（洪）本人并不懂中文，《三国演义》又是一部数十万言的鸿篇巨制，在当时的条件下仅凭个人力量难以完成。他组织了一套翻译班子，先由一些华人将中文大意译成质朴的泰文，再由宫廷文人们对译文进行组织和润色，最后由昭帕耶帕康（洪）本人定稿。这样就造成翻译中间环节过多，每一个环节都可能造成信息的流失，影响了原文内容的准确传递。由于参与翻译的人很多，翻译过程中又缺乏严谨，因此造成前后译文的不统一；宫廷诗人们不懂中文，对原文的一些细节问题，特别是涉及中国文化方面的错误、人名地名的错误等无法进行有效的纠正。多数华人译者的泰语水平有限，很难把原文的内容用泰文准确无误地表述出来，特别是原著中的很多诗文，不得不放弃；有的华人译者的中文水平也不高，早期华人移民的文化水平普遍较低，从译文的情况来看，有的译名错误很明显是缘于华人念了白字；参与翻译的多为福建籍华人，因此人名地名多为闽方言读音，但也有来自其他地区的华人参与，或有口音差异，造成个别译名前后不一致的现象。这些都是造成洪版《三国》译文与原著出现众多出入的客观原因。

而在主观方面，昭帕耶帕康（洪）对《三国》译文进行了大胆的修改，以使其能够符合泰国读者的文学审美习惯和阅读习惯。譬如，中国章回小说往往在情节紧要关头打住，"欲知后事如何，且听下回分解"，但是对于泰国受众来讲，他们更喜欢有头有尾、简洁明了的形式。因此昭帕耶帕康（洪）打乱原著的章回，以情节和叙事的完整为原则重新划分章节，这也得到泰国读者的认可。此外，泰国是一个佛教国家，《三国演义》原著中却经常出现与佛教教义相左的内容，如曹操 "宁教我负天下人，不教天下人负我" 的处世哲学为佛教教义所不齿，而中

[①]　现代泰语中已经有了 "桃树"、"麒麟" 的音译借词。

国文化中"天命"观又使不谙中国传统信仰的泰国人无法理解，因此必须对其进行修改才能为泰国读者所接受，如以"福报"、"业报"等佛教理念替代"天命"观，重新进行阐释等等。对于另外一些极具中国特色的表达和修辞，昭帕耶帕康（洪）也进行了本土化处理，即用泰语的习惯表达方式进行替换，有时添加原文中没有的内容，以方便泰国读者理解和接受。

三、新译版本对忠实性的追求

对于洪版的这些误译问题，万崴·帕塔诺泰在《新译〈三国〉》前言中直言不讳："很遗憾，在第一次翻译（指洪版《三国》）的时候有不少不足和遗漏，从翻译使用的语词，到人名、地名、文化、俗谚成语以及行文方面，与原文作者的作品对照都有错漏。这使得读者在阅读这部作品的时候无法欣赏到其应有的味道，差距不小。……由于发现昭帕耶帕康（洪）版《三国》有太多的错漏，我才决定根据罗贯中的《三国演义》中文原本，完全忠实无误地译成泰文。"（万崴，1977：前言部分）与洪版《三国》相比，万崴的新译版本的确更加忠实于《三国演义》原著。在回目上，万崴版完全对应120回的中文原著，章回标题也都尽力译出；在内容上，万崴几乎毫无遗漏地翻译了每一处细节内容，连被洪版删去的大段诗文，他都进行了补译；译文中若出现洪版未译且与中国文化相关的泰国读者难以理解的地方，万崴会添加脚注详细说明；在译文中如果出现和洪版译文有明显出入的地方，万崴会将洪版译文放到脚注之中标注出来，以示对比；在人名、地名等专有名词上，万崴照顾到泰国老读者的习惯，多数主要人名和地名仍然沿用洪版翻译时按照闽方言发音的译音，只对一些不太重要或影响到译文表达的专有名词，才按照普通话的发音音译过来。

无独有偶，威瓦·巴查冷威翻译的初衷和万崴一致，特别是发现后来许多衍生出的泰文《三国》的重写版本都参照洪版《三国》，连错误也一并沿袭下来，遂萌生了重译《三国演义》的想法（威瓦，2001：序言部分）。威瓦版本在万崴版本基础之上，把对译文忠实性的追求又向前推进了一步，他强调这个版本最大的特点就是最"完整"。该版本有以下几个特点：

1. 增加了金圣叹所作的序，模仿中文书眉批的方式添加金圣叹的批注；2. 译出所有诗文，并请专家帮忙润色；3. 添加多项脚注，帮助不谙中国文化的读者理解；4. 添加中国文人和威瓦本人的品评和理解；5. 对照昭帕耶帕康（洪）版制作了完整的人名、地名对照表，并添加其在中文语境中的意义。

威瓦还找来了泰国的"三国"专家通田·纳詹浓（Thongthaem

Natchamnong）为全书做编辑并作序。通田在序言中写道："如果在阅读《三国》正文的同时参阅'金圣叹的批注'，读者将能品到更多的韵味，同时也能开阔思路，获得更多的启迪。此外，通过金圣叹的评点，还能够了解中国古典文学作品的写作方式。所以要最完整地阅读《三国》，就要读带有金圣叹批注的版本。"（威瓦，2001：序言部分）由此可见，威瓦和通田二人对金圣叹的批注和序言都非常重视。威瓦认为翻译不但要还原原汁原味的内容，更要还原原著文本的形式，添加批注以及人名对译表之后才更接近中文古典小说的阅读感觉，因此他自认这个完整版本最能够反映原作面貌（威瓦，2001：译者前言部分）。

显然，昭帕耶帕康（洪）和万崴·帕塔诺泰与威瓦·巴查冷威这两位新译者在"什么样的译文是好译文"这个问题上有明显的分歧。尽管昭帕耶帕康（洪）没有留下明确的表述，但其行动已经体现了个人的态度，即以能相容于本土文化的"归化"译文为佳，在此基础上可适当对原文内容进行调整；而新译者则严格恪守着"忠实"的基本原则，强调以原汁原味的"异化"译文为尊。尽管表述方式不同，但是万崴和威瓦都不约而同地强调自己译本相比于洪版更加"完整"，完全"忠实"于原著，因而更加权威。本文无意去评价哪一种翻译更好，辨析哪个译本更为经典，而是希望从跨文化文学传播的角度分析不同翻译策略所取得的传播效果。事实证明，洪版《三国》要更胜一筹。在跨文化文学传播过程中，更符合翻译"忠实性"原则的译本不一定能获得良好的传播效果，"忠实性"在泰文《三国》的文学传播过程中并不是决定性因素。

四、跨文化文学传播中的"误译"

一部文学作品被译介到异国，要获得对方认可必须顺利进入到对方的文化语境中进行传播。泰文《三国》不同于《三国演义》，是《三国演义》文本衍生出来的"变异体"（variants）文本。该变异体文本形成后，"随着民族心理的熟悉与适应，原先在形成过程中内蕴的一些'强制性'因素在文学传递层面上会逐渐地被溶解"（严绍璗，2005：130）。在跨文化语境下，翻译中出现"误译"现象是难免的，译者会有意无意选择本土文化的内容融入或者替代原著中部分异文化内容，这并非一时心血来潮，而是受制于社会文化的深层动因。很明显，昭帕耶帕康（洪）在翻译时更多考虑的是泰国读者的阅读习惯和文化感受，而不少被人指摘"误译"的纰漏之处更是有意为之的。泰国《三国》研究专家玛丽尼·蒂洛瓦尼（Malinee Dilokvanich）一针见血地指出，洪版译文仅在情节内容和专有名词上保留了中国特征，其本质是泰国的（Thai intrinsically），她甚至认为有60%左右的内容是为了泰国读者而改写的（Dilokvanich，1983：282—286）。今天在泰国市面上见到的洪版《三国》书籍封面作者处大多只标注为"昭帕耶帕康（洪）版本"，几乎见不到任何"译"的字样，但实际上泰国人对洪版《三国》是译自中国的《三国演义》一事都了然在胸，无须多做解释。这也从一个侧面反映了泰国人对待洪版《三国》的态度，他们不关心《三国》原著的情况如何，更看重其作为泰国本土文学的价值，他们对待《三国》的态度和其他古典文学作品的态度是一样的。但是，如果将洪版《三国》和罗贯中《三国演义》的文本进行细致的比照，依然可以看出它很明显是后者的译作。昭帕耶帕康（洪）并未对原作进行伤筋动骨的改编，他保留了原文绝大多数内容，特别是在涉及战争、计略等方面的主体情节上依然是忠于原著的，仅在不利于泰国读者接受或者与一世王政治意图相左的细节部分有改动。误译现象也多为人名、地名等方面的专有名词，这与翻译小组采用的分组意译再润色的方式有关。总之，洪版《三国》从总体上看还是较为贴近原著的，其误译并不影响泰国读者的欣赏阅读。泰国读者读到《三国》时，还是能够体味到里面浓郁的异域风情。

　　即使是万崴和威瓦这两位通晓中、泰两种语言[①]，极端重视译文忠实性的译者，依然无法避免误译现象。万崴版译文将原文段落都拆解开，几乎把一句长句或几句短句都分成一段，这样一来段落极多。因为泰文书写没有引入逗号和句号标点，断句需要依赖上下文的语感，万崴这样处理可以使译文显得更有条理，层次更加清晰，方便读者的阅读和理解。在具体行文的细节也有误译，如将"四更"译成"凌晨四点"，另外在诗词方面的翻译也难令人满意，泰国古典诗歌不像中国古典诗歌那样押尾韵，而是押腰脚韵[②]，泰译的中文诗歌很难兼顾中文的音韵、格律与诗意，不少诗歌译文都草草收尾，如草船借箭一节中的《大雾垂江赋》就完全没有译出来，万崴尝试用仿中文诗体的泰语勉强翻译了几句，反倒显得不伦不类。威瓦版类似的误译也有不少，除此之外，威瓦最为得意的是他对文本形式的忠实，他译文的一大特色就在于补译了金圣叹的眉批和序。但实际上金

---

　　① 万崴·帕塔诺泰并无华人血统，但从小被父亲秘密送到中国，还被周恩来总理收为养子，何香凝为他取了中文名"常怀"。他在中国生活了10年，在中国接受了小学和中学教育，还进入北京大学哲学系学习，因"文革"爆发才被迫回国。他是十足的中国通，后来在中泰两国建交过程中担当联络人角色，发挥了重要作用。威瓦·巴查冷威本人就是一位华裔，华文名叫马鼎文，精通中泰两种语言。

　　② 腰脚韵是一种特殊的押韵形式，所谓"腰"就是每句诗行的中间词，所谓"脚"就是每句诗行的尾词，腰脚韵就是上句的尾词与下句的中间词相押韵。腰脚韵在我国壮族的"欢"中也非常普遍。

圣叹并未批注过《三国演义》，他本人对于《三国演义》的评价也并不高。[1] 所谓金圣叹批注本实为毛评本，即毛纶、毛宗岗父子批评与改定的版本。因当时金圣叹评点才子书名气很大，所以毛评本也被标榜为"圣叹外书"（才子书）。而金圣叹作的序是指《第一才子书序》，但有不少学者都对该序提出了怀疑，这极有可能是书商篡改自李渔的《四大奇书第一种序》（陈翔华，1989：75—83）。显然威瓦对此并不了解，如此一来，他追求从内容到形式都忠实也就成了空谈。

翻译是促成不同文化、不同民族文学间发生影响的媒介方式之一。翻译行为不仅是译者用另一种语言传达和展示原作者思想的行为，它首先是一种跨文化交流。原作和译作之间不是单纯的"主仆关系"，而是"竞争关系"。它是"特定语言环境内的历史文化积淀和语言使用者的生活经验"（谢天振，2007：70）的反映，它一定是根植于一个民族、一个国家的文化之中，而文化间的差异是绝对的。翻译的实践也表明，由于不同语言背后具有的文化差异，在文学翻译中实现绝对的忠实和对等几乎是不可能完成的任务。完全的忠实和对等意味着原文和译文之间是可逆的（reversible），而翻译是一种单向的行为，任何翻译行为都无法做到完全的可逆，文学翻译更是如此。此外，文学翻译同样需要创造力，要让一部作品在"一个新的语言、民族、社会、历史环境里获得新的生命"（谢天振，2007：72）。在创造性之外，文学翻译还有叛逆性的一面，译者若要让作品在全新的文化语境下焕发活力，则不可避免地要对原作进行一定客观的背离。法国文学社会学家罗贝尔·埃斯卡皮（Robert Escarpit）提出"创造性叛逆"（creative treason）（埃斯卡皮，1987：137）的概念，认为在文学翻译的过程中，创造性与叛逆性其实是根本无法分割开来的，因为"没有创造性的叛逆，就没有文学的传播与接受"（谢天振，1999：130），洪版《三国》的翻译中所展现出的正是这样一种"创造性叛逆"。当代西方的翻译研究也开始越来越多地关注文化性，从对两种语言的转换进一步深入到对翻译活动本身的研究，并从译作者、组织者与接收者等角度来全面看待翻译活动。实际上，新兴的翻译理论也开始审视传统上把"忠实"作为翻译本质属性的观念。像以色列翻译理论家吉蒂昂·图瑞（Gideon Toury）就指出：翻译是受规范制约的行为，翻译的社会文化特点使它不同程度地受到多种因素的限制。由于社会文化具有特殊性，在跨文化应用的时候若有相同皆出于巧合，而且规范本身也是不稳定的、变动不居的（Toury，1995：57—61）。也就是说不存在一对一的概念，除非偶然因素使然，翻译当中不存在等值

---

[1] 金圣叹在《读第五才子书法》中称："《三国》人物事体说话太多了，笔下拖不动，蔓不转，分明如官府传话奴才，只是把小人声口，替得这句出来，其实何曾自敢添减一字。"

的可能性。其他翻译理论家如西奥·赫曼斯（Theo Hermans）、玛丽亚·提莫志克（Maria Tymoczko）等也都不约而同地质疑"忠实"的地位和实现的可能性，一些中国学者也明确提出相同的质疑。

此外，翻译理论对翻译本身的认识也在不断变化和丰富，不再仅仅关注翻译中的文本和词语、句子，以及文本与翻译方法的关系，而且还要考察翻译过程和结果。德国翻译理论家诺伊贝特（A. Neubert）认为"文本与文本生成的情境决定了翻译过程"，文本是情境、过程和结果的三合一关系，因此他提出研究翻译文本形成过程（textualisation）就必须考虑文化、社会与交流习惯的差异，知识结构的文化差异等等因素（廖七一，2002：292）。也就是说，认识翻译除了语言分析，还必须了解译语者所在的社会和行为模式，甚至认知方式、价值观念、信仰态度对翻译的影响。西方的翻译学者如霍尔姆斯（James S. Holmes）、埃文-佐哈（Itarnar Even-Zohar）、图里（Gideon Toury）、安德烈·勒菲弗尔（André Lefevere）、苏珊·巴斯奈特（Susan Bassnett）等人开始从文化层面去理解翻译现象。这种翻译研究中的文化转向要求传统的形式/意义、直译/意译、原语/译语、作者/译者等两分法的思维方式，需要让位于整体的、格式塔式随具体情况而变化的思维方式；而译文文本不再是原文文本字当句对的临摹，而是一定情境、一定文化的组成部分；文本不再是语言中静止不变的标本，而是读者理解作者意图并将这些意图创造性再现于另一文化的语言表现（廖七一，2002：296）。因此，由《三国演义》到洪版《三国》不仅仅是一次语言转换的过程，它同样体现了推动社会的力量，同时也是本土文化权力关系对文本生产的操控。翻译不可能完全复制原文的意义，对原文的每一次阅读和翻译都意味着对原文的重构，《三国演义》借助洪版译文，通过德里达（Jacques Derrida）所言的播撒、印迹、错位、偏离等过程（谢天振，2008：316—317），在泰国文化语境中不断地再生，焕发生机。

五、结语

综上所述，翻译的准确性与泰文《三国》的传播并不一定是正相关的关系，甚至可以说洪版《三国》翻译中的"误译"非但没有对其在泰国的传播造成不利影响，反而成就了其在泰国的流行与泰国文学中的经典地位。仅就泰文《三国》传播个案而言，"忠实性"并不是作为评判译文质量的唯一标准，特别是在文学跨文化传播的过程中，译文需要得到本土受众的检验和认定，同时还要看它是否能够有效融入当地社会文化语境之中。如此一来，最为万崴·帕塔诺泰和威瓦·巴查冷威这两位新译者看重的"忠实原著"的意义和重要性就被大大削弱了。作为新译本的作者，万崴和威瓦在最大限度上放弃了作为译者在文本创造上的主体性，他们希望在翻译过程中尽量保持中立、客观的态度，以呈现原著的本初样貌。在文化交流中保持绝对的"价值无涉"只能存在于理想中，译者所处的社会和拥有的文化不可避免地会"干涉"译者的行动，这种干涉甚至可能是强制性的，有时连译者本人都难以觉察到。

参 考 文 献

［1］陈翔华. 毛宗岗的生平与《三国志演义》毛评本的金圣叹序问题［J］. 文献，1989（3）.

［2］廖七一. 当代西方翻译理论探索［M］. 南京：译林出版社，2002.

［3］谢天振. 译介学导论［M］. 北京：北京大学出版社，2007.

［4］谢天振. 译介学［M］. 上海：上海教育出版社，1999.

［5］谢天振. 当代国外翻译理论导读［M］. 天津：南开大学出版社，2008.

［6］严绍璗. "文化语境"与"变异体"以及文学的发生学［C］// 杨乃乔，伍晓明. 比较文学与世界文学：乐黛云教授七十五华诞特辑. 北京：北京大学出版社，2005.

［7］［法］罗贝尔·埃斯卡皮. 文学社会学［M］. 王美华，于沛，译. 合肥：安徽文艺出版社，1987.

［8］［泰］昭帕耶帕康（洪）. 三国［M］. 泰文版. 曼谷：艺术编辑室出版社，2001.

［9］［泰］万崴·帕塔诺泰. 新译三国［M］. 泰文版. 曼谷：印刷中心，1977.

［10］［泰］威瓦·巴查冷威. 批注版全本三国［M］. 泰文版. 曼谷：法会出版社，2001.

［11］Dilokvanich, Malinee. Samkok: A Study of a Thai Adaptation of a Chinese Novel [D]. Washington: University of Washington, 1983.

［12］Toury, Gideon. Descriptive Translation Studies and Beyond [M]. Amsterdam and Philadelphia: Benjamins, 1995.

从翻译美学看泰国小说《画中情思》汉译本的语音美

■ 广东外语外贸大学　唐旭阳

【摘　要】《画中情思》由泰国著名的现代小说家西乌拉帕撰写而成，并于1982年由栾文华、邢慧如译成中文。这部作品本身具有较高的艺术价值，语言优美深邃。笔者以翻译美学理论为指导，研究《画中情思》汉译本的语音美，主要表现为叠音词之美和联绵词之美，并研究分析译者所运用的翻译审美再现诸手法，对泰国文学作品汉译本在翻译领域的研究有一定意义和价值。

【关键词】翻译美学；翻译技巧；文学翻译

《画中情思》在泰国是一部家喻户晓的文学作品，在泰国现代文坛上有着举足轻重的地位，该小说由泰国著名的现代小说家西乌拉帕于20世纪30年代创作而成，并于1982年由栾文华、邢慧如译成中文。该小说最大的特点就是语言优美。当《画中情思》这部小说被译成中文之后，其语言是否能够达到原文的美，又美在何处等问题都是值得研究和探讨的。笔者主要以翻译美学理论为基础来研究《画中情思》汉译本的语言美，主要包括叠音词之美和联绵词之美，并分析和阐释小说在泰译中过程中的翻译技巧，可以说翻译美学理论的运用为进一步研究中泰及泰中文学作品翻译提供了参考价值。

一、《画中情思》简介

《画中情思》这部作品是一部真正意义上的现实主义作品，有着深刻的思想内涵和社会意义。[①]它是泰国众多优秀小说中被列入语文课的必读书目之一。从

① 栾文华. 泰国文学史 [M]. 北京：社会科学文献出版社，1998：202.

1937年至今已经再版超过40次，被译成中、英、日三种文字，并两度被搬上电视荧幕，成为家喻户晓、经久不衰的名作。

《画中情思》主要讲述了一个感人至深的悲剧爱情故事。女主人公吉拉娣自幼生活在王公之家，天生丽质，严受家教，虽然受过正规教育，却从小受封建礼仪的约束，没有人教她独立思考。时光易逝，岁月陡增，当两个妹妹相继出嫁，她意识到自己将要在爱情上遭遇不幸的时候，却已经二十九岁，可是凭着优雅的气质、动人的容貌，她依然对爱情和幸福抱着希望。但除了等待，却无所作为。寂寞中她学会了打扮、美容和绘画，并以此度过自己大好的青春时光。三十五岁时，吉拉娣在无奈和失落中嫁给年过半百的绍坤做了续弦。在绍坤带她去日本度蜜月的时候，遇到了22岁的泰国留学生诺帕朋。诺帕朋被吉拉娣美丽的长相、优雅的气质和丰富的学识深深吸引，而吉拉娣也第一次在心底燃起了爱的火焰。但是由于社会和传统观念的束缚以及吉拉娣也有意让诺帕朋安心学习，完成学业，而独自忍受着爱的煎熬，并多次回避了诺帕朋炽热的爱。五年过去了，绍坤病逝，诺帕朋对她的爱早已转为一种对姐姐的爱，而痴情的吉拉娣依然深藏着这段难以释怀的感情。当得知诺帕朋准备与未婚妻举办婚礼的时候，身体不适的吉拉娣再也承受不住这一打击。临终前，吉拉娣向诺帕朋吐露了自己多年来的心声："我死了，没有爱我的人；但我感到欣慰，因为我有了我爱的人。"

文学是语言的艺术，文学家的匠心表现在语言的运用上。《画中情思》的一个突出的艺术风格就是语言优美而含蓄。作者采用的是生动、流畅和规范的普通语言，但它却是经过加工、提炼了的形象、传神的文学语言。这部作品之所以在艺术上相当完美，与语言的恰当运用不无关系。[①]因此，将这部作品译成中文是具有一定翻译难度的，其汉译本是否跟原作一样优美经典，优美在何处，其翻译手法的运用，句子的处理以及中泰语言的同异之处都是值得研究的。

二、翻译美学定义

美，作为一种人类一致崇尚、共同追求的意识形态和人文理念，打上了人性的烙印，具有不可抗拒的精神统摄力。翻译美学是一门新兴的学科，其真正发展的时间也只不过20年，但20年间，美学研究成果就已被广泛引入到翻译研究中。朱光潜先生在20世纪80年代提出了"翻译美学"这个术语，并且认为"翻译绕不开美学"。什么是翻译呢？在东西方学术界，对翻译的定义很多，主要

---

① 栾文华. 泰国文学史 [M]. 北京：社会科学文献出版社，1998：202.

认为翻译是将一种语言转换成另一种语言的人类社会实践活动。①而对翻译美学（translation aesthetics）的定义则没有那么明确，刘宓庆在《翻译美学导论》中认为翻译美学就是翻译学的美学模式。翻译美学旨在用审美理论描写翻译学的各项基本原理、操作原则和发展策略。②我们可以认为，翻译美学的研究对象是翻译中的审美客体（原文、译文），翻译中的审美主体（译者、编辑、读者），翻译中的审美活动，翻译中的审美判断，审美欣赏，审美标准以及翻译过程中富有创造性的审美再现等等，都是翻译美学的范畴。③总而言之，翻译美学是基于美学基础上的研究，作为一门从美学视角研究翻译的学科，也与每个在翻译领域进行研究的人密切相关。

翻译美学是翻译理论与美学的携手。美，有其共性，也有其个性。翻译理论和美学携手，将西方美学的理念作为美学思想宝库，成为翻译美学理论建设的外位参照体系。翻译美学既关注审美感性在翻译中的关键作用，又重视审美理解在翻译中的引导作用，④它具有较强的理论性，这就是翻译美学的价值所在。可以说研究翻译离不开美学，因为美感需要渗入翻译，翻译的好坏直接影响读者的阅读兴趣和对原文的理解。因此，翻译美学在翻译理论中占有特殊的地位，它正待发展，前景广阔。笔者选用翻译美学理论研究泰译中文学作品也是翻译美学运用在泰中翻译中的一次尝试。

三、《画中情思》汉译本的语音美

泰语的句法或句子结构与汉语基本相同，即：主＋谓＋宾。不同的是，泰语的修饰语置于被修饰语后面；除时间和地点状语可置于句首或句末外，状语通常置于谓语动词或宾语后面。无论哪一种语言都有其特殊的表达形式和习惯表达，词义在翻译的时候必须根据对上下文即语境的理解才能得出准确的意思。同时，汉语词的内涵与外延丰富，句式的选择与运用也比较巧妙。而泰语一词多义、多义一词现象相当普遍，许多词能让读者产生视角作用。在翻译时，需要准确表达，对译文有相当的语感和审美意识，对原文的理解以及对泰语和汉语的互换有很好的掌握。⑤因此，分析栾文华和邢慧如合译的小说《画中情思》对翻译研究

---

① 傅仲选. 实用翻译美学［M］. 上海：上海外语教育出版社，1993：7.

② 刘宓庆. 翻译美学理论［M］. 北京：外语教学与研究出版社，2011：29.

③ 毛荣贵. 翻译美学［M］. 上海：上海交通大学出版社，2004：7.

④ 刘宓庆. 翻译美学理论［M］. 北京：外语教学与研究出版社，2011.

⑤ 黄进炎. 教学中的泰语翻译［J］. 广东外语外贸大学学报，2007（1）：54.

也有一定作用。

众所周知，汉语是声调语言，由四个声调组成，抑扬顿挫，具有一定的音乐美，其中，一个较为突出的特点就是拥有较为丰富的叠音词。如"无边落木萧萧下，不见长江滚滚来"（杜甫：《登高》）。"杨柳依依"、"雨雪霏霏"，具有简练而形象的效果。它结构紧密，节奏短促，蕴含内在的张力。[①] 另外，还有拟声叠音，如"淅淅沥沥"、"叽叽喳喳"、"嘻嘻哈哈"、"郁郁葱葱"都让读者闻其音而感觉其美，使语言更加形象生动，让文章生气勃勃，不致枯燥。此外，汉语还有联绵词，联绵词是双声叠韵，可以强化音韵美的构词方式。例如："联立"、"仿佛"、"玲珑"、"崎岖"、"清醒"、"外快"等等，这些词都有助于增加汉语的音韵美。[②]《画中情思》汉译本的语音美主要体现在大量叠音词以及部分联绵词的运用而产生的音韵美。

สิ่งเหล่านั้นเป็น<u>บ่อเกิด</u>แห่งความเบิกบานของฉันจริงๆ เธอคงจะได้สังเกตเห็น<u>สีชมพูที่แก้มยุ้ย</u>ของเด็กชายสองคนเมื่อตะกี้นี้ แล้วก็ยิ้มอย่างร่าเริงและดวงตาแจ่วแวว

这是我快乐的真正源泉。你大概看到刚刚过去的那两个孩子，他们圆鼓鼓的小脸红扑扑的，笑得那么开心，眼睛又是那么明亮！

"红扑扑"、"圆鼓鼓"这两个叠音词很好地表现了小孩子天真可爱的一面，使一个个活泼可爱的小孩形象呼之欲出，活灵活现地展现在读者眼前。而原文使用的是 สีชมพูที่แก้มยุ้ยของเด็กชาย（直译：男孩那粉红色圆圆的脸蛋），虽然这样译也未尝不可，但会减少不少美感，而且体现不出汉语中的音韵美。译文用拟声叠音词描写孩子的脸蛋，既生动形象又读起来朗朗上口，富有美感。另外，"源泉"这个词看似普通，其实是汉语联绵词，双声叠韵，起到加强音韵美的作用。

ชายสองคนก้าวตามลงมาไม่ได้สวมเสื้อนอก แต่ได้ถอดออกถือไว้ด้วยความร้อน นัยน์ตาปรือคนหนึ่ง อีกคนหนึ่งเบิกโต มีเปลวไฟลุกอยู่ในดวงตานั้น ชายสองคนเข้าประคองกอด<u>หญิง แล้วพากัน</u><u>เดินเซไปข้างซ้ายครั้งหนึ่ง เซกลับมาข้างขวาครั้งหนึ่ง</u> เข้าสู่กาแฟสถานลับตาไป

她们身后跟着两个男人。因为天热，他们把外衣脱下来拿在手里。两个男的，一个眯着眼睛，另一个却把眼睛睁得老大——好像在喷着火一般。他们各搂着一个女人，跟跟跄跄，摇摇晃晃地走进咖啡馆。

译者用"跟跟跄跄，摇摇晃晃"这两个叠音词翻译原文中的แล้วพากันเดินเซไปข้างซ้ายครั้งหนึ่ง เซกลับมาข้างขวาครั้งหนึ่ง（直译：一会儿往右歪着走，一会儿又斜着往左走）。这样翻译显得冗长，毫无美感。而译者将其进行转换，仅用短短的八

---

① 毛荣贵. 翻译美学 [M]. 上海：上海交通大学出版社，2004：198.

② 刘宓庆. 翻译美学理论 [M]. 北京：外语教学与研究出版社，2011：49.

个字就形象地将两个醉酒男子的神态描写得活灵活现，富有表现力。不仅让读者对那几个日本男女放荡的行为一目了然，而且还感受和欣赏到译文的语音之美、修辞之美，可谓画龙点睛之笔。

เธอเอามือประสานกัน และวางคางไว้บนมือ ดวงตาของเธอเหลือบไปมา และมียิ้มวิ่งตาม<u>ดวงตา</u><u>ที่เหลือบไปมานั้น</u>

她双手托着下巴，滴溜溜地转动着眼珠，脸上同时浮现出微笑。

"滴溜溜"这个叠音词让原文所述的画面浮在读者面前，语言之美跃然纸上。原文直译是"她双手交叉，放在下巴那儿，眼珠来回转动，同时转动的眼珠下露出笑容"。这样翻译会显得啰唆、平淡和不通顺，译者将这句话对原文意境进行还原，语言干脆利落，没有追求简单形式上的语言对等。特别是"滴溜溜"这个叠词使用非常精彩，富有音韵美，比译成"眼珠来回转动"更有动感、活力和情趣，读者似乎闭上眼睛就可以看到那双明亮的眼睛和蒙拉差翁·吉拉娣可爱的神态。

มีเด็กเล็กหลายคนในรถขบวนนั้น<u>วิ่งเล่นและพูดจ้อ</u>กับบิดามารดาของเขา

不少小孩在车厢里跑来跑去，并且奶声奶气地向父母讲述看到的一切。

句子中的 วิ่งเล่น 和 พูดจ้อ 直译分别是"跑着玩"和"不停地说"的意思。译者根据上下文以及孩子的天性，用了"跑来跑去，奶声奶气"两个词，也是叠词的使用形式之一，生动形象地描写了一群孩子的活泼可爱和天真。原文直译是"有很多小孩在车厢里玩耍，不停地跟父母说话"。用词比较平淡，没有特色，而译文描写得更加形象生动，运用了翻译中的增词法，给人视角动态感，也让孩子天真可爱的形象跃然纸上。所用的四字句也比较押韵、连贯，让文章读起来朗朗上口，富有节奏感。

ฉันก็ใจหายอีกครั้งหนึ่ง หยาดน้ำตาไหลระริน เมื่อฉันรู้สึกด้วยความแน่ใจว่า คำขอของท่านเจ้าคุณเป็นสัญญาณบอกความพินาศแห่งความรักของฉัน เป็นสัญญาณว่าโอกาสที่ฉันจะได้พบความรักและได้แต่งงานกับชายที่ฉันรักได้สิ้นสุดลงแล้ว เวลาของฉันหมดแล้ว

当我明确感到昭坤的求婚意味着我的希望已经破灭，意味着我已经不可能得到爱情和与自己钟爱的男人结婚，意味着我的美好时光业已结束的时候，眼泪又扑簌簌地落了下来。

หยาดน้ำตาไหลระริน 中的 ระริน 是一个形容泪水不停往下落的词语，也是泰语中的一个重叠词，将其译成中文时用"扑簌簌"这个词恰到好处。因为"扑簌簌"在汉语里也是形容泪水掉下来的拟声词。译者通过意译的方法表现出蒙拉差翁·吉拉娣面对真爱无望而要嫁给一个年过半百的老头子时的悲伤和难过，化虚为实，烘托一种忧伤的气氛，增加了语言的音韵美。值得注意的是，这个译句运用了句式转换，将"眼泪又扑簌簌地落了下来"进行后置，放在句末，而此句在原文中是首句出现的。这样的转换主要是符合汉语的语言表达习惯，汉语习惯先说原因后说结果。而泰语表达中先说结果后说原因。如：泰语中 เพื่อ（为了……）一词，常常后置，比如：เราจะพยายามอย่างเต็มที เพื่อความสงบสุขของประเทศบ้านเมือง 直译就是："我们会尽最大努力，为了人民和国家的幸福。"而中文习惯说："为了人民和国家的幸福，我们会尽最大努力。"在泰中翻译转换中也是值得注意的一点。

เมื่อรถยนต์จอดที่หน้าบ้าน หม่อมราชวงศ์กีรติได้ก้าวลงจากรถอย่างกระปรี้กระเปร่า ใจ
ข้าพเจ้าเต้นแรงนิดหน่อย

เธอถามข้าพเจ้าเบาๆว่า "เธอเรียบร้อยหรือนพพร"

蒙拉差翁·吉拉娣神采奕奕地下了车，可是我的心却怦怦直跳。

她轻轻地问了我一句："诺帕朋，准备好了吗？"

这是蒙拉差翁·吉拉娣与诺帕朋在山鹰一吻后，见昭坤前的一幕，将蒙拉差翁·吉拉娣和诺帕朋当时的神态进行对比，将 กระปรี้กระเปร่า 译为"神采奕奕"十分贴切自然，衬托出蒙拉差翁·吉拉娣的镇定自若和大气十足。而"怦怦直跳"是个拟声叠词，为了衬托诺帕朋的忐忑不安。而原文用的是 เต้นแรงนิดหน่อย（心跳有点厉害），"怦怦直跳"这个拟声词让读者如闻其声，增添了几分音韵美。"她轻轻地问了我一句："诺帕朋，准备好了吗？""轻轻"这个叠音词表现出蒙拉差翁·吉拉娣也看出诺帕朋内心的紧张和不安，尽量用温和的语气缓解诺帕朋内心的慌张，同时又富有美感，衬托出蒙拉差翁·吉拉娣的温柔善良，用得十分恰当。可见，这些叠音词和拟声词的使用都增加了文章的音韵美。

เธอยื่นมือมาให้ข้าพเจ้าสัมผัส ข้าพเจ้าสุดที่จะกล้ำกลืนความโศกไว้ได้ ด้วยน้ำตาคลอตา
ข้าพเจ้ามองดูมือที่ยื่นมานั้น จับและบีบแน่นด้วยความพิศวาส แล้วข้าพเจ้ายกมือนั้นขึ้นมาจูบ

我抓过她伸出来的手，难以抑制内心的痛苦，眼里噙满泪花，轻轻吻了一下。

原文 เธอยื่นมือมาให้ข้าพเจ้าสัมผัส，如果直译的意思是"她伸手过来让我抚摸"，而译者很巧妙地将其译为"我抓住她伸过来的手"，将诺帕朋的被动变为主动，也体现了译者较高的审美意识，能够很好地理解原文要表达的意思。译文中"眼里噙满泪花，轻轻吻了一下"中的"轻轻"这个叠音词用得十分到位，在原文中并没有轻轻这个词，这里运用了翻译中的"增词法"，为了表现出诺帕朋对蒙拉差翁·吉拉娣的怜爱和心疼。

สนัขพันธุ์แอลเซเชียน ซึ่งวิ่งเล่นอยู่ในที่ใกล้ๆนั้น ได้วิ่งเข้ามายืนอยู่เคียงข้างเธอ และจ้องมอง
ดูข้าพเจ้าอย่างน่ากลัว หม่อมราชวงศ์กีรติย่อกายลงเอามือตบศีรษะมันเบาๆ และออกชื่อมันสองสาม
ครั้ง มันก็หมอบลงแทบเท้าของเธอโดยอาการสงบ

一条正在附近戏耍的阿尔萨斯种狗立即跑到她的身边，<u>气势汹汹地盯着我</u>。
蒙拉差翁·吉拉娣俯下身子，<u>轻轻地叫着它的名字</u>，<u>并拍拍它的脑袋</u>，那条狗便
<u>乖乖地在她脚边趴了下去</u>。

这段译文有多处使用了叠音词，"气势汹汹"、"轻轻"、"乖乖"这些叠音
词，增加了语言的美感，原文中จ้องมองดูข้าพเจ้าอย่างน่ากลัว 直译为"可怕地看着
我"，译者将其转换成"气势汹汹地盯着我"，形象地表现出这只狗的凶猛和对
外人的警觉。หม่อมราชวงศ์กีรติย่อกายลงเอามือตบศีรษะมันเบาๆ และออกชื่อมันสองสามครั้ง
直译为"吉拉娣俯下身子轻轻地抚摸它的头，并叫了两三声它的名字"。这样翻
译比较直白，没有太多美感。而译文译成："蒙拉差翁·吉拉娣俯下身子，轻轻
地叫着它的名字，并拍拍它的脑袋。"将后半句前置，并进行一定修饰，让句子
更加干脆利落。其中"轻轻"和"拍拍"两个叠音词的运用很巧妙，都表现出蒙
拉差翁·吉拉娣的温和慈祥，对自己爱犬的怜爱。มันก็หมอบลงแทบเท้าของเธอโดยอา
การสงบ直译为"这只狗才平静地趴在她脚边"，译者将原文中"平静"这个词换
成"乖乖"这个叠音词，增加了音韵美，运用了翻译中的用词转换法，表现出这
只狗对主人蒙拉差翁·吉拉娣的顺从，给这条狗增添了几许可爱和动人，也给读
者带了视角美。

ข้าพเจ้าไปเยี่ยมเธอที่บ้านตำบลบางกะปิ ปลูกเป็นตึกย่อมๆชั้นเดียว ในบริเวณอันกว้างใหญ่
ประมาณ ๓ ไร่ โดยรอบมีรั้วต้นมอร์นิงกลอรี ซึ่งสะพรั่งไปด้วยใบสีเขียวและดอกสีม่วง แลดูหนาทึบ
ตัวบ้านตั้งอยู่บนเนินลึกเข้าไปในบริเวณ ดูเด่นเห็นถนัด บริเวณหน้าบ้านทำเป็นสนามสำหรับเดิน
เล่นผ่านไปในสวนดอกไม้นานาชนิด มีสระใหญ่อยู่ทางด้านซ้ายของบริเวณ ใกล้กับริมประตูทางเข้า
มีศาลาเล็กๆตั้งอยู่กลางสวนดอกไม้ ปกคลุมด้วยพรรณไม้เลื้อย ดูเป็นที่รื่นรมย์ใจ

蒙拉差翁·吉拉娣在腕甲区的一栋小巧别致的洋房里。院落很大，约占三莱
地。四周围墙上爬满了牵牛花，郁郁葱葱的绿叶中间开着密密层层的紫花。房子
坐落在院子深处的坡地上，十分引人注目。门前是空地，一条小径穿过载满奇花
异草的小花园，左边有一个大水池。靠近大门有个凉亭，正好坐落在花园的中
央，上面爬满了青藤绿蔓，然是好看。

โดยรอบมีรั้วต้นมอร์นิงกลอรี ซึ่งสะพรั่งไปด้วยใบสีเขียวและดอกสีม่วง แลดูหนาทึบ直译
是"四周开满牵牛花，那是盛开的绿叶和紫花，看起来十分茂密"，可见如果按
照原文直译成中文是不通顺也不符合中文表达习惯的。因此，译者进行了十分成

功的处理，将其译为"四周围墙上爬满了牵牛花，郁郁葱葱的绿叶中间开着密密层层的紫花"。将景色描写得优美，"郁郁葱葱、密密层层"这两个叠音词给文章增加了音韵美，将蒙拉差翁·吉拉娣居住的洋房优美的环境表现得生动，增添了文章的视角美，勾画出一幅美丽的风景图。同时，"爬满"这个动词的使用也让这句话显得生气勃勃，富有生命力。ปกคลุมด้วยพรรณไม้เลื้อย原意是被攀延生长的植物包围，这样直译让文章毫无美感，而译者的翻译可谓妙笔生花，将其译为"上面爬满了青藤绿蔓"，顿时让文章富有诗情画意，语言优美。这体现了译者审美意识之高，汉语功底之深。

ข้าพเจ้าแลเห็นความเคลื่อนไหวทุกสิ่งทุกอย่างในภาพอันสงบและดูเป็นธรรมดาที่สุดนั้น ทุกฉากทุกตอนตั้งแต่บทต้นจนกระทั่งบทสุดท้ายซึ่งได้ปิดฉากลงอย่างแสนเศร้า

透过那静止的、极普通的画面，我可以看见刚刚发生的那<u>一幕幕、一场场活生生</u>的戏剧，从序幕直到悲惨的结局……

短短的一句话，译文用到了四个叠词，如"刚刚、一幕幕、一场场、活生生"等词，原文中ทุกฉากทุกตอน直译是"每一场，每一幕"，译者用了"一幕幕、一场场"这两个叠词，增加了汉语的音韵美，也渲染了文章的气氛。同时，译者处理得最到位的是ความเคลื่อนไหว（活动，动态的过程）这个词，将其译成"活生生"，这个叠词赋予整句话以动态美，形象生动。而且，"一幕幕、一场场、活生生"三个叠词连在一起使用，具有音乐美，也给人一种美的享受。

จงคิดถึงฉันเถิด คนดี คิดถึงแต่น้อยๆ และนานเท่าใดก็ได้

我的好人，想着我——只要淡淡的，想多久都可以。

这句话寓意深远，有一种委婉之美，蒙拉差翁·吉拉娣用自己含蓄深沉的语言表达着对诺帕朋的爱意，但是由于年龄、地位、身份以及世俗的种种阻碍，蒙拉差翁·吉拉娣对诺帕朋的感情是不能表明的。同时，感情的这层纸不能捅破，一旦捅破，诗意全无，美感全无。语言优美而朴素，使语言、意境、主题达到完美统一。原文คิดถึงแต่น้อยๆ直译就是"想我一点点"，读起来比较拗口，译文用叠音词"淡淡的"这个词来形容想念，顿时将一种美好而含蓄爱意委婉地传达出来，意境深远，朴素的语言再现了原文的美感。同时这句话也留给人各种猜想，可以有多种理解。语境中带有一种暗示：（1）提醒诺帕朋控制好自己冲动的感情；（2）吉拉娣接受诺帕朋的爱；（3）细水长流，爱亦然；（4）只要一直想念、牵挂，一切就会水到渠成；（5）吉拉娣知道昭坤的时间不多，她会等诺帕朋。这些都任由读者发挥，自己想象，未尝不可，留给一些空间，此句也带有一些意蕴美。

四、结语

《画中情思》汉译本中，译者为了符合汉语的表达习惯和达到汉语的语言美感，使用了不少翻译手法和技巧，在翻译美学中称为翻译中审美再现诸手段。因为有时硬翻不仅不能把原文的各种审美品质充分表达出来，而且还会破坏译文的内容美和形式美的和谐统一，甚至可能损害原文的内容。① 对于《画中情思》汉译本也不例外，在这部翻译小说中，笔者通过对比分析，发现译者所用的常见翻译审美再现手段包括翻译中的"加法"即增词法，就是在译文中增加一些原文字面上没有的词、词组甚至句子。目的是更忠实、通顺地表达原文的意思，把潜于原文字里行间的意思充分表达出来。二是减词法，指的是原文中某些词在译文不译出来，但不是减意。主要是为了避免重复累赘，让语言言简意赅。三是引申法，包括转变表达方式，将词义具体化或者将词义抽象化。四是分译法，把原文中个别词、短语或句子分出来单独译。② 为了照顾译入语的表达习惯，译者决不应受到原文语法结构的限制，而是要在深入理解原文语法关系的基础上摆脱原文语法结构的束缚，用地道的汉语将原文内容表达出来。③ 以上所说的翻译审美再现方法都在《画中情思》汉译本中出现，使《画中情思》这部泰国小说较为生动、完整地再现在中国读者面前。

参 考 文 献

［1］傅仲选. 实用翻译美学［M］. 上海：外语教育出版社，1993：210，240.

［2］黄进炎. 教学中的泰语翻译［J］. 广东外语外贸大学学报，2007（1）：54.

［3］刘宓庆，章艳. 翻译美学理论［M］. 北京：外语教学与研究出版社，2011：29，49.

［4］栾文华. 泰国文学史［M］. 北京：社会科学文献出版社，1998：202.

［5］毛荣贵. 翻译美学［M］. 上海：上海交通大学出版社，2005：198.

［6］ศรีบูรพา:ข้างหลังภาพ.สำนักพิมพ์ดอกหญ้า.กรุงเทพฯ.ปี ๒๕๔๕

---

① 傅仲选. 实用翻译美学［M］. 上海：上海交通大学出版社，2004：210.

② 傅仲选. 实用翻译美学［M］. 上海：上海交通大学出版社，2004：240.

③ 傅仲选. 实用翻译美学［M］. 上海：上海交通大学出版社，2004：64.

越造汉越词的翻译问题

■ 四川外国语大学　罗文青　覃盈

【摘　要】越南语中有大量的汉越词，这些汉越词有一部分是越南人用汉越语素创造的新词，用以表达越人的新思维、新现象和新概念，后来被越南语吸收、融化，成为越造汉越词。本文通过对越造汉越词翻译处理的实例，探讨了越造汉越词在翻译过程中的一些问题，为越南语的教学、翻译和研究工作提供一定的理论实践依据。

【关键词】越造汉越词；翻译批评

中越两国山水相连，自古以来两国关系密不可分。特别是在文化领域，中国文化对越南的影响非常深远，最突出的表现就在其语言上。汉越词是被借用到越南语中的汉语词汇，是汉、越两种语言长期密切接触产生的结果，同时也是越南语中外来词的最大来源，它是越南语词汇系统中不可或缺的部分，据统计汉越词约占越南语词汇的65%，因此长期受到越南国内外学者的关注和重视。

本文的研究对象是狭义上的"汉越词"，即直接借自汉语或者全部由汉越语素构成，且用汉越音读的词，根据来源不同，可分为汉源汉越词和越造汉越词。汉源汉越词是直接借用汉语的词汇，包括音和义，比如：quốc tịch（国籍），phức tạp（复杂），lưu vực（流域），khuyết điểm（缺点）；越造汉越词则是越南人用汉越语素创造的新词，比如：bế giảng（闭讲—学期结束），biên nhận（编认—收据），chi phí（支费—开支），diễn đàn（演坛—论坛）。不过，是否是"新词"，得通过是否在古代汉语或现代汉语中出现过来进行判断，这是一项很不容易的工作。

虽然在现代越南所使用的汉越词中，汉源汉越词占了绝大部分，约占

92.5%，起主导作用；而越造汉越词的比例极小，约只有7.5%①。但是，越造汉越词的数量也在逐步增加，构词形式越来越多样，并且由于"越造"的特点和受汉语影响等原因，在对越造汉越词的翻译处理方面，还存在不少误区。本文试图通过对越造汉越词翻译处理的实例，探讨越造汉越词在翻译过程中的一些问题。

一、汉越词翻译问题现状

国内关于汉越词教学和翻译的研究成果还不太多。赵玉兰的《越汉翻译教程》（2002）探讨的是汉借词和现代汉语的词义关系，利用对比的方法讨论汉越词的翻译问题；罗文青的《越南语汉越词教学中需注意的问题》（2010），通过双音节汉越词跟现代汉语的词义用法异同进行了实例分析，为中国学生正确使用汉越词提供了一些方法；王光和、段素娟的《略谈汉越词特点及其对汉越互译的影响》（2011），通过简介汉越词的词义和演变来分析汉越词对汉越互译过程的影响，进而提出汉越互译教学中具有针对性的教学策略；江海燕的《母语负迁移对中国学生使用汉越词的影响》（2013），分析了母语负迁移对中国学生使用汉越词的影响并提出了相应对策。

此外，随着社会的发展和中越两国的密切来往，很多越南人到中国留学或在国内学习汉语，有关汉越词的翻译、教学、使用偏误的硕博论文逐渐增多。陈氏娥（Trần Thị Nga）的《汉越词对汉译越的影响》（2011），分别论述了汉越词对越南人和对中国人汉译越的积极影响和消极影响，并提出解决方法；武金英的《汉越词对越南学生汉语阅读的影响研究》（2011），采用问卷调查的方法考察越南学生在阅读汉语过程中存在的偏误，并分析偏误产生的原因且提出具体的教学对策；农氏秋明（Nông Thị Thu Minh）对越南《汉语教程》的汉越词进行分类，并分析其词义对越南学生学习汉语词汇的影响。

综上所述，汉越词翻译实践方面的研究已引起国内外的重视，但也仅是对汉越词整体的使用现状和翻译处理进行考察而已。未见专文论及越造汉越词翻译问题，因此有必要针对这类汉越词进行专门探讨并总结翻译技巧。

二、越造汉越词的翻译问题

越造汉越词就是越南人用汉越语素自造的新汉越词。这类词不是全照搬汉语，而是要进行越化成为符合越南语音规律、能表达新概念新意义的新汉越词，

---

① 覃盈. 现代越南《人民报》中的汉越词研究［D］. 南宁：广西民族大学，2014.

它的特点是：所对应的汉字词从未在汉语中出现过，是越南人用汉越音读语素自造的词。确认是否是越造汉越词，我们采取的标准是：对应的汉语词在古代汉语和现代汉语词典里都找不到，并且在现代汉语口语中也不使用，但都是由汉越音读语素构成的汉越词。

比如：bán kết（半结—半决赛），bần thần（贫神—萎靡不振），cao niên（高年—高龄），bưu phẩm（邮品—邮件），cẩn trọng（谨重—慎重），cựu binh（旧兵—老兵），danh hiệu（名号—品牌）。

以上这些对应的汉语词"半结、贫神、高年、邮品、谨重、旧兵、名号"等在古代汉语和现代汉语中都未出现过，故可视为越造汉越词。

越造汉越词所占比例很小，在双音节的现代越语词汇中约有2000多个[①]，主要分为两类，第一类是完全借用汉越音的语素，但进行了重新组序，这类词在汉语中并不存在，是越南人自造的新词，简称为组序型；第二类是根据汉语词汇的多音节词、词组或短语进行缩略，并用汉越词表达出来的词，简称为缩略型。

在翻译这些越造汉越词时要注意不能直译，应在充分理解其含义之后，根据语境和汉语意思进行翻译。

（一）组序型

Xe đạp，直译为车踏，实际意思为自行车。如：Anh ấy đang đi xe đạp.（他正在骑自行车。）

Ca sĩ，直译为歌士，越南语意为歌手、歌唱家。如：Ca sĩ dân ca Trung Quốc rất nổi tiếng.（中国的民歌歌手很出名。）

与此类似的"中心词＋后缀关系"的越造汉越词还有很多。例如，以sĩ（士）为后缀的有 nhạc sĩ（直译：乐士）音乐家，nghệ sĩ（直译：艺士）艺术家，họa sĩ（直译：画士）画家；以 viên（员）为后缀的有 hướng dẫn viên（直译：向引员）导游，giảng viên（直译：讲员）讲师，sinh viên（直译：生员）大学生，等等。

Dân trí，直译为民智，实际意思是民众素质。如：ở những nơi kinh tế khó khăn, trình độ dân trí chưa cao.（在某些经济贫困地区，民众素质还不高。）

与此类似的"前缀关系＋中心词"的越造汉越词也有不少。例如，以 dân 为前缀的有 dân nguyện（直译：民愿）民意，dân vọng（直译：民望）众望，dân

---

① 罗文青. 越南语汉越词教学中需注意的问题 [J]. [越南] 语言与生活，2010（11）.

luật（直译：民律）民法，等等；以 công 为前缀的有 công quỹ（直译：公柜）公款，công cử（直译：公举）公选，công lệ（直译：公例）惯例，等等。

Ngân sách，直译为银册，实际意思为财政预算。如：Báo cáo về ngân sách nhà nước năm 2011（2011年国家财政预算报告）。

Cao học，直译为高学，实际意思为硕士。如：Tôi là học sinh cao học.（我是硕士研究生。）

Thường trực，直译为常值，实际意思为常务。如：ủy ban thường trực（常务委员会）。

Hoa hậu，直译为花后，其实并非为花中皇后之意，实际意思为选美冠军，而选美亚军则是 á hậu（直译：亚后）。如：hoa hậu Việt Nam（越南小姐），hoa hậu thế giới（世界小姐）。

Thương mại，直译为商卖，实际指商业、贸易、商贸。如：cuộc đàm phán thương mại（贸易谈判）。越南有 Bộ thương mại Việt Nam，应译为越南商务部；Trường Đại học Thương mại Hà Nội 应译为河内商业大学。

Xuyên quốc gia，直译为穿国家，实际意思为跨国，如：công ty xuyên quốc gia（跨国公司）。跨境为 xuyên biên giới（直译：穿边界），如中越跨境经济合作区应译为 khu hợp tác kinh tế xuyên biên giới Trung Việt。

Thiệt hại，直译为折害，实际意思是损失。如：Hạn chế đến mức thấp nhất những thiệt hại do bão lũ gây ra.（将洪涝造成的损失降到最低程度。）

Đại diện，直译为代面，实际意思是代表。如：Người đại diện chân chính của nhân dân Trung Quốc（中国人民的正式代表）。

Cầm quyền，直译为擒权，实际意思是掌权、执政。如：các nhà cầm quyền Mỹ 意为美国执政者。

Lạm phát，直译为滥发，但实指货币泛滥发行，即通货膨胀。如：Lạm phát quay trở lại trong tháng cuối năm.（至年底通货膨胀有所减缓。）

Công chiếu，直译为公照，实际意思是公映。如：Bộ phim Võ Thuật Trung Quốc sẽ công chiếu tại Việt Nam vào ngày 10 tháng 11.（中国电影《武术》将于11月10日在越南公映。）

Biên bản，直译为编本，实际意思是记录。如：Thư kí ghi biên bản cuộc họp.（秘书做会议记录。）

Biểu ngữ，直译为表语，实际意思是标语。如：Mùa thi gần đến, nhà trường đủ các biểu ngữ cổ động.（考期将近，校园里挂满各种鼓舞性标语。）

Bưu phẩm, 直译为邮品, 实际意思是邮件。如: Chị Lan hôm nào đều có bưu phẩm. (阿兰每天都有邮件。) 类似的词语还有 bưu thiếp, 直译为邮帖, 实际意思是明信片。如: Bạn Hoa tặng tôi 1 bưu thiếp làm quà sinh nhật. (阿花送了一张明信片给我做生日礼物。)

Cao niên, 直译为高年, 实际意思是高龄。如: Các cụ cao niên trong làng rất thích đánh cờ. (村里的老年人很喜欢下棋。)

Cập nhật, 直译为及日, 实际意思是及时。如: Phóng viên Thông tấn xã lấy được tin tức, thời sự cập nhật. (通讯社记者及时获得时事新闻。)

Cảm hứng, 直译为感兴, 实际意思是灵感。如: Mọi tác phẩm đều có nguồn cảm hứng sáng tạo riêng của tác giả. (所有的作品都源自作者的灵感。)

Chính hiệu, 直译为正号, 实际意思是正牌。如: Chị Mai là người giàu có, đều mua hàng ngoại chính hiệu. (阿梅是个有钱人，总是买正牌的外贸商品。)

Chính trường, 直译为政场, 实际意思是官场。如: Cuộc đấu tranh trên chính trường rất là phức tạp. (官场上的斗争实在是复杂。)

Chuyên mục, 直译为专目, 实际意思是专栏。如: Đài Phát thanh – Truyền hình Hà Nội tăng thêm Chuyên mục Nhân vật. (河内广播电视台增加了人物专栏。)

Chứng nhận, 直译为证认, 实际意思是证明。如: Mục đích kỳ thi này là đánh giá và chứng nhận năng lực tiếng Anh cho thí sinh Việt Nam. (此次考试的目的是考核和证明越南考生的英语水平。)

Cổ truyền, 直译为古传, 实际意思是祖传。如: Đông Y là Y học cổ truyền của Trung Quốc. (中医是中国的祖传医学。)

Cổ tục, 直译为古俗, 实际意思是旧俗。如: Chúng tôi nên xóa bỏ những cổ tục mê tín. (我们应该摒弃一些迷信的旧俗。)

Danh giá, 直译为名价, 实际意思是地位。如: Giải Nobel được coi là giải thưởng danh giá nhất một người có thể nhận được trong lĩnh vực được trao. (诺贝尔奖被看作是个人在所从事领域内获得的地位最高的奖。)

Dự thảo, 直译为预草, 实际意思是起草、草案。如: Chính phủ đang xây dựng một số Dự thảo Văn bản quy phạm pháp luật về giao thông. (政府正在起草一系列交通法案。)

Đối tác, 直译为对作, 实际意思是合作方。如: 1 Công ty Trung Quốc đang tìm đối tác, đại lý tại Việt Nam. (一家中国公司正在寻找越南的代理和合作方。)

Đồng nghiệp, 直译为同业, 实际意思是同事。如: Nếu bạn quan hệ tốt với đồng nghiệp, bạn sẽ làm việc thoải mái hơn. （如果你与同事的关系良好，你的工作就会更加愉快。）

Hiện diện, 直译为现面, 实际意思是到场、出面。如: Tại Bắc Kinh, Mỹ tuyên bố sẽ duy trì hiện diện ở Biển Đông. （美国在北京宣布将不断出面干涉南海问题。）

Giao thương, 直译为交商, 实际意思是通商。如: Thành Đô là một trong những trung tâm giao thương quan trọng của Trung Quốc. （成都是中国的一个重要通商口岸。）

Hòa đồng, 直译为和同, 实际意思是融合、相处融洽。如: Tuy nhiên đây là giống chó khá hiếu động, nhưng cũng dễ hòa đồng với vật nuôi khác. （虽然这是一条好动的狗，但它也很容易与其他宠物融洽相处。）

Hoạt hình, 直译为活形, 实际意思是动画。如: Trẻ em đều rất thích xem phim hoạt hình. （小孩都很爱看动画片。）

Hướng dẫn, 直译为向引, 实际意思是指导。如: hướng dẫn viên du lịch là 导游, giáo viên hướng dẫn là 指导老师。再如: Nghiên cứu sinh phải làm nghiên cứu khoa học theo sự hướng dẫn của thầy, cô. （研究生要跟着老师的指导做科学研究。）

Khai báo, 直译为开报, 实际意思是申请。如: Những điều cần biết về khai báo hải quan （海关申报须知）。

Lạc đề, 直译为落题, 实际意思是跑题、离题。如: Bài viết bị giáo viên chấm điểm 0 vì hoàn toàn lạc đề. （文章被老师打了0分，因为完全跑题了。）

Lợi thế, 直译为利势, 实际意思是优势。如: Lá một thành phố ven biển, Thượng Hải có lợi thế trong trao đổi thương mại quốc tế. （作为沿海城市，上海在国际贸易中有其优势。）

Phiên âm, 直译为翻音, 实际意思是拼音、音译。如: Sinh viên Việt Nam đều cho rằng, phiên âm Tiếng Trung rất khó học. （越南学生都说汉语拼音很难学。）

Phóng sự, 直译为访事, 实际意思是记事、访问记。如: The New Yorker là một tạp chí Hoa Kỳ chuyên viết về phóng sự, bình luận, phê bình,vv. （《纽约客》是撰写记事、评论和批评等主题的美国杂志。）

Phóng viên, 直译为访员, 实际意思是记者。如: Phóng viên truyền hình （电

视台记者），Phóng viên thể thao（体坛记者）。

Sơ ý，直译为疏意，实际意思是大意。如：Anh ấy bị ngã vì sơ ý khi đi qua cổng.（他进门的时候由于疏忽大意而摔倒了。）

Sở thích，直译为所适，实际意思是所长、兴趣。如：Sở thích của tôi là đánh bóng rổ.（我的特长是打篮球。）

Thanh lịch，直译为清历，实际意思是清雅。如：Cô gái Hà Nôi ăn mặc rất thanh lịch.（河内女孩举止清雅。）

Thỏa mãn，直译为妥满，实际意思是满足、满意。如：Siêu thị bách hóa có các loại sản phẩm hàng hóa để thỏa mãn nhu cầu của người tiêu dụng.（百货超市有各种商品，以满足消费者的需求。）

Thuyết trình，直译为说呈，实际意思是陈述。如：người thuyết trình（解说员），kĩ năng thuyết trình trước đám đông（公开演讲技能）。

Tâm trí，直译为心智，实际意思是思想情绪。如：Tâm trí đề cập đến nhiều khía cạnh của khả năng trí tuệ và biểu lộ ý thức.（思想情绪涉及智力和思维表达能力等多个角度。）

Tiếp diễn，直译为接演，实际意思是继续进行。如：Chiến sự vẫn đang tiếp diễn tại vùng Chechnya.（战争依然继续发生在车臣地区。）

Trọng thể，直译为重体，实际意思是隆重、重大。如：hoạt động trọng thể 是重大活动，cống hiến trọng thể 是重大贡献。

Trợ cấp，直译为助给，实际意思是补助。如：Sinh viên nghèo được nhận tiền trợ cấp của Chính phủ.（贫困生获得政府的补助。）

Tự ái，直译为自爱，实际意思是自尊心。如：Việc này xúc phạm đến tự ái của Chi Hoa.（这件事情触犯了阿花的自尊心。）

Ưu ái，直译为优爱，实际意思是特别关心和对待。如：Bạn Phương rất được cô giáo ưu ái vì bạn ấy bé nhất trong lớp.（阿芳受到老师的特别关心和对待，因为她在班里年龄最小。）

Ý định，直译为意定，实际意思是想法、打算。如：Anh có ý định với em không?（你想和我在一起吗？）

Ý tưởng，直译为意想，实际意思是创想。如：Bức tranh này thể hiện các ý tưởng nghệ thuật của họa sĩ.（这幅画体现了画家的各种艺术创想。）

组序型的越造汉越词完全是按照越南人的思维构造的，在翻译时要特别注意分析语法、语境，从语素的字面意思展开联想，结合上下文，反复推敲，理解词语的实际意思，才能正确地做出翻译。

（二）缩略型

缩略型是根据汉语词汇的多音节词、词组或短语进行缩略，并用汉越词表达出来的词。比如：Thiếu nhi，直译为少儿，由 thiếu niên nhi đồng 缩略而成，意为少年儿童。如：Thiếu nhi là những bông hoa của tổ quốc.（少年儿童是祖国的花朵。）

这类词的特点是词义与汉语有很明显的关系，可以说是汉语词组的简化，如"少年儿童"缩略为"少儿"，所以中国人读起来会觉得比较熟悉，容易联想到它的原型，在翻译时能轻松处理。类似的例证有：

Bạt chúng，直译为拔众，由 xuất loại bạt chúng 缩略而成，意为出类拔萃。如：Anh ấy là người bạt chúng.（他是一个出类拔萃的人。）

Viễn thông，直译为远通，由 viễn trình thông tín 缩略而成，意为远程通信。如：Kỹ thuật viễn thông ngày càng hoàn thiện, khiến cuộc sống của người ta thuận tiện hơn.（远程通信技术的不断完善，使我们的生活更加便利。）

Quy chế，直译为规制，由 quy chương chế độ 缩略而成，意为规章制度。如：Chúng ta phải giữ quy chế của trường học.（我们要遵守学校的规章制度。）

Song thai，直译为双胎，由 song bào thai 缩略而成，意为双胞胎。如：Anh Quang và anh Sơn là anh em song thai.（阿光和阿山是双胞胎兄弟。）

Cộng tác，直译为共作，由 cộng đồng hợp tác 缩略而成，意为共同合作。如：Hai bên phải tăng cường hiểu biết lẫn nhau, thúc đẩy cộng tác.（双方要加强相互了解，促进共同合作。）

Di động，直译为移动，由 điện thoại di động 缩略而成，意为移动电话、手机。如：Em có thể dùng di động nhắn tin cho tôi.（你可以用手机给我发短信。）

Cầu toàn，直译是求全，由 cầu toàn trách bị 缩略而成，意为求全责备。如：Chúng ta không nên cầu toàn người ta.（我们不应该对别人求全责备。）

Doanh thu，直译是营收，由 doanh nghiệp thu nhập 缩略而成，意思是营业收入。如：Apple đạt doanh thu hơn 108 tỷ USD trong năm 2010.（苹果公司2010年的营业收入超过1080亿美元。）

Dân biểu，直译是民表，由 dân ý đại biểu 缩略而成，意思是民意代表。如：Nhận lời mời của các dân biểu Mỹ（在美国民意代表的邀请下）。

Đa cảm，直译为多感，由 đa sầu thiện cảm 缩略而成，意思为多愁善感。如：

Cô ấy là một người đa cảm.（她是一个多愁善感的人。）

Công du，直译是公游，由 công phí du lịch 缩略而成，意思为公费旅游。如：Anh tôi được đi công du Thái Lan.（我哥哥到泰国公费旅游。）

Hành khúc，直译是行曲，由 tiến hành khúc 缩略而成，意为进行曲。如：Hành khúc, là một khúc nhạc đặc trưng với nhịp điệu đều đặn, mạnh mẽ.（进行曲，是一种节奏均匀、强烈的乐曲。）

Đương sự，直译为当事，由 đương sự nhân 缩略而成，意思是当事人。如：Bản hợp đồng phải có đầy đủ chữ kí của hai bên đương sự.（合同需具备双方当事人的完整签字。）

Ngữ học，直译为语学，由 ngôn ngữ học 缩略而成，意思是语言学。如：Ngữ học là khoa học nghiên cứu về ngôn ngữ và cách nói của con người.（语言学是研究人类语言和说话方式的科学。）

比较起来，只要有较好的中文基础，遇到缩略型的越造汉越词能马上想到汉语原型，翻译起来是不难的。除此之外，还有一些专有名词也常用缩略形式，如 Việt Minh（直译：越盟）越南独立联盟，由 Việt Nam Độc lập Đồng Minh 缩略而成；Thế vận hội（直译：世运会）世界运动会、奥运会，由 Thế giới Vận động hội 缩略而成；Thế chiến（直译：世战）世界大战；等等。但是，要注意汉语的缩略和越语的缩略不是等同的，所以我们还要根据具体的情况来确定。

总之，这类越造汉越词以双音节词为主，且大部分是由汉语三音节或四音节词缩略而成，因此在翻译时，一定要结合语境，注意寻根究底，找出它在汉语的原形，才能准确翻译。

三、结语

汉越词是中越文化交流的结晶，越造汉越词是越南人在汉源汉越词的基础上进行模仿、创新的结果。越南语中有 2000 多个越造汉越词，本文因篇幅有限只列举了一小部分。越造汉越词虽然也属于汉越词，但它不像直接借用于汉语词汇的汉越词那样易懂，它根据越南人的思维习惯进行了一些改变。作为中国人，在翻译汉越词时非常具有优势，但是往往也因为受到汉语思维的影响容易对一些词义、词形发生变化的汉越词做出错误的翻译。所以，在翻译越造汉越词时要特别注意，不能仅看词语字面意思就妄下猜测，要认真分析语境，结合整个句子、整个段落乃至整篇文章来理解词语的含义，同时还要了解越南的社会文化和越南人的思维方式，并结合汉语的习惯表达，反复推敲，加以润色，必要时可参考字典，方能确保翻译的准确性。

参 考 文 献

［1］范宏贵，刘志强. 越南语言文化探究［M］. 北京：民族出版社，2008.

［2］方晨明. 越语中汉语借词的越语化模式［J］. 云南民族大学学报，2004（11）.

［3］祁广谋. 越语文化语言学［M］. 洛阳：解放军外语音像出版社，2006.

［4］覃盈. 现代越南《人民报》中的汉越词研究［D］. 广西民族大学硕士学位论文，2014.

［5］谭志词. 中越语言文化关系［M］. 北京：军事谊文出版社，2003.

［6］Nuyễn Văn Khang. Từ Ngoại Lai Trong Tiếng Việt［M］. Nhà xuất bản giáo dục, Năm 2007.

［7］Lê Đình Khẩn. Từ Vựng Gốc Hán Trong Tiếng Tiệ［M］. Nhà xuất bản Đại học Quốc gia TP HCM, Năm 2002.

［8］Phan Văn Các. Từ điển Hán-Việt［M］. Nhà xuất bản Tổng hợp TP HCM, Năm 2007.

中国古典数字诗越译中的数字越译技巧

■ 广西民族大学相思湖学院　莫子祺

【摘　要】 数字诗是中国富有特色的诗歌形式之一，有着精妙绝伦的艺术魅力。将中国古典数字诗翻译成越南语时，需要注意其中的数字翻译技巧，主要包括：音译与意译相结合，必要时尽量把数字翻译出来，不必要时也不要勉强译，注意遵守越南人的概数表达习惯和数字搭配习惯等。此外还有多种翻译方法和翻译技巧混合使用的情况。

【关键词】 中国古典数字诗；越译；数字；翻译技巧

一、引言

中国学者吴慧颖在其专著《中国数字文化》中曾说："数字——中国文学百花园中一枝奇葩"，由于"汉语数字发音简单，结构规律，数字变化也很有规律，所以中国人自古以来就特别擅长记数、数数和使用数字"[①]，于是，数字入诗也成为中国古代诗人作诗的一个特殊技巧。我们不难发现，数字入诗常常使诗歌结构精巧，形式新奇，读起来朗朗上口，妙趣横生，有着精妙绝伦的艺术风格和艺术魅力。那么，将中国古典数字诗翻译成越南语的时候，我们也需要特别注意保留数字在译文中的艺术风格，从而达到语言美、意境美的诗歌翻译目的。为此，在将中国古典数字诗翻译成越南语的过程中，我们需要注意数字越译的几个技巧。

---

① 区慕洁. 百万智测：3—6岁亲子教学游戏［M］. 上海：上海第二军医大学出版社，2007：3.

二、数字音译与意译相结合

由于中越之间悠久的历史文化原因，现代汉字与越南语汉越音之间有着一一对应或者一对多、多对一的对应关系，即几乎所有的汉字在现代越南语当中都有其相应的一个或多个汉越音，而每一个汉越音对应一个或多个汉字。因此，一般来说，将中国古典诗歌翻译成越南语时，都会采用音译和意译相结合的翻译方法①，即先用一一对应的汉越音翻译一遍，然后才按照越南人的语言习惯和思维方式，使用意译的方法翻译成越南语。那么，在将中国古典数字诗歌翻译成越南语的时候，尤其需要注意运用音译和意译相结合的方法，因为只有先音译一遍，才能保障译入语读者了解到中国古典数字诗中数字运用的绝妙之处。

例如，翻译清朝诗人王士祯的《题秋江独钓图》：

一蓑一笠一扁舟，一丈丝纶一寸钩。

一曲高歌一樽酒，一人独钓一江秋。

音译：Nhất soa nhất lạp nhất biển chu, nhất trượng ti luân nhất thốn câu

Nhất khúc cao ca nhất tôn tửu, nhất nhân độc điếu nh ất giang thu.

意译：Áo tơi nón lá cùng con thuyền, một cuộn dây tơ một lưỡi câu.

Cất cao giọng hát cùng bầu rượu, một kẻ đi câu trong trời thu.

我们发现这首诗歌总共28个字，其中却巧妙地运用了9个"一"字，是中国有名的"一字诗"。然而，由于汉语的"蓑"和"笠"分别指"蓑衣"和"斗笠"，翻译成越南语必须用双音节词"Áo tơi"、"nón lá"才能表达出来，为此，想要保持原诗的七律格式，不得不去掉至少两个"một"。而第一句译文假如保留了"一扁舟"中的"一"字而译成"Áo tơi nón lá một con thuyền"，这样会使"蓑衣"、"斗笠"与"扁舟"地位并不平等，意思好像是"蓑衣和斗笠形成一条船"一样。因此，为了让"蓑衣"、"斗笠"与"扁舟"保持地位平等，"一扁舟"中的"一"字在译文中也应该省掉，而用"cùng"一词来替代。同样的道理，第三、第四句诗的译文也省掉了3个数字。假如该诗不先音译，那么不懂汉字的越南人乍一看意译的越文诗，将有可能误认为原汉字诗中只有三个数字，也无法体会原汉字诗中运用了9个"一"字的绝妙之处。

类似的诗歌翻译还有：

一蓑一笠一扁舟，一道深潭一钓钩。

---

① ［越南］黎阮留著/译. 唐诗选译（卷 I）［M］. 顺化：顺化出版社，1997：189.

一蓑一壶还一酌，一人独钓一江秋。

音译：Nhất soa nhất lạp nhất biển chu, nhất đạo thâm đàm nhất điếu câu.

　　　Nhất trản nhất hồ hoàn nhất chước, nhất nhân độc điếu nhất giang thu.

意译：Áo tơi nón lá cùng thuyền con, có kẻ đi câu trong ao sâu.

　　　Một bình một ly cùng say sưa, có kẻ đi câu trong trời thu.

这首诗的越文翻译更绝，原诗共运用了10个数字"一"，但出于遣词造句和诗歌意境的需要，在意译的越文诗中却只剩下2个数字"một"了，而且只有这样的翻译，才能更好地体现原诗的意境。我们知道，在将中国古典诗歌翻译成越南语的时候，很多时候也都是音译与意译相结合，而在翻译古典数字诗的时候，音译就可以更好地展现出原诗中数字运用的绝妙之处，也就更显示出音译与意译相结合的重要性和必要性了。

三、必要时要尽量把数字翻译出来

　　既然数字的巧妙入诗是中国古典数字诗的特色要素，那么在将中国古典数字诗翻译成越南语的时候，就需要将其中的数字尽量都翻译出来，从而保持译入语诗歌中的数字特色。

　　例如翻译中国清朝郑板桥的咏雪诗：

一片二片三四片，五六七八九十片。

千片万片无数片，飞入梅花都不见。

音译：Nhất phiến nhị phiến tam tứ phiến, ngũ lục thất bát cửu thập phiến.

　　　Thiên phiến vạn phiến vô số phiến, phi nhập mai hoa đô bất kiến.

意译：Một mảnh hai mảnh ba bốn mảnh, năm sáu bảy tám chín mười mảnh.

　　　Muôn mảnh ngàn mảnh sao đếm xiết, bay vào hoa mai toàn tán mất.

　　关于这首诗的来历，相传郑板桥在大雪天路过一座亭子，有几个秀才正在饮酒比诗。见到穿着寒酸的郑板桥，秀才们便拉他一起喝酒，还要他评价谁作的诗更好。郑看后均不赞赏，秀才们便要求郑作一首诗。郑板桥看了一下纷纷扬扬的大雪，随口吟道："一片二片三四片，五六七八九十片。"秀才们听罢哄笑起来，笑他只会数数。笑声未绝，郑又接着吟出两句："千片万片无数片，飞入梅花都不见。"秀才们听罢交口称绝，正要问姓名时，只见郑已飘然而去。既然这首诗的前两句还曾被秀才们哄笑郑板桥只会数数，那么在把这首诗歌翻译为越南语的时候，就肯定得把全部数字翻译出来，从而让越南读者了解到全诗运用数字的巧妙之处，反衬秀才们的愚笨和郑板桥的才思敏捷。

无独有偶，相传清朝的乾隆皇帝和纪晓岚也合作了类似的一首诗。乾隆皇帝退朝后，看见漫天纷飞的雪花，这引起了他作诗的兴致，他慢慢吟道："一片二片三四片，五片六片七八片。九片十片千万片，……"乾隆皇帝吟了三句之后不知道如何作第四句，正不知所措，他身边的群臣当中忽然有人接着吟出最后一句"飞入芦花总不见"，乾隆皇帝听后，赞赏不已，而这个帮他完成作诗的大臣正是他的宠臣纪晓岚。从这首诗的来历看，这些数字入诗既切合当时的情境，也是这首诗的精妙之处，所以在翻译成越南语时，应该一字不漏地将全部数字翻译出来，译为：

Một mảnh hai mảnh ba bốn mảnh, năm mảnh sáu mảnh bảy tám mảnh.

Chín mảnh mười mảnh muôn ngàn mảnh, bay vào hoa lau toàn tán mất.

实际上，关于上述两首咏雪诗的来历有多种说法，甚至还有类似的多个版本的数字诗，如："一片二片三四片，五六七八九十片。千片万片无数片，飞入芦花总不见。""一片一片又一片，二片三片四五片。六片七片八九片，飞入梅花都不见。"在此，我们且不论哪个来历哪个版本正确，但我们发现这些诗歌的内容特点和艺术特点都完全相同，都是咏雪的，数字入诗都是其精妙之处，因此在翻译成越南语的时候也都需要把所有的数字翻译出来。

又如翻译中国清朝诗人李调元即兴而成的两首数字诗：

一名大乔二小乔，三寸金莲四寸腰。买得五六七色粉，打扮八九十分娇。

音译：Nhất danh đại kiều nhị tiểu kiều, tam thốn kim liên tứ thốn yêu, mãi đắc ngũ lục thất sắc phấn, đả bán bát cửu thập phân kiều.

意译：Một cô kiều chị hai kiều em, ba tấc gót sen bốn tấc eo, mua được năm sáu bảy sắc phấn, trang điểm tám chín mười phần xinh.

十九月亮八分圆，七个才子六个癫。五更四时鸡三唱，怀抱二月一枕眠。

音译：Thập cửu nguyệt lượng bát phân viên, thất cá tài tử lục cá điên, ngũ canh tứ thời kê tam xướng, hoài bão nhị nguyệt nhất chẩm miên.

意译：Mặt trăng mười chín tám phần tròn, bảy anh tài tử sáu anh điên, ngũ canh bốn giờ ba lần gáy, ôm trăng tháng hai ngủ một mình.

我们发现，除了音译译文以外，以上这两首数字诗的意译也把所有的数字都译出来了。因为我们知道，这两首数字诗是李调元与另外六个才子在杭州西湖上游玩时，六个才子想要考一考李调元的才能而故意让李调元马上作出的数字诗。而才思敏捷的李也没有让大家扫兴，第一首数字诗一气呵成，从小到大使用了10个汉语数字。六个才子听了个个称妙，但还不尽兴，又让李再作一首诗，这次则需要反过来，要从大到小使用上面的10个汉语数字。而李也不负众望，观察了一下当时情景，问了一声："今日是十几？"有人答曰："十九。"于是一首切合当时情景的数字诗脱口而出，并且从大到小使用了10个汉语数字。既然两首诗歌都是六个才子为考验李调元的才能而故意出的作诗难题，那么我们在翻译成越南语的时候当然就需要尽量把所有的数字都翻译出来，否则就无法体现原诗的绝妙之处，也会辜负诗人李调元的卓越才华。

再如翻译中国西汉时期卓文君的数字诗：

一别之后，二地悬念。只说是三四月，又谁知五六年。七弦琴无心弹，八行书不可传，九连环从中折断，十里长亭望眼欲穿。百思想，千系念，万般无奈把郎怨。

万言千语说不完，百无聊赖十倚栏。重九登高看孤雁，八月中秋月不圆。七月半，烧香秉烛问苍天。六月伏天，人人摇扇我心寒。五月石榴如火，偏遇阵阵冷雨浇花端。四月枇杷未黄，我欲对镜心意乱。匆匆匆，三月桃花随水转。飘零零，二月风筝断了线。噫！郎呀郎，巴不得下一世，你为女来我为郎！

意译：Một khúc biệt li, hai trời xa nhớ. Những tưởng ba bốn tháng, ai dè năm sáu năm. Bảy cung đàn bỏ mặc, tám chồng sách không buồn đọc. Chín lần liền đứt giữa, mười dặm lầu đài mỏi mắt ngóng trông. Trăm nỗi nhớ, ngàn niềm thương, vạn lần oán trách chàng không nổi.

Ngàn vạn lời kể sao cho xiết, trăm sự bất tín, mười sự bất tin. Trùng Cửu lên cao chỉ thấy cánh nhạn cô đơn. Tháng tám Trung Thu trăng không tròn. Dặm tháng bảy thắp hương đốt nến hỏi trời xanh. Tháng sáu vào hạ, người người quạt mát sao lòng thiếp giá băng. Tháng năm hoa lựu đỏ rực, gặp phải trận mưa tưới cánh hoa. Tháng tư tì bà chưa chín, soi gương trước mặt lòng rối tinh. Thấm thoắt, hoa đào tháng ba bay theo gió. Chới với, cánh diều tháng hai đã đứt dây. Chàng ơi chàng hỡi, những mong kiếp sau chàng làm phận gái thiếp làm phận trai.

细细吟读，我们发现，卓文君的数字诗中，上半部分巧妙地从小到大使用了汉语数字"一、二、三、四、五、六、七、八、九、十、百、千、万"，而后半部分则反过来，从大到小重复使用这些数字，而译文中，除了最后一个数字"下一世"中的"一"没有译出来以外，其余数字已经全部译了出来。这首数字诗是卓文君在既悲痛欲绝又愤恨哀怨的心境情况下所创作出来的诗歌。最初出身豪门的卓文君因羡慕司马相如的才华，不顾父母反对，连夜跟着司马相如私奔，但司马相如在科举考试高中并做官之后就有意休掉卓文君，于是写了一封信叫随从快马加鞭送给卓文君并让卓文君马上回信答复。卓文君打开信件一看，纸上只有"一，二，三，四，五，六，七，八，九，十，百，千，万"十三个数字，唯独少了一个"亿"字，卓文君马上明白，"无亿"就是"无意"，是夫君想要难倒自己、有意抛弃自己而出的一道难题。幸好，同样才思敏捷的卓文君马上作了上述这首数字诗，并让随从带回去给司马相如。司马相如一看，既感动又羞愧：原来自己的夫人竟如此的富有才华！于是马上派一群随从，使用八抬大轿回去把卓文君隆重地接到京城。因此，在翻译这首数字诗歌时，我们应该尽量把所有的数字都翻译出来，否则就无法体现卓文君当时既伤心欲绝又愤恨哀怨的心境及其卓越非凡的才华。

四、确实不必要译数字时也不要勉强

当然，尽管我们说数字是数字诗中的特色要素，把中国数字诗翻译成越南语时，大多数情况是要尽量把数字译出来，但确实不必要译数字的时候也千万不要勉强。例如上述卓文君数字诗中的最后一句"噫！郎呀郎，巴不得下一世，你为女来我为郎"，如果不知道灵活应变，硬要墨守成规地把数字"一"译出来，而把这句诗译为"Chàng ơi chàng hỡi, những mong một kiếp sau, chàng làm phận gái thiếp làm phận trai"，我们就会发现译文中的"một"完全是不符合逻辑的，是多余的，因为越南人表达"下一世、下一辈子"的时候不会说"một kiếp sau"，而只是说"kiếp sau"。

又如中国北宋时期邵雍的蒙学诗《山村咏怀》中的"八九十枝花"，如果一味要把数字译出来而把这句诗歌译成"tám chín mười cành hoa"，我们就会发现这样的翻译显得特别晦涩，就好像为数数而作诗一样，与前面的越语概数"hai ba, dăm ba, năm bẩy"也略显搭配不协调，为此我们需要灵活应变，将此诗句译为"xen lẫn những cành hoa"。

再如翻译清代陈沆的七言绝句：

一帆一桨一渔舟，一个渔翁一钓钩。

一俯一仰一场笑，一江明月一江秋。

音译：Nhất phàm nhất tương nhất ngư chu, nhất cá ngư ông nhất điếu câu.

Nhất phù nhất ngưỡng nhất trường tiếu, nhất giang minh nguyệt nhất giang thu.

意译：Một buồm một chèo một thuyền bé, một ông ngư dân một cây câu.

Vừa ngắt vừa nghèo một trận cười, mùa thu trăng sáng động trên sông.

这首诗中的第一、第二句译文已经把原句中的5个数字"一"都翻译出来

了，符合了"数字尽量都翻译出来"的原则，但第三、第四句却符合"不必要时也不要勉强"的技巧。我们知道"一俯一仰一场笑"指的是钓鱼的人怡然自得，时而仰起头，时而俯下身，时而哈哈大笑，但在越语中却没有"một ngắt một nghẽo"的说法，千万不要为了保留数字"一"的翻译而勉为其难地译成"một ngắt một nghẽo một trận cười"，而只能省掉数字不译，用"Vừa... vừa..."来替代，这样的翻译才更符合越南人的表达习惯。同理，如果为了保持数字"一"在第四句译文中的出现而译成"một sông trăng sáng một sông thu"，那也不符合越南语的表达习惯，而应该译成"mùa thu trăng sáng đọng trên sông"以表达出原诗中"江"、"明月"、"秋天"的意境就可以了。

类似的诗歌如：

一帆一桨一渔舟，一位渔翁一钓钩。

一俯一仰一场笑，一道残阳一江秋。

音译：Nhất phàm nhất tương nhất ngư chu, nhất vị ngư ông nhất điếu câu.

Nhất phủ nhất ngưỡng nhất trường tiếu, nhất đạo tàn dương nhất giang thu.

意译：Một buồm một chèo một thuyền bé, một ông ngư dân một cây câu.

Vừa ngắt vừa nghẽo một trận cười, mặt trời tà tà cảnh chiều thu.

五、要注意遵守越南人的数字搭配习惯

在中国古典数字诗的越译当中，我们还需要特别注意遵守越南人的数字搭配习惯，因为越南人的数字搭配习惯与中国人的数字搭配习惯相差甚远。

例如翻译中国北宋时期哲学家、易学家邵雍的蒙学诗《山村咏怀》：

一去二三里，烟村四五家。

小桥六七座，八九十枝花。

音译：Nhất khứ nhị tam lí, yên thôn tứ ngũ gia.

Tiểu kiều lục thất tọa, bát cửu thập chi hoa.

我们知道，这首诗中的数字表示的都不是实数，而是虚数。中国人相近数字的搭配习惯是大部分相邻的两个数字都可以互相搭配，而且相邻两个数字搭配在一起，就表示相应大小的概数，如"一二"、"二三"表示较少，"四五"、"五六"表示中等数量，"几个"、"七八"、"八九"则表示较多、多个，但越南人则经常用"hai ba"、"dăm ba"、"năm bảy"来表示"几个"、"数个"，另外还用一个虚数词"những"来表示"多数"、"多个"。为此，我们需要把这首诗意译为：

Bước đi hai ba dặm, yên thôn dăm ba nhà.

Lầu đài năm bảy chiếc, xen lẫn những cành hoa.

六、多种翻译方法和翻译技巧混合使用

中国古典数字诗是非常丰富而复杂的，数字入诗的方法也多种多样，同一首诗中的数字可以一部分表示实数，一部分表示概数，因此将中国古典数字诗翻译成越南语时，除了要注意上文所述四个方面的技巧以外，还有一些数字诗的数字越译需要混合使用多种翻译方法和翻译技巧。就拿苏轼与同窗赶考路上所作的两首数字诗为例子吧。相传宋代苏轼与同窗赴京赶考，学友因为天气糟糕担心迟到，遂感叹成诗曰：

一叶孤舟，坐二三个骚客，启用四桨五帆，经由六滩七湾，历尽八颠九簸，可叹十分来迟。

苏轼连忙劝勉道：

十年寒窗，进九八家书院，抛却七情六欲，苦读五经四书，考了三番两次，今日一定高中。

第一首诗中的数字，除了数字"一"表示实数以外，其余的都是概数，表示抽象的概念，因此，除了数字"一"直译成"một"以外，其余的都应该按照越南人的数字搭配习惯翻译成越南语中的概数，译为：

Một con thuyền bé, có chèo hai ba thí sinh, dùng tới dăm ba chèo buồm, vượt qua năm bảy khúc sông, trải qua muôn ngàn vất vả, tiếc là thực sự đến muộn.

其中，由于原诗中的"历尽八颠九簸"意为"历尽千辛万苦"，而越语中形容"非常辛苦"时一般用"muôn ngàn vất vả"，因此这一句我们就灵活翻译成"trải qua muôn ngàn vất vả"，而不要牵强地译成"trải qua tám nghiêng chín ngả"。

此外，原诗中的最后一句"可叹十分来迟"中的"十"也并非表示数量，而是副词"十分"中的一部分，表示"太过、过分"的意思，因此按照意译的方法翻译成"thực sự"。

而第二首诗中除了最后一句中的"一定"是表示程度的副词以外，其余的数字都是概数，按理来讲应该都按照越南人的概数搭配习惯来翻译成越语概数"hai ba"、"đôi ba"、"dăm ba"、"năm bảy"或"những"，然而，我们发现这首数字诗中的数字越译并不能这样简单处理。首先，第三句的"七情六欲"是汉语成语，而越语中没有该成语的音译"thất tình lục dục"，因此只能用"tất cả tình ái"来译，表示"各种感情和欲望"；其次，第二句"进九八家书院"，如果为译数字而译成"từng vào tám chín học đường"，那也太过牵强，不如用越语中表示"许

多、无数"的一个词"bao"来代表此句中同样表示"许多"的数字"八九",译成"bao lần đi vào học đường"。此外,第四句的"五经四书"其实就是汉语固定说法"四书五经"的变体,而越语一般也直译成"tứ thư ngũ kinh",因此可以调换顺序译成"ngũ kinh tứ thư",甚至直接译成"tứ thư ngũ kinh"也无伤大雅。因此,整首诗可译成:

Mười năm đèn sách, bao lần đi vào học đường, vứt bỏ tất cả tình ái, tu luyện tứ thư ngũ kinh, đã từng đôi ba lần thi, hôm nay ắt sẽ thành công.

由此可见,将上面这两首数字诗翻译成越南语,其中的数字越译已经同时运用了多种翻译方法和翻译技巧。

七、结论

综上所述,数字是中国古典数字诗中的特色元素,体现着数字诗的精妙绝伦之处,因此,将中国古典数字诗翻译成越南语的时候,要特别注意其中的数字越译技巧。既要考虑其中的数字是否必须翻译,必要时尽量把数字翻译出来,但不必要时也不要勉强译;还要考虑音译与意译的相互结合,注意遵守越南人的概数表达习惯和数字搭配习惯等;此外,还需重视多种翻译方法和翻译技巧混合使用的情况。

参 考 文 献

[1] 区慕洁. 百万智测: 0—3岁亲子教学游戏 [M]. 上海: 上海第二军医大学出版社, 2007.

[2] [越南] 阮文康. 从数字的使用方法看中国的数字文化 [J]. [越南] 语言与生活, 2001 (1).

[3] [越南] 江氏丹. 初探汉语数字成语: 与越南数字成语对比 [D]. 河内国家大学所属社会科学与人文大学硕士论文, 2001.

[4] [越南] 黎阮留著/译. 唐诗选译(卷Ⅰ) [M]. 顺化: 顺化出版社, 1997.

同声传译的再分类

■ 对外经济贸易大学　洪成一

【摘　要】口译分为交替口译与同声传译，交替口译历史长，但同声传译的历史短。随着科技的发展和社会的进步，同声传译的新类型不断出现。本文首先简要论述同声传译的发展过程及在我国的发展现状，再根据形式的不同，将同声传译分成10种类型。在介绍10种同声传译类型特点的基础上，重点分析作为新类型的电视同声传译，再首次提出同声传译的未来类型，探索该类型的特性。

【关键词】同声传译；分类；电视传译

一、引言

口译起始的确切时间虽无法考证，但我们通常可以说，当人类自语言不相通的不同民族、不同部落之间发生第一次交往之时，口译活动的历史就启动了。因此，较之于人类有了文字之后发生的笔译活动，口译的历史更长、更悠久。但作为口译的一个分支——同声传译的历史却很短。即使从1919年第一次世界大战结束的巴黎和会算起，至今也不过96年的时间。因此，同声传译是翻译大家族中一支新生力量，但是，这支新生力量却备受关注，发展极为迅猛。

近20年来随着改革开放深入发展，我国在政治、经济、文化及科学领域的交流全面扩大，大型国际会议激增，同声传译的使用范围也越来越广泛，并由此形成了同声传译这一新职业。在我国国际会议比较集中的北京、上海等主要城市还出现了一批自由职业同声传译工作者（free-lance interpreters）。此外还有一大批在高校、研究所、电台等部门从事与翻译相近工作的"兼职"同声传译译员，活跃在同声传译第一线。与此同时，许多高校也开设了口译及同声传译课程，特别是2007年教育部下达了国务院学位委员会关于《翻译硕士专业学位设置方案》之后，以此为导向，设立翻译硕士（Master of Translation and Interpreting，简称MTI）的高校更是如雨后春笋般多了起来。

同声传译的广泛应用使同声传译方面的学术研究变得活跃起来，但同声传译某些领域的研究仍待加强，同声传译类型的研究便是如此。随着时代的发展、科技的进步，尤其是通信技术的发展，同声传译已不仅仅限于国际会议，而是衍生出许多新的类型，需要研究界定，以适应社会的需求和发展。在我国的翻译界，除个别论文之外，至今未看到就有关同声传译分类以及对新出现的同声传译类型做系统研究的论文。同声传译的类型在与时俱进地不断翻新，但国内大学翻译教学上仍仅仅介绍几个传统的同声传译类型，而对反映该领域前沿的、新出现的类型却未能涉及。

本文尝试在思考同声传译分类的原因、理论依据及其意义的基础上，总结同声传译出现的新类型及其未来可能会出现的类型，从而在同声传译的分类方面做一些探索性工作。

二、同声传译的发展

学术界对同声传译的起始点一直存在争议。有学者认为应以1919年第一次世界大战结束的巴黎和会为起点，因为在巴黎和会的部分谈判中，首次使用了英、法同声传译，意味着同声传译作为一种专业开始正式形成（张维为，1999：3）。但也有学者认为，完整意义上的同声传译始于1945年对纳粹战犯的纽伦堡审判（鲍刚，2005：4）。由此可见，即使将1919年第一次世界大战之后的巴黎和会作为同声传译的起始点，同声传译的历史也不过96年的时间。如果从纽伦堡审判的1945年开始计算，只有70年的历史。因此，相对其他翻译类型而言，同声传译的历史较为短暂是无异议的。

笔者赞成同声传译起源于1919年之说，其理由有两条：一是"史源唯远"的原则，二是20世纪20年代IBM公司已设计和制造了世界上第一部同声传译设备，并在1926年申请了专利，1927年6月4日在日内瓦召开的国际劳工大会（International Labor Conference）上首次正式使用了该设备（姚斌，2009）。既然设备都已制造出来，再将同声传译的起源定于其后的1945年就显得不合适了。

应当承认，二战后的纽伦堡国际法庭（1945—1946年）是大规模采用同声传译方式的典范，是人类历史上第一次完整意义上的同声传译，虽然不能因此视其为同声传译的起源，但该事件也具有里程碑意义。其后，1947年联合国一些机构开始正式采用同声传译。到1950年，安理会也开始使用同声传译。随之，联合国各机构也纷纷效仿，同声传译从此便广泛传播开来了。

中国开展同声传译起步较晚。新中国是在1952年北京召开的亚洲地区和平会议上首次使用同声传译的，时至今日仅有60多年的发展历程。20世纪70年代我国重返联合国后，急需同声传译人才，同声传译也开始有了真正意义上的发展。

改革开放后，为了解决同声传译译员稀缺的燃眉之急，我国政府与联合国共同举办了一个合作培训项目，于1979年在北京外国语大学开办了"联合国译员训练班"。此训练班先后开设8期，为联合国培养了近200名译员，其中包括数十名同声传译译员。这是我国最早正规培养同声传译译员的起点，因此具有十分重要的意义。

自20世纪90年代以来，随着我国国际会议、学术会议的增多，各种双边或多边会谈频频召开，国际会议同声传译也随之增多。尤其是进入21世纪后，同声传译步入快速发展之路，译员出现了供不应求的局面。大学教育中相关的翻译硕士专业也随之出现，而且，同声传译涉及的语种不仅包括英语，还扩展到其他外语语种。

三、同声传译的再分类

（一）同声传译的传统分类方法

同声传译的分类依据不同标准，可以进行多角度的分类。如根据同声传译的方式可分为电化同声传译、接力同声传译、电视同声传译、远程同声传译等；根据同声传译的任务可分为商务同声传译、法庭同声传译、科技同声传译、教学同声传译、访谈同声传译、政治会谈同声传译等；根据同声传译的性质可分为会议同声传译、非会议同声传译等；根据同声传译是否使用语音系统可分为旁译、耳语传译等。

（二）同声传译的新分类

笔者在本文中尝试提出一个较新的分类体系。本文认为，依据同声传译工作方式的不同，同时参照同声传译发展的历程及发展趋势，可以归纳整理出10种同声传译类型，而根据其产生时间的长短，以及伴随科技进步而出现的新情况，还可以将这10种类型分别归入传统类型、新类型和将要出现的未来类型3个大类之中。如下图所示：

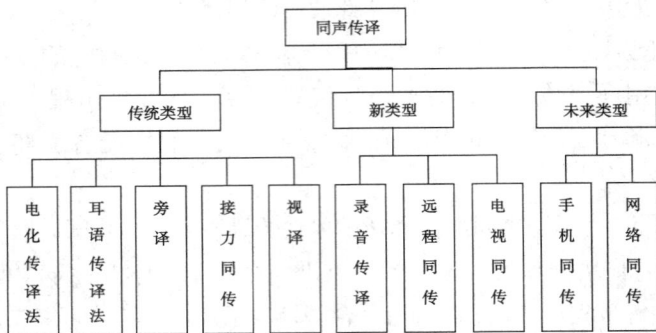

图1　同声传译的3个大类10个小类

1. 传统类型

传统类型是指自同声传译产生之初就存在的同声传译方法，其中包括下列5种类型：

（1）同声传译厢传译（booth）。该类传译又叫电化传译法，译员进入大会专设的同声传译厢，戴上耳机，收听发言人的讲话，随后，再通过话筒立即译给听众。

（2）耳语传译法（whispering）。译员不需要语音系统，把听到的讲话人的内容，立即小声地直接译给身边的听众。这种方法多数情况下只译给一两个人听。

（3）旁译（in vivo interpreting/voice over）。在小型会谈或面谈时，译员在讲话人讲话的同时，几乎同步地大声向周围的相关人员口译的一种同声传译方式。旁译首先在欧洲开始使用。

（4）接力同声传译（relay）。这是当国际会议的正式使用语言超过3种以上时采用的同声传译方式。通常的流程是，首先把讲话人演讲的外语由相关译员同声传译成所有不同语种译员共同听得懂的语言（或称母语），然后这些译员再把所听到的母语，转译成相应对象国语言。如图所示：

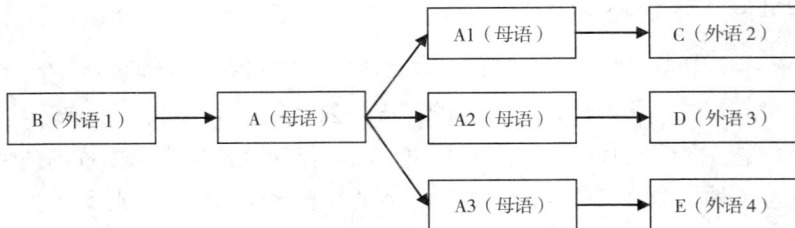

（5）视译（Sight Interpreting）。它是指同声传译译员拿着讲话人的发言稿，边听发言、边看原稿、边进行同声传译。视译也被称为"有稿同声传译"。

2. 新类型

新类型是指随着科技的进步，特别是通信及信息技术的进步，以及社会文化的发展而在最近20年出现的新的同声传译样式，其中包括下列3种类型：

（1）录音传译（techno consecutive interpretation）。在进行交传时，使用录音机等设备，录制讲话人的语音以替代交传笔记，再回放录音，边听录音边传译的口译方式。这种口译方式里既含有交传的因素，也含有同声传译的性质。从讲话人与听众的角度看，这是交传；但从译员自身角度看，又是一次同声传译。因为已经听了一遍讲话人的讲话，同声传译时听的录音相当于第二次听讲话，因此对已知的内容进行口译，可以翻译得更加详细准确。这种方式首先是从欧盟的部分译员开始采用的。

（2）远程同声传译／视频同声传译（teleinterpretation/videoconference）。它主要是通过视频会议的形式出现，在讲话人与译员所处空间位置不同的情况下，双方通过卫星传输的视频和语音进行传译的口译方式。这一方式由欧盟、联合国及联合国教科文组织首先使用。

（3）电视同声传译（TV simultaneous interpretation）。它是指为了把突发事件、头条新闻等内容在最短的时间内传达给受众而使同声传译译员、主播与前方记者等默契配合，将同声传译、新闻报道等方式有机结合起来传送的同声传译。既包括特殊情境下滞后的概括和综合，也包含对其他类型电视节目的同声传译。

3. 未来类型

未来类型是指尚未出现，但从发展趋势上看，将会出现的同声传译样式。

考察科技的进步，特别是通信技术的进步和同声传译发展的趋势，笔者认为，不远的将来，会有两种新的同声传译类型出现。

（1）手机同声传译（mobile phone simultaneous interpretation）。此类同声传译是通过音频进行接收或传输的一种口译方式。其中包括电视台同声传译的延伸、手机的实时服务等。

（2）网络同声传译[①]（Network simultaneous interpretation）。此类同声传译是

---

① 互联网中出现的网络同传（Network transmission）指的是电脑系统之间的克隆（复制）。其属于IT领域的术语，与笔者提出的翻译科学的网络同声传译完全是两回事。

指通过互联网的通信手段进行的，包括视频、键盘打字等手段在内的实时及延迟或储存再现功能的传译方式，其中包括商业谈判、异国交流、教学（慕课）等。

四、电视同声传译

电视同声传译是新的同声传译类型，是同声传译与新闻报道在电视媒体上相结合的产物，是一种融高技术、现代化、团队密切合作为一体的新型的同声传译类型。它能在第一时间向观众播送讯息，在国际新闻报道中是一种十分有效的方式。但是由于电视同声传译在中国发展历史较短，人们对于电视同声传译了解不多，往往误认为电视同声传译是和会议同声传译一样的口译形式。因此有必要在此做专门论述。

（一）中国电视同声传译的发展

中国的电视同声传译始于2001年凤凰卫视首次启用电视同声传译报道"9·11"事件。之后，2002年的海湾战争，中央电视台做了大量的战况同声传译直播（陈楠，2009）。由此，同声传译在中国电视新闻直播报道中崭露头角，并且朝着更加专业的方向发展。同声传译的应用不仅仅限于新闻直播报道，还会被应用在一些专题谈话类的节目中。

在我国，电视直播同声传译是新生事物，免不了出现一些失败的教训。例如，2005年俄罗斯红场阅兵中央电视台做了直播同声传译，但从其效果看，同声传译基本失败。究其原因，应是直播同声传译经验不足，准备不充分，而俄语同声传译译员过于紧张，以至于说不出话来，画面上出现的站在敞篷车上的阅兵元帅对着受阅士兵们重复说的简单的话语也未能译出来。而电视同声传译就是在经历这些失败的过程中才不断发展起来的。

2014年无疑将会成为我国电视直播同声传译史上具有标志性的重要一年。这年上半年电视直播同声传译密集出现，为我国电视同声传译史上所罕见。首先是年初就一直恶化的乌克兰危机。本次危机导致乌克兰前总统亚努科维奇逃离乌克兰，并于2014年2月28日在俄罗斯召开了记者会。中央电视台为此做了全程电视直播同声传译。一直到7月17日马航客机坠毁事件[①]等，中央电视台都坚持做电视直播同声传译。2014年3月8日凌晨，马来西亚航空公司MH370航班搭载239名乘客与塔台失联。随后几个月马航与马来西亚政府等有关机构频繁召开

---

① 2014年7月17日马来西亚航空公司一架搭乘298人的客机在乌克兰靠近俄罗斯边界坠毁，疑是被导弹击中，机上乘客全部遇难。

新闻发布会，中央电视台也都做了直播同声传译。2014年4月16日韩国发生了"世越"（SEWOL）号客轮沉没事故。从当天早晨第一时间播报后，中央电视台就一直以直播同声传译的方式，直播了沉船的搜救和多场新闻发布会。这些密集的突发事件对人类来说是灾难和悲剧，应该尽量避免其发生。而这一年对央视的直播同声传译是一个考验和一次历练。而事实证明，这一年的同声传译有了长足的进步，收效很好。

笔者认为，我国电视同声传译密集出现的原因，一是时代发展的要求，二是竞争与压力带来的变革。因为通信技术发展迅猛，国民获得信息的渠道已多元化，CCTV如不能在第一时间播报最新消息，将会失去存在的价值。

（二）电视同声传译的特点

电视同声传译有其鲜明的特点，可以归纳为：一是报道及时性。对国际突发事件进行实时报道，在第一时间直播的过程中实现电视新闻价值。二是新闻性。同声传译内容多具新闻性，范围广泛。三是可视性。听（观）众是看着电视画面听同声传译。四是空间相异性。电视直播者与同声传译译员并不在发布会现场。五是同声传译与概括结合性。同声传译不如意时，可以由现场记者或主播对事件进行概括介绍等辅助补充活动，例如2014年2月28日直播乌克兰前总统亚努科维奇的记者招待会时的同声传译。六是团队合作性。同声传译译员、主播及前方记者需配合默契，因为发布者、主持者与同声传译译员可能不在同一空间，但在同一时间内不仅有多个空间的画面要传送，还要及时打出字幕，并且要有声音的传送，因此，需要密切的团队合作。七是综合性。当对突发事件进行第一时间报道之后，后续的同声传译报道可以综合前几条新闻，结合当前报道，综合同声传译出去，例如2014年4月16日对韩国沉船事故的同声传译。八是译员知识非万能性。由于电视直播内容是多种多样的，而译员的知识结构却不是万能的。因此，译员有时表现出非专业性，是可以理解的。

（三）电视同声传译与会议同声传译的差异

电视同声传译以其独特性，表现出与会议同声传译的三方面差异：一是事前准备的差异。突发事件的电视同声传译无法准备，而会议同声传译事前准备时间充裕，目的性强。二是语体语言和参与者的差异。电视同声传译参与者有发言者、记者、事件涉及人员等，而会议同声传译参与者包括发言者、听众，故语体语言使用不同。三是内容性质不同。电视同声传译主要涉及的是"新闻"，突出新闻性，注重新闻价值，即即时性、事实性；而会议同声传译更有针对性、专业性和学术性。

（四）电视同声传译的不足

由于电视同声传译仍处于发展阶段，通过实践发现其还存在着许多不足，成为今后的研究课题，需在实践中不断予以纠正和完善。

一是技术层面的不足。如对2014年CCTV的多场同声传译直播分析，技术层面上的问题很多。例如，信号时断时续，声音忽大忽小，造成同声传译不连贯。这足以打乱译员同声传译的节奏，影响译员同声传译的质量，造成同声传译译员被迫用与发布会（会议）内容无关的语言做解释说明，影响内容的传达。这也同时证明了电视同声传译的难度。如2014年4月14日中午12:10—12:30中央电视台1台直播"澳联合协调中心举行发布会"时，电视音频传输有时可能不太好，多次听到译员进行解释性话语："现在信号时断时续"、"同声传译信号再次中断，我们稍等片刻"、"现在同声传译耳朵（耳机）里是两个声音，请切断一个频道的声音"、"记者没有对着话筒说"、"记者说话声音非常小，没有对着话筒说"、"记者未对着话筒说，让我们听一下他怎样回答"等。

二是工作环境欠佳。由于电视同声传译无传译间，直接在演播室进行，存在背景噪音干扰。如说话人离麦克风远，译员听不清，译员的耳麦不是双声道进入，不适合同声传译等。

三是听众的误解。听众可能不大清楚电视同声传译的性质，因而极有可能以播音员的标准来衡量同声传译译员。

四是译员安排的不合理性。同声传译是高度紧张的脑力劳动，因此通常要求2人一组轮流同声传译，以获得最佳同声传译效果。但是电视同声传译通常是插播形式的直播，一般只安排一个同声传译译员，造成孤军奋战，穷于应付。

五是突发事件领域的广泛性。突发事件无法事先预测，不知所涉及的领域，可能使译员面对自己是外行的同声传译内容，因而造成同声传译效果欠佳。

（五）电视同声传译的发展趋势

今后电视同声传译会越来越多，可以预测，随着通信技术的发展，将来对国际突发事件会更多地使用同声传译方式来播报，因此对同声传译译员的要求将会更高。不仅对突发的新闻会用同声传译方式播报，甚至会扩展到电视访谈、综艺等多方面的电视节目，因为有外宾参与的直播节目是要用到同声传译的。我们还可以看到，同声传译质量将会越来越高。随着电视同声传译频率的增加进而广泛应用，电视台将会出现符合同声传译的传译间。

五、同声传译的未来类型

笔者在结合教学及分析未来同声传译趋势后认为，在不远的将来，会有两种新的同声传译类型出现：一是手机同声传译，二是网络同声传译。有人可能对此提出疑问，因为这两种同声传译似乎早已存在，但这是一种误解，因为笔者要论述的两种类型与传统类型性质完全不同。现分类介绍如下。

（一）手机同声传译

手机同声传译（mobile phone simultaneous interpretation）是指通过手机的音频或视频进行接收或传输的口译的一种方式。其中包括电视台同声传译的延伸、手机的实时服务等。

手机电视同声传译。译员不必亲自去电视台，随时随地可为电视台做同声传译。这样做既提高了效率，也提高了电视台对突发事件的同声传译报道能力。这在技术上也是可行的。目前，因为没有手机同声传译，因此，有许多突发事件的报道，电视台难以做到真正意义上的第一时间播报。其原因是签约的同声传译译员无法在突发事件发生的第一时间到达电视台的直播间。电视台需在紧急事件发生后，紧急通知同声传译译员，而同声传译译员想迅速赶到电视台，需要克服空间障碍，其到达的时间还要受到城市交通是否通畅的影响。对于分秒必争的突发事件同声传译播报，这是致命的弱点。例如2014年4月16日上午中央电视台对韩国"世越"号沉船事故的播报，因同声传译译员无法第一时间赶到，而不得不采用了综合播报的形式。其同声传译是在第一时间消息播报一小时之后才正式开始。

而手机电视同声传译完全可以克服上述不足。电视台和签约同声传译译员之间可以使用装有专门开发的同声传译芯片的手机随时保持联系。当突发事件发生时，电视台的相关部门呼叫相应外语的同声传译译员打开手机，无论译员身在何处，都能够接收到电视台给自己手机传送的视频及音频。译员可在任何地方立刻戴好耳麦，对着电视台传输过来的手机画面，进行同声传译，而译员的音频则直接传输到电视台的直播间，通过电视台的设备传输到千家万户的电视终端上。如此，解决了同声传译译员无法第一时间到达而困扰电视台的难题。这是手机同声传译的最大功用之一。

其他功能。手机同声传译功能远非仅限于电视台同声传译之用。其实我们日常生活中如需外语同声传译时，亦可随时使用。如医院、旅游、出国时都可以使用手机同声传译或交传服务，而这些有待于进一步的开发。

（二）网络同声传译

网络同声传译（Network simultaneous interpretation）是指通过互联网的通信手段进行的包括视频、键盘打字等手段在内的实时及延迟或储存再现功能的传译方式。其中可以包括商业谈判、异国交流、教学（慕课）等。

六、结论

同声传译类型研究是一个亟待开垦的领域。随着科技的进步和社会的发展，新的同声传译类型会不断出现。笔者根据对同声传译类型的多年研究和教学以及同声传译实践，通过本文整理出同声传译的10种类型，其中5种为传统意义上的同声传译类型，3种为最近二十年间新出现的类型，2种为笔者首次提出的未来将要出现的新类型。由于电视同声传译具有一定的独特性，因此本文对其进行了较为详尽的说明，而对同声传译的未来类型，本文仅进行了简单的论述，还需进行进一步的实践探索和理论研究，这将成为今后笔者的研究课题。

参 考 文 献

［1］鲍刚. 口译理论概述［M］. 北京：中国对外翻译出版公司，2005.

［2］陈楠. 电视同声传译的发展与译员的培养方向［J］. 考试周刊，2009（30）.

［3］国务院学位委员会. 关于下达"翻译硕士专业学位设置方案"的通知［Z］. 学位〔2007〕11号. 2007-03-30.

［4］雷静. 访谈类节目同声传译的多任务处理模式［J］. 中国科技翻译，2009（1）.

［5］姚斌. 关于同声传译的起源［J］. 中国英语教育，2009（2）.

［6］张维为. 英汉同声传译［M］. 北京：中国对外翻译出版公司，1999.

［7］周青. 电视传媒中的同声传译［J］. 阜阳师范学院学报：社会科学版，2007（3）.

目的论视角下中韩旅游公示语的翻译研究

■ 解放军外国语学院　刘吉文

【摘　要】旅游公示语翻译的规范化对国外游客的旅游质量和国内景区的发展起着非常重要的作用。由于韩译旅游公示语工作起步较晚，现阶段我国韩国语旅游公示语翻译质量参差不齐，各种翻译错误普遍存在，亟待规范。本文从目的论角度分析各类翻译错误，并以此为基础，提出游客优先性原则、准确性原则、易解性原则、协调性原则等翻译策略。

【关键词】公示语；目的论；翻译策略；中韩翻译

"公示语"是指在公众场合给公众看的文字语言，是人们生活中最常见的实用语言，是一种公开和面对公众的，以达到某种交际目的的广告文体。其目的不是商业性的，而是宣传性和服务性的。公示语在我们生活中应用广泛，几乎随处可见，例如路标、广告牌、商店招牌、公共场所的宣传语、旅游简介等等。随着全球化时代的到来，中国与世界各国的交流不断增多，越来越多的国家和外国友人希望来中国直接感受当地文化。在这种跨文化交际的过程中，外语成为人们最便捷的沟通工具。因此在类似旅游景区等公共场所为外国人提供简单明了、通俗易懂的公示语是非常必要的，毕竟公示语是国际旅游目的地和国际化都市语言环境、人文环境的重要组成部分。目前许多旅游景区非常重视与世界接轨，同时也为提升景区星级品位，提高景区的核心竞争力，都在景区为游客提供中、英、日、韩等多种语言的公示语标志。旅游景区中英、日语的旅游公示语标识设立的时间比较早，翻译准确度较高。相对来说，我国各景区的韩国语公示语比日益增多的英、日语公示语起步晚，翻译质量参差不齐，还不够成熟，存在各种问题和语用错误。从研究角度来讲，以汉英、汉日公示语翻译为对象的相关研究比较多，但汉韩公示语翻译方面的成果还非常少。旅游公示语是一个国家对外交流水平和人文环境的具体体现，其翻译质量将会影响到游客的旅游兴致、感受及印象，进而间接影响我国旅游业的发展以及我国的国际形象。因此，对旅游景区公示语的特点、翻译策略进行探讨具有一定的现实意义。本文将以中韩旅游公示语翻译文本为载体，着重从功能主义目的论角度研究中国旅游公示语的韩译问题。

一、旅游公示语的特点

公示语是公开和面对公众，告示、指示、提示、显示、警示、标示与其生活、生产、生命、生态、生业休戚相关的文字及图示信息。旅游公示语主要指的是旅游景区公开和面对旅游者的告示、指示、提示、警示、标示等文字及图形信息，应用范围非常广泛，旅游者所到之处，凡涉及食、宿、行、游、娱、购的处所都可见。可以用寥寥数词，也可使用简单明了的图式，还可以用图标与文字结合的形式。Newmark（1998：2—21）将语言功能分为三种，即表达功能、信息功能、呼唤功能，并将文本类型按照语言功能分为三种，分别为：表达功能型文本，如诗歌、小说、散文等；信息功能型文本，如科技、商务等为主题的一切格式文本；呼吁功能型文本。公示语最直接、最重要的目的就是引起读者注意，给人们传递信息，并要求人们按照公示语的要求去规范或履行自己的行为。由此可见，公示语文本属于呼唤型功能文本。吕和发（2004：38）在此基础上提出了公示语具有指示性、提示性、限制性、强制性四种应用功能。张美芳（2006：29—34）根据赖斯的文本类型理论，将澳门的公示语划分为具有信息功能、表情功能、感染功能、兼具信息和感染功能以及兼具表情和感染功能等五种类型，并指出不同的公示语具有不同的目的和功能，翻译时应各有所侧重。谭碧华（2010：81）基于赖斯的文本类型理论，将指示性公示语划分为信息型公示语，将提示性、限制性、强制性和部分宣传性公示语划分为感染型公示语两大主要类型。笔者认为，上述观点都有自己的道理，但无论是细化，还是重新分类，归根结底，都离不开语言的表达功能、信息功能、呼唤功能，只是研究问题的角度不同，某一种分类与其分析问题的方法更趋贴近而已。从语用功能来看，公示语属于应用类文字。一般来说，公示语具有指示功能、强制功能和呼吁功能三大功能。

（一）指示功能

指示型公示语具有提供信息服务，指示服务内容的作用，不一定要求公众采取行动，没有限制和强制之意。此类公示语的主要功能是通过指示的信息，为公众的工作和生活提供必要的、有用的信息服务；其核心是文本的信息内容，翻译的目的就是准确传递公示语的信息。

如：이 호수는 곤명호(昆明湖)라고 부른다. 곤명호의 면적은 의화원(颐和園)① 총면적의3/4에 해당된다. 곤명호 북쪽 맞은 편 저 산은 만수산(萬壽山)인데 이 공원의 많은 걸출한 건물들이 다 저 산언덕에 세워져 있다.

译文：这个湖叫昆明湖，占颐和园面积的四分之三。对着这个昆明湖的那座山叫万寿山。这个公园的大部分优秀建筑物都建在那个万寿山的山坡上。（주석봉，2006：436）

另外，还可以根据人们的实际需求，有选择性地获取公示语所提供的信息。例如：화장실（化粧室）卫生间、문의처（問疑處）咨询处、흡연구역（吸煙區域）吸烟区、용문 석굴（龍門石窟）龙门石窟。

（二）强制功能

强制功能根据语气可以细化为限制性公示语和强制性公示语。限制性公示语是对相关公众的行为提出限制、约束，语言开门见山、直截了当，一般不用客套话，但也不失礼貌原则，不会使公众感到强硬和粗暴无理。如：仅供小车停放（승용차 주차 구역）。

强制性公示语要求相关公众必须采取或不得采取某种行为，一般会说明违者将受到何种处罚，以达到警示目的，其语言通常直白、生硬。例如：禁止吸烟（담배를 피우지 마세요）、禁止拍照（사진을 찍지 마세요）、游客止步（관계자 외 출입금지）。

（三）呼吁功能

呼吁性公示语主要是提醒或者号召人们注意自己的行为，进而采取具有积极意义的行动。此类公示语对公众起宣传、激励、号召作用。例如：保护环境，防止污染（환경을 보호하고 오염을 방지하자）；请注意交通安全（교통안전에 주의하시오）。

---

① 括号内为该韩语单词对应的汉字，下同。

二、功能主义目的论

起源于20世纪70年代德国的功能主义翻译理论（Functionalist Translation Theory）突破了传统的翻译观，为翻译理论和实践提供了新视角，其核心是以赖斯（Katharina Reiss）、弗米尔（Hans J. Vermeer）、曼塔莉（Justa Holz-Manttari）和诺德（Christiane Nord）为主要代表的功能主义目的论（functionalist skopos theory）。弗米尔认为，翻译是一种有目的的行为活动，而且置于一定的文化背景之下，不同文化有不同文化的价值观和风俗习惯，因此翻译不可能是一对一的语言转换活动，所应遵循的首要法则是"目的法则"，即译者可以为了达到目的而采用任何他认为适当的翻译策略。功能主义目的论强调原文的预期功能和目的在目标语文化语境中的实现，决定翻译过程的最主要因素是翻译的目的，而决定目的的最重要因素之一是受众，即译文接受者，译文对译文接受者所起的作用应与原文对原文接受者所起的作用大致相当。诺德进一步指出，原文文本在翻译中只起"提供信息"的作用，译者在翻译中完全可以根据译文预期的交际功能，为适应新的交际环境，结合译文读者的社会文化背景知识，对译文的期待以及交际需要等，采取适合翻译目的的具体翻译策略和手法，在不必拘泥于原文功能的情况下更加有效地实现译文的交际功能。诺德在认同弗米尔提出的目的规则（skopos rule）的基础上，又补充了连贯规则（coherence rule）和忠实规则（fidelity rule），从而形成了功能主义翻译理论的三大规则。目的规则指译文要达到的交际目的。连贯规则反映文本内关系，即译文能否被接受者所理解，具有可读性，并在译语文化及其译文的交际环境中有意义。忠实规则反映的是文本间关系。译文文本不能随意创作，过多地偏离原语文本。目的规则是第一位的，它贯穿整个文本，适用于文本的各个部分，连贯规则和忠实规则从属于目的规则。在翻译过程中，如果目的规则要求译文与原文的功能不同，就放弃忠实规则；如果目的规则要求译文不通顺，就放弃连贯规则。

功能主义翻译理论有效地突破了尤金·奈达对等翻译理论中形式对等与动态对等的束缚。功能主义翻译理论认为翻译是一项跨语言、跨文化的活动，更强调译者的主观能动性。译者作为源语和目标语的桥梁，要明确翻译的目的和目标语读者，顾及目标语读者的文化背景知识，向目标语读者准确传达源语所提供的信息，保证源语与译语在目的和功能方面的完全对应。

三、旅游公示语中的韩译错误

随着国际旅游意识的增强和韩国游客的增多，我国各大旅游景区纷纷开始设立韩语公示语标识。或用寥寥数词，或图标与文字结合，为韩朝游客提供有关景区介绍、说明、提示、引导等方面的信息，极大地方便了韩朝游客在中国的出行和观光，游客的旅游效率得到了很大提高。但由于韩语公示语标识设立工作起步较晚，在标识中还存在各种问题和语用错误，而且带有一定的普遍性。

（一）语言层面问题

语言层面问题包括拼写错误、用词不当、译名不统一、语法错误等等。特别是韩译旅游公示语设立比较早的国内旅游景区，由于当时国内学习韩国语的人不多，加上缺乏相关的专业知识培训，出现了很多让人啼笑皆非的翻译错误。例如：

（1）景区电瓶车　셔툴카 —셔틀카①

（2）停车坪　주차장 핑— 주차장

（3）迎春花　겨울 재 스민 — 개나리. 영춘화

（4）景区入口　구역 입구 — 입구

（5）景区咨询电话　경구 자문 전화 — 자문 전화

（6）禁止下河，注意安全　안전 낮은 강물의 관심을 금지— 안전을 위하여 강물에 들어가지 마세요.

以上例句均是从各景区收集的具有代表性的错误公示语。例句（1）是书写过程中的拼写错误。例句（2）是译者望词生义，在原本正确的译文后又增加了"坪"的韩语音译，没有遵守忠诚原则。例句（3）是受到"迎春花"英语译文"winter jasmine flower"的影响，而且译文中标准不统一，既有韩国语固有词，又有音译外来词。例句（4）、（5）两句译文则过于忠实原文，追求对应，而忽视了目的语常用的使用习惯和规则。例句（6）的译文有可能是机器翻译的。如果单从语法角度来看，似乎句子的各种成分基本符合规则；但从句子内容来看，译文与原文不仅意思完全不同，译文本身也让人无法理解。韩国游客看到后一定会啼笑皆非。无法实现译文的交际目的。

---

① "—"后为正确译文。

（二）语用层面问题

不同文化背景的人们在言语交际中，由于说话方式或表达习惯的不同，或者由于一方对另一方的社会文化背景知识缺乏了解，在跨文化交际中发生误解、障碍或冲突，影响交际效果的现象，这类现象被称为语用失误。何自然（1997）指出"语用失误并不是指一般遣词造句中出现的语言运用错误（performace errors），而是指说话方式不妥、表达不合习惯等导致交际不能取得预期效果"。根据英国语言学家托马斯（Jenny Tomas，1983）的观点，语用失误大体上可分为两种：语用语言失误（pragmalinguistic failure）和社交语用失误（sociopragmatic failure）。（转引自何自然，1988：226）翻译是一种跨语言、跨文化的交际活动。当进行翻译工作时，由于语言、文化的不同，不可避免地会产生语用差异。这些差异会对交际造成影响，出现信息误导、信息错误和信息交际障碍，即语用失误。（陈淑莹，2006：118）这样的语用失误往往也会出现在旅游公示语翻译中。

1. 语用语言失误

语用语言失误是指对语言语境把握不当导致的语用失误。在跨文化交际中，由于交际双方有着不同的文化、不同的历史背景，必然带来人们在思想、行为等多方面的差异，而这些差异都是受双方深层文化的影响。如果双方都不了解这种差异的话，那么很有可能在交际中产生语用失误。语用失误不是指一般遣词造句中出现的语言运用错误，而是说话不合时宜、表达不合习惯等导致交际失败。尽管中韩两国地理位置相邻，双方交往源远流长，思想文化交流颇多，但由于历史的发展，社会制度、语言文字的不同，两国在文化传统上还是存在着很大的差异。因此在进行公示语翻译时，必须要重视这些差异，遵循目的语中的交际规则，否则就会造成语用失误。

（7）请您锁好车门和后备箱，现金和贵重物品随身携带。

错误：차문, 차 트렁크를 잠그고 현금과 귀중한 물품은 몸에 간수하세요.

正确：차문, 트렁크를 잠그고 현금과 귀중품을 잘 지참하시기 바랍니다.

（8）废物不乱扔，举止显文明。

错误：문명한 행동, 스레기 던지지 말기.

正确：환경 보호를 위하여 스레기를 던지지 마세요.

（9）萋萋芳草，踏之何忍。

错误：우거진 풀을 밟지 말기.

正确：잔디밭에 들어가는 행위 금지./녹지보호·출입금지.

在韩国语词汇中，汉字词占有相当的比例和极其重要的地位。在韩字学会编纂的《한글 대사전》中汉字词共有85527条，占总数的52.1%；李熙升编纂的《国语大辞典》中汉字词比例达到29.32%。（陈立中，2011：58）但由于汉字和汉字词在各自的词汇系统中发展不同步，出现了许多字相同意不同的现象，或在表达范围，或在词性色彩上产生差异。如果在翻译过程中生搬硬套，就会造成译文极不自然的状况。每个国家的社会文化不同，也必然会在交际语言中体现出来，类似例句（7）的公示语标识在韩国很少见到，也许是因为社会治安好。例句中"随身携带"在韩国语一般就不再专门强调"随身"二字，而是使用汉字词"지참（持参）"直接表达出来。此时如果再添加"随身"，反而显得语句不顺。

在韩国，无论是旅游景区，还是在很多公共场所，公示语标识随处可见。但韩国公示语翻译比较注重语意与信息的传递，通常语言形式简单、言简意赅。而中国公示语往往追求语言的谐美和规范化，文化色彩非常浓厚，而且在汉语中，修辞作为一种语言艺术，确实可以有效地提高语言表达效果，使语言变得形象生动。因此我们在景区里经常可以见到诸如"废物不乱扔，举止显文明"，"萋萋芳草，踏之何忍"和"留下一路洁净，带走一身快乐"之类的对仗工整的标识。其原意是在非常委婉地提示游客注意规范行为举止，不要乱扔垃圾和踩踏草坪，但韩国旅游公示语没有这么委婉生动的表达，因此译文无论词汇或语法是否存在错误，韩国游客都容易产生理解上的误区。译者在翻译过程中过于偏重忠诚法则，却违背了翻译的中心法则——目的法则，没有真正实现译文的交际目的，即启迪读者的作用。此类公示语在翻译成韩国语时，译文要尽可能地符合目的语读者的语言规范和使用习惯，简单明了地译为"잔디밭에 들어가는 행위 금지"，韩国游客可能更容易接受。

语言文字和文化互为依托、互相渗透。语言文字作为文化的载体，每一种语言都承载着特定的文化内涵，每一种语言中也都有一些具有独特文化内涵的词汇。在进行翻译时，要特别注意这种由文化差异带来的影响，尽量避免出现语用失误。但有时也会由于两国历史等方面的原因，出现某些文化相同之处，对于这类文本翻译同样要注意，不要产生语用失误。中韩之间有别于中国与欧美国家，中韩两国隔海相望，历史上两国在政治、经济、文化等领域的交流相当频繁，在文化内涵上具有许多同质性和共同特征。在韩国，有关中国历史的研究一直以来都相当活跃。韩国人最了解的中国历史典籍当数《三国志》，许多韩国人对三国

人物和故事情节了如指掌，甚至有韩国朋友开玩笑说"没看过《三国志》就不算男人"。笔者在无锡三国影视城发现"'三英战吕布'表演场"的标识牌，其中韩国语翻译成"《세명의 영웅들이 여포와 싸움》의 쇼장"，语义和语法基本没有问题，但却忽略了韩国游客的文化背景，反而起到了干扰游客理解的作用。实际上直接翻译为"'삼영전여포'（三英戰呂布）"就完全可以，如果担心个别韩国游客不理解文化背景，可以在其后面加上"유비，관우，장비삼형제가 여포와 벌이는 마상결투"的补充说明。

2. 社交语用失误

在跨文化交际中，由于交际双方的文化背景、思维习惯、推理方式不同，容易造成社交语用失误。其原因或者在于不同文化实施同一言语行为时语言形式选择有别，或者在于不同文化对同一言语行为理解不同，或者在于不同文化对言语策略选择相左。（何兆熊，2000：254—256）此外，不同文化背景的人对同一种物体、同一个单词会产生截然不同的情感和联想。在翻译过程中，译者要力争达到的目标和目的语读者所企盼的效果实现一致，那么译者需要在研究外国人思维模式的基础上，努力寻找和分析中外文化的细微差异和特点，尽可能按照国外受众的思维习惯，确保在目的语中寻求语言表达、文化形象和语篇范式以及信息内容等方面完全对等或近乎完全对等的译文。

如前所述，中韩两国同属于儒家文化圈，文化思想和思维习惯相似之处比较多。中韩两国能够设置旅游公示语的部门基本都是旅游管理部门，是政府授权的管理旅游行业和景区的职能部门，具有一定公权力。对于游客而言，管理部门属于强势主体。因此在最初设立公示语标识时，中韩两国大都制定了对相关公众的行为进行限制、约束或号召的公示语句。例如最常见的"禁止（금지）、请勿"等等。

韩国还有些公示语中采取用敬阶终结词尾以显示语气的尊敬和委婉，但其话语的中心内容还是对游客行为的约束。但韩国在经济保持了30多年的高速增长后，已经逐渐步入中等收入阶段和高收入阶段，生活水平的提高同时也促进了国民的文化水平和文明素质的提升。在韩国随地吐痰和乱扔垃圾现象非常少，韩国景区里也很难看到"禁止随地吐痰和乱扔垃圾"的公示语。这类宣传用语是通过呼吁的方式诉诸本国国民的社会公德意识和道德觉悟，以规范本国国民的行为，所以实在是没有对外翻译的必要。（张新红，2000：14—20）以免韩国人看到这种公示语反而对中国形成负面形象。

此外，民主平等的政治意识已经深深地植入韩国国民心中，对于任何具有特权意识的行为都很反感，韩国景区几乎看不到"贵宾通道"这类带有特权色彩的标识。中国有些景区为了吸引游客设立了"绿色通道"，韩文直接翻译成"녹색통로"。而韩国人根本就不理解其为何意，很多人理解为"环保通道"。在中国"绿色通道"是指方便众人的服务，企业的通道，有着强大的服务功能。不同场合有不同的解释和作用，无法统一。因此翻译此类译文应该在其后面进行补充说明。

笔者对游玩过的国内景区韩语旅游公示语标识进行收集整理，共有160条（去除重复的）。经过统计分析，语言层面错误35处，语用层面失误12处，其中语用语言失误10处，社交语用失误2处。错误率占29.3%，比例还是比较高的。

四、旅游公示语中韩译策略分析

在功能主义者看来，没有放诸四海皆准的具体翻译原则，每一个翻译行为的具体目的决定了它将遵循的翻译原则和执行的翻译方法和策略。功能主义特别强调译者作为翻译行为的主体的重要性。译者在翻译过程中需要注意的是，目的法则和忠诚原则贯穿所有的翻译过程，而其他法则或原则则视具体情况而定。笔者在统计分析韩译旅游公示语过程中，以功能主义翻译学派的目的论为理论框架，针对公示语类文本特点，认为在翻译韩国语旅游公示语时应遵循游客优先性原则、准确性原则、易解性原则、协调性原则等翻译策略。

（一）游客优先性原则

近年来，随着国际旅游的普及，不同国家的游客通过语言翻译彼此交流沟通。旅游景区的宣传资料和公示语标识的翻译不仅涉及语言的转换，更涉及跨文化的沟通。当译者确定了译文接受者为某一特定对象或群体时，译者在翻译过程中，总是会自觉或不自觉地以某个特定的译文接受者群体为对象，使译文在目的语环境中具有某种功能。（仲伟合、钟钰，1999：47）因此在翻译旅游公示语时，必须要向相关国家游客提供该景区的信息，引发兴趣，加深理解，促发或阻止某种行为。将公示语翻译成韩语时，依据目的法则，就是要在考虑到包括价值观念、宗教信仰、风俗习惯和人文关怀等基础上，译者需要从原文中提取其认为符合译文交际功能的信息，而不是功能对等理论所期望的，提供完全对等的信息。或者说，译者在将旅游公示语翻译成韩国语时，是为了让韩国人理解公示语中提供的信息，要优先考虑到韩国游客的语言表达习惯。韩国游客是否理解旅游公示语的含义对于译者来说意义重大，也是其翻译过程中的决定性要素。如果翻译时能够坚持游客优先原则，也就不会出现以下错误：

（10）朋友，戏玩请把握尺度。

错误：친구, 극히 놀아서 자신의 척도를 믿습니다.

正确：유람시 안전에 주의하세요.

（11）吸烟处

错误：담배를 피워서 사귑니다.

正确：흡연 구역

（12）禁止下河，注意安全

错误：안전 낮은 강물의 관심을 금지.

正确：안전을 위해 강물에 들어가지 마세요./수심이 깊어서 위험하오니 강물에 들어가지 마세요.

旅游公示语翻译要充分考虑译文接受者的需求，处理好原文和译文间的关系和文化差异，不受原文形式局限，并依据文本预期目的，把原文的真实意图传达给译文接受者，而不能是译文接受者根本看不懂的译文。

（二）准确性原则

无论是严复的"信、达、雅"，还是尤金·奈达的"功能对等"和德国功能派"目的论"等西方理论，都在强调翻译准确是翻译标准的基础。如果翻译的准确性得不到保证，那也根本无从谈起语言转换。准确性原则的实现也是忠诚原则的外在表现形式。译者要保证译文不仅要忠诚原文的形式，还要保证原文转换过程中的译文准确性。旅游公示语有其特有的文体特点和表达方式，要求译者必须准确理解原文意图和目的，以免出现误译或错译。例如：

（13）手纸

错误：위생 권 종이.

正确：화장지/휴지.

（14）景区入口

错误：입구 영역

正确：입구

（15）无障碍通道

错误：무장애 램프

正确：장애인 통로

此类公示语具有严格的规范性、标准性、沿袭性，国家技术监督局编制、翻译、发布的国家公共标志与标志语，提供了广泛应用于道路、旅行、安全、环保、储运等方面的标准汉英翻译规范。但韩汉公示语到目前为止还没有制定相应的标准。译者在进行翻译时应尽量找到韩国景区相对应的公示语，以保证译文准确无误，防止出现误导信息。此外，韩译公示语在准确性方面的错误还反映了译者语言基本功不扎实、审校者没有严格把关等问题。

（三）易解性原则

翻译公示语的目的在于给非本国人传达信息或号召公众采取某种行为，方便他们的旅游和生活。由于双方文化方面的差异，公示语的原文和译文会出现无法完全对等、信息缺失的状况，此时，译者应在遵循忠诚原则的基础上，将汉语公示语的内容、信息准确且通俗易懂地传递给外国游客。具体到韩语上，译者要注意中韩文化差异，译文尽可能贴合韩语语言文化习惯和表达方式，既要保持原有信息，又要顾及韩国人能够准确理解汉语公示语所要表述的内容。特别是对一些具有中国文化意义的信息，在暂时无法找到对应译法的情况下，应当参照实际功能需要选择简单明了的形式进行试译。在找到相对应的更好的译文后，再进行调整重译。例如在介绍"断桥"时，汉语公示语是"在美丽的中国神话'白蛇传'中，许仙和白娘子就是在这里相会，相互倾吐爱情"（아름다운 중국 신화〈백사전〉에 의하여 허선과 백냥자가 바로 여기에서 만나 서로의 사랑을 고백했다）。"白蛇传"的故事在中国早已家喻户晓，但对韩国游客可能就比较陌生。因此翻译时要注意译文的易解性，应该把部分固有名词的汉字标记出来，对"白娘子"这一人物的来历稍加解释。如，아름다운 중국 신화〈백사전 （白蛇传）〉에 의하여 허선 （许仙） 과 백냥자 （白娘子, 백사가 변한 여자, 즉 백소진） 가 바로 여기서 만나 서로의 사랑을 고백했다.公示语只是为外国游客提供简明信息，因此翻译此类文本的要求与翻译文学文本自然会有所差别。

（四）协调性原则

德国功能派理论家诺德（Christiane Nord）曾提出，人们因各自的文化背景不同而对好译文有不同的看法，有的希望看到原文形式的忠实再现，有的喜欢译文体现出原文产生者的观点。如果译文接受者所在的文化要求原文的忠实再现，而译者不能兼顾此要求怎么办？（转引自仲伟合、钟钰，1999：49）功能主义翻译学派提出了特殊原则，认为特殊原则的运用由译者掌握，根据翻译的特殊情况而定。译者必须依据目标文本的不同，采取不同的翻译指导原则。也就是说，译者在翻译过程中遇到文风等问题时，并非被动接受一切。只要能保证原文和译文的协调性，他可以参与决定译文的目的。通常情况下，在不违反目的语的基本文化传统和语言习惯前提下，直译最能够比较完整地传递原文的文化信息，同时能够保留原文的思想内容和语言风格。但汉语旅游公示语中为了使旅游文本对风景名胜的描述更加形象、生动，各个景区常常使用古诗词和押韵手法。从外国游客的角度出发，只要这类文本的译文能够把原文的基本信息传达得准确、具体，可以对原文内容有甄别地取舍，符合语内连贯的标准即可。即译文必须能让接受者理解，并在目的语文化以及使用译文的交际环境中有意义，不必刻意追求完全对译而去使用主观式表达。

五、结语

随着中韩双方旅游手续日益简便快捷，韩国将有更多的游客涌入中国旅游景区，为方便韩国游客，我国旅游景区通常都提供韩国语公示语，但提高韩语公示语译文质量成为迫在眉睫的任务。毕竟译文质量的好与坏不仅能够体现一个国家对外交流的水平和人文环境，也会影响韩国游客的旅游兴致和感受，更重要的是有可能会涉及对我国的国家形象是增加正能量还是负能量的问题。因此，依据功能主义学派的目的论理论，对韩译旅游公示语错误进行解析，并对其翻译策略进行探讨具有一定的现实意义。

参 考 文 献

［1］陈立中. 韩语汉字词考释［J］. 铜仁学院学报，2011（5）：58—60.

［2］何兆熊. 新编语用学概要［M］. 上海：上海外语教育出版社，2002.

［3］何自然. 语用学和英语学习［M］. 上海：上海外语教育出版社，1997.

［4］吕和发. 汉英公示语的翻译［J］. 中国科技翻译，2004（2）：38—40.

［5］谭碧华. 公示语的应用示意功能与汉英翻译的新原则［J］. 十堰职业技术学院学报，2010：80—82，85.

［6］张新红. 社会用语英译中的语用失误调查与分析［J］. 外语教学，2000（3）：14—20.

［7］仲伟合，钟钰. 德国的功能派翻译理论［J］. 中国翻译，1999（3）：47—49.

概念隐喻视角下的印尼语身体部位类
熟语的理解与翻译

——以印尼语中包含"头"（kepala）的熟语为例

■ 解放军外国语学院　张　燕

【摘　要】语言学界的传统观点认为，熟语是无理据的、约定俗成的习惯用法，因此必须作为整体来习得与记忆。认知语言学派则认为，熟语不是语言表达形式和意义的任意配对，其理据主要归结于隐喻、转喻和规约知识。本文基于Lakoff和Johnson的概念隐喻理论，对印尼语中包含"kepala"（头）的身体部位类熟语的理解与翻译进行了分析。

【关键词】概念隐喻；印尼语；身体部位类熟语

一、引言

认知语言学认为，语言与意义都存在体验性。作为由多个词汇组成的语言单位，熟语的产生也不是任意的，它不是一种特殊的、不可切分的长词，而是人类概念体系的产物。基于认知语言学的分析研究表明，大部分熟语的语义在一定程度上具有可分析性，其深层含义与其组成元素的字面义之间存在理据关系。Nordén（1994：8）阐述了熟语作为语言图景的产生过程，认为熟语是通过有规则的、创造性的途径产生并系统性构建的语言符号，证明了熟语作为通过概念隐喻构建的表达方式的理据性。鉴于人类相同的身体构造和类似的认知体验，不同民族的语言中经常存在类似的隐喻表达。本文将基于Lakoff和Johnson的概念隐喻理论，分析印尼语身体部位类熟语理解和翻译过程中的技巧和方法。

二、熟语概述

（一）熟语界定

汉语研究中原本没有"熟语"这一概念，但有很多属于熟语范畴或者类似熟语的名称，如"成语"、"谚语"、"格言"、"惯用语"、"歇后语"等。中国语言学界曾将上述名称归入一个总的概念——"特殊词汇"，也称作"特种词汇"或"固定词组"。（孙维张，1989：2）20世纪50年代末，"熟语"这一概念从俄语译介到汉语中，很快就受到汉语研究工作者的青睐并被频繁使用。虽然目前在汉语熟语的界定和划分方面仍然存在很多争议，但是比较一致的观点认为，"熟语"是一个属概念，"成语"、"惯用语"、"谚语"是种概念，如《辞海》（1979：1572）对熟语的定义为："语言中定型的词组或句子。使用时一般不能任意改变其组织。包括成语、谚语、格言、歇后语等。"在印尼语中，与汉语"熟语"最为接近的是peribahasa。《印度尼西亚语—汉语大词典》将其定义为"隐含特定含义的一组形式固定的词或句子"，并将广义上的peribahasa分为pepatah、perumpamaan和ungkapan/idiom三种类型。pepatah类似于汉语中的"格言"或"箴言"，perumpamaan类似于汉语中的"谚语"或"譬喻"，ungkapan/idiom相当于汉语中的"惯用语"。

（二）熟语的特征

孙维张（1989：22—74）认为，熟语具有结构定型性、语义融合性、功能整体性以及风格色彩的民族性四大特征。结构定型性是熟语的基本性质，指熟语是词汇系统中的一种固定结构体，这种"固定性"表现在两个方面，一方面熟语成分之间的结构关系是固定的，另一方面熟语构成成分本身也是固定的。但是这也并不意味着熟语的结构就一成不变，在不改变熟语定型本质的情况下，熟语可能产生不同的变体，如历史变体、方言变体和个人言语变体等。语义的融合性指熟语的成分已经全部或者部分失去了独立性，熟语的整体意义不是词义及其语法关系的简单叠加。组成熟语的词汇往往作为一个整体去表达一定的意义，这就是熟语语义的融合性特点。根据融合程度不同，熟语语义的融合性可以分为绝对融合性和相对融合性。前者指熟语的表面意义与真正含义之间没有直接的联系，这种情况下熟语的语义是不可分析的，而后者指熟语的语义可以从整体上进行分析，但是这种可分析性与自由词组的可分析性不同，仍然是整体的可分析性。功能的整体性指熟语在言语表达中被当成整体使用，其作用类似于一个独立的词汇。熟语功能的整体性与其结构定型性以及语义融合性有关，因为正是定型性和融合性才使熟语成为一个类似于词汇的语言单位，它才可以作为一个整体使用。风格色彩的民族性指熟语具有鲜明的民族特点。一个民族语言的熟语在形成过程中，必然要使用能够反映民族特色的语言材料。它们不仅从形式上反映了民族语言的特点，构成了熟语的民族性风格色彩，而且在内容上也具有强烈的民族特征，反映了民族的日常生活、风俗习惯、民族历史、文化传统等，从而形成一个民族语言所特有的熟语系统。

王勤（2007：33）还提到了熟语的另外两个特性，即语用的现成性和品种的多样性。语用的现成性指熟语作为一个整体存在于语库之中，可以作为一个独立整体来遣词造句、表达思想，完全不同于根据表达需要临时组织的自由词组，使用起来非常方便。品种的多样性一方面指汉语熟语数量庞大，另一方面指其品种丰富，可以分为惯用语、谚语、格言、歇后语等不同类型。

（三）熟语理据的认知模式

熟语的结构定型性、语义融合性和功能整体性等诸多特征使得熟语同词汇一样，成为语言体系的重要组成部分之一，并且在言语表达中被作为整体使用。鉴于这一情况，语言学界的传统观点认为，熟语的语义是不可分割的统一体，它无法从构成熟语的各个词的意义中推测出来，而各组成词汇在熟语中也丧失了它们原有的语义独立性，因此熟语是无理据的，是约定俗成的习惯用法，学习时要把它们作为一种固定的结构或长词进行记忆、模仿和使用，其他问题不必也不可追究。认知语言学流派摒弃了传统的研究方法，从认知角度对熟语的意义和理据进行了分析和研究，发现熟语的组成词汇和熟语的整体意义之间存在一定的关联。因此，熟语的意义并不存在任意性，而是可以根据其组成元素的意义推断出来的。换句话说，熟语的整体意义存在一定的理据。

虽然语言文化存在巨大的民族差异，但是不同民族对客观物质世界尤其是对自己身体的位置、形状、功能等有着相同的感知和体验。（张巨武，2011：106）不同语言的词汇系统中都存在很多基于身体部位的隐喻化词汇，如汉语中存在"山腰"、"桌腿"、"山脚"、"针眼"、"源头"、"门楣"，印尼语中也存在kepala tiang（杆顶）、kepala bahu（肩头）等隐喻化词汇。可见不同民族都以相同或相似的方式通过身体部位去认识世界，这为不同语言之间的交流和理解创造了条件。

通过进一步调查我们可以发现，身体部位的认知功能不仅仅局限于其在认识外部世界的作用。在体认的过程中，身体域和其他概念域之间存在多种映射关系。从映射所涉及的概念域来看，一种是基于相似性和顺接性的概念隐喻，涉及人体器官与外部世界的跨域映射；另一种是基于相邻性和突显性的概念转喻，人们通过身体器官认识人体内部微观世界，包括人的情感世界等。因为人们共同的身体构造、生理反应以及相似的生活体验，印尼语和汉语两种语言在身体部位类熟语理据的认知模式方面存在一定的相似性。所以我们可以以母语和目标语中相似的概念结构为基础，借助母语熟语中的概念结构来学习和理解目标语中的熟语。本文将以概念隐喻为理论基础，分析印尼语熟语理解和翻译方面的方法与技巧。

三、身体部位类熟语理据隐喻认知模式探究

（一）概念隐喻理论

隐喻是一种普遍的语言现象，人们每时每刻都在使用大量的隐喻。Richards（1936：98）曾经说过："我们日常会话中每三句话中就可能出现一个隐喻。"正因为隐喻在日常生活中的普遍使用，从古希腊到现在的两千多年时间里，不同学者对隐喻现象进行了大量的研究，并形成了不同的流派。目前学界普遍认可的隐喻理论主要有以下几种：一种是替代论，认为隐喻是以一个词语替代另一个词语；另一种是互动论，认为隐喻是两个不同义域的词语通过语义上的相互作用产生新的语义。1980年，Lakoff和Johnson在《我们赖以生存的隐喻》（*Metephors We Live By*）中批评了将隐喻作为纯语言现象的传统隐喻观，认为隐喻的本质就是通过一种事物或过程来理解另一种事物或过程。这种全新的隐喻理论被称为"概念隐喻理论"（conceptual metaphor theory），也叫"认知隐喻理论"。Lakoff和Turner（1989：203）认为，隐喻是一种认知映射（cognitive mapping），其本质是利用一种事物的经验去理解和体验另一种事物，即一个概念域到另一个概念域的映射，前者被称为"源域"（source domain），后者被称为"目标域"（target domain），二者之间的互动被称为"映射"（mapping）。根据源域的不同，Lakoff将概念隐喻分为三种类别：方位隐喻（spatial metaphors）、实体隐喻（ontological metaphors）和结构隐喻（structural metaphors）。方位隐喻是指参照空间方位而形成的一系列概念隐喻，也称"空间隐喻"，如人们经常将上下、里外、前后、深浅、远近、中心—边缘等具体的空间概念映射到情绪、心理、地位等抽象领

域，并对其整个概念系统进行构建。"上为好，下为坏"就是比较典型的方位隐喻。实体隐喻是指将抽象事物具体化的隐喻，即利用具体、熟悉的客观事物的概念框架来认识抽象、陌生的事物，使得人们能够对后者进行指称、量化、识别等。实体隐喻中比较典型的是容器隐喻。结构隐喻指以一种概念结构来说明另一种概念结构的隐喻，它是认知隐喻理论的基础。在结构隐喻的使用过程中，我们经常利用源域中具体或者熟悉的概念去理解目标域中抽象或者陌生的概念。ARGUMENT IS WAR（争论是战争）就是最典型的结构隐喻之一。印尼语和汉语中很多身体部位类熟语都是通过这三种隐喻认知模式提供理据的。

（二）身体部位类熟语理据隐喻认知模式

有关熟语的界定，本文在2.1中已经做了说明。身体部位类熟语指组成元素中包括身体部位词的熟语。根据Lakoff和Johnson对概念隐喻类别的划分，身体部位类熟语理据的隐喻认知可以分为方位、实体和结构三种隐喻认知模式。

1. 身体部位类熟语方位隐喻认知模式

身体部位类熟语方位隐喻认知理据是指身体部位类熟语的理据可以以方位隐喻为基础进行分析。认知语言学认为，人类在最初认识世界的时候都是以自身为中心，参考自身和周围事物的空间关系开始的。因此，空间概念是人类的基本认知域之一，是人类对自身与自然关系最直接的感知。随着人类认识范围的不断扩大，人们经常利用已有的空间概念来构建其他抽象或陌生领域。基于空间关系而生成的方位隐喻是人类语言中最基本的隐喻之一，它普遍存在于人们的日常语言中，如印尼语中的kepala tahun（一年之初）、kepala tongkat（拐杖柄）、汉语中的"腹背受敌"等熟语的理据都是建立在方位隐喻认知模式基础上的。按照我们的习惯思维，不管是人还是动物，在站立时都应该遵循"头上脚下"这一规律，"头"往往被赋予"上"这一含义，所以kepala tahun可以表示"一年之初"，kepala tongkat表示"拐杖柄"。而"腹背受敌"也不是指腹和背受到敌人的攻击，此处"腹背"指"人正面和背面所朝的方向"。在人体的正面和背面身体器官中，腹部和背部是面积较大且最突显的部位，同时也是在战争中比较容易受伤的部位。正因为二者在日常生活和战争中的突显性，人们常用"腹背受敌"表示前后受到夹击，此处"腹"和"背"分别喻指"前"和"后"。

除了通过身体器官的映射来认识和理解陌生或者抽象的概念域之外，人们还会在自身体验的基础上，利用方位词来认识陌生和抽象领域。由于人类的空间体验本质上都是相同的，所以在印尼语和汉语甚至其他很多语言中，方位概念"高"都代表着积极向上的态度或者发展势态，因而与正面的事物相联系；而"低"则隐含着消极向下的态度，往往代表着负面的事物。具体地说，"高"和"低"经常被用来隐喻水平、权力、地位、士气、情绪、品德等抽象事物，如"高手"、"高足"、"高招"、"高尚"等。因为相邻性的缘故，身体部位经常被用来替代与其相关的抽象事物，如性格、眼光、情绪等，所以产生了很多由身体部位词和方位组成的熟语，如"眼高手低"、"心高气傲"、besar kepala（高傲）等。

2. 身体部位类熟语实体隐喻认知模式

身体部位类熟语实体隐喻认知理据是指身体部位类熟语的理据可以以实体隐喻为基础进行分析。基于实体的经验是人类最基本的生活体验之一，它是我们构建实体隐喻的物质基础。通过实体隐喻我们可以把抽象、陌生的事物和概念理解为具体、熟悉的事物，进而对其进行生动确切的描述。容器隐喻是最典型的实体隐喻之一。我们的日常生活中充满了各种各样的"容器"，如房子、汽车、锅、碗、杯子等。在我们的认知活动由宏观到微观、由具体到抽象的发展过程中，我们经常借助容器实体理解陌生、抽象的概念和事物。如kepala kosong（头脑空空）、"怒气填胸"、"胸无点墨"等将身体部位头、胸和腹当作容器进行构建，表示"头脑里什么也没有"、"胸中充满了怒气"、"肚子里没有一点墨水"等。

3. 身体部位类熟语结构隐喻认知模式

身体部位类熟语结构隐喻认知理据是指身体部位类熟语的理据可以以结构隐喻为基础进行分析。结构隐喻指人们利用具体或已知事物的概念结构去认识抽象或未知事物的映射过程，前者是源域，后者是目标域。在映射过程中，源域和目标域的概念结构之间存在有规律的对应关系。如在印尼语和汉语中，我们都会基于头部在人体中的功能，用"头"（kepala）隐喻抽象的事物，如kepala kampung（村长）、kepala keluarga（族长）、"群龙无首"等。上述三条熟语分别将"人体"隐喻为"村子"、"家族"和"龙群"，并根据"头"在人体中的重要作用，通过其隐喻"村子"、"家族"和"龙群"中的首领。

四、概念隐喻视角下的印尼语身体部位类熟语的理解和翻译

人类中心论认为，人们认知世界的起点是人类自身。随着人类认知范围的不

断扩大，人们常常"近取诸身，远取诸物"，以自身的经验来度量世界，身体就成了人类认识世界的基础。认知语言学也认为，我们对世界的认识来自自身的感觉和体验，二者都依赖于人的身体而产生。我们的思维存在明显的"体认"特征，即把自身作为衡量周围事物的标准，借助于自己的身体，以体认或体验的方式通过自己最熟悉的身体器官和部位来认知、体验和感受其他复杂、抽象的领域，并在此基础上形成概念、范畴和语义。得益于身体在人类认识世界、改造世界过程中的重要作用，身体部位词成为最古老、最基本的词汇种类之一，伴随着人类由近及远、由具体到抽象的整个认知过程，并具有很强的熟语生成能力。Schemann（2002：59）认为，所有身体部位类熟语的意义都可以从人体器官的功能、形状及其在人体中的地位等方面获得识解。从认知角度出发分析身体部位类熟语的理据，通过人类的隐喻认知模式在熟语的字面义和隐含义之间建立映射关系，对于熟语的理解和翻译具有重要意义。

（一）直译

因为人类共同的身体构造，人们在利用自身去认知抽象和陌生世界时会有共同的体验，因而会产生相似的隐喻，基于这种认知模式的印尼语熟语和汉语熟语存在很多共性的特征，这类印尼语熟语可以直接翻译成对应的汉语熟语。

（1）Pelantikan Jokowi akan dihadiri sejumlah *kepala negara*.（一些**国家元首**将参加佐科的就职仪式。）

（2）*Kepala perampok* itu tewas ditembak.（那个**匪首**被击毙了。）

在认识世界的过程中，人们发现人体组织与一些陌生和抽象事物的结构存在一定程度的相似性，因此经常在二者之间建立映射关系，通过人体域的概念来构建映射域，进而产生"人是机构"这一隐喻。人的头部包含大脑，它是人类思维的工具，我们的一切行为都是通过大脑控制的。头的这一功能与领导在机构中扮演的角色之间存在相似性，所以印尼语中常用kepala negara表示"国家元首"，用kepala perampok表示"匪首"，汉语中也有相同的认知模式，因而可以将此类熟语直接翻译成对应的汉语熟语。

（3）Pak Juanda tertawa sambil menepuk-nepuk *kepala bahunya*.（朱安达先生边笑边拍他的**肩头**。）

（4）Dia tidak mampu memikul *kepala bayaran* rumahnya.（他无力承担房屋**首付**。）

空间作为物质存在的形式之一，是人类认知能力的重要来源，人们在日常生活中经常通过自身的空间概念去认识陌生和抽象的事物。当人处于站立姿势时，头是人体最高的部位，人们习惯于将人体方位投射到其他领域，用"头"隐喻垂直空间关系中的最高点，于是产生了空间隐喻"头为顶端"，所以例句（3）中的kepala bahu可以直译为"肩头"。当我们平卧时，头都位于身体的最前端，于是又产生了方位隐喻"头为前端"，所以"头"才有了"先"这一义项。在汉语中，"头"又可以称为"首"，所以例句（4）中的kepala bayaran可以直译为"首付"。

（二）套译

虽然有些印尼语和汉语熟语的认知框架存在相似性，但是由于不同民族在文化传统、语言习惯等方面存在差异，所以二者隐喻映射的源域会出现一定的差别，针对这类熟语的翻译我们可以套用相似的认知框架，但是在源域的选择方面必须注意文化差异。

（5）Pergi dengan *kepala kosong* maka akan pulang dengan tangan kosong. （**肚里无货**必将一无所获。）

人体经常被喻为"容器"，我们每天都要向其中注入各种东西，如食物、水、氧气；同样我们每天也要从中排出一些废弃物，如食物残渣、汗液、二氧化碳等。在kepala kosong中，"头"被隐喻为"容器"，表示"头脑空空、不学无术"。需要注意的是，基于古代朴素的认知观念，古人经常以为心脏是人类的思维工具，而心脏又位于腹部，所以汉语中常用"肚里无货"形容人"不学无术"。如果将kepala kosong翻译成"肚里没货"则更符合汉语表达习惯。

（6）Apa yang diderita oleh salah satu pelaku, tak peduli ia figuran ataupun *kepala lakon*, adalah berarti penderitaan saya juga. （任何一个演员经历的不幸，无论是配角还是**主角**，也都是我的不幸。）

（7）Orang yang duduk di *kepala meja* dipilih sebagai pemimpin kelompok. （坐在**上位**的人被选为团队队长。）

kepala lakon的字面意思是"故事的头"，该熟语也是基于"头"在人体中的重要性，指"（戏剧、电影、电视等）故事或戏剧中的主要角色"。因为表达习惯不同，汉语中经常用"角"表示电影或戏剧中的人物，如"主角"；与此相类似，印尼语中kepala meja的字面意思是"桌子的头"，翻译成对应的汉语应该是"桌子的上位"。

（8）KPK Buka Lowongan untuk Posisi *Kepala Humas* （反贪委员会开放公关

部长职位的空缺）

（9）"Siapa *kepala pramusajinya* di sini?" Tanya beliau ke salah satu pelayan.（"谁是这里的**领班**？"他向一位服务员问道。）

本文在4.2中已经提到，基于头部在人体中的重要性，印尼语和汉语中都会将机构中的领导称为"头 / 首"，但是需要注意的是，印尼语中表示机构领导的词汇比较单一，大部分情况下都用kepala（头）表示，但是汉语中表示"领导"的词汇则非常丰富，因此翻译的时候需要注意区分。如kepala humas的字面意思是"公关的头"，在汉语中往往译为"公关主任"、"公关部长"等；kepala pramusaji的字面义是"侍者的头"，翻译成汉语应该是"领班"。

（三）意译

印尼语中有一些源于印尼本土文化的身体部位类熟语，因为汉语中不存在类似的认知体验，这类熟语的翻译应采取意译的方式来进行。

（10）Motif di *kepala sarung* ditonjolkan dengan diberi warna yang lebih gelap.（**纱笼裙主图案**部位的花纹用更深的颜色凸显出来。）

（11）Dulu kalau perempuan sanggul kiri atau *kepala kain* batik di depan, bermakna masih dara.（以前，如果女性发髻梳在左侧或巴迪克**布主图案**置于身前，意味着她还是少女。）

纱笼裙是印尼特有的民族服装，形似一块长方形的布料或将长方形布料两端缝合的圆筒形布料，布料一侧常有一块花纹和颜色与其他部分不同的图案，穿着时有特殊的装饰效果和象征含义。所以印尼语中往往基于方位隐喻"头是上方"，用kepala sarung（纱笼裙的头）表示"纱笼的主图案"，或者用kepala kain（布的头）表示"布的主图案"。这是印尼本土文化中特有的认知模式，汉文化中没有类似的文化传统，所以我们在翻译时必须阐明相关熟语的具体内涵，采用意译的方法才不会引起读者的费解。

五、结语

熟语的意义产生于本族语者的概念体系。因为人们共同的身体构造与相似的生活体验，不同语言在体词类熟语的认知理据方面存在一定的相似性。所以我们可以借助母语熟语中的概念结构对目标语中的熟语进行直译。但是由于生活习惯、思维方式的不同，印尼语与汉语中的某些熟语虽然在隐喻映射框架方面存在相似性，但是在映射的源域和目标域方面往往会出现偏差，这类熟语的翻译我们只能采取套译的方式来进行。还有一些印尼语熟语的认知是基于特有的本土文化、宗教习俗，这类熟语在汉语中往往缺少对应的认知模式，我们在翻译时必须阐明其具体内涵，只有这样才不致引起读者的费解和误解。

参 考 文 献

［1］辞海编辑委员会. 辞海［M］. 上海：上海辞书出版社，1979.

［2］胡壮麟. 认知隐喻学［M］. 北京：北京大学出版社，2004.

［3］刘再雄. 英语习语意义的理据性［J］. 南华大学学报，2002（12）.

［4］孙维张. 汉语熟语学［M］. 长春：吉林教育出版社，1989.

［5］王勤. 汉语熟语论［M］. 济南：山东教育出版社，2006.

［6］杨玉. 汉语惯用语的认知机制研究［J］. 语文学刊，2009（2）.

［7］赵艳芳. 认知语言学概论［M］. 上海：上海外语教育出版社，2001.

［8］张巨武. 基于体验哲学的人体隐喻认知研究［J］. 西安文理学院学报：社会科学版，2011（6）.

［9］George Lakoff & Mark Johnson. Metaphors We Live By［M］. Chicago: The University of Chicago Press, 1980.

［10］George Lakoff & Mark Turner. More than cool reason. A field guide to poetic metaphor［M］. Chicago: The University of Chicago Press, 1989.

［11］Magnus Nordén. Logische Beziehungskonzepte und Inferenzprozeduren. Zu einer semantisch‒kognitiven Theorie der verbalen Idiome im Deutschen［M］. Stockholm: Almqvist & Wiksell International, 1994.

［12］Hans Schemann. Idiomatik und Anthropologie. "Bild" und "Bedeutung" in linguistischer, sprachgenetischer und philosophischer Perspektive［M］. Hildesheim: Georg Olms, 2002.

从图式理论出发看《红高粱家族》土耳其语译本中的文化误译问题

■ 解放军外国语学院　彭　俊

【摘　　要】图式是大脑中以主题分类的世界知识的集合，是由成分和内部结构按照一定的关联组成的一个复杂的信息网络。运用图式理论对《红高粱家族》土耳其语译本进行分析，可以看出，译本中出现的文化误译或是由于译者缺少或不具备与原文相关的文化图式，或是由于译者与作者拥有的文化图式相悖，从而在翻译的理解和再现过程中出现种种失误。

【关键词】图式理论；文化误译；《红高粱家族》；土耳其语

一、引言

图式（Schema）理论发端于哲学、发展于心理学，20世纪70年代开始被广泛应用到人工智能、脑科学、人工神经网络系统以及语言学等领域。1781年德国哲学家康德在其著作《纯粹理性批判》中最先探讨了"图式"的哲学意义。他把图式描述为关于想象的非命题结构，认为图式是连接概念和感知对象的想象结构，是建立概念与物体之间联系的手段（Johnson，1987：19—21）。20世纪初心理学开始对图式理论进行研究，如对视觉记忆研究的完形心理学（Getstalt Psycology），20世纪20年代瑞士心理学家皮亚杰（Piaget）的"图式观"，20世纪30年代英国心理学家巴特利特（Bartlett）对语用过程中图式作用的研究，以及美国人工智能专家鲁梅哈特（Rumelhart）提出的知识表征和阅读理解的图式理论等。现代图式理论的内容十分丰富，有研究者采用了其他术语来表达这一概念，如框架（frame）、场景（Scene）、情节（Scenario）、脚本（Script），甚至模型（model）等（王桂平，2003：2）。这些都可以看作是现代图式理论的研究内容。

二、图式的特征

由于研究侧重不同，不同的学者从不同的角度给图式做出定义。比如，"图式是认知结构"（Mandler，1979），"图式是抽象的知识结构"（Anderson & Pearson，1988），"图式可看作是关于情景和事件的概括性的知识"（Matlin，1989：223），等等。尽管对图式的理解不尽相同，但大多数学者持有这样的观点：图式是大脑中以主题分类的世界知识的集合，是由成分和内部结构按照一定的关联组成的一个复杂的信息网络。归纳起来，图式的特征包括以下几点：

（一）图式是知识单位

认知心理学和人工智能的研究表明，人类知识以固定的图式形式组织起来贮存于人的大脑里，以便运用时随时可以搜索（Brown & Yule，1987：234—237）。人的记忆中储存着大量知识。这些知识并不单指书本知识，还包括日常生活中数量庞大的经验知识。比如：就餐知识、乘车知识、购物知识等等。人们日常生活中经历了许多具体的事情，这些事情能够被人们记住并保持相当长的时间。除了这些具体的信息，人们在认识这些事物的同时还对事物特征进行概括，大脑中留存了许多经过概括和抽象化的信息。这些具体和抽象的信息构成了人们的知识，如果类似的场景再次出现，人们便可以自由地搜索并再认。正因为在人们的大脑中存在关于各种知识的图式，所以人们才知道对待不同的事情，采取什么样的言行是恰当的。

（二）图式包括若干变量

图式的基本结构包含带有标记的若干空位（labeled slot），当图式被激活用来解释某些事件时，空位就会填入特定的信息从而使该事件得以说明清楚（Anderson & Pearson，2005：42）。也就是说当图式的所有空位被填满时，大脑的显示屏就会出现该图式的画面。以购物图式为例，所有的角色、场景以及每一场活动，都是变量。比如，"服务员"这个角色可以由不同的人充当，男的或女的，年长的或年轻的。所以"服务员"是一个变量，"服务员"这个角色占据图式中一个空位，填入到这个空位中的具体的人就是变量的价值。图式就是由许多的变量组成。但图式的变量是有约束的，并不是任何价值都可以填入某一特定空位的。图式中的变量会把价值约束在一定范围内，比如"服务员"这个空位一般只能由人而不能由其他动、植物填充，除此之外还需要满足性别、年龄等条件。

（三）图式的层级与分类

图式具有层级性。大图式中包含小图式，小图式小到一定程度可以成为基本图式。比如事件图式、场景图式、角色图式、范畴图式等等。图式也可以有各种各样的分类。Rumelhart将图式分为形式图式、内容图式和语言图式；Cook把图式分为世界图式、文本图式和语言图式；我国学者刘明东（2003）则认为图式可分为语言图式、语境图式、文体图式和文化图式等等。

三、翻译是"图式转化"的过程

翻译的过程可以分为理解和再现两个阶段。理解是对源语信息的正确解码，再现是用译语对源语信息进行再编码。翻译的过程中必然要涉及译者的图式知识。如下图[①]：

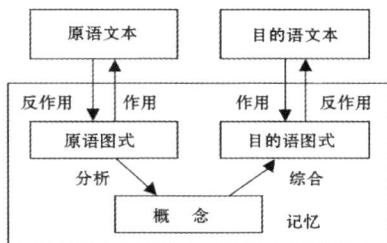

从上图我们可以看出，图式在翻译的过程中起到了至关重要的作用。从图式角度来描述翻译的过程，可以解释译者在进行双语转换时的认知心理，翻译活动的轴心就是译者图式的转换过程。

（一）理解过程中的图式转换

解码的过程是译者的图式与原文信息之间相互作用的过程。在这一过程中，译者要从原文读者的角度出发，认识并理解原文信息。当原文信息能够激活译者的图式，那么译者便可以顺利地理解原文并做出正确的翻译；反之，则会出现对原文歪曲的理解，从而导致翻译的失败或拒绝翻译。例如：

---

① 转引自李丹凌. 反讽翻译的认知过程：贝尔翻译过程模式与图式理论结合的构想和实践［J］. 广东技术师范学院学报：社会科学版，2014（6）.

原文：**一九三九年古历八月初九**，我父亲这个土匪种十四岁多一点。（莫言，2012：1）

译文：**21 Eylül 1939'da** benim bir haydudun oğlu olan babam on beşinden gün almış.（Mo Yan，2013：19）

原文中提及"古历"是中国传统历法之一，也称阴历、夏历、旧历。准确地说，它是一种阴阳历，其年份分为平年和闰年。土耳其也有传统历法——伊斯兰教历[①]（hicret）。它将公元622年7月16日定为伊斯兰教历元年元旦，伊斯兰教历以月亮圆缺一周为一个月，圆缺12周为一年，平年354天，闰年355天。最大的特点是不置闰月。两个国家都设有通用公历指导世俗生活，也拥有一套各自的传统历法。对译者而言，其大脑中关于历法的图式能够被完全激活，很容易就能够理解原文中"古历"的含义，最终推算成公历日期"1939年9月21日"。再如：

原文：集市上有卖炉包的，……**卖刮头篦子**烟袋嘴的，……（莫言，2012：106）

译文：Pazarda çörek...**ustura** ve pipo satanlar...varmış.（Mo Yan，2013：19）

原文中的"刮头篦子"，是一种用竹子和牛骨等材料制作的梳头用具，中间有梁，两侧有密齿，其功能是刮头皮屑和藏在头发里的虱子。因为土耳其没有篦子这种梳头工具，在译者的图式中这一部分是完全空缺的，因此出现理解上的偏差，造成了误译。"ustura"在土耳其语中指的是剃刀而非梳子，所以这里的"刮头篦子"应该译成"tarak"（梳子），而不是"ustura"。

（二）再现过程中的图式转换

翻译理解过程一经完成，概念就从源语文本中剥离，译者将自己置身于译文读者的位置去构建译文，图式开始作用于译文的再现过程。由于原文作者、译者和译文读者头脑中的图式各不相同，这就要求译者对译文的处理要尽可能考虑译文读者的图式。译者在这一过程中进行的图式转换关系到能否让译文读者最大限度地从译语中得到源语传达的信息。例如：

原文："文打还是武打？"黑眼问。

"文打怎么打？武打怎么打？"爷爷问。（莫言，2012：291）

译文："Yumruk yumruğa mı dövüşelim yoksa savaş sanatı tekniklerini mi kullanalım?" diye sormuş Kara göz.

---

① 一种阴历。

"İkisi arasındaki farkı ne?" diye sormuş dedem.（Mo Yan，2013：416）

原文中"文打、武打"在土耳其语中没有对应的固定表达形式，译者在理解的基础上，将这两个词转换成符合译语读者图式的表达方式，"我们是用拳头来打呢还是使用战术技巧？"虽然和原文表达的意思有所出入，但符合译语读者的图式，便于译语读者理解。再如：

原文：七天之后，八月十五日，**中秋节**。（莫言，2012：2）

译文：7 gün sonra, 28 Eylül, **Ay Çöreği Bayramı**.（Mo Yan，2013：21）

原文中的"中秋节"是中国的传统文化节日，其主要活动都是围绕着"月"来进行，如赏月、祭月、拜月、吃月饼等等。译者曾在中国留学，对于中国人在中秋节吃月饼的习俗应该不陌生。所以在翻译的过程中，译者突显了"吃月饼"这一文化习俗，将中秋节译为"月亮圈糕节"（取意月饼），为译文读者构建了以"吃月饼"为主要内容的有关"中秋节"的图式。虽然这样处理可能更加容易被译文读者所接受，但也会造成译文与原文并不完全匹配的结果。如果译者根据实际含义将"中秋节"译成"Orta Güz Bayramı"的话，译文就可以和原文更加匹配。

四、文化误译的图式理论分析

根据 Ungerer & Schmid（2001：55）的观点，在语言加工理解过程中，认知模式和文化模式总是同时存在的。图式的建构通常要在一定的社会文化环境中才能形成，并在一定程度上反映出认知主体的社会文化背景、世界知识等。也就是说图式具有社会文化属性，图式的内容结构受文化环境的影响。因此，我们不妨把有关于文化内容的图式称为"文化图式"。

（一）文化图式

所谓"文化图式"，很多学者都给出了定义。George Yule（2000）认为文化图式是基于某一特定的文化经历上的已有的知识结构。Malcolm & Sharifian（2009）认为文化图式是帮助个体储存关于所处文化的推断性和概念性的信息，并且协助其理解文化经历和文化表达的概念结构。我国学者刘明东（2004）把文化图式定义为人脑中关于文化的知识结构块，是人脑通过先前的经验已经存在的一种关于文化的知识组织模式。章放维（2006）认为文化图式是一种有着文化性和民族性的框架，也就是说，同一个事物可能在不同的民族中激活不同的文化图式。通过以上描述，可以看出文化图式具有明显的特征。首先，文化图式具有民族性。不同的民族在各自发展的道路上会形成有别于其他民族的风俗习惯、宗教信仰和价值观念。其次，文化图式具有开放性。各种文化一经习得，会以图式的方式储存在人们的大脑中。但是这种图式不是一成不变的，它会随着社会的发展和文化的交流不断扩充。

（二）文化误译

文化图式的内容涉及物质文化、制度文化和精神文化的方方面面。每一类文化图式都可能引起翻译过程中的文化误译。所谓文化误译，是指对原作中应该处理的文化信息未做处理或处理不当，从而导致译文读者不解、错解或误解的翻译。（杨仕章、孙岚、牛丽红，2008：193）。

"未做处理"是指那些应该得到处理的文化信息在翻译时被忽略了，译文只保留了原文的表面意思。例如：

原文：一九二二年，北洋政府干员曹梦九任高密县长不到三年，**三把火**正在旺头上。（莫言，2012：103）

译文：1923[①] yılında Cao Dokuz Rüya, neredeyse üç yıldır Beiyang Hükümeti adına Gaomi kaymakamlığını yapıyormuş ve bu **üç meşale** gerçekten ateş almış.（Mo Yan，2013：160）

原文中"三把火"取自俗语"新官上任三把火"，意思是新官员上任后，常常做出几件事以表现自己的才干和革除时弊的决心，过后也就一切如旧。这里的"三把火"是比喻，形容开头三件事多像烧起火来那么壮观，引人注目。而译者只是按字面意思翻译成为"üç meşale"（三个火把），并且未做任何处理，显然不利于译语读者理解，所以此处应该采用加注的形式对"三把火"的文化内涵进行解释。

而"处理不当"，则是指译者虽然处理了那些应该处理的文化信息，但是处理的结果却并不妥当，比如处理不到位，处理错位，或是处理过头等。例如：

原文：奶奶接手之后，雇来了一个三十多岁的女人，人称大老刘婆子，一个十三四岁的小姑娘，名叫恋儿。（莫言，2012：130）

译文：Ninem başa geçince otuzlu yaşlarında, herkesin "Liu'nun Hanımı" diye seslendiği bir kadınla on dört-on beş yaşlarında **Lian'er (aşk çocuğu)** adında bir kız tutmuş.

---

① 土译本中出现的错误，应为1922。

译者在翻译"恋儿"这个人名时，除了音译之外，还专门加了注释"aşk çocuğu"（爱情小孩）。很明显，译者将"儿"字理解为"小孩（除婴儿之外的未成年人）"。但实际上这里的"儿"是个儿缀[①]，并没有具体的意义。译者此处的加注解释就属于处理不当，还不如略去不要。

共享的文化图式是译者和作者双方据以交流的前提。译者如果能够共享作者的文化图式，他就能比较准确地把握原文的信息，甚至能够理解他不太熟悉的或者陌生的信息。反之，如果译者缺乏相关的文化图式，理解就可能遇到障碍，就会出现文化误译。

（三）文化误译的原因

1. 文化图式缺省

文化图式缺省是指与原文相关的文化图式在译者大脑中不存在或是不完整。由于拥有共同的知识背景，作者在写作过程中通常不必对文章中显而易见的文化图式信息进行说明。这种文化图式一般都存在于语篇之外，译者无法通过上下文寻找答案。他们因缺乏应有的图式无法将语篇内信息与语篇外的知识和经验联系起来，从而难以建立理解话语所必需的语义连贯和情景连贯。（王大来，2004：69）例如：

原文：一九二三年腊月二十三日，**辞灶**。（莫言，2012：146）

译文：28 Ocak 1924, **mutfak tanrısı Zao, raporunu sunmak için göğe yükselmiş.**（Mo Yan，2013：219）

"辞灶"又称"送灶王爷"，是中国汉族节日习俗。传说每到年终岁尾的时候灶王爷都要升天向玉皇大帝汇报一家的功过，辞灶便是送灶王爷启程的日子。译者将"灶王爷"译为"厨房神仙——灶"，即叫作"灶"的"厨房神仙"。因为在译者的文化图式中没有关于这一节日的相关信息，所以译者将"灶"误认为是中国传统文化中的姓，从而导致了误译。另外译者将"辞灶"译为"灶神升天去交报告"也是不妥的，因为"辞灶"是"送灶王"的意思，而"灶王升天交报告"则是这一习俗的背景知识。所以此处的"辞灶"如果译为"mutfak tanrısının uğurlandığı gün"（送别灶王爷的日子），则更为妥帖。再如：

原文：曹梦九牧高密三年，已被人称为"**曹青天**"，风传他断案如神，雷厉风行，正大光明，六亲不认，杀人不眨眼。（莫言，2012：105）

---

① 现代汉语普通话中书写形式上带"儿"的词统称为"儿缀"词。（曹跃香，2004）

译文：Üç yıldır Gaomi'yi yöneten Cao Dokuz Rüya'ya "**Berrak Göklerin Cao**"ı deniyormuş, insanlar onun davaları nasıl da tanrılar gibi yönettiğini, şimşek gibi kararlı, rüzgâr gibi hızlı olduğunu, dürüst ve erdemli olduğunu, kimseyi kayırmadığını, gözünü kırpmadan idam kararı verdiğini konuşup dururlarmış.（Mo Yan，2013：164）

译者在翻译"青天"一词时，是按其字面的意思"晴朗的天空"进行翻译的。这种译法不能说完全错误，但由于缺乏相关文化图式知识，没能译出其背后的文化内涵，是有所欠缺的。在中国的传统文化中，"青天"除了本义"蔚蓝的天空"外，还特指为人刚正不阿的"清官"。所以如果译者能以加注的方式对其文化内涵进行解释，如"dürüst ve temiz bir bürokrat"（正直清廉的官员），则更利于译文读者理解原文。

2. 文化图式相悖

文化图式相悖是指译者与作者的文化图式彼此对立，各不相同。尽管不同的民族在认识客观世界的过程中会呈现出一定的共性。但由于文化图式的不同，看待同一事物的角度也有所不同。举个例子来说，"花洒"，中国人称为"莲蓬头"，土耳其人称为"duş telefonu"（洗澡电话），二者构建出的文化图式是不同的。文化图式的对立给译者正确翻译原文中的文化现象带来了很大的困难。译者通常会根据自己大脑中贮存的图式对原文进行判断、推理。有时可能曲解原文的意义，造成不同程度的文化误译。例如：

原文：爷爷见那男孩脖子细长，脑袋很大，脑袋两侧生着两扇肥厚的**大耳朵**，耳垂沉甸甸的。（莫言，2012：328）

译文：Dedem çocuğun ince ve uzun boynunun üzerindeki koca kafasına ve **kepçe kulaklarına** bakmış, kulakmemeleri çok ağır görünüyorumş.（Mo Yan，2013：472）

在汉语中耳垂大且厚喻意"有福气"，而译文中的"kepçe kulak"虽有大耳朵之意，但多指招风耳，和原文中"那男孩的象征着大福大命大造化的双耳"（莫言，2012：328）形象不符。这种译法会影响译文读者对原文人物形象的把握，所以此处的大耳朵宜译成"kocaman kulak"。再比如：

原文：十五年风雨狂心魂激荡，我奶奶由**黄花姑娘**变成了风流少妇。（莫言，2012：47）

译文：On beş yıl süren rüzgâr ve yağmur, romantik serüven ve kışkırtma ninemi,

sarı çiçek gibi bir genç kızdan saygıdeğer bir genç kadına dönüştürmüş.（Mo Yan，2013：83）

土耳其语在形容少女美丽时，常会用到"çiçek gibi"（像花一样的），汉语中也有"如花似玉"等类似的表达方式。但原文中的"黄花姑娘"则是指"未婚少女"，其由来是古时未婚女子在梳妆打扮时喜欢"贴黄花"，所以将其翻译成"bakire bir genç kız"（保持童贞的年轻女孩）可能更为贴切。而译者将其翻译成"像黄花一样的姑娘"，显然是由于文化图式的不同，使得译者在理解的过程中产生偏差从而导致误译。

五、结语

通过以上分析，可以看出《红高粱家族》土耳其语译本中的许多文化误译，或是由于译者缺少或不具备与原文相关的文化图式，或是由于译者与作者拥有的文化图式相悖，从而在翻译的理解和再现过程中出现失误。要想在翻译过程中处理好文化问题，译者必须具备复合的文化图式结构，既要有源语文化图式（供理解原文），又要有译语文化图式（供表达时参考使用），二者缺一不可。（杨仕章、牛丽红，2007）作为文化的使者，在原文中出现文化图式缺省或文化图式相悖的情况下，译者应积极做出翻译补偿，为译文读者构建新的文化图式。

参 考 文 献

［1］陈喜贝，刘明东. 文化图式理论研究综述［J］. 湖南第一师范学院学报，2011（6）.

［2］刘宓庆. 文化翻译论纲［M］. 北京：中国对外翻译出版公司，2006.

［3］莫言. 红高粱家族［M］. 上海：上海文艺出版社，2012.

［4］邱文生. 认知视野下的翻译研究［M］. 厦门：厦门大学出版社，2010.

［5］王大来. 翻译中的文化缺省研究［M］. 北京：中央编译出版社，2012.

［6］王克友. 翻译过程与译文的演生：翻译的认识、语言、交际和意义观［M］. 北京：中国社会科学出版社，2008.

［7］杨仕章，孙岚，牛丽红. 俄汉误译举要［M］. 北京：国防工业出版社，2008.

［8］杨仕章. 论翻译活动中的文化过滤［J］. 解放军外国语学院学报，2011

(4).

［9］张志清. 异化翻译思想探究［D］. 湖南师范大学博士学位论文，2013.

［10］Brown, Gillian & Yule, George. Discourse Analysis［M］. Cambridge: Cambridge University Press, 1987.

［11］Mo Yan. Kızıl Darı Tarlaları［M］. İstanbul: Can Sanat Yayınları, 2013.

归化与异化在中意经贸翻译中的运用

■ 中国传媒大学　朱益姝　张宇靖

【摘　要】归化与异化是翻译的重要概念，也是翻译者常常会采用的翻译策略。1995年，美籍意大利翻译理论家韦努蒂（Lawrence Venuti）在德国思想家施莱尔马赫的理论基础上提出了归化和异化翻译理论。他认为，"归化"翻译重视目标语，以目标受众群体文化为归宿，使翻译更易于目标受众群体所理解和接受；"异化"翻译理论，即翻译应反映来源语的文化背景，使目标受众感受到异族语言和文化的特色。在意大利语翻译教学中，尤其是经贸文章的翻译教学中，需要灵活运用归化和异化理论，使经贸文章翻译既保持原文的精准性，又有利于目标语受众的理解。

【关键词】意大利语；经贸翻译；归化；异化

一、异化与归化

在翻译理论界，关于归化与异化的讨论由来已久。早在1813年，德国思想家施莱尔马赫（Friedrich Schleiermacher）在一篇关于翻译的不同方法的文章中指出，译者可以选择两种不同的方法：一种是尽量不打扰作者，使读者去接近作者；另一种是尽量不打扰读者，使作者去接近读者（Schleiermacher，1813/1992：41—42），施莱尔马赫称前一种方法为"疏离"（alienating），后一种方法为"归化"（naturalizing）。

美籍意大利人劳伦斯·韦努蒂（Lawrence Venuti）继承了施莱尔马赫的翻译理论，于1995年在其出版的《译者的隐身》（*The Translantor's Invisibility: A History of Translation*）一书中明确提出了"归化"和"异化"的翻译理论，并打破了归化翻译的主流地位，主张异化翻译，从此掀起了翻译理论界异常激烈的讨论。

在我国，归化翻译一直占据着主导地位，傅雷、林纾、钱锺书等重要的翻译家都持归化翻译的观点。从奈达的形式对等到功能对等理论，翻译一直以目的语为归宿，人们推崇的都是归化翻译理论，即原文与译文要尽可能实现内容和形式上的对等，使译文的读者在理解和欣赏译文时能够与原文的读者有同样的感受。译文应通顺流畅，使读者不会有晦涩的语言障碍，而翻译者应不着痕迹地将原文的意义展现给译文的读者。

韦努蒂的异化翻译理论是经1998年郭建中先生介绍传入我国的，郭先生发表了一系列的文章，系统全面地阐述了韦努蒂翻译理论的来源、内容及影响，从此，我国的翻译界学者们也开始关注归化和异化理论。

韦努蒂的主要理论著作有《译者的隐身》（*Translator's Invisibility: A History of Translation*, 1995）和《不光彩的翻译》（*The Scandals of Translation: Towards an Ethics of Difference*, 1998）；他还主编有两本重要的论文集：《对翻译的再思考》（*Rethinking Translation: Discourse, Subjectivity, Ideology*, 1992）和《翻译研究读本》（*The Translation Studies Reader*, 1st/2nd/3rd edition, 2002/2004/2012）。韦努蒂主张翻译应体现来源语的语言和文化差异，把读者带入外国的情景；相反，归化的翻译则常常使译文植入了目的语的文化价值观，有一种民族中心的态度，对来源语是一种文化侵略，是文化霸权的一种表现。他甚至提出"抵抗式翻译"，反对将通顺作为评价翻译质量的标准，主张保留原语言的用词即句法特点，承认差异，保留翻译中的文化差异，以体现译者的作用和价值，张扬非英语语种的文化内涵和特点，反对英语一统天下的文化霸权现象。

韦努蒂的翻译理论在英语占主流的文化背景下是有着积极的意义的。作为意大利裔的美国人，韦努蒂更深刻更直观地看到英语译者在翻译非英语作品时，为迎合本国读者的主观想象，或由于其个人的文化视角，而站在本土的立场将非英语作品进行主观更改，并没有真实地展现原作的本意，这是一种从本土语言文化价值观出发的归化式改写。因此，韦努蒂坚持异化翻译，是从文化的角度对非英语作品的支持，抵制英语霸权文化对非主流语言文化的压制，要求凸现原作中非主流语言的文化价值观。他主张：

"异化的翻译抑制民族中心主义对原文的篡改，在当今的世界形势下，尤其需要这种策略上的文化干预，以反对英语国家文化上的霸权主义，反对文化交流中的不平等现象。异化的翻译在英语里可以成为抵御民族中心主义和种族主义，反对文化上的自我欣赏和反对帝国主义的一种形式，以维护民主的地缘政治关系。"①

韦努蒂的异化翻译理论无异于一颗重磅炸弹，引起了强烈的反响，支持和反对的声音都极为强烈。于是韦努蒂于2008年出版了《译者的隐身》第二版，在新版中针对各种批评，对归化和异化翻译理论做了进一步的阐释和澄清，甚至修改。他认为，归化和异化不是对立的，"归化的翻译不是异化，但异化的翻译只能用归化的语言，这样说是正确的。"②。韦努蒂所谓的归化和异化主要是针对外语文本和外国文化的态度，是指翻译文本和翻译策略的选择所产生的道德影响。而在翻译的过程中，译者可以采用多种话语策略，将归化与异化并用，采用异化策略时，并不是要使文本"不通顺"，而是要让译文的读者领会异域的文化，杜绝翻译中主流语言文化对非主流语言文化的任意篡改，为读者创造具有可读性的优秀译文。

在翻译实践中，应根据不同的语篇类型采用相应的翻译策略和方法。著名翻译理论家纽马克根据不同的内容和文体，将语篇的功能分为表达功能（expressive function）、信息功能（informative function）和呼唤功能（vocative function），针对有不同功能的语篇，译者应将归化与异化翻译策略相结合，对不同语篇有不同的侧重，对意大利语经贸类文章的翻译也同样如此。

经贸意大利语是有特定社会功能的一种专门用途的意大利语，它包含了多种商务活动内容，并与政治、文化紧密相连，如商务信函、会议纪要、法律文书、备忘录、说明书、商业广告、通知、报告、演讲、协议或合同以及各种相关单据与表格。在具体的翻译实践中，应注意经贸意大利语的语篇功能和语言特点，要有相对专业的知识背景，如语言知识、交际技能、专业知识、管理技能和文化背景等③。经贸意大利语的语言形式、内容等都与商务活动密切相关，需要格外注意语言的准确性、用词的规范性，应清楚简洁、朴素平实，避免含糊其词、模棱两可，在商务信函中还要特别注意礼貌用语。在经贸意大利语的翻译中，要灵活运用归化和异化翻译策略。

二、归化翻译法

在汉语经贸文章的翻译中，运用归化翻译法，使译文最大可能地接近目的语

---

① 郭建中. 韦努蒂及其结构主义的翻译策略［J］. 中国翻译, 2000（1）: 49—52.
② 郭建中. 韦努蒂访谈录［J］. 中国翻译, 2008（3）: 44.
③ 周莉莉. 意汉翻译理论与实践［M］. 北京: 外语教学与研究出版社, 2010.

（意大利语），符合目的语常用的、合适的语境，实现翻译的准确。例如：

在翻译课中有学生将"企业债券"翻译为：

obbligazione aziendale

buono di imprese

首先看"债券"的翻译，obbligazione的翻译是准确的，buono在字典上虽然也有"债券、票证、单据"的意思，但它所用的语境却与"企业债券"不同，buono常用于buono del Tesoro（国债），buono della mensa（食堂券），buono del supermercato（超市券），可见buono所用的语境多为"代金券"，与公司的债券相去甚远，因此这个翻译是不准确的。

再看"企业"翻译成aziendale在字面意思上没有问题，但在这个语境中则不尽如人意，"债券"隐含有"份额"的意思，因此与società在语境上更为接近，società作为"企业、公司"的意义讲时多用于società per azioni（股份公司），società in nome collettivo（合股公司），多与"份额"相关，因此可以将"企业债券"翻译为：

Obbligazione societaria（采用società的形容词形式）

这样的翻译充分考虑到目的语的使用习惯和语境，采用归化的翻译策略使翻译更为地道、准确。

再如"大宗商品"，有同学将其翻译为：

merce di grandi volumi

bulk cargo

merce importante

先看最后一个翻译merce importante（重要的货物）完全词不达意；bulk cargo意思为"散装货"，bulk虽然有"大块、大容量"的意思，但与"大宗"不能完全对等；第一个merce di grandi volumi中的"volume"有"体积、容量"的意思，那么这个翻译的字面意思就变为"大体积的商品"，显然，与原文"大宗商品"相去甚远，原文是从数量的角度说"商品"的，因此，在意大利语的译文中也要准确体现这一概念，应翻译为：

merci all'ingrosso

这里all'ingrosso是"批发、大宗"的意思，是非常地道、准确的意大利语表达方式。

三、异化翻译法

在有些情况下，经贸翻译中要采用异化的翻译，异化翻译策略多用于经贸与政治和文化相结合的文章翻译中，其目的是要体现翻译来源语的政治和文化特点，使目的语受众体会到来源语的"异域"特色。例如：

原文：让我们更加紧密地团结在以胡锦涛同志为总书记的党中央周围，高举邓小平理论和"三个代表"重要思想伟大旗帜，全面建设小康社会，为构建和谐城市而努力奋斗！

学生们的翻译如下：

译文1：Dobbiamo circondare più vicino al Partito Comunista Cinese con il segretario generale Hu Jintao, tenendo alto lo stendardo di Deng Xiaoping e delle "tre rapprensentatività" e costruiamo una società abbiente lottando strenuamente per costruire una città armoniosa.

译文2：Giriamo più strettamente al centro del PCC guidato da HuJingtao come segretario generale. Teniamo alta grande bandiera della teoria di Deng Xiaoping e il pensiero importante di "Tre Rappresenta", completiamo completamente attuare il concetto scientifico di sviluppo, uniamo un alto grado dell'idea al pensiero di sviluppo comunali e la principale disposizione e decisione per costruire una città armoniosa e lavorare con impegno!

在这两段翻译中，两名同学都注意到了一些中国特色的词语的异化翻译，在不影响句子整体理解的情况下保留一些中文里特有词组的翻译，但用词有待商榷，这里重点分析其中的两点。首先，circondare più vicino al 意思是"更近地环绕在……"，而 Giriamo più strettamente al 中 giriamo 是"我们转动、游走"的意思，strettamente 是"紧密地"，在这里，原句是"紧密地团结在"，所以显然译文不够准确，采用 unirsi 这个词更好一些。

其次，关于"三个代表"的翻译，一名同学翻译为 tre rapprensentatività，另一名同学翻译为 Tre Rappresenta，两人都用引号将其特别标出，以显示该词有特殊的含义，这点非常好。但第二名同学所用的 rappresenta 是动词 rappresentare 的第三人称单数形式，用词有误，因此，tre rapprensentatività 在这段话的翻译中是准确的，并保留了异化翻译的特点。这段话的参考译文如下：

Unendoci a Hu Jintao, Segretario Generale del nostro Partito Comunista Cinese, teniamo alto lo stendardo delle teorie di Deng Xiaoping e del pensiero delle "tre rappresentatività". Costruiamo la società benestante e lottiamo strenuamente per rendere la nostra città più armoniosa!

四、结语

综上所述，在汉语经贸文章的意大利语翻译中，需要灵活运用韦努蒂的归化和异化理论，使不同文化背景的语言翻译既准确达意，又能够彰显语言和文化特色。

参 考 文 献

［1］郭建中. 异化与归化：道德态度与话语策略——韦努蒂《译者的隐身》第二版评述［J］. 中国翻译，2009（2）.

［2］郭建中. 韦努蒂访谈录［J］. 中国翻译，2008（3）.

［3］郭建中. 韦努蒂及其解构主义的翻译策略［J］. 中国翻译，2000（1）.

［4］刘泽权，张丽. 异化之异化：韦努蒂理论再批评［J］. 外语研究，2009（3）.

［5］周莉莉. 意汉翻译理论与实践［M］. 北京：外语教学与研究出版社，2010.

［6］Schleiermacher, Friedrich. On the Different Methods of Translation [C]// R. Schulte & J. Biguenet. Theories of Translation: An Anthology of Essays from Dryden to Derrida. Chicago and London: The University of Chicago Press, 1992.

［7］Venuti, Lawrence. The Translation Studies Reader (1st /2nd /3rd edition) [C]. London Routledge, 2002/2004/2012.

［8］Venuti, Lawrence. The Scandals of Translation: Towards an Ethics of Difference [M]. London and New York: Routledge, 1998.

［9］Venuti, Lawrence. The Translator's Invisibility: A History of Translation (1st /2nd edition) [M]. London and New York: Routledge, 1995/2008.

［10］Venuti, Lawrence. Translation Changes Everything [M]. London and New York: Routledge, 2012.

论文学作品的翻译标准

——以《中国文学》的翻译为例

■ 北京外国语大学　于桂丽

【摘　要】翻译文学作品和文化典籍是开展教学和研究的基础工作，有助于对一个民族的心理的认识、对一个国家民族性的理解，而文化典籍和历史文献的翻译是开展文化交流与合作，增强不同民族之间、不同文化之间了解的优先途径。开展比较文学研究和跨文化研究则是研究的自然延伸和拓展。文学作品是描写生活的，译者和创作者一样，也需要生活的体验。文学翻译要在艺术上严守本分，却不是不需要志气。艺术性翻译本身就是创作性翻译，既要保持原著的风格，也要通过译本表现自己的风格。

【关键词】文学翻译；分类方法；标准；意译；直译

一、文学翻译

2014年末笔者完成了汉办项目《中国文学》的波斯语翻译工作。在翻译《中国文学》这本书时，涉及中古文学、近古文学、先秦诸子百家散文、司马迁《史记》、唐宋八大家作品、词、戏剧、小说、当代文学，头几个月翻译进度很慢，三分之二的时间都用于对中文资料的学习研究上；后几个月用了三分之一的时间动手翻译，深深体会到翻译工作的艰苦。理想的翻译应该是这样的：（1）首先，它需要译者同时具备两国语言文化的修养，对中国文学所涉及的种种学识要有所涉猎和研究，如每个朝代的作者、时代背景、学术术语等。（2）不仅波斯语语言能力过关，也应通晓波斯文学、历史、宗教、民俗、艺术等领域，详悉作者的内在生活与外在生活。（3）要保留原文的气韵，原文中的字句应该应有尽有，译文不能逐字逐句地死译。（4）要有严谨的钻研态度和神圣的责任感、使命感，保持良好的心态，时刻提醒自己，让原汁原味的中国文学不断走进世界文学的殿堂，与世界文化融合，让伊朗人认识中国灿烂悠久的文化。

当然，要具备熟知中国文化和波斯文化的能力，需要长年累月的学习、研究，并非易事。好的翻译等于创作，甚至还可能超过创作。创作是有生活体验的，而翻译是体验别人的生活和情感，体验不同时代人的情感，所以翻译工作很难。尤其是文学承载着中国沉重丰厚的历史，反映了中国复杂多变的社会现实，寄托中国人对美好未来的梦想。文学是沟通中国与世界最好的精神园地。表现全世界的共同关注，展示全人类的人情人性，是中国文学的应有之责。译者若不具备对两种文化的修养，就不能完美地把中国文化介绍给伊朗读者。

翻译需要多方面学识的综合运用，语言水平是基本条件。随着年龄的增长，外语能力越来越强。多年的实践体会表明，翻译是提高语言的一种途径，是学习外语的一种方法，也是介于教学和科研之间的一种实践。任何一种语言都会涉及民族的心理意识、历史、习俗传统、宗教、文学、艺术等诸多文化因素。译者如果没有对语言的熟练掌握和对文化的基本了解及对比研究，就谈不上对语言文字的正确理解和表达。

（一）分类方法

根据体裁和内容，翻译可分为一般翻译（即写作翻译）和创作翻译（即文学翻译）。例如，对新闻、书、信、论文、文件等的翻译，都属于一般翻译；而对一些文学作品，如小说、诗歌等则属于创作翻译。

英国大批评家倭诺尔特在论《荷马的翻译》一书中说过，只有译者与原文化而为一，才能产生良好的译文。要达到同化之境，必须把二者中间的迷雾去掉，这里所说的迷雾指译者方面的与原文不一致的思想、吐属、感觉的方式。译者不能在翻译之前先定标准，无论是雅，是达，是通俗，是优美，是质朴，而得以原文的标准为标准。得考虑两种文字的可译性是否能准确达意，统筹整篇译文的风格。要遵循你内心为译文定下的标准，大胆行笔，译文先打动你自己，然后是他人。这个道理适用于中文翻译波斯文，也适用于波斯文翻译中文。如果原文是有哲学思想的文章，按照如上所说的标准创作翻译非常难。如苏菲派的作品，译者怎么能和苏菲的情感融合为一，体会他创作时的心态以及每个词使用的奇妙之处？中国文化和波斯文化毕竟有一定的距离。中国文化更接近大自然，接近百姓生活，波斯苏菲文化更讲精神层面的修行。不是教徒，怎么能和教徒具备同一情感？

一位伊朗教授在讲授哈菲兹诗歌时多次流泪，与其说是哈菲兹的诗歌打动了他，不如说是他完全融入到哈菲兹当时创作这首诗的情感中，并与哈菲兹的情感达到统一。"天人合一"能产生"大美"的创作激情。译者能否在译诗的时候，产生诗人写诗时同样的情感？在翻译的过程中，首先要让所译之诗先打动自己，译作才能打动读者。由此可见，创作翻译时，保留原文的神韵非常关键。当然母语文化素养是翻译的根基。

（二）文学翻译标准

严复在他翻译的《天演论》的例句里说："译事三难：信，达，雅"。"信、达、雅"成了几十年译书者的唯一指南、评价译文者的唯一标准。

郭沫若关于翻译标准问题这样说：原则上说来，严复的"信、达、雅"说确实是必要的条件。但也要看翻译的东西是什么性质。如果是文学作品，那要求就要特别严格一些。就是说你不仅要能够不走样，能够达意，还要求其译文同样具有文学价值，那就是三条件不仅缺一不可，而且是在信、达之外，越雅越好。所谓"雅"，不是高深或讲修饰，而是文学价值或艺术价值比较高。[①]

笔者举两个例子。何家英，中国当代工笔人物画大师，大众这样评论他的画："化真为美，崇尚一种高古和单纯。"画家自己说："在我的画中，追求的是内在真实，不能丢掉最传统的品质。"他笔下的女性都有婉约哀伤之美，在他看来，美是含蓄诗意的，因为他在意诗意的、内在的东方美。他每每作画时，都要读诗，比如，李煜的诗有一种婉约忧伤之美，"我的画是画中有诗，诗中有画，画家的品行决定了作品的品行，他眼中的审美源自一种气度，而这种气度是一种舒展的、带有阳刚气的柔美。我把它理解成一种风骨，一种内在的精神"。[②]穆罕默德·法尔希奇扬是伊朗当代著名细密画大师，他将古波斯的细密画提升到出神入化的境界，他的绘画和设计也代表了顶尖的伊斯兰艺术。绘画作品主题源于波斯古典诗歌、文学、《古兰经》、基督教和犹太教的《圣经》，还有的出自他个人深邃的奇思妙想。他每每作画时，喜欢听着音乐，跟着音乐的节奏和调性来画。细品他的画，可以听到杜鹃的啼鸣、细水的潺潺和孤独者的哀号，感受熊熊烈火的炙烤。艺术是相通的，它超出国界，何家英和法尔希奇扬的作品称得上是"大雅"之作。

---

① 罗新璋，陈应年. 翻译论集［M］. 修订本. 北京：商务印书馆，2009：562.

② 沈华琼. 何家英画集［M］. 福州：福建美术出版社，2013：3.

《诗品》中常说的"风云气"就是审美意义上的阳刚气，有时表现出豪迈之气。文学作品具有独特的"大美"境界和风格，就达到"雅"了。

综上所述，古今中外对翻译都要求一个标准。我国翻译界过去多以"信、达、雅"为翻译的标准。"信"：译文要忠实于原文内容；"达"：译文要在语法、选词上合乎译文语言的规范，要通畅；"雅"：译文要在内容与原文内容一样，也符合译文语言规范的前提下，讲求译文语言的优美，保留原作品的神韵和大美的风格。如果说翻译文学作品的标准之一就是"信"，那么如何才能做到"信"？怎样才能算"信"？笔者试图从中国传统艺术的角度做些阐发。

文学翻译的"信"与中国画所指的"气韵生动"有些相似。古人云："丹青难写是精神。"而艺术精神是靠画家全方位的修养悟得的。绘画是通过艺术形式反射思想理念，同时又把文学艺术、哲学人生、社会自然等的美学基因和宇宙生命的全息注入画中，形成具有人文精神高度的载体。[①]外国朋友对中国写意画很是好奇。画家创作这种画时，不需要到大自然写生，只是把脑中对大自然的画面通过画笔表达出来。写意画主张神似，用笔不苟求工细，注重神态的表现和抒发画家内心的情感。这种情感来自对大自然的灵性感悟，捕捉到大自然瞬间的美，即"神韵"。一幅作品诞生后，观赏者都说惟妙惟肖，毫无异词了，可是画家本人或艺术鉴赏者认为还不是极好的作品。笔者家里挂着一幅古画，是先生临明代书画家沈周的作品。笔者认为与原本几乎无异了。可是先生一直不在画上署名。他说："你看到的是外表图案、用笔、颜色的相像，我却认为临本未得原本的神韵。"所以，翻译作品的"信"和绘画作品的"神韵"很相似，道理是一个。对于文学翻译的条件"信"，是否已经有一些启发？译者要过"信"字这一难关。虚白先生在《翻译的困难》一文中说：

"我们译书的人应该认清我们的工作之主因，是为着不懂外国文的读者，并不是叫懂得外国文的先生们看的。……所以我们训练的进行应该就着这一班人的心理来定我们的方针。……我们应该拿原文所构成的映像做一个不可移易的目标，再用正确的眼光来分析它的组织，然后参照着译本读者的心理，拿它重新组合成我们的文字。"

虚白先生的目标，大约与倭诺尔特所说有些人的主张相同，即："读者在可能的范围内简直忘记了这是一本译文，而渐渐的沉浸于自己读的是一种原本的幻想之中"。有些波斯苏菲诗人所写的作品翻译到中文，要达到这种"信"的境界

---

① 李毅峰，石建国. 中国画 [M]. 北京：人民美术出版社，2009：100.

也太难了。即使译者对作品的理解非常明白，译者的情感也很难达到苏菲诗人写作时的那份情感，译者本身不是苏菲诗人，怎么能达到苏菲诗人的情感？所以笔者认为"要保存原有的种种特殊的处所，而且原文越是奇特，保存越是用心，要恰到好处，尺度由译者把握"。那么译者的生活经历与生活体验愈丰富，对于不同国家和不同时代的生活也愈容易体会和了解[①]。走进波斯人的生活，了解他们的心理文化。不管怎么说，这两方面的目的都是在一个"信"字，方法不同而已。

译中国文学到波斯文要信。怎样才是信？要伊朗人读了译文所受的感动，与读了原文所受的感动一样。可是这个读者是谁呢？当然不是不懂波斯文的中国人，也不是只懂中文的中国人。如说要使不懂中文的伊朗人，读了译文，得到只懂中文的中国人读了原文那样的感动，虽是极可嘉的理想，确是绝对不可能的事。《中国文学》这本书，从动手翻译到最后成书费了很多周折，走了很多的弯路。开始时，懂波斯文的中国老师动手翻译，懂中文的伊朗人校对，虽然文章的内容能更加接近原文，在语法、修辞上更加地道，但还是觉得缺少点什么。因为是文学作品，只能说我们的翻译已经达到形似，意似了，但缺少神似，还不能算信。后来我们采用另外一种合作方式，就是懂两国文字的老师，共同商议，融入一种创作的氛围和心境，当然中国老师波斯文的功底及对中国文学内容的把握一定要到位。因为在翻译的过程中，要使文章所表达的内容完全融入或符合波斯文化的语境和文字创作表达，实现两种文化的转换，需要两个译者的精神状态完全融入大自然，和原文作者的情感融为一体。这时脑子里出来的句子气势连贯，一气呵成。译文既准确又地道。

倭诺尔特说："译者一定要有外国文的知识，而且有充分的诗的鉴赏力的情感。"因此我们译书的人要认清我们工作的评判者是波斯人，而以波斯人为评判标准，如果译者时刻惦记着不懂中文的波斯人的心理，就不能牺牲掉原文的许多精华，若是不考虑这个因素，只是为了翻译而翻译，而且会顾及"用心"和"保存原文的种种特殊的处所"，也许译者反而丧失了原文的神韵风格。

译者懂得以上道理，他所译出来的译文与创作无异，原书费解之处要加上注解。如：

几百年间诗人辈出，灿若星河，从"三曹"、"建安七子"、"正始诗人"，到陶渊明再至"初唐四杰"，诗人们独特的人格和其作品独特的风格交相辉映。慷

---

① 茅盾. 为发展文学翻译事业和提高翻译质量而奋斗 [J]. 译文，1954（10）：12.

慨悲壮的"建安风骨",浸透人生悲哀和理性思考的"正始之音",雄壮浑厚的
"盛唐气象"。

在这段文字中,"三曹"、"建安七子"、"正始诗人"、"初唐四杰"、"建安风
骨"、"正始之音"、"盛唐气象"如不加注解的话,伊朗读者是很难明白的。

再如,介绍中国小说《三国演义》中的一个经典情节:温酒斩华雄。最佳的
译法是简明扼要把这个典故译出来,即:"董卓废黜少帝刘辨而立陈留王刘协为
帝后,残暴不仁、擅权于朝堂。以袁绍、曹操等人组成的关东十八路诸侯共同讨
伐董卓,但前锋孙坚在进军汜水关时被华雄击败。华雄耀武扬威、不可一世,潘
凤等大将接连被华雄斩杀。"虽然在译文中并没有这个典故的描述。但是波斯人
是不了解中国文化的。曹操"挟天子以令诸侯"最佳译法:"曹操挟制着皇帝,
用皇帝的名义发号施令。"

鬼怪小说书名《聊斋志异》,刚开始译成:

رمان شیطانی: « قولی سفره ی خانه ای »

"聊斋"取自作者的书斋名称,"志"是记述的意思,"异"是指奇异的故
事。蒲松龄在广泛搜集民间鬼怪故事和野史杂谈的基础上,创作了《聊斋志异》。
后来查看英文译文,聊斋的作品讲述精怪鬼魅的故事为主旨,保存聊斋音译。
译成:

رمان دیو وجن: «داستانهای لیائوزای»

蒲松龄在谈到自己创作《聊斋志异》的缘由时说:"集腋为裘,妄续幽冥之
录;浮白载笔,仅成孤愤之书。寄托如此,亦足悲矣!"试用上述方法翻译,文
字是从脑海里一句句连贯地流出来的,翻译也是在尊重原文的基础上重新创作,
不需经过第二次修改,也能一气呵成。

پو سونگ لینگ درباره ی علت نگارش کتاب می گوید: هدف نوشته ی من این است
که بتوانم احساسات و افسوسم را در این شبهای سرد لابلای این خطوط بیان کنم. من بخاطر
سیاستمداران و مورخین دوران چاوی جنوبی همچون لیو ای چینگ این کتاب را نوشتم و جام
شراب بهنگام نگارش آن همدم من بود. مانند خن فای جی که در دوران سه کشور جنگی کتاب
«خشونت تنهایی» را نوشت، من نیز این کتاب را نوشتم. تمام وجودم را برای کتابم گذاشتم و
تمام ناراحتی ام را نیز در این کتاب بیان کردم.

二、"意译"和"直译"

从翻译的形似、意似、神似,到翻译的"意译"和"直译",严复都说过:

译文取名深意;故词句之间,时有所颠倒附意,不斤斤于字比句次,而意

义则不倍本文。题目："达旨"，不云"笔译"，取便发挥，实非正法。什法师有云："学我者病！"来者方多，幸勿以是书为口实也！(《天演论》译例言)①

如果翻译一字不可增，一字不可减，一字不可先，一字不可后，这种译法到波斯文，名曰翻译，"译犹不译"。这种方法，周作人先生称之为"死译"。在没有弄懂译文前，不要动手翻译。避免发生只靠工具书等资料的"死译"。

忽略原文的风格，译本的内容不能真实地传达，是形似翻译的弱点。每个作家都有他特殊的风格，因时代背景不同，民族心理文化及语言特点都不一样。《红楼梦》有《红楼梦》的风格，《水浒传》有《水浒传》的风格，《三国演义》有《三国演义》的风格，要是不研究各书的特点，而以同一笔墨来译述，无论如何忠实，终不能传达出《红楼梦》、《水浒传》、《三国演义》的风格。林黛玉有林黛玉的口吻，王熙凤有王熙凤的口吻，李逵有李逵的口吻，以同一种语调来译述，无论如何也不能写出这些人的性格。以《红楼梦》下面这一段为例，看看"意译"和"直译"的运用。

黛玉"心较比干多一窍"，在贾府生活"步步留心，时时在意，不肯轻易多说一句话，多行一步路，唯恐被人耻笑了他去"。然而黛玉虽然寄人篱下，却生性孤傲，天真率直，胸无城府，爱恨分明，言行举止间并不掩饰自己的喜怒好恶。这首《葬花词》正是黛玉的最好写照：这段译文应采用"意译"的方法，译文如下：

تراژدی دوم در شخصیت پردازی می باشد به این معنا که «لین دای یو» را دخترى مرموز و پیچیده معرفی می کند که بسیار حساس و زودرنج است. او در سایه ی زندگی در خاندان جیا باید تمام اصول را رعایت کرده و احتیاط کند و قدمی را به خطا نمی تواند بردارد این در حالیست که خصلتهایی همچون غرور و خودخواهی و تنهایی و سادگی و صداقت او اینگونه زندگی کردن را برای او دشوار می سازد. شعری با نام دفن کردن گل بهترین توصیف «لین دای یو» است.

愿奴胁下生双翼，随花飞到天尽头。天尽头，何处有香丘？未若锦囊收艳骨，一抔净土掩风流。质本洁来还洁去，强于污淖陷渠沟。尔今死去侬收葬，未卜侬身何日丧？侬今葬花人笑痴，他年葬侬知是谁？

这首《葬花词》应采用"意译"和"直译"相结合的方法，译文如下：

تمام امید من از این است که دو بال داشته باشم و با آن به انتهای آسمان و زمین پرواز کنم تا به انتهای آن برسم . می خواهم بدانم آنجا قبری برای دفن کردن گلها دارند؟ اما شاید همین کیسه

---

① 罗新璋，陈应年. 翻译论集 [M]. 修订本. 北京：商务印书馆，2009：479.

ی ابریشمی عطرآگین پو که جسد زیبا را بتواند در برگیرد. و برای تو پشته ی خاکی بسازم و
توی بی نظیر را در آن دفن کنم و به این امید که بدن با ارزشت که از پاکی آمده به پاکی واصل
شود و به هیچ ناپاکی ای آلوده نشود. نکند تو را به گودال آلوده بیندازند. وای گلها تو امروز
می میری و من تو را دفن می کنم. چه کسی می داند سرنوشت من تا این اندازه سست بود و
ناگهان عمرم به پایان می رسد. من امروز گلها را دفن می کنم ، مردم مرا مسخره می کنند و
مرا نادان خطاب می کنند. هرگاه من بمیرم چه کسی مرا دفن می کند؟

如懂波斯文的译者读到《葬花词》诗时，自己能感动落泪，说明译文译到极
好之处。如果直译者光注重形式，太想"保存原有的种种特殊的处所"，结果因
风俗、思想的不同，往往得到相反的效果。如"质本洁来还洁去"，正是林黛玉
的人格追求。应译为：

اصل ماده پاک است و به پاکی می رود که این همان خواست «لین دای یو» می باشد.

宝黛的爱情前世注定，那就是感人肺腑的"木石前盟"，但似乎命运捉弄，
突然又出现了"金玉良缘"一说。这里的"木石前盟"和"金玉良缘"一定要
意译不要死译。把"金玉良缘"和"木石前盟"的典故稍加诠释，采用"意译"
手法。

《三国演义》中的有些典故如"温酒斩华雄"体现了关羽的勇，"过五关斩六
将"体现了他的忠，"华容道上捉放曹"体现了他的义，"刮骨疗毒"体现了他的
坚忍，"败走麦城"反映了他的自负等，也应采用"意译"加诠释手法。

三、翻译的最高意境

翻译《中国文学》的另一个体会就是：意似的翻译，要超过形似的直译，要
把轻灵的归还它的轻灵，活泼的归还它的活泼，滑稽的归还它的滑稽，伟大的归
还它的伟大。作为译者一定要问，原作者特殊的个性是什么？原文的特殊风格是
什么？翻译的最高意境是什么？译者有了这样的认识，便可以把自己不相容的个
性排除在一边，而像透明的水晶，把原文的一切都映过来。正因为人不能像水晶
那样晶莹剔透，所以译文免不了多多少少的折光和弯曲。从这个观点来看，一个
最好的模拟者是个忠实的译者：他有锐利的眼光，能看出原文的种种特点，他自
己个性最少，所以能逼真、生动地模仿具有不同性格的人物和语言。

不管模拟者技巧如何高超，一定还不能得到作者的神韵，只能做到取其神而
遗其貌，或取其貌而遗其神。抱着笃信谨守的态度来翻译创作，也接受失其本真
的事实。诚如病夫先生所说："神韵是诗人内心里渗透出来的香味。神韵是个性

的结晶，没有诗人原来的情感，更不能捉到他的神韵。"南齐谢赫云："画有六法，气韵生动为六法之一。有气韵而无形似，则质胜于文；有形式而无气韵，则华而不实。气韵生动，默契神会，不其然而然也。气韵生动不可学，此生而知之，自然天授；然亦有学得处，读万卷书，行万里路，胸中脱去尘俗，自然丘壑内营，随手写出，皆为山水传神。气韵生动，全属性灵。"① 老舍在《关友声画集》序中关于中国山水画这样评论："中国画里以山水画最难，有真功夫还不够，得有真才力与识见。严格的说既非画山，也非画水，而是绘出心灵对大自然的趣味与设想。不但物境的壮伟或闲逸是由心境而然，就是物境的形似之美也是随心所欲。"②

谢赫和老舍的理论使人联想起伊朗苏菲派著名诗人、毛拉维教团的创始者鲁米（Jalāl-ol-Din Rumi，1207—1273年，即莫拉维）。在他生命的最后十三年中，创作了诗歌巨作——叙事诗集《玛斯纳维》（*Mathnawi*）。据说他创作时处于一种修行的状态，他的精神境界（也就是上文所谈的神韵）和真主融为一体。他最喜欢的学生胡珊·切利毕（Husam al-Din Chalabi）把他随口自然流露的诗句记录下来并整理成书，共六卷，五万一千余行，后世称之为《玛斯纳维》。这本书表达修道者对真主的虔诚和信仰，阐发"人神合一"的苏菲之道。鲁米创作诗歌时的"修行状态"、南齐绘画理论家谢赫所指的"气韵生动"、病夫先生所指的"神韵"和老子所提的"天人合一"都是指人的思想境界与大自然融合在一起。

英国近代文学界的怪杰Samuel Butier说："你要保存一个作家的精神，你得把他吞下肚去，把他消化了，使他在你的身子里。"上面谈到的中国画论大师谢赫的"气韵生动"及老子的"天人合一"思想，鲁米的精神与真主合为一体，都可以来诠释译者与原文化而为一，才能产生良好的译文。可是怎么能与原文化而为一呢？是不是任何人都能与原文化而为一呢？大小说家摩尔（George Moore）在自己的一本书中这样说：

如果一本书重新产生一次，只有一本书遇到了一个与原作者有同样心智的人，才会有这幸运的来临。一种作品若能遇到这样的译者，所译作品能得到与原作品一模一样的神髓。神似的译本之难，原因在此。明白此理，每次动手翻译前，先整理一下自己的心境，让心进入翻译的准备状态。这种准备和画家在作画前洗手，穆斯林在礼拜前"做小净"意义相似，都是对大自然的敬畏，是人与大自然和谐相融的表现。

---

① 叶子. 黄宾虹山水画论稿 [M]. 上海：上海人民美术出版社，2014：125.
② 舒乙. 老舍胡絜清藏画集：索引卷 [M]. 北京：北京出版社，2015：64.

四、翻译诗歌

新近东亚病夫先生有一篇文字论诗的翻译，意思是说信、达、雅三字决不足以尽译诗的能事。他说："大家都道译书难，我说译书固然难，译诗比译书难到百倍呢？这什么讲究呢？译书只有信、达、雅三个任务；能信，能雅，能达，三件都做到了家，便算成功了。译诗却不然，译诗有五个任务哩。"（《读张凤用各体诗译外国诗的实验》）请看例句：东晋诗人陶渊明《归园田居·其三》"晨兴理荒秽，戴月荷锄归"。按照翻译理论衡量翻译的标准，雅字即使不是最重要，至少也是万不可忽的条件。可是笔者就是费尽九牛二虎之力也无法用波斯文写成押韵的两个对偶句，译出的是不押韵、先后出现四个动词的三个完整句。即：

صبح زود به وجین کردن مزرعه می روم ، هنگام طلوع ماه کج بیل را حمل می کنم و به خانه بر می گردم .

译文里字里行间流露出诗人早上到田里清除杂草、平整田埂，直到晚上月亮升起来，扛着锄头回家的生动场景。

笔者认为翻译中国诗歌到波斯文，雅字或其他相类的字不但是多余的，而且是译者的大忌。如果按照原文死译，原文的意义将丧失无疑。因为诗的妙处在于它的神韵。散文只要内容充分，即使形式、风格差一些，仍然是散文。诗如不讲究风格，简直不是诗。愈是伟大的诗，愈离不开它的神韵。一般的诗，只要你能模仿它的音节和格调，也就能译出很好的译文。一部伟大的诗篇，却不是模仿所能传其神的，能以同样心智进行译述的伟大诗人，千万年中也不见得能遇到一次。

译诗虽是一种文字译另一种文字的工作，但译出的结果也要是诗。有些译者把原诗一字一字译了出来，也照原诗的模样分行写出，便认为是翻译的诗。这样的翻译，即使很精确地译出来，也只是译字译文，而绝不是译诗。

译诗主要看译者的天分和修养。张鸿年老师在译欧玛尔·海亚姆的诗歌时写道："翻译欧玛尔·海亚姆的波斯哲理诗，是一项非常艰苦的工作。哪怕用一种语言改写诗歌，如若其格律音韵有所改变或遭到破坏，也会使诗意消失殆尽。这一点在译波斯语诗歌时尤其突出。因为波斯语诗歌韵律之和谐、语言表现力之强，以及只可意会不可言传的比喻，若非充分掌握其文学语言是不可能翻译好的。伊朗苏菲派大诗人论及以精练的语言表达细腻丰富的思想时说：区区一壶的容量，岂能容纳无际的海洋？"①

张晖老师在译波斯经典诗作《果园》时曾说："萨迪的每一首诗的译出，在遵照原文的基础上，从句式到语言，是重新创作的过程。当然，中国文化功底也很重要，比如多读中国文学古典著作，如唐诗、宋词、二十四史、《文心雕龙》等，对译文的润色及遣词造句韵律有极大帮助。"

译诗并不是不可能的事，最初感觉很难、不宜翻译的诗，经过几番推敲，也能完好译出。所以译诗要看能力和努力的程度。能用一国文字写出来的诗，一定可以用另一国的文字译出来，不怕译不好，就怕缺乏信心、不够努力。

译诗都要翻译成本国诗式的诗吗？能否翻译成散文？一般说来，凡是格律诗，最好能译成格律诗，但难度相当大。拘谨于格律，往往妨碍译诗其他必要的条件。不如用散文体来翻译，翻译成散文的，也不是一定不能用韵。请看下面两首诗：

杜甫诗：李白斗酒诗百篇，长安市上酒家眠。天子呼来不上船，自称臣是酒中仙。

لی بای با نوشیدن یک پیاله شراب صد شعر را خواند

در میخانه بازار چان ان به خواب فرو رفت

صدای شاه را نادیده گرفته و از سوار قایق شاه امتناع کرد

گفت: خودم فرشته ی بهشت شرابم.

- گو چنگ

顾城的诗：《我是一个任性的孩子》

我是一个任性的孩子／我想涂去一切不幸／我想在大地上／画满窗子／让所有习惯黑暗的眼睛都习惯光明……

« من بچه ای لجباز هستم »

من بچه ای لجباز هستم

می خواهم همه بدبختی ها را پاک کنم

می خواهم در زمین

پنجره های بیشمار بکشم

می گذارم همه چشم های مانوس به تاریکی، به نور عادت کنند.

- گو چنگ

上面的两首诗，第一首是唐代杜甫的诗，第二首是现代顾城的诗。这两首译

---

① 欧玛尔·海亚姆. 波斯哲理诗 [M]. 张鸿年，译. 天津：天津出版社，1991：6.

成波斯文，第一首即像散文体，第二首即像诗体。诗的内容和意境与原文非常接近。但诗的韵律和字数没有对应。如果再由一位擅长写作的伊朗专业人士校对或稍加润色，字数和韵律也可以对得上。第二首诗是现代自由体诗，在韵律和字数上是自由的，所以比古代诗更容易翻译。

译诗的方法可归类为两种：

（一）表现的翻译法

指译者用灵敏的感受力与悟性将原诗的生命捕捉到，再用另一种文字表达出来。这种方法对文学修养要求很高。译者若不是与原诗歌作者同样伟大的诗人，便不能译出与原诗一模一样的诗歌。所以译者最好在译诗前，把自己变成诗人，来感受诗的意境，让诗人成为自己，把胸中沸腾的情感用真情吐出。郭沫若翻译雪莱的诗，曾这样说："译雪莱的诗，是要使我成为雪莱，是要使雪莱成为我自己。"这种翻译的方法，实际上是发挥创作精神，往往不拘泥于原作的内容和形式。这种情况下，只要抓住诗的主脉，译文即使没有遵照原文的韵律和句法格式，也是可以通过的。

（二）构成的翻译法

保存原诗的内容构造与音韵的关系，力求再现原诗的情绪。这是多数译者采用的方法。译者把原诗一字一字地译出，依次排列，但缺少音韵与情绪上的重新组合。只是仿照原诗内容的关系与音韵的关系，以求构成原诗的情绪。

比较这两个翻译的方法，表现的翻译法是要从一个混一的情绪解脱出来，进入另一种语言语境当中，再保留同样的情绪，把词句重新搭配组合，它的作用是分析的，结果难免没有与原作的内容不同之处，如词句字数、韵律等；构成的翻译法恰恰相反，要从散乱的材料结合起来成一个混一的情绪，再现原诗的情绪，它的作用是综合的。这种方法虽然在内容上可以更逼近原诗，却可能在神韵上缺少原诗的味道。所以这两种方法各有所长，不能妄定高下。最后的决定取决于译者的才能。

中国古典爱情诗的蕴藉，是一种淡淡的情思，其诗如茶，饱含闲适之意趣。波斯古典爱情诗受苏菲主义影响，往往导致"不可知"的诗意境界，爱由"人爱"转向"神爱"，给人一种难以捉摸的困惑感。品味这两种风格迥异的古典爱情诗，很难相信它们共同植根于古老东方文化的传统。因而，地域差异和民族文化差异对研究不同的文学观念有十分重要的价值。译者在翻译过程中，要时刻注意翻译所涉及的语言和文化特征。

五、结语

英国著名的文学批评家和修辞学者瑞查兹（I. A. Richards）称："翻译可能是宇宙演化过程中发生的最复杂的事。"用这句话说明翻译的艰难一点不为过。翻译是一项跨语际和跨文化的实践。中伊两国之间文化交流的深度与广度在很大程度上取决于翻译工作的质量。近年来，有关伊朗的论文、专著、译著相继诞生，伊朗文学、历史、宗教等方面的研究成果丰硕。作为从事波斯语教学、研究和翻译的工作者，应该与时俱进，不断努力提高自己的语言能力和外语水平，了解两种语言和文化之间的差异，努力跨越文化鸿沟。此外还要掌握广博的知识，通过不断实践和总结，为促进中伊两个民族之间关系的发展和文化交流做出贡献。

后记

经过半年多的努力工作，《中国外语非通用语教学研究（第四辑）》终于编辑完成了。作为中国非通用语教学研究会会刊，我们一直秉持"尊重科学，促进交流，服务教学"的办刊宗旨，努力为全国外语非通用语种专业的学科建设和教学科研交流搭建平台，贡献力量。

中国非通用语教学研究会是我国高等院校外国语言文学学科非通用语种类专业唯一全国性的学术组织，其前身是中国亚非语教学研究会，成立于1987年，1998年改现名。教研会自成立之日起，一直致力于团结全国外语非通用语界同仁，积极为外语非通用语教育事业的发展建言献策，为外语非通用语界的横向交流与合作提供平台。教研会发展至今，会员单位几乎包括了全国所有主要外语类院校，涵盖亚非语言文学、印度语言文学和欧洲语言文学三个二级学科的54个外语非通用语种，辐射全国300余所院校，成为推动我国外语非通用语教学与科研的重要学术组织。

2014年11月12日至15日，中国非通用语教学研究会第15次学术研讨会在解放军外国语学院成功举行。来自解放军外国语学院、北京大学、北京外国语大学、上海外国语大学、广东外语外贸大学、西安外国语大学、四川外国语大学、大连外国语大学、对外经济贸易大学、中国传媒大学、广西民族大学、云南民族大学、复旦大学、南京大学、广西大学、云南大学、云南师范大学、哈尔滨师范大学、云南农业大学、解放军国际关系学院、国际关系学院昆明分院、广西外国语学院、云南红河学院、云南司法警官职业学院、云南保山学院、广西师范大学漓江学院、广西民族大学相思湖学院、云南开放大学、云南师范大学商学院、四川外国语大学成都学院、成都大学等全国各地31所大学、25个非通用语种的近百名代表参加了会议。此次会议的主题是"外语非通用语翻译研究与翻译教学"。

与会代表就翻译教学课程改革、教学理念创新、教材教法更新、师资队伍建设、教育技术应用、教学与科研联动等方面充分交换了意见和看法。在为期3天的会议中，各位代表畅所欲言、各抒己见，分享自己的教学和研究心得，会议气氛热烈而富有成效，有力地促进了非通用语教学交流和学术发展。此次会议共收到论文60余篇，本书就是在这次会议论文的基础上择优而成的。

本书能得以顺利出版，首先要感谢本刊编辑委员会各位委员的大力支持，感谢各位匿名评委和编辑部钟智翔教授、何朝荣教授、唐慧教授、祁广谋教授、吕春燕教授、谭志词教授、易朝晖教授、王宗教授、赵新建副教授、曾添翼老师的辛勤劳动，感谢解放军外国语学院亚非语系的慷慨资助，感谢世界图书出版公司的鼎力相助。没有大家的支持和帮助，就不会有本书的诞生。

今后，本会将继续在"自主创新、沟通发展、搭建平台、引领未来"的16字方针的指引下，努力促进全国外语非通用语种的专业建设与科研发展，增强各会员单位之间的交流与合作，实现共同发展。本会将继续宣传"小语种、大视野"、"小语种、大舞台"和"小语种、大作为"的理念，鼓励会员克服困难，抓住机遇，为推动我国外语非通用语教育事业的全面发展做出我们应有的贡献。

中国非通用语教学研究会秘书处

2015 年 8 月 20 日于洛阳